債権法

債権総論・契約

中舎寛樹
Hiroki Nakaya

日本評論社

◆はしがき

は し が き

　本書は、法学セミナー2011年10月号（681号）から2014年10月号（717号）まで、36回にわたり連載した「基礎トレーニング債権法（取引法）」を基に、改正された新しい民法（債権関係）に従ってその内容を補訂ないし書換え、新たに、新債権法の解説書として一冊にまとめたものである。連載終了からかなり時間を経過したのは、民法（債権関係）改正の動向を見守っていたからである。とくに、改正前の民法との連続性・非連続性を理解してもらうために、改正前の条文と解釈と新法との関係については、できるだけ詳しく説明するように心がけた。改正前の規定で勉強していた読者は、激動期に巻き込まれたことを不運と思わず、むしろ基本は変わらないという信念と、歴史の転換を実感できる楽しさを味わう気概を持ってほしい。

　本書は、主として、応用・実技訓練に入る前の基礎体力を必要とする者、すなわち法学部の学生と法科大学院の未修者コースの学生を読者として想定している。したがってまた、本シリーズの『民法総則』（2010年9月）と同様、現在の判例と通説を基調とし、それに新しい債権法の内容を取り込んだ解説であって、筆者自身の研究に基づいたパラダイムを展開するものではない。しかし、内容的には、取り上げる問題の範囲・深度とも専門学部・専門大学院で必要とされる程度を維持し、本書だけで債権法（取引法）の勉強を一応完結できるようにした。この一冊で取引法の全分野をカヴァーしようというものなので、項目の構成を工夫したり、論述内容に濃淡をつけて本当に必要なことだけを厳選し、他は大胆に切り捨てるなどしたりしなければならなかったが、役に立たない概説になってしまわないよう、制度の解説だけでなく、何が問題点かを指摘し、その処理についてもきちんと対応したつもりである。それだけに、解説とはいえ民法の構成を組み直す過程、問題点の取り上げ方、重要な問題に関する解釈では、『民法総則』以上に筆者の独自性が出ていると思う。何よりも重視したのは、学生時代、デキが悪く債権法をなかなか理解できなかった者とし

ての思いを込めて、複雑な制度が交錯し、かつ膨大な情報が氾濫する債権法について、読者なりにその全体像や重要ポイントをつかめた、という思いを持ってもらえるようにしたいということである。本書だけで司法試験などの各種試験に対応できる程度の情報としては十分だと思うが、判例や学説が対立する問題の奥行きの深いところについては、他の優れた文献を参照してほしい。

　最後に、本書を上梓するにあたって、名古屋大学の池田雅則教授は、『民法総則』に続いて本書でも、生原稿を通読し、百箇所以上に及ぶ有益な指摘をしてくれた。かつてゼミ生だったという因果だけでいつまでもこき使って申し訳ないが、本当にありがたい。今後についても予約しておきたい。また、日本評論社の皆さんには、串崎浩社長以下、大変お世話になった。中でも、小野邦明氏は、法学セミナー連載の担当者として、毎回欠かさず適切な指摘をしてくださった。同氏の、ときには熱く、またときにはクールな指摘は、まさに自己の原稿を客観的に見直すための絶好の第一読者に相応しいものであった。連載終了後も、本書を上梓するにいたるまでずっと筆者を勇気づけていただいた。同氏の温かい激励なくしては、本書は日の目を見ることがなかった。また、現編集長の柴田英輔氏は、『民法総則』の際の担当者であったが、その時すでに、債権法と物権法を含めた三冊分の表紙見本ができていた。今回、二冊目を出すことができて、ようやく同氏の気持ちに半分だけ応えることができたことを嬉しく思う。残った物権法については、日本評論社からは、債権法に引き続いて連載したらどうかというお話をいただいていたが、毎月３年間に及ぶ連載はなかなか大変であり、辞退させていただいた。しかしその代わりに、債権法の刊行後１年の余裕をいただき、物権法の原稿をまとめて渡すという約束をしてしまった。結果的に自分で首を絞めてしまったと思わないでもないが、実現に向けて努力したい。

　　2018年３月

　　　　　　　　　　　　　　　　　　　　　　　　中　舎　寛　樹

● も く じ ●

序　章 …………………………………………………………1
1　本書の構成　1
2　本書のスタイル　2
3　本書の引用　2
4　改正法の取扱い　3

第1章　取引と債権 ……………………………………4

1　債権の意義　4
◆条 文◆　4
◆解 釈◆　5
(1) 債権の意義　5　(2) 債権の基本的効力　6　(3) 物権と債権の違い　7
◆発展問題◆　9

2　債権の目的・発生　10
◆条 文◆　10
◆解 釈◆　11
(1) 債権の目的の意味　11　(2) 債権の発生要件　11　(3) 実現可能性の要否　11
◆発展問題◆　13

3　債権・債務の発生原因と種類　14
◆条 文◆　14
(1) 債権・債務の発生原因　14　(2) 債権・債務の種類　14
◆解 釈◆　17
(1) 給付義務と付随義務　17　(2) 与える債務となす債務　18　(3) 結果債務と手段債務　18　(4) 作為義務と不作為義務　18
◆発展問題◆　19
(1) 契約解釈の準則　19　(2) 取引上の社会通念　19

4　種類債権の特定　19

◆条 文◆　20

⑴ 特定の意義　20　⑵ 特定の効果　20

◆解 釈◆　20

⑴ 給付に必要な行為　20　⑵ 特定後の変更　21　⑶ 欠陥ある物の特定　22　⑷ 制限種類債権の特定　22

◆発展問題◆　23

第2章　契約の意義 …………………………………… 24

1　契約の意義　24

◆条 文◆　24

⑴ 契約の意義　24　⑵ 契約自由の原則　24

◆解 釈◆　25

⑴ 契約と合意　25　⑵ 対価性　26　⑶ 自然債務論　26

◆発展問題◆　27

2　定型約款　28

◆条 文◆　28

⑴ 約款の意義　28　⑵ 定型約款　29　⑶ 定型約款の内容の開示　30　⑷ 定型約款の変更　31

◆解 釈◆　31

⑴ 定型取引の内容の合理性　32　⑵ 信義則に反する条項　32　⑶ 変更における合理性　32

◆発展問題◆　33

3　契約成立前の法律関係　34

◆条 文◆　35

◆解 釈◆　35

⑴ 契約締結上の過失の法理とその拡大　35　⑵ 契約成立前の信頼の保護　36　⑶ 損害賠償請求権の法的性質　38

◆発展問題◆　40

第3章　契約の成立 ……………………………………… 42

1　民法の契約規定　42
◆条　文◆　42
(1) 民法の構成　42　(2) 契約の種類　43
◆解　釈◆　44
(1) 典型契約を規定する意義　44　(2) 冒頭規定の意義　44
◆発展問題◆　45

2　契約の成立要件　45
◆条　文◆　46
(1) 申込みと承諾の合致　46　(2) 意思実現　46　(3) 懸賞広告　47
◆解　釈◆　47
(1) 申込みの誘引　47　(2) 交叉申込み　48
◆発展問題◆　48

3　契約の成立時期　50
◆条　文◆　50
(1) 対話者間での契約　50　(2) 隔地者間での契約　51
◆解　釈◆　52
(1) 承諾についての到達主義の採用　52　(2) 契約の成立の証明　53
◆発展問題◆　53

第4章　契約の効力 ……………………………………… 55

1　契約の基本的効力　55
◆条　文◆　55
(1) 債権の効力　55　(2) 双務契約の効力　56
◆解　釈◆　57
(1) 履行請求権の性質　57　(2) 履行請求権と他の権利との優先関係　58
◆発展問題◆　58
(1) 履行請求権の明文化　58　(2) 契約の解釈　59

2　同時履行の抗弁権　59
◆条　文◆　60

⑴ 双務契約における対価的牽連性　60　⑵ 同時履行の抗弁権の意義　61　⑶ 同時履行の抗弁権の要件　62　⑷ 同時履行の抗弁権の効果　62

◆解 釈◆　63

⑴ 債務の相対立性　63　⑵ 相手方の債務が履行期にあること　64　⑶ 相手方が履行または履行の提供をしないこと　65　⑷ 同時履行の抗弁権の行使方法　67

◆発展問題◆　68

3　危険負担（履行拒絶）　69

◆条 文◆　70

⑴ 危険負担の意義　70　⑵ 旧法下における危険負担に関する2つの主義　71　⑶ 新法下での危険負担　72

◆解 釈◆　74

⑴ 種類物債務と危険負担　74　⑵ 売買における支配の移転　75　⑶ 労働契約における危険負担　76

◆発展問題◆　77

4　事情変更　78

◆条 文◆　78

◆解 釈◆　79

⑴ 合意の尊重と事情変更　79　⑵ 事情変更の要件　79　⑶ 事情変更の効果　80

◆発展問題◆　81

5　第三者のためにする契約　82

◆条 文◆　82

⑴ 意義　82　⑵ 契約の構造　83　⑶ 効果の特色　83

◆解 釈◆　85

⑴ 電信送金契約　85　⑵ 振込み　85

◆発展問題◆　85

⑴ 第三者のためする契約の類型化　85　⑵ 受益者の法的地位　86

第5章　契約の不履行　87

1　債務不履行の意義　87

◆条 文◆　87

⑴ 債務不履行の意義　87　⑵ 債務不履行に対する債権者の救済手段　88

◆解 釈◆　89

(1) 三分説（従来の通説） 89　(2) 一元説（最近の多数説） 89　(3) 改正法の立場　90
◆発展問題◆　91

2　債務不履行の要件　91
◆条　文◆　91
(1) 債権者が主張・立証すべき要件　91　(2) 債務者の免責事由　94
◆解　釈◆　96
(1) 帰責事由の意義　96　(2) 責任能力の要否　98　(3) 第三者の行為による不履行（履行補助者）　98
◆発展問題◆　101
(1) 不履行の態様　101　(2) 債務の本旨と免責事由の関係　101

3　債務不履行の救済手段　101
◆条　文◆　102
(1) 追完請求　102　(2) 履行の強制　102　(3) 損害賠償請求　102
◆解　釈◆　103
(1) 各種手段の法的性質　103　(2) 損害賠償請求権の競合　104
◆発展問題◆　104

4　履行の強制　105
◆条　文◆　105
(1) 直接強制　105　(2) 代替執行　106　(3) 間接強制　106　(4) 意思表示の擬制　107
(5) 履行の強制の限界　107
◆解　釈◆　107
◆発展問題◆　107

5　損害賠償請求　107
◆条　文◆　108
(1) 損害賠償請求の要件　108　(2) 損害の内容　108　(3) 因果関係　110　(4) 損害賠償の制限　111
◆解　釈◆　112
(1) 損害の意義　112　(2) 新416条と相当因果関係論の関係　112
◆発展問題◆　114
(1) 履行に代わる損害賠償　114　(2) 予見可能性ルールと通常損害・特別損害　115

6　損害額の算定　115
◆条　文◆　116

(1) 金銭賠償の原則　116　(2) 損害の金銭評価　116

◆解　釈◆　117

(1) 損害賠償の範囲の問題とする見解（判例）　117　(2) 損害賠償の範囲の問題と基準時の問題を区別する見解　118　(3) 範囲の問題と基準時の問題の両側面があるとする見解　119　(4) 本書の立場　119

◆発展問題◆　120

7　賠償額の調整・予定　120
◆条　文◆　121

(1) 過失相殺　121　(2) 損害賠償額の予定　122　(3) 賠償による代位　123　(4) 代償請求権　124

◆解　釈◆　125

◆発展問題◆　125

第6章　契約の解除 …………………………………… 127

1　契約の終了原因　127
◆条　文◆　127

(1) 合意に基づく終了　127　(2) 法律の規定に基づく終了　128

2　解除の意義・機能　129
◆条　文◆　129

(1) 解除の意義　129　(2) 解除と解約告知　129

◆解　釈◆　130

(1) 解除の機能　130　(2) 改正法の立場　130

◆発展問題◆　131

3　解除の要件　131
◆条　文◆　132

(1) 共通の要件　132　(2) 解除権の行使　132　(3) 催告による解除　134　(4) 催告によらない解除　136

◆解　釈◆　139

(1) 帰責事由の要否　139　(2) 追完との関係　140

◆発展問題◆　　141

4　解除の効果　141
◆条　文◆　　142

⑴原状回復義務　142　⑵損害賠償　142　⑶返還の範囲　143　⑷第三者に対する効果　144　⑸目的物の損傷等による解除権の消滅　144

◆解　釈◆　　145

⑴原状回復義務の法的性質　145　⑵解除と物権変動の効力　147　⑶解除と第三者　149

◆発展問題◆　　151

⑴目的物の損傷等について解除権者に帰責事由がない場合の原状回復　151　⑵物権法との関係　152

5　解除権の消滅　152
◆条　文◆　　152

⑴相手方の催告による消滅　152　⑵解除権者による目的物の滅失・損傷による消滅　153

◆解　釈◆　　153

⑴消滅時効　153　⑵権利失効の原則による消滅　154

6　その他の問題　154
◆条　文◆　　154

◆解　釈◆　　155

⑴複数契約の解除　155　⑵受領遅滞と解除　156　⑶第三者による債権侵害　158

◆発展問題◆　　159

第7章　売　買　……………………………………………………160

1　売買の成立　160
◆条　文◆　　160

⑴典型契約と売買　160　⑵売買の意義と民法の規定　161　⑶売買の予約　162　⑷手付　163　⑸売買の費用　164

◆解　釈◆　　164

⑴売買の一方の予約の機能　164　⑵手付解除の方法　165

2 売買の基本的効力　166
◆条　文◆　166
(1) 当事者間の義務　166　(2) 契約後に生じた果実の帰属　167
◆解　釈◆　167
(1) 財産権移転の不能　167　(2) 果実と利息　168
◆発展問題◆　169
(1) 財産権移転義務の意義　169　(2) 他人の物の売買との関係　170　(3) 売主の担保責任との関係　171　(4) 改正法の立場とその理解　172

3 売主の担保責任（契約不適合）の意義　174
◆条　文◆　174
(1) 担保責任の種類　174　(2) 担保責任の内容　175　(3) 免責特約の効力　175　(4) 有償契約への準用　176
◆解　釈◆　176
(1) 担保責任の性質に関する従来の議論　176　(2) 種類物売買に関する従来の議論　178　(3) 改正法の立場　179
◆発展問題◆　180

4 目的物の種類・品質・数量に関する契約不適合　181
◆条　文◆　181
(1) 種類・品質・数量に関する契約不適合の要件　181　(2) 効果　183　(3) 期間制限　185　(4) 特約・特別法との関係　185
◆解　釈◆　186
(1) 法律上の制限　186　(2) 借地権付建物売買における借地の欠陥　186　(3) 錯誤との関係　186
(4) 値上がり相当分の損害賠償請求　187　(5) 数量超過における代金増額請求　187
◆発展問題◆　188

5 権利に関する契約不適合　188
◆条　文◆　189
(1) 権利に関する契約不適合の要件　189　(2) 効果　190　(3) 期間制限　190　(4) 任意規定　190
◆解　釈◆　191

6 競売・債権売買の特則　191
◆条　文◆　191

⑴ 競売における契約不適合　191　⑵ 債権売買における契約不適合　192

7　特殊な売買　192
◆条 文◆　193
⑴ 買戻し　193　⑵ 特定商取引　194
◆解 釈◆　195
⑴ 再売買の予約　195　⑵ 譲渡担保との関係　195
◆発展問題◆　196
⑴ 買戻し・再売買の予約・譲渡担保　196　⑵ その他の特殊な売買　196

第8章　贈 与　197
◆条 文◆　197
⑴ 贈与の意義・要件　197　⑵ 書面によらない贈与の解除　198　⑶ 贈与者の義務　198　⑷ 特殊な贈与　199
◆解 釈◆　200
⑴ 書面の意義　200　⑵ 履行の意義　200　⑶ 忘恩行為・事情変更による解除　201
◆発展問題◆　201

第9章　賃貸借　203

1　賃貸借の意義・法制度の特殊性　203
◆条 文◆　203
⑴ 賃貸借の意義　203　⑵ 消費貸借・使用貸借との関係　204
◆解 釈◆　205
⑴ 不動産賃貸借法制の二重構造　205　⑵ 借地借家法の要件　207
◆発展問題◆　208
⑴ 現代における不動産賃貸借の多様化　208　⑵ 改正法の立場　209

2　賃貸借の成立　209
◆条 文◆　210
⑴ 諾成契約　210　⑵ 敷金　210
◆解 釈◆　212
⑴ 敷引特約　212　⑵ 権利金　213　⑶ 更新料　214
◆発展問題◆　215

3 存続期間　215

◆条　文◆　215

(1) 存続保障の構造　215　(2) 民法の規定　216　(3) 借地　217　(4) 借家　219

◆発展問題◆　221

4 更　新　221

◆条　文◆　222

(1) 民法の規定　222　(2) 借地　222　(3) 借家　223

◆解　釈◆　225

(1) 正当事由の判断要素　225　(2) 正当事由の存在時期　225　(3) 借地上の建物の賃借人　226

◆発展問題◆　226

5 賃貸人の義務　226

◆条　文◆　227

(1) 賃貸借の権利義務関係　227　(2) 使用収益させる義務　227　(3) 権利・物に関する契約不適合に対する担保責任　230

◆解　釈◆　231

(1) 修繕義務を免除・軽減する特約の効力　231　(2) 修理中における賃料の取り扱い　231

6 賃借人の権利義務　232

◆条　文◆　232

(1) 賃借人の基本的な権利義務　232　(2) 賃料支払義務　233　(3) 用法遵守義務　235　(4) 目的物返還義務　236

◆解　釈◆　238

(1) 賃料不減額特約・自動改訂特約の効力　238　(2) 増改築禁止特約違反の効力　238

◆発展問題◆　239

7 賃借権の譲渡・転貸　240

◆条　文◆　240

(1) 民法の原則　240　(2) 借地・借家　242

◆解　釈◆　243

(1) 信頼関係破壊の法理　243　(2) 賃貸借関係の消滅と転貸借　245　(3) サブリース　247

◆発展問題◆　248

8　賃借権の対抗　　248
◆条　文◆　　249
⑴ 民法の原則　249　⑵ 借地　250　⑶ 借家　251　⑷ 動産賃借権　251　⑸ 賃借権の妨害等　251　⑹ 賃貸人の地位の移転　252
◆解　釈◆　　254
⑴ 借地借家法10条1項の理解　255　⑵ 実体と異なる登記　255　⑶ 登記名義人　256　⑷ 表示の登記　256　⑸ 未登記建物　257
◆発展問題◆　　257

9　賃貸借の終了　　258
◆条　文◆　　258
⑴ その他の終了原因　258　⑵ 賃借物の滅失等による終了　258　⑶ 解除の効果　259
◆解　釈◆　　259
⑴ 債務不履行解除の要件　259　⑵ 無催告解除　260　⑶ 賃借人の死亡　260
◆発展問題◆　　261

10　ファイナンス・リース　　261
◆条　文◆　　262
◆解　釈◆　　262
⑴ 法形式と実質の齟齬　262　⑵ リース料不払いの場合　263　⑶ 動産の品質に契約不適合があった場合　263
◆発展問題◆　　263

第10章　使用貸借　………………………………265

1　使用貸借の意義と機能　　265
◆条　文◆　　265
⑴ 使用貸借の意義　265　⑵ 使用貸借の機能　266
◆解　釈◆　　266
⑴ 賃料の有無　266　⑵ 共同相続と同居相続人の権利　266

2　貸主の義務　　267
◆条　文◆　　267
⑴ 目的物引渡義務　267　⑵ 使用収益させる義務　267　⑶ 費用償還義務　267

3　借主の義務　268
◆条　文◆　268
(1) 用法遵守義務　268　(2) 通常の必要費負担義務　268　(3) 目的物返還義務・収去義務・原状回復義務　269

4　使用貸借の終了　269
◆条　文◆　270
(1) 期間満了・目的終了　270　(2) 解除　270　(3) 死亡　271

第11章　雇　用 …………………………………… 272

1　役務提供契約　272
◆条　文◆　272
(1) 役務提供契約の意義　272　(2) 各役務提供契約の特徴　273　(3) 特別法・約款　274
◆解　釈◆　274
◆発展問題◆　275

2　雇　用　276
◆条　文◆　276
(1) 雇用の意義　276　(2) 雇用の効果　276　(3) 当事者の交代　277　(4) 雇用の終了　277
◆解　釈◆　278
(1) 使用者の合併・事業譲渡　278　(2) 安全配慮義務　279
◆発展問題◆　281

第12章　請　負 …………………………………… 282

1　請負の意義・効果　282
◆条　文◆　282
(1) 請負の意義　282　(2) 請負の効果　283
◆解　釈◆　286
(1) 目的物の所有権の帰属　286　(2) 下請負　287　(3) 製作物供給契約　288

2　請負の終了　288
◆条 文◆　288
◆発展問題◆　289

第13章　委 任 …………………………………… 290

1　委任の意義　290
◆条 文◆　290
(1) 委任・準委任　290　(2) 無償・有償　291

2　委任の効果　291
◆条 文◆　291
(1) 受任者の義務　291　(2) 委任者の義務　292
◆解 釈◆　293

3　委任の終了　294
◆条 文◆　294
(1) 委任の終了事由　294
◆解 釈◆　297
◆発展問題◆　297

第14章　寄託・組合・終身定期金・和解 …… 298

1　寄 託　298
◆条 文◆　298
(1) 寄託の意義　298　(2) 寄託の効果　299　(3) 寄託の終了　300
◆発展問題◆　301

2　組 合　301
◆条 文◆　302
(1) 組合の意義　302　(2) 組合の効果　303
◆解 釈◆　307
◆発展問題◆　308

3　終身定期金　308
◆条 文◆　309

(1) 終身定期金の意義　309　(2) 機能　309

4　和解　309
◆条 文◆　310
(1) 和解の意義　310　(2) 他の自主的紛争解決手段　310　(3) 和解の効果　310
◆解 釈◆　311
(1) 和解の錯誤　311　(2) 示談と後遺症　311
◆発展問題◆　312

第15章　消費貸借・利息　313

1　消費貸借　313
◆条 文◆　313
(1) 消費貸借の意義　313　(2) 消費貸借の成立　314　(3) 消費貸借の効力　316　(4) 消費者信用　317
◆解 釈◆　318
(1) 判例による要物性緩和の歴史と今後　318　(2) 諾成的消費貸借契約の議論　319　(3) 準消費貸借と既存債務との関係　320　(4) 消費者信用における抗弁の接続　320
◆発展問題◆　321

2　利息　322
◆条 文◆　322
(1) 金銭債権　322　(2) 利息債権と法定利率　323　(3) 高利の規制　324
◆解 釈◆　324
(1) 利息制限法と超過利息　324　(2) 貸金業規制法の改正　325　(3) 利息制限法等の根本的改正　325
◆発展問題◆　326

第16章　弁済　327

1　弁済　327
◆条 文◆　327
(1) 債権の消滅　327　(2) 弁済の意義　328　(3) 弁済の時期　328　(4) 弁済の場所・時間　329　(5) 弁済の内容　330
◆解 釈◆　332

2　弁済の提供　332
◆条　文◆　333
⑴ 弁済の提供の意義　333　⑵ 提供の方法　333　⑶ 弁済提供の効果　335
◆解　釈◆　335
⑴ 口頭の提供も不要な場合　335　⑵ 弁済提供と受領遅滞の関係　336

3　弁済の効果・弁済の充当・弁済供託　336
◆条　文◆　337
⑴ 弁済の効果　337　⑵ 弁済の充当　337　⑶ 弁済供託　338

4　第三者の弁済　340
◆条　文◆　340
⑴ 原則　340　⑵ 例外　341　⑶ 求償権　342
◆解　釈◆　343
⑴ 利害関係と正当な利益　343　⑵ 債務者の意思　343
◆発展問題◆　344

5　弁済による代位　344
◆条　文◆　344
⑴ 意義　344　⑵ 代位の要件　345　⑶ 代位の効果　346　⑷ 代位者相互間の関係　348
◆解　釈◆　350
⑴ 一部弁済における「債権者とともに」の意義　350　⑵ 債権者による担保保存の免除特約の効力　352
◆発展問題◆　353

6　表見的債権者への弁済　354
◆条　文◆　354
⑴ 弁済受領権限のない者への弁済　354　⑵ 受領権者としての外観を有する者への弁済　355　⑶ 偽造・盗難キャッシュカードによる払戻し　358
◆解　釈◆　360
⑴ 詐称代理人　360　⑵ 預金者の認定問題と本条の関係　360　⑶ 預金担保貸付に対する類推適用　361　⑷ 債権二重譲渡の劣後譲受人　362
◆発展問題◆　362

第17章　更改・免除・混同 …………………………… 364

1　更　改　364
◆条　文◆　364
(1) 更改の意義　364　(2) 要件　365　(3) 効果　366
◆発展問題◆　366
(1) 更改・債務引受・債権譲渡　366　(2) 三面更改　366

2　免　除　367
◆条　文◆　367

3　混　同　367
◆条　文◆　367

第18章　相殺 …………………………………………… 369

1　相殺の意義・機能　369
◆条　文◆　369
(1) 相殺の意義　369　(2) 相殺の機能　369
◆解　釈◆　370
◆発展問題◆　370
(1) ネッティング　370　(2) 一人計算　371

2　相殺の方法・効果・要件　372
◆条　文◆　372
(1) 相殺の方法　372　(2) 相殺の効果　373　(3) 相殺の要件（相殺適状）　374　(4) 債権譲渡と相殺　378
◆解　釈◆　380
(1) 第三者による相殺　380　(2) 差押えと相殺　380　(3) 期限の利益喪失特約（相殺予約）　382　(4) 相殺権の制限・濫用　383
◆発展問題◆　384

第19章　債権譲渡 ･･････････････････････････････････ 385

1　当事者の変更　385
◆条 文◆　　385
⑴ 当事者の変更の意義　385　　⑵ 当事者の変更の許容性　386
◆解 釈◆　　386

2　債権の譲渡　388
◆条 文◆　　388
⑴ 譲渡自由の原則　388　　⑵ 譲渡制限特約　390
◆解 釈◆　　393
⑴ 債務者の承諾　393　　⑵ 譲渡人による無効主張　394　　⑶ 転得者　394
◆発展問題◆　　395
⑴ 債権者確定の利益　395　　⑵ 預貯金債権の債権としての特殊性　395

3　債権譲渡の対抗要件　395
◆条 文◆　　396
⑴ 民法の対抗要件制度　396　　⑵ 通知・承諾の方法　397
◆解 釈◆　　398
⑴ 契約以外による債権譲渡の対抗要件　398　　⑵ 事前の通知・承諾　399
◆発展問題◆　　399

4　債権譲渡の効力　400
◆条 文◆　　400
⑴ 通知・承諾のない譲渡　400　　⑵ 通知・承諾があった場合　400
◆解 釈◆　　401
⑴ 旧法下における異議をとどめない承諾　401　　⑵ 制度の廃止と抗弁の放棄　402

5　債権の二重譲渡　403
◆条 文◆　　403
◆解 釈◆　　403
⑴ 二重譲渡における優劣決定基準　403　　⑵ 劣後する譲受人に対する弁済　405
◆発展問題◆　　405

6　将来債権・集合債権の譲渡と対抗要件特例法　406
◆条 文◆　　406

⑴ 将来債権の譲渡　406　⑵ 対抗要件特例法　408
◆解　釈◆　409
◆発展問題◆　410

7　有価証券　410
◆条　文◆　410
⑴ 改正法の立場　410　⑵ 指図証券　411　⑶ 記名式所持人払証券　412　⑷ その他の記名証券　412　⑸ 無記名証券　413

第20章　債務引受・契約上の地位の譲渡……414
◆条　文◆　414
⑴ 改正法の立場　414　⑵ 債務引受　415　⑶ 契約上の地位の移転　418
◆解　釈◆　419
⑴ 債務引受の法律構成　419　⑵ 契約上の地位の移転の詳細　420

第21章　債権の保全……………………………421

1　責任財産の保全　421
◆条　文◆　421
⑴ 責任財産保全の意義　421　⑵ 保全の方法　422
◆解　釈◆　422
⑴ 強制執行の準備・補完機能　422　⑵ 債権の回収機能　423　⑶ 債権者代位権のみの特殊な機能　423
◆発展問題◆　424

2　債権者代位権　424
◆条　文◆　425
⑴ 意義　425　⑵ 要件　425　⑶ 方法と範囲　428　⑷ 効果　429
◆解　釈◆　431
⑴ 債権保全の必要性　431　⑵ 相続法上の権利の代位行使　432　⑶ 時効の完成猶予　432
◆発展問題◆　432

3　特定の債権の実現を準備するための債権者代位権　433
◆条　文◆　433

(1) 意義　433　(2) 要件　434

◆解　釈◆　434

(1) 特定物債権を実現するための代位行使　434　(2) 特定の金銭債権を実現するための代位行使　436

◆発展問題◆　436

4　詐害行為取消権の意義・機能　437

◆条　文◆　437

(1) 意義　437　(2) 総合的判断　438　(3) 類似の制度との関係　439

◆解　釈◆　440

(1) 従来の学説　440　(2) 改正法の立場　442

◆発展問題◆　443

5　詐害行為取消権の要件　443

◆条　文◆　444

(1) 要件の相関性　444　(2) 債権者側の要件（被保全債権の存在）　445　(3) 債務者側の要件（詐害行為・詐害の意思）　447　(4) 権利の行使方法・出訴期間　449

6　詐害行為の判断基準　450

◆条　文◆　451

(1) 詐害行為の一般的判断基準　451　(2) 相当の対価を得てした財産処分行為　452　(3) 特定の債権者を利する行為（偏頗行為）　453　(4) 過大な代物弁済　454

◆発展問題◆　455

7　詐害行為取消権の効果　455

◆条　文◆　456

(1) 取消しの効果　456　(2) 取消しの範囲　457　(3) 目的物返還の相手方　457　(4) 取消しの効果が及ぶ人的範囲　459　(5) 債務者・受益者間の関係　460　(6) 債務者・転得者間の関係　461

◆解　釈◆　463

(1) 現物返還と価格賠償の選択　463　(2) 直接請求後の相殺の可否　463

◆発展問題◆　464

(1) 残された利害調整問題　464　(2) 改正の理論的一貫性　464

第22章 債権の人的担保 …………………………… 466

1 多数当事者の債権債務　466
◆条　文◆　466
(1) 意義　466　(2) 特徴　467
◆解　釈◆　467
(1) 債権債務の共同帰属との関係　467　(2) 債権の人的担保　467

2 保　証　469
◆条　文◆　469
(1) 保証の意義・種類　469　(2) 保証の性質　470　(3) 保証の成立　472　(4) 保証人の抗弁権　473　(5) 主債務者に生じた事由の影響　474　(6) 債権者の情報提供義務　475
◆解　釈◆　476
(1) 成立の附従性に関するその他の問題点　476　(2) 内容の附従性に関するその他の問題点　477
◆発展問題◆　478
(1) 保証契約の成立時における情報提供義務　478　(2) 適時執行義務　479

3 求　償　479
◆条　文◆　479
(1) 保証人の求償権　479　(2) 通知義務　482
◆解　釈◆　483
◆発展問題◆　484

4 連帯保証　484
◆条　文◆　485
(1) 意義　485　(2) 特色　485　(3) 連帯保証人間での求償　486
◆解　釈◆　487
(1) 連帯保証人が数人いる場合の一人について生じた事由の影響　487　(2) 共同保証の諸類型　487
◆発展問題◆　488

5 継続的保証　488
◆条　文◆　488
(1) 意義　488　(2) 身元保証　489　(3) 個人根保証契約　490　(4) 事業に係る個人保証の特則　492

◆解 釈◆　493
(1) 根保証契約の制限解釈　493　(2) 根保証の性質　494　(3) 不動産賃貸借の保証の範囲　495
◆発展問題◆　496

6　分割債権・債務および不可分債権・債務　496
◆条 文◆　496
(1) 分割債権・債務　496　(2) 不可分債権・債務　498
◆解 釈◆　500
(1) 金銭債権の共同相続　500　(2) 金銭債務の共同相続　501
◆発展問題◆　502

7　連帯債権・債務　502
◆条 文◆　503
(1) 連帯債権　503　(2) 連帯債務　504
◆解 釈◆　511
(1) 連帯債務者の一人の死亡と共同相続　511　(2) 不真正連帯債務概念　511
◆発展問題◆　512

凡例

[法令・条約]

＊法令の略称は、以下のとおりとする。

会社　会社法
貸金業　貸金業法
仮登記担保　仮登記担保法
旧　「民法の一部を改正する法律」（平成29年法律第44号）による改正前の民法
小　小切手法
自賠　自動車損害賠償保障法
借地借家　借地借家法
商　商法
消費者契約　消費者契約法
新　「民法の一部を改正する法律」（平成29年法律第44号）による改正後の民法
信託　信託法
生保　生活保護法
通貨　通貨の単位及び貨幣の発行等に関する法律
手　手形法
電子債権　電子記録債権法
特商　特定商取引法
農地　農地法
破　破産法
不登　不動産登記法
弁護士　弁護士法
保険　保険法
身元保証　身元保証法
民　民法
民執　民事執行法
民訴　民事訴訟法
民保　民事保全法
預貯金　預貯金者保護法
労基　労働基準法
労災保険　労働者災害補償保険法

[判例・裁判例]

＊日本の判例については、学習者の便宜を考えて元号表記にしたほか、一般の例にならい以下のように略記した。

　例：最判昭和42・2・23民集21巻1号189頁

※裁判所名、掲載判例集は、以下のように略記した。

最判　　最高裁判所判決
裁決　　最高裁判所決定
高判　　高等裁判所判決
高決　　高等裁判所決定
地判　　地方裁判所判決
地決　　地方裁判所決定
民録　　大審院民事判決録
民集　　大審院民事判例集または最高裁判所民事判例集
金判　　金融・商事判例
金法　　金融法務事情
新聞　　法律新聞
判時　　判例時法
判タ　　判例タイムズ

序　章

1　本書の構成

　本書で取り上げるのは、債権法のうちの取引法に関する部分である。民法典の編でいえば、第三編債権のうち、債権総論と呼ばれる部分（民399条〜新520条の20）と、債権各論と呼ばれる部分のうちの契約法と呼ばれる部分（新521条〜民696条）までである。当事者の合意によらずに債権関係が発生するいわゆる法定債権（事務管理、不当利得、不法行為）は扱わない。

　範囲を限定したからといって、これに属する情報量は膨大であり、民法典の順序に従って解説したのでは、一冊ですべてをまかなうことは到底できない（内容的には2〜3冊分に相当する）。また、そもそも債権法の規定は、債権に関する一般的な事項を詳しく規定した後、債権発生原因である契約へと進むという論理的順序によっており、取引という観点から機能的に配列されているわけでもない。そこで本書では、取引法の仕組みと機能の基本を理解するという観点から、民法典の配列を大幅に組み替え、第一に、取引と債権との基礎的な関係、第二に、債権の主な発生原因としての契約一般の成立・効力・履行と不履行・解除を解説した後、第三に、三大契約類型である売買、賃貸借、消費貸借（いわゆる「売賃消」）と、物の給付を目的としない各種の労務提供契約の特色を解説し、第四に、金銭消費貸借契約によって発生した金銭債権の回収・保全・人的担保について解説するという順序で進めることとした。債権法については、著者の解釈を前面に出した優れた体系書が多数刊行されているが、民法総則や物権法と異なり、本によって論述の順序や内容がかなり異なっている。これは、債権法の全体像・構造をどう捉えるかについて様々な見方があるということを示している。本書もまた債権法についてのひとつの見方にすぎないが、筆

者としては、債権法を取引における実際の機能という視点から整理した。

2　本書のスタイル

　本書のスタイルは、各項目ごとに基本的なポイントを冒頭にまとめて示した後、◆**条文**◆、◆**解釈**◆を分けて解説し、最後に◆**発展問題**◆を付けることにしている。法学セミナーの連載では、発展問題ではなく、展望とし、主として民法改正の動向について情報提供したが、民法が改正された現在では、改正の内容は、条文と解釈の中に盛り込むべきであり、発展問題では、民法改正によってもなお残されている課題について指摘し、その問題解決は、将来、諸君らの手に委ねたいという思いを込めたからである。なお、旧法から変更があった条文については、旧法、新法という表記をして改正点を分かりやすくする。

　このような三段階のスタイルを採る理由を簡単に説明すると、①まず条文で何が書いてあるのかを理解することが出発点であること、②それを踏まえてはじめて、次には、条文を読んだだけでは意味が分からないこと、条文には書いてないが紛争解決に必要なことなどについて、判例や学説はどのような解釈をしているのかを理解することができること、③しかし、解釈をもってしてもなお明らかでない課題も存在しており、今後それをどのように考えたらよいかが問題になること、といったレベルの違いをしっかり認識して債権法を理解してほしいとの思いからである。

3　本書の引用

　引用について、法学セミナーでの連載には、重要判例は、債権法の機能的理解という観点からして当然引用したが、学説は引用しなかった。これは、まず他説との違いを意識することなく読み進んでほしいとの考えからであったが、後日単行本化するようなことになれば、他書との比較も必要になるので、主要な体系書・教科書を引用したいとしていた。しかし、民法が改正された現在では、諸君が債権法の学習を進める上で、身近にあって参考にすることが多いと思われる書物は、いずれも近々改訂されることが予想されるので、引用してみてもその内容や頁数がかなり変わると思わ

れる。そこで、本書では、結局、学説については引用しないこととした。ただし、本書中にはかなり筆者独自の意見を述べる箇所も出てくるが、そのようなところについては、私見はこうだが、こういう見解もあるというように、本書と他説との違いが明確に分かるようにしたい。

4　改正法の取扱い

　法学セミナーの連載にとって最大の問題は、民法（債権法）改正との関係であった。開始時には、すでに法制審議会での議論もスタートしていたが、その内容がどのようなものに決着を見るかは不透明なところがあった。しかしその後、多くの議論を経て、旧法とその解釈、判例を基調とした民法（債権関係）改正案が国会に提案され、2017年6月に民法改正が実現した。施行日は、成立後3年を超えない日とされているが、今後の解説書は、当然のことながら、改正をふまえたものでなければならない。とくに、民法改正によって何が、どのように変わったのか、また変わらなかったのかについて、できるだけ分かりやすく解説しなければならない。さらに、改正作業で議論されたが、将来の課題として、または立法化する必要がないなどの理由で持ち越された問題についても述べておく必要がある。そこで、本書では、条文と解説の箇所の内容を法学セミナーの連載からかなり変更しているとともに、「発展問題」は、連載時の「展望」を全面的に書き換えている。民法改正直後の解説書として、読者にとって今後の民法の行方を示す簡単な道標の役割を果たすことができればありがたい。

第1章 取引と債権

1 債権の意義

- 債権とは、「債権者が債務者に対して一定の行為を要求し、かつ、その結果を債務者に対する関係において適法に保持することができる権利」である。
- 物権は、誰に対しても主張できる権利（絶対権）であり、ある者が物権を有していれば、それと同一内容の物権が同時に複数成立することはない（排他性）が、債権は、特定の人に対してのみ主張できる権利（相対権）であり、ある者との契約により債権を有していても、それと同一内容の債権が同時に複数成立しうる（平等性）。
- 債権と請求権とは似ているが、厳密には、債権は、ある要求をするための「根拠」であり、請求権は、それを具体化して現実に要求する「内容」である。

◆ 条 文 ◆

債権の意義を規定する条文はない。このため、そもそも債権とは何かについて議論がある。このような議論は、学理上のものであり、あえて明文化しなければ困るような実際上の必要性はない。民法改正でも、定義規定が新設されることはなかった。しかし、債権法の基礎を理解するうえでは、欠かすことができない議論である。

◆ **解 釈** ◆

(1) **債権の意義**
(a) **従来の通説による説明**

　従来の通説によれば、債権とは、「債権者が債務者に対して、一定の行為を要求する権利」であると定義される（債権と債務は表裏の関係にあり、債権を有する者を債権者、債務を負う者を債務者という）。これは、以下の理由による。

　民法典は、市民社会における生活関係を規律する基本法として、パンデクテン方式（19世紀ドイツにおける学説法による方式）を採用し、生活関係を財産関係と家族関係とに二分し、前者をさらに財産の支配関係と財産の交換関係とに二分して、これを物権関係と債権関係と呼ぶことにした。物権と債権とが財産関係を規律するための二大権利であり、両者は明確に峻別される。すなわち、両者はともに財貨（物を典型とする財産）を目的とする権利として共通するが、物権関係は、人（権利主体）が財貨をどのようにして支配するかという関係であり、その支配権を物権と呼ぶ。財貨を支配する最も基本的な態様は、それを自分のものとして支配することであり、これを所有権と呼ぶ。また、多様な支配態様に応じて各種の物権がある。

　これに対して、債権関係は、人が自己の財貨と他の人が支配する財貨とをどのようにして交換するかという関係であり、その交換を要求する権利を債権と呼ぶ。債権は、相手方に要求する行為（これを「給付」という）に応じてその内容が千差万別であり（物の引渡し、労務提供など）、発生原因に応じていくつかの典型例を示すことはできるが（民法典に規定されている契約を典型契約という）、すべてをあらかじめ定めておくことはできず、権利としてはすべて債権と呼べばよい。また、債権は、財貨の交換（要求）を実現すれば、その目的を達して消滅し、その後は、取得した財貨があれば、それに対する関係は、財貨の支配である物権関係へ移行する。

(b) **最近の有力説による説明**

　上記のような説明は、論理的には分かりやすい説明である。しかし、債権の実際の効力を考えると、これでは少々不都合なことが出てくる。たと

えば、ある物を代金支払いと交換で取得するという債権関係（売買契約）では、契約により発生した債権に基づき、買主は、売主に対してその物の引渡しを要求することができる。しかし、厳密にいうと、債権は要求が実現した瞬間に消滅したとすると、なぜ買主はその後もその物を保持することができるのかが説明できなくなる。このためには、買主がその物を保持しつづけることができるのは債権があるからだと説明せざるを得ない（所有権を取得したからだと考えるかもしれないが、売主の物でないこともある）。

そこで最近の有力説は、債権とは、「債権者が債務者に対して一定の行為を要求し、かつ、その結果を債務者に対する関係において適法に保持することができる権利」であると定義している。これは債権の実際の機能に着目したものであり、本書でもこの定義に従っておくことにする。

(2) **債権の基本的効力**

債権はどのような効力を有するかについても明文の規定がない。しかし、上記の定義（有力説）からすれば、債権には一般的に以下のような基本的効力があると解されている。①②が債権といえる最低限の効力であり、③④がないものでも債権として認められる場合がある（不訴求の合意、不執行の合意をした場合など）。

①請求力　債権者は、債務者に対し、一定の行為（給付）をせよと請求できる。

②給付保持力　債権者は、債務者との関係で、債務者のした給付を適法に保持できる。

③訴求力　債権者は、債務者に対し、訴えによって給付をすべきことを請求できる。これは、①によっても債務者が任意に給付をしない場合に必要な効力である。

④強制力　債権者は、①③を行使してもなお債務者が給付をしない場合には、裁判所を介して強制的に給付を受けることができる（強制執行という）。

民法改正では、債権の一般的効力について、当初、「債権者は、債務者に対し、債務の履行を求めることができる」という規定を設けることが提案されていた。これは、債権の請求力についてのみ規定したものであるが、それさえ規定しておけば、給付保持力、訴求力、強制力も必然的に導

かれるという考え方である。最終的に明文化されることはなかったが、それは、債権者が履行請求できるのは当然であるということによるのであって、債権の一般的効力を

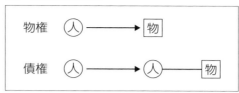

図1　物権と債権の違い

否定する趣旨ではない。新412条の2では、履行が不能のときは履行請求できないことが規定されているが、これは、債権者が履行請求できることを前提とした規定である。

(3) 物権と債権の違い

物権と債権は、ともに財貨に対する権利であるが、上記のように、財貨に対する関わり方が異なる（**図1**）。このため両者には以下のような違いがある。

(a) 債権の相対性

物権は、端的にいえば、人が物を直接支配する権利（人と物の関係）であり（直接支配性）、誰に対しても主張できる（物権の絶対性）。この結果、物権を妨げる者がいる場合には、その者の主観を問わずこれを排除することができる（物権的請求権）。これに対して債権は、端的にいえば、人が物を有する人に対してその物を給付するよう要求する権利（人と人の関係）であり（間接支配性）、特定の人（債務者）に対してのみ主張できる（債権の相対性）。ただし今日では、債権であっても第三者による侵害に対する救済（妨害の排除、損害賠償）が認められるので、このような区別は決定的なものでなくなっている。

(b) 債権の平等性

物権は、物を直接支配するので、同一物について同一内容の物権が複数成立することはありえない（たとえば、ある物についてAも所有者であり、Bも所有者であるということはありえない。共有ではそれぞれ別の持分権を持っているにすぎない）（物権の排他性）。誰かが物権を有していることは万人に影響が及ぶので、権利を公示しておくことが要請される（公示の要

請)。これに対して債権では、物に対する支配は間接的であり、同一物について同一内容の債権が複数成立しうる(たとえば、同一物を買うという売買契約は、いくつでも並行して成立しうる)(債権の平等性〔または非排他性〕)。この結果、同一物について物権と債権とが存在する場合には、物権が優先する(物権の優先性)。たとえば、ある特定の物を買うという債権(売買契約)は複数成立しても、物は一つしかないので、一人の買主が先に所有権(物権)を取得してしまうと、他の買主は債権を実現できなくなり、売主の責任(債務不履行責任)を問うほかなくなる。ただし、債権でも、例外的には、物権と同じように公示をして排他性が認められるものも存在する(不動産賃借権〔新605条参照〕)。

(c) 債権の譲渡性

譲渡性は、物権、債権ともにある。物権は元来譲渡できるとされてきたが、債権は、特定の人と特定の人との人間関係であり、古くは譲渡によって債権者が交代し無関係な者が債権関係に入り込むようなことは認められていなかった。しかし社会生活の進展に伴い、債権関係が没個性的なものになり、債権がそれ自体として経済的価値を認められるようになると(金銭債権が典型的。誰が債権者であっても金銭を返すことに変わりはない)、債権の譲渡も認められるようになった。民法がわざわざ債権は原則として譲渡できると規定しているのは(新466条1項本文)、このような歴史的経緯があるからである。商事取引では、このような動きはさらに加速され、債権を証券化してそれ自体が価値あるものとして譲渡することが普及した(手形や小切手のような有価証券)。

なお、民法でも、旧法では、誰が債権者であるかが重要でなく没個性が著しい債権(無記名債権)は、債権を化体する証券(乗車券、商品券等)を持っている者が債権者であるとされるので、動産とみなされていた(旧86条3項)。しかし、有価証券の法理が発達した現在では、わざわざ動産とみなさずとも、同じ証券類である有価証券に関する規律(動産並みに、譲渡したことの対抗要件は証券の引渡しであり、無権利者から譲渡を受けた場合の即時取得も認められている)を類推するほうが妥当だと考えられるようになった。そこで、新法では、この規定は削除され、記名式所持人払証券(債権者を指名する記載がされている証券でその所持人に弁済をすべきことが付

記されているもの）に関する規定が新設されたことに伴い（新520条の13以下）、無記名証券の譲渡などについてはこれらの規定を準用することとされた（新520条の20）。

　逆に、個性が強い債権については、勝手に譲渡されて債権者が交代すると債務者との信頼関係が崩れることがあるので、譲渡には債務者の承諾が必要であると規定されていたり（民612条1項：賃借権の譲渡）、当事者間の特約によって譲渡を制限することが認められていたりする（新466条2項～新466条の6：預貯金の譲渡についての譲渡制限特約など）。

◆ 発 展 問 題 ◆
債権と請求権の違い

　請求権という概念は、ある人がある人に対して何かを要求する権利であるから、債権と同じ意味で用いられることがある（たとえば新724条〔損害賠償請求権〕）。しかし、厳密にいえば両者は異なる概念である。すなわち、第一に、請求権は、債権だけでなく、物権（物権的請求権）や家族法上の権利（夫婦の扶養請求権など）に基づいても発生する。第二に、債権の効力は、前述のように、請求力に限られない（訴えでも、請求の訴え（給付の訴えという）だけでなく債権があることの確認の訴え（債務存在確認の訴え）もある）。

　そもそも請求権という概念は、古く、実体法（民法）と訴訟法（民訴法）とが体系的に区別されていなかった時代には存在しなかった。19世紀後半になって、ドイツで実体法と訴訟法が分離したが、それにより、実体法上の権利を裁判の場面に上げるために、実体法と訴訟法を架橋する概念が必要となった。そこで、実体法上の権利とこれを裁判で要求できる権利とを区別し、後者を請求権と呼ぶようになったのである。わが国の民法もこのような議論を受け継いだものの、明確な定義規定がないのでしばしば混乱してしまう。そこで、以下のように考えておいてよいであろう。

　実体法上の権利（物権、債権など）は、ある要求をするための「根拠」であり、それを具体化して現実に要求する「内容」が請求権である、と。債権で言えば、「債権に基づいて請求権が発生する」ということになる（図2）。

図2　債権と請求権の関係

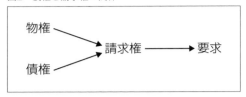

2　債権の目的・発生

・債権の目的とは、債権の内容、すなわち「給付」のことである。
・債権発生時にすでに給付の実現が不可能である場合、伝統的には、債権は「原始的不能」であって不成立であると解されてきたが、新法では、それでも債権は成立し、あとは債務の履行ができるか否かの問題になるという考え方に変わった。
・債権の成立前にすでに給付が不可能であっても、債権は成立するので、履行できないことにつき債務者に免責事由がなければ債務不履行責任を負う。

◆ 条 文 ◆

　民法典の債権編の冒頭の第1節は、「債権の目的」と題されている。しかし、債権の目的とは何かを定めている条文はない。債権の目的は金銭に見積ることができないものであってもよいという条文があるだけである（民399条）。これには、歴史的に古くは金銭的評価ができないものは法的保護を与えられないとされてきたことを打破して、当事者の意思を尊重するという意味が込められている。しかし今日では、ほとんどのものは金銭に見積ることができるので（従来、祖先の供養をしてもらうという約束でも債権としての効力があるという例で説明されてきたが、現代の寺ビジネスではそれも当然に金銭評価できる）、この規定の実際上の意義は乏しい。

　実際には、むしろ、債権の対象となるかどうかよりも、その債権に法的な拘束力を認めてよいかどうかが問題とされることのほうが多い。たとえば判例では、謝罪広告を新聞に掲載することを請求できるかが争われた事案で、このような請求を認めても債務者の良心の自由を侵害するものでは

ないとしたものがある（最大判昭和31・7・4民集10巻7号785頁）。

◆ 解 釈 ◆

(1) 債権の目的の意味

学説上、債権の目的とは、債権の内容という意味であり、それは債務者に要求する行為、すなわち「給付」のことであると解されている（民402条1項、3項参照）。給付の内容は、契約による場合には、契約自由の原則（第2章1◆条文◆(2)参照）により、原則として当事者が自由に決めてよいので、民法であらかじめあれこれ限定する必要はなく、民法では債権の特殊性に応じて必要な事項を定めておけば十分だということになる（後述3）。

(2) 債権の発生要件

債権が契約のような法律行為によって発生する場合には、以下のような法律行為としての有効要件を満たしていなければ、債権は発生しないと解されている。しかし、これは、民法総則の「法律行為の要件」の問題なので、ここでは簡単にとどめる。

①**確定性** 給付が債権の履行時までに確定可能であること。法律行為の成立時（すなわち債権の成立時）に不確定でもよい。履行時までに確定していれば債権を実現できるからである。たとえば、「ビール1ダースの売買契約」であっても、履行時までにどのビールかが確定できればよい。履行時になっても不確定のまま（後述の特定をしないまま）であるときは、履行をすることができないので、債務不履行になるだけである。

②**適法性** 給付が強行法規違反、公序良俗違反（新90条）をもたらすものでないこと。たとえば、麻薬の売買契約は、公序良俗違反であり無効なので、麻薬を引き渡せという債権も発生しない。

(3) 実現可能性の要否

(a) 伝統的な考え方によれば、債権はその発生時において目的の実現が不可能でないこと（実現可能性）が必要であると解されてきた。これは以下のような考え方である。たとえば、建物の売買契約で、契約締結前にすでに建物が焼失していたような場合には、給付をすることははじめから不

能（原始的不能という）であるから、債権は意味がなく不成立であり、売買契約は無効である。不能かどうかは、客観的に判断されるが、物理的に見てどうかだけでなく、社会通念から見ても判断されるので、たとえば、日本海溝に落ちたイヤリングを見つけて引き上げるという債権は不能とされる。不能な契約を故意または過失によって締結させた者は、契約が成立したと信頼したために相手方が実際に被った損害を賠償する責任を負うが（契約締結上の過失）、これは不法行為責任であり、契約責任ではない（第2章3契約成立前の法律関係参照）。他方、債権が成立した後の不能（後発的不能という）は、債務の履行の問題であり、債権の成否には無関係である。

(b)　しかし、このような考え方には、近年批判が強かった。第一に、原始的不能の場合であっても、当事者がそのことを知らずに、不能のリスクを承知の上で契約を結んだ場合や、履行が可能であると債務者が保証したような場合には、契約は有効であり債権が成立するという考え方がある。第二に、より根本的な批判として、原始的不能であれ後発的不能であれ、それは債権の実現が可能である（すなわち履行できる）として契約を締結した債務者の問題であって、債務を履行できなくなったときに、債務者にどのような責任が生じるかを問題にすればよいという考え方がある。第二の考え方によれば、たとえ契約成立前にすでに給付することが不能であっても債権は成立し、契約は有効となる（日本海溝に落ちたイヤリングでも、新型特殊潜航艇を作って探すというならそれでよい）。後日、契約を履行できないことが明らかとなった場合には、債務者は、契約を締結しておきながら債務を履行することができなかったことにより相手方に生じた損害を賠償する責任を負う（債務不履行責任）。

　以上のうち、民法改正では、原始的不能概念を根本的に批判する最後の考え方が採用された。すなわち、新412条の2第2項は、「契約に基づく債務の履行がその契約の成立の時に不能であったときであっても、契約は、そのために効力を妨げられない」という考え方を基礎に、契約が履行されない場合のもっとも代表的な効果として、債権者は債務不履行による損害賠償を請求できると規定された。これは、契約をした当事者の意思を重視する考え方を基礎にしている。世界的な傾向も同様であり、とくにわが国の民法の範となってきたドイツ民法でも、従来は原始的不能の契約を無効

とする規定があったが、2001年の改正により有効と規定されるに至っている。

◆ 発展問題 ◆

　民法改正で、契約成立時にすでに履行することが不可能な債権を目的とする契約でも有効に成立することとされたのは、原始的不能による債権の不成立を認めてきた伝統的な理論からの大転換である。ただ、実際には履行が不可能な以上、そのように言うかどうかは、債権者による損害賠償請求が債務不履行によるか、実現しない契約を結ばせたことによる不法行為によるかが主な違いであり、この限りではさほど大きな影響はない。しかし、履行不能という概念を双務契約の成立後に債務が履行不能となった場合に（後発的不能）、反対債務はどうなるかという場合を含めて考えるときは、理論上・実際上大きな違いが生じる。

　伝統的な考え方によれば、原始的不能の場合には債権には意味がなく成立しないと解するので、後発的不能の場合でも、債権に意味がなくなるのは同じであり、原則として債権は消滅する。また、双務契約では、他方の反対債務も意味を失い当然に消滅する。これが危険負担という問題である。しかし債務者に帰責事由があるときは、債権者保護のために、債権は消滅せず履行に代わる損害賠償請求権として存続する。双務契約では、この債務と反対債務とが牽連性を有しながら存続することになる。

　これに対して、原始的不能でも債権は成立すると解するときは、後発的不能の場合でも同様に債権は存続し、あとは履行の問題になり、債務者に免責事由がなければ債務不履行による損害賠償責任を負うのみである。双務契約においては、反対債務もまた存続しているので、債権者がその履行を免れようとすれば、契約を解除するほかない。このように解するときは、危険負担という問題を観念する必要がなくなる。

　改正法は、一方で、原始的不能であっても債権は成立するとしながら、他方で、危険負担という制度を存続させた（新536条）。これは一見すると基本的な考え方に矛盾があるように見えるが、改正法では、危険負担という用語は存続しているものの、債務者に帰責事由がないときは、債権者が契約を解除しなければ反対債務は消滅しないという考え方を採用しており（新536条１項参照）、統一は保たれている。

3　債権・債務の発生原因と種類

- 債権・債務の主な発生原因は契約である。
- 契約による債権・債務の具体的内容は、基本的には各契約の解釈によって決まる。
- 債権・債務は、種類によって債務不履行があった場合の処理に違いが生じる。

◆ 条 文 ◆

(1) 債権・債務の発生原因

　民法典には、債権・債務の発生原因に関する規定はない。しかし、債権法の条文の配列順から見て、債権・債務は、発生原因により次のように大きく二分することができる。

　①**契約による債権・債務**　これは当事者の合意によって発生する債権・債務である。取引は、主に当事者の合意＝契約によって行われるので、取引法の仕組みと機能を理解するためには、契約に関する法の理解が不可欠である。そこで次項以降では、契約の意義、成立、効力を解説し、その後に代表的な契約の特色へと解説を進めてゆく。

　②**法律による債権・債務**　これは、合意がないが、法律の規定によって発生する債権・債務である（これを「法定債権」と総称している）。法律が定める一定の要件が備われば当然に債権が発生する。具体的には、事務管理（民697条以下）、不当利得（民703条以下）、不法行為（民709条以下）によって債権が発生する場合のことである。たとえば、故意または過失によって他人の権利等を侵害すると、加害者はこれにより生じた損害を賠償する責任を負う（民709条〔不法行為による損害賠償債権〕）。序章で述べたように、本書ではこの法定債権については扱わない。

(2) 債権・債務の種類

　新400条以下には、5種類の債権に関する規定が置かれているが、これは、債権の目的物の種類に応じて問題となりそうな点を規定したものである。しかし、契約による債権の具体的内容は、基本的にはその契約によっ

て決まるので、以下の規定は補助的な意味を有するにとどまる。

(a) 特定物債権

　特定物債権とは、特定の物の引渡しを目的とする債権のことであり、世の中にその物が一つしかないこと（「これ」と特定されていること）が特徴である。特定物債権の債務者は、目的物を債権者に引き渡すまでは、善良な管理者の注意をもってその物を保存する義務（略して、善管注意義務という）を負う（新400条）。これには、後述の不特定物の場合（引き渡すべき物が決まっていないので保管しようがない）と異なることを示す意味がある。しかし、注意義務の具体的な内容は、「契約その他の債権の発生原因及び取引上の社会通念に照らして」定まるので、この規定は、他人に引き渡すべき物を保管している者は、例外的に「自己の財産に対するのと同一の注意」さえすればよい場合（新659条の無報酬で他人の物を預かっている場合など）を除き、自分の物に対する以上に高い注意義務を負うことを示しているにすぎない。したがって、単に保管義務を尽くしたということでは、善管注意義務を尽くしたことにならない。

　「取引上の社会通念」に照らしてと規定されているが、これは、契約等の債権発生原因から注意義務の具体的な内容を導くことができたときでも取引上の社会通念によってそれを修正するという意味ではなく、契約当事者の主観的事情以外に、契約の性質、目的、契約締結の経緯などの客観的事情も考慮され得ることがあることを示しているにすぎない

　なお、特定物債権の債務者は、履行期に引き渡すべき特定物の品質について、契約その他の債権の発生原因および取引上の社会通念に照らしてそれを定めることができないときは、履行期の現状のまま引き渡さなければならないとされている（新483条）。旧483条では、「契約……定めることができないときは」という文言がなかったため、この義務（現状引渡義務）は、特定物債権では物が一つしかないので、他の物と取り替えようがないという特定物債権に特有の規定だと説明されてきた。そしてまた、引き渡した物に通常存在しない欠陥があったことが後に発覚した場合には、特別の法定責任（瑕疵担保責任）を負うのだと説明されてきた。しかし、新法の下では、特定物債権でも、契約に違反した品質の物を引き渡せば契約上の責任を負うべきことは当然であるという考え方に変わったので（契約責

任としての担保責任)、この現状引渡義務もまた、契約によらない債権(法定債権)についてあてはまることがあるというにすぎなくなった。

(b) 種類債権

種類債権とは、同じ種類に属する物のうち一定数量の物の引渡しを目的とする債権のことをいう(たとえばビール1ダースの売買における買主の債権)。目的物が不特定なので、不特定物債権ともいう。また、一定の限定された範囲内で不特定物の引渡しを目的とする債権は、とくに制限種類債権という(たとえばA倉庫内にあるビールのうち1ダースの売買)。種類債権や制限種類債権では、債務を履行するために目的物を特定することが必要になるが(民401条)、これについては項を改めて解説する(後述4)。

(c) 選択債権

選択債権とは、債権の内容が数個の給付の中からの選択によって定まる債権のことをいう(民406条)。種類債権と似ているが、選択債権では、あれかこれかという選択であり、給付に個性がある(種類債権は没個性)。実際には二者択一というような債権はあまりないので、選択債権はほとんど問題にならないが、場合によっては、上記の制限種類債権との区別が問題になることがある。判例では、一定の土地のうち一定面積を賃借するという契約について、どのような土地を借りるかにつき条件が付けられており個性があるので選択債権だとした事例がある(最判昭和42・2・23民集21巻1号189頁)。一般的には、当事者の意思(個性を重視したか否か)、選択権に関する規定を適用すべきか否か、強制執行を認めるべきか否か(種類債権は特定していないと強制執行できないと解されている)から判断するほかない。なお、選択債権では誰が選択権を行使するかが問題になる。契約で定めていればそれによるが、定めていないときのために規定が設けられており(民406条〜411条)、原則として債務者が選択権を有する(民406条)。

(d) 金銭債権・利息債権

以上のほか、民法典には、金銭債権(民402条〜403条)と利息債権(新404条〜民405条)についての規定がある。これらの債権については、上記のような目的物の特定に関する区別とは異なり、金銭という目的物自体の

特殊性に着目した規定が置かれている。これは実際には代金の支払いや借りた金銭の返済の場面で問題になり、とくに利息については金銭の貸し借りで問題になる。そこで本書では、後述の第15章でまとめてこれら両債権の特殊性を取り上げることにする。

◆ 解 釈 ◆

　民法の規定とは別に、学説上、債権について以下のような区別がなされている。これらの区別の実益は、債務不履行があった場合の処理に違いが生じることにある。

(1) 給付義務と付随義務
(a) 給付義務

　給付義務とは、契約の中心的な債務であり、目的物を給付すべき義務である。売買契約でいえば、売主には目的物引渡義務があり、買主には代金支払義務がある。この義務の不履行があれば、損害賠償を請求したり（新415条）、契約を解除したり（民540条以下）することができる。

(b) 付随義務

　付随義務とは、契約に付随する義務である。契約の中心的な債務ではないが、契約が円滑に成立し履行されるために必要とされる。たとえば、契約に必要な情報の提供義務などが典型的であるが、義務の具体的な内容はそれぞれの契約の解釈によらざるをえない。これをすべてあらかじめ合意しておくことは困難であり、一般的には、問題が生じた場合に、契約上の信義則を根拠としてそのような義務があると説明されている。ただし、労働契約では、判例の蓄積により、使用者には労働者の労働環境の安全に配慮すべき義務（安全配慮義務）があると解することが一般化している（最判昭和50・2・25民集29巻2号143頁など多数）。今後は、これ以外の契約でも契約類型ごとに特徴的な付随義務を一般化することが課題であるといえよう。なお、付随義務の不履行があった場合には、その履行や損害賠償を請求することはできるが、契約の解除まではできないと解されている（契約の本質的な要素の不履行か否かの判断による）。

(2) 与える債務となす債務
(a) 与える債務
　与える債務とは、目的物を引き渡す債務である。所有権を移転する債務に限定されない（預かっている他人の物を引き渡すなど）。債務が履行されないときは、直接強制（強制執行）が可能である（新414条1項）。

(b) なす債務
　なす債務とは、一定の行為をする債務である。債務が履行されないときでも、直接強制（首に縄をつけて行為させる）はできないので、代替執行（債務者の費用で他人が替わって履行）または間接強制（履行しなければ金銭の支払いを命ずる）によるほかない（新414条1項）。

(3) 結果債務と手段債務
(a) 結果債務
　結果債務とは、結果が実現することまでを求める債務である。売買契約をはじめ契約上の債務は、通常このような債務である。

(b) 手段債務
　手段債務とは、結果に向けて最善を尽くすべき債務である。債務者は、最善さえ尽くしていれば、結果が発生しなくても債務不履行にならない。医療契約における医師の債務が典型的である。しかし実際には、結果債務か否かがしばしば大きな争点となる。そのような場合には契約解釈によってどこまで約束したのかを判断せざるをえず、結局のところ、両者の区別はその判断の結果にすぎない。

(4) 作為義務と不作為義務
　作為義務とは、「〇〇する」ことを内容とする債務であり、不作為義務とは、「〇〇しない」ことを内容とする債務である（たとえば、競業しないこと）。

◆ 発 展 問 題 ◆

(1) 契約解釈の準則

　再三述べたように、債権の種類・区別は、契約解釈の結果であることが多く、あらかじめ民法で定めておく実務上の意味はあまりない。しかし、民法改正によって、契約による債権と法律による債権の違いがより明確になり、契約による債権の内容は、まさに契約の解釈によって定まるものであることが強調されることになった。それでは契約解釈はどのようにして行われるべきか。すべての問題を当事者や裁判官の自由な解釈に委ねるだけでよいというものではなく、解釈には一定のルール（準則）が必要である。そうでなければ、お互いの解釈の言い合いになってしまうだけである。今後は、民法総則（法律行為）との関係を踏まえながら、あらためて、わが国の取引社会に適合的な契約解釈のルールを確立することが必要ではなかろうか。

(2) 取引上の社会通念

　特定物債権の債務者が負う善管注意義務の具体的な内容は、「契約その他の債権の発生原因及び取引上の社会通念に照らして」定まる。契約等の債権発生原因以外に、取引上の社会通念が規定されているのは、前述のように、契約当事者の主観的事情以外に、契約の性質、目的、契約締結の経緯などの客観的事情も考慮され得ることがあるからだと解されている。しかし、契約解釈自体が契約の文理（文理解釈）だけではなく、その他の事情を考慮して行われるとするならば、この社会通念という文言は不要なはずである。社会通念を参照することが契約解釈の補助的な要素にすぎない（社会通念によって契約解釈を覆すものではない）ことを明確にするためには、契約解釈のルールを明確化することがやはり重要である。

4　種類債権の特定

・種類債権の目的物は、当事者の合意または指定権がある者の指定がないときは、債務者が物を給付するのに必要な行為を完了したときに特定する。

- 給付する物の程度は、合意または法律の定めがないときは、中等の品質でなければならない。
- 給付に必要な行為の具体的内容は、債務の態様に応じて、当該契約の解釈による。

◆ 条 文 ◆

(1) 特定の意義

　種類債権は、そのままでは給付すべき目的物が特定していないので、履行時までに目的物を特定する必要がある。①契約の当事者の合意により特定する場合はそれでよいが、②契約で指定権が誰にあるか合意されている場合には、その者が指定することによって特定する（民401条2項後段）。③それ以外の場合には、債務者が物を給付するのに必要な行為を完了したときに特定する（民401条2項前段）。

　給付する物の程度は、①当事者の意思（特約）または②法律の定め（民587条〔品質の同じ物〕）があればそれによる。③ない場合には中等の品質（中級品）でなければならない（民401条1項）。上等の物でもよいように思えるが、価格に反映することがあるのでダメである。しかし、明確な定めがなくても、普通は契約の趣旨から明らかなこと（黙示の合意）が多いであろう。

(2) 特定の効果

　特定すると、その時から特定物債権と同じような状況になるので（民401条2項）、債務者は、特定物債権の債務者と同様、その物につき善良な管理者の注意義務を負う。

◆ 解 釈 ◆

(1) 給付に必要な行為

　給付に必要な行為（それが特定時期となる）は、債務の態様により異なると解されている。

(a) **持参債務**

　持参債務とは、給付を債権者まで持参する債務であるから、債務者は、まず債権者の現住所へ持参しなければならず（新484条1項）、かつ、そこで債権者が給付を受領できる状態にすること（民493条本文〔現実の提供という〕）が必要である（大判大正8・12・25民録25輯2400頁〔鱈不着事件〕）。なお、法令または慣習により取引時間の定めがあるときは、その取引時間内に限り、弁済や弁済の提供をしなければならない（新493条2項）。これは商法520条に規定されていたものを削除して、民法で一般化したものである。取引時間外になっても、それが弁済すべき期日内である場合には、債権者がそれでよいとして弁済を受領すれば、後になって履行が遅れた（履行遅滞）ことによる責任を追及することはできない（最判昭和35・5・6民集14巻7号1136頁）。

(b) **取立債務**

　取立債務とは、債権者が債務者から取り立てる債務であるから、債務者は、債権者の取立てに備えて、種類物（不特定物）の中から給付の目的とする物を分離し、かつ、引渡しの準備ができたことを債権者に通知して受領を催告しなければならない（民493条ただし書〔口頭の提供という〕）。分離せず口頭の提供をするだけでは不十分である（最判昭和30・10・18民集9巻11号1642頁〔タール事件〕）。

(c) **送付債務**

　送付債務とは、持参（債権者の住所）でも取立て（債務者の住所）でもなく、指定された場所（第三の住所）へ送付する債務である。債務者は、目的物を分離してその場所に送付し、かつ、そこで債権者が受領できる状態にしなければならない（現実の提供）と解されている。ただし実際には、送付することが債務ではなく好意（サービス）にすぎない場合も多い。このような場合には、そこへ発送すればその時点で特定する。

(2) **特定後の変更**

　債務者は、特定後に給付内容を変更することができるか。特定物債権では目的物は一つしかないが、種類債権で特定した場合には、実際には他の

給付が可能であるため問題になる。契約の趣旨および信義則から見て、変更に合理的な理由があるか否かおよび債権者に不測の損害を生じないか否かで判断するほかない。古い判例では、株式の売買で、いったん特定した株式番号と違う番号の株式を交付したという事例において、変更できるとしたものがある（大判昭和12・7・7民集16巻1120頁）。特殊な場合以外、そもそも番号に特別な意味はないので当然である。

(3) 欠陥ある物の特定

欠陥ある物を特定しても、特定といえるか。特定したことを重視すれば、あとは欠陥ある物を給付した債務者の責任（債務不履行責任〔新415条〕ないし担保責任〔新562条〕）の問題になる（第5章および第7章3で扱う）。しかし、債権者が欠陥を指摘し、債務者もこれに応じるならば、特定の変更または特定のやり直しが実際的である（たとえば、買ったワイシャツのボタンが取れていたので、別のシャツに交換してもらう）。

(4) 制限種類債権の特定

前述したように、制限種類債権とは、一定の限定された範囲内で不特定物の引渡しを目的とする債権である（たとえば、A倉庫内にあるビールのうち1ダース）。通常の種類債権では、特定するまでは目的物を給付することが不能になることはない（一部がなくなってもほかにある）。しかし、制限種類債権では、債務の履行は限定された範囲内でなされるので、特定する前であっても、その範囲内の物がすべてなくなってしまえば、債務の履行が不能となる（前掲、最判昭和30・10・18〔タール事件〕）。ただし実際には、範囲の限定のない種類債権なのか、範囲を限定した制限種類債権なのかが問題になることがある（上記判例は、ため池の中に保管しているタールを2000トン売買するという契約で、2000トンを分離する前にタールが全部滅失してしまったという事案で、いずれか分らないとして破棄差戻しした事例）。結局、種類債権か制限種類債権かの区別は、絶対的なものではなく、当該契約において当事者が目的物の範囲をどのように捉えていたかという契約解釈の問題である。

◆ 発 展 問 題 ◆

　種類債権の特定について今日では、契約解釈の問題であることを基本としつつ、細かなところまで通説が確立しており、民法で、それをどこまで規定するかが問題になる。

　改正の過程では、種々の検討がなされたが、規定してみても結局は契約解釈の問題に行き着くにすぎないことが多いとして、結局、何も改正されなかった。したがって、従来の判例・通説による解釈がそのまま維持されることになるであろう。契約解釈の準則がこれまで以上に重要になることがここでもはっきりしたといえるであろう。

第2章 契約の意義

1 契約の意義

・契約は、すべて当事者の合意を基礎にしているが、合意のうち法的な拘束力があるものだけが契約である。
・契約は、意思自律の原則ないし私的自治の原則に則り、自由に結ぶことができるのが原則である（契約自由の原則）。
・契約は、原則として合意のみで成立し（諾成主義）、例外については特別の規定が設けられている。

◆条 文◆

(1) 契約の意義

契約は、債権・債務の典型的な発生原因である。このため民法典第3編債権では、第1章総則に続く第2章として、契約について170か条にも及ぶ条文を規定している（新521条〜民696条）。しかし、民法の規定は、契約がどのようにして成立するかという条文から始まっており、そもそも契約とは何かを規定していない。それは、古くからの議論によって、契約とは何かは当然のことと理解されているからである（◆**解釈**◆(1)参照）。

(2) 契約自由の原則

契約は、意思自律の原則ないし私的自治の原則により、法令に特別の定めがある場合を除き、自由に結ぶことができる（新521条1項）。これを契約自由の原則という。旧法では、明文の規定がなかったが、新法で規定が設けられた。内容的に従来の解釈と異なるものではないが、契約を基調と

して債権法を規律するという新法の基本的考え方が表れている。

契約自由の原則は、①契約締結の自由（新521条1項）、②相手方選択の自由、③契約内容の自由（新521条2項）、④方式の自由（新522条2項）となって現れる。④により、契約は、原則として合意のみで成立し（諾成主義）、例外については特に規定が設けられている（民587条〔消費貸借〕の要物契約など）。②について明文の規定は設けられなかったが、①の自由は、自己決定権を保障するものであるから、当然そこに含まれる。

契約自由の原則は、経済的には自由主義的経済観をもっともよく反映している。20世紀に入り、資本主義経済の発展とともに相対的な貧富の差が出現するようになると（資本家と労働者など）、自由の名の下に実際には不自由・不平等な契約が強制される事態が生じた（安い賃金で合意しなければ雇用契約を結ばないなど）。そこで、実質的な自由・平等を確保するために、契約自由の原則は特別法などによって制限されるようになっている。たとえば、①②の制限として、電気・水道・ガスのような生活に欠かせない契約では、事業者は正当な理由がなければ契約締結を拒絶できない。また、③の制限として、労働契約や不動産賃貸借契約では、労働者や賃借人にとって一方的に不利益な内容は無効であるとされている。さらに、④の制限として、当事者間の情報収集力や交渉力における格差を是正するために、消費者契約では事業者に契約書面の交付義務があり、保証契約では書面によることが成立要件とされている（新446条2項）。

◆ **解 釈** ◆

(1) 契約と合意

契約は、すべて当事者の合意を基礎にしている。しかし、すべての合意が契約であると解されているわけではない。一般的には、「合意のうち法的な拘束力があるもの」だけが契約であるとされる。法的な拘束力とは、終局的には国家による強制力であり、当事者によって契約が任意に履行されない場合には、裁判所を通じて法的強制（強制執行や損害賠償）がはかられる。

合意の拘束力は、法律効果を発生させようとする当事者の意思（効果意思）に基づいて発生する。民法総則の法律行為・意思表示で詳しく扱われるが、近代民法は、人の意思によって社会を動かそうとする考え（意思理

論：Willensdogma）を基本的な理念としているので、意思に基づく合意だけが契約として拘束力を持つことになるのである。

(2) **対価性**

　国によっては、契約では、合意以外に、契約当事者の一方の与える利益と相手方から得る利益とが対になっていなければならない（対価性）とする立法がある（英米法の consideration〔約因〕、フランス法の cause〔原因〕）。これは、契約によって何らかの給付（財貨や労力）をしなければならないと義務づけられるのは、相手方からもそれに見合った給付を受けるからだという考え方に基づく。このような考え方によれば、贈与のように無償の約束は、贈与者が一方的に自己の財貨を相手方に与えるだけなので、契約ではないことになり、実際にも、これらの国では伝統的に贈与は契約ではなく単なる恩恵であるとされてきた。しかし、わが国やドイツでは、対価性は契約の成立の問題ではなく、成立した契約の内容の妥当性の問題（場合により暴利行為による公序良俗違反となる）として処理されており、贈与も契約であると規定されている（新549条以下）。ただし、書面によらない贈与は解除することができるとされており（新550条）、拘束力が弱められている。

　なお、実際問題としては、純粋に無償な約束というのはあまり考えられず、また、有償か無償かの判断が微妙になることもあるが、金銭的に評価できないもの（たとえば感謝）までを有償と判断することはできない（それでも債権とは言いうる〔民399条〕）。

(3) **自然債務論**

　合意の中には、任意に履行されれば有効だが、履行を強制することはできないという特殊な債務を生じさせるものがあるとして、このような債務のことを自然債務と呼ぶ考え方がある（自然債務論）。判例では、カフェーの女給に、将来独立するときにその資金を贈与すると約束したという事案において、合意の存在を認めつつ、女給からの支払請求を認めなかったものがあり（大判昭和10・4・25新聞3835号5頁〔カフェー丸玉事件〕）、これは自然債務概念を認めたものであると解する見解がある。しかし、はたしてこのような中途半端な概念が必要であるかは疑問である。上記の判例の事

案について学説では、単に道義上の債務であって法律上の債務ではないと解する見解や、法律上の債務だが訴えないという特約が付いていたと解する見解が示されている。また、たとえ法的拘束力のある合意だとしても、贈与するという意思表示は心裡留保による意思表示であり、相手方もそのことを知り得たので無効である（新93条1項ただし書）という処理をすることが可能であろう。これらによれば、自然債務といわなくても支払請求は認められない。

◆ 発 展 問 題 ◆
事実的契約関係論

　電気、水道、ガス、公共交通機関、自動販売機などの日常の定型的取引では、個々人の意思は問題にならず、一定の給付があったという事実で契約が成立するという理論がある。これを事実的契約関係論という。たしかに、自動販売機の利用などについていちいち合意があったか否かを問題にすることは煩雑極まりない。しかし、このような取引でも、成立について異議がある者にはその主張を認めるべきである。実際には、利益を享受しておきながら後に合意しなかったと主張することは認められないことが多いであろうし（後述のように、新527条により意思実現による契約の成立とされる）、錯誤により取り消すと主張してみても通常は重過失があるとされるであろう（新95条3項）。しかし、合意がないという主張をあらかじめ封じる必要はない。むしろ、このような例外的な場面を理由に、合意のない契約もありうるという一般論を導くことのほうが問題である。

　この問題は、次の定型約款とも関係する問題であるが、そこでは、合意を基調とする基本的立場に立ちつつ、「みなし合意」として、実際には合意がない事項についても契約内容となることが認められている。ただし、その場合でも、入口として、そのような契約をすることについての合意は最低限、必要とされていることに注意しなければならない。

2　定型約款

- 大量・同種の取引では、一方の当事者があらかじめ定めた契約条項（約款）が用いられることが多い（附合契約という）。
- 民法改正では、特定の者が不特定多数の者を相手方とする契約内容が画一的な取引（定型取引）のために準備された約款（定型約款）についての規定が新設された。
- 定型取引を行うことを合意した者は、定型約款の内容についても合意したものとみなされる。
- 定型約款の内容の相手方への表示、定型約款の変更については、個別の合意ないし表示が簡略化されている。

◆ 条 文 ◆

(1) **約款の意義**

　預金、保険、アパートの賃貸借などでは、事業者が定めた約款を契約条項として、取引の相手方がそれにそのまま従って（すなわちそれに附合して）契約が締結されることがある。このような契約を附合契約という。このような取引では、同じような内容の取引が大量に繰り返されるので、当事者間で個別に契約内容を協議するよりも契約内容をあらかじめ定めておくことが便利である。しかし、約款にはそれを定める事業者に有利な内容が盛り込まれることが多い。したがって、どのようにしてその内容の合理性を確保するかが問題になる。行政的規制（事業者に対する許認可・監督）には限界があり、立法的規制（借地借家法、消費者契約法などの特別法）や、司法的規制（新90条による公序良俗違反、消費者契約法8条による不当条項規制違反として無効など）が必要不可欠になる。他方、このようにして結ばれる契約でも、当事者間に合意が必要であることに変わりはない。そこで、取引の相手方がその内容を承認するかたちが取られるが、普通は、約款を隅々まで読んでから契約するということはまずない。したがって、このような約款について、どのような約款で、どのような方法によれば当事者間に合意があったと認めるかが重要な課題として残されてきた。

(2) 定型約款

　そこで、民法改正では、「定型取引」を行う者の間で用いられる「定型約款」の合意、内容の表示、変更に関する規定が設けられた（新548条の2～548条の4）。これは、約款といわれるものすべてを規律するものではないが、これまで民法には規定がなかった規律であり、以下ではやや詳しく解説しておこう。

(a) 定型取引と定型約款

　定型取引とは、「ある特定の者が不特定多数の者を相手方として行う取引であって、その内容の全部又は一部が画一的であることがその双方にとって合理的なもの」をいう（新548条の2第1項）。特定の者対不特定多数の者の取引であるから、たとえ同じ内容の契約であっても、相手方の個性に着目した取引（労働契約等）はこれに当たらない。逆に、事業者と消費者間の取引だけでなく、事業者間取引も含まれうる。相手方が誰であってもよいか否かがポイントである。

　取引内容の全部または一部が画一的であることがその双方にとって合理的なものであることが必要である。これは、相手方が個別の交渉をすることなく、一方の当事者が準備した契約条項の全部または一部をそのまま受け入れることが取引通念に照らして双方にとって合理的だという意味である。一方だけにとって利便性があるというだけでは足りない。

　また、定型約款とは、「定型取引において、契約内容とすることを目的としてその特定の者により準備された条項の総体」をいう。個別交渉が行われる余地があるものはこれに該当しない。定型取引のために準備されたものであることが必要なので、約款すべてを規律するものではない。しかし、保険約款、旅行約款、運送約款、預金規定など、通常、約款と呼ばれているものは、ほとんど該当するであろう。

(b) みなし合意

　定型取引を行うことの合意をした者は、以下の場合には、定型約款の個別の条項についても合意したものとみなされる（新548条の2第1項）。
　①定型約款を契約の内容とする旨の合意をしたとき（1号）。
　②定型約款を準備した者（定型約款準備者）があらかじめその定型約款

を契約の内容とする旨を相手方に表示していたとき（2号）。

　いずれの場合も、実際には契約の相手方が定型約款の個々の条項について合意していなくても、定型約款全体について合意したものとみなすものである。これは、約款による契約も、契約である以上、拘束力の根拠は当事者の意思に求められなければならないという考え方に基づいているといえよう。①は、定型約款を用いることを合意した場合であり、とくに問題ない。②については、表示だけでよいのかが問題になるが、これは、定型約款を相手方に表示していれば、相手方はこれに黙示に同意したといえると考えられているものであろう。しかし、約款の拘束力の根拠を合意に求める考え方からすれば、表示をしたことと、それに相手方が同意したこととの間にはかなり開きがあるといわざるをえない。

(c) **信義則に反する不当条項**

　定型約款について合意があったとみなされる場合でも、①相手方の権利を制限し、または相手方の義務を加重する条項で、②信義則に反して相手方の利益を一方的に害すると認められるものについては、合意しなかったものとみなされる（新548条の2第2項）。消費者保護法のように不当条項を無効とするもの（消費者契約10条）ではなく、そもそも合意事項から排除する。したがってまた、ここでの不当条項に当たるか否かは、当事者間の情報や交渉力の格差だけでなく、取引全体から見て判断される。

(3) **定型約款の内容の開示**

　定型約款準備者は、取引合意の後相当の期間内に相手方から請求があった場合は、遅滞なく、相当な方法で定型約款の内容を示さなければならない（新548条の3第1項本文）。これは、一方では、定型取引の相手方は通常定型約款を見ていないことが多いが、そうであっても合意を自ら確認できるようにしておく必要があり、他方では、定型約款の内容を常に相手方に開示しなければならないとしたのでは煩雑であるという事情があることに配慮したものである。相手方からの開示請求を拒んだときは、一時的な通信障害その他正当な事由がある場合を除き、定型約款についてのみなし合意は適用されない（新548条の3第2項）。

　しかし、定型約款準備者が既に相手方に対して定型約款を記載した書面

を交付し、またはこれを記録した電磁的記録を提供していたとき（CD交付、添付ファイルなど）は、この開示義務はない（新548条の3第1項ただし書）。従来の学説では、約款が拘束力を持つためには、相手方への開示が最低限度必要と考えられてきたことからすれば、拘束力の基礎という点では問題を残す結果になったといえよう。

(4) 定型約款の変更

定型約款準備者は、以下の場合には、定型約款を変更し、変更後の定型約款について合意があったものとみなし、個別に相手方と合意をする必要はない（新548条の4第1項）。

①変更が相手方の一般の利益に適合するとき。
②変更が契約をした目的に反せず、かつ、合理的であるとき。

この規定は、合意があることを拘束力の根拠と捉える立場からすれば、一方当事者に変更権を与えるものであり、かなり特殊なものである。そのため、変更によって相手方が利益を得るかまたは不利益を被らないようにしたものである（新548条の2よりも厳しい。新548条の4第4項）。問題になるのは②であるが、合理性の有無は、変更の必要性、変更後の内容の相当性、変更条項の存否、その他の変更に係る事情（相手方の解除権の有無など）に照らして判断される。

定型約款準備者は、定型約款を変更するときは、効力発生時期を定めて変更内容とともに変更を周知しなければならない（新548条の4第2項）。しかし周知の方法は、インターネットの利用などで足り、相手方がそれを認識できるか否かを問わない。相手方が変更を知る機会を与えればよいという考え方による。周知をしなかったときは、変更は効力を生じないが、相手方の一般の利益に適合する変更は、周知しなくても効力を生じる（新548条の4第3項）。

◆ 解 釈 ◆

定型約款は民法改正によって新たに導入された規定であり、解釈の蓄積はない。しかし、今後解釈が必要となるのは以下のような一般的な概念である。

(1) **定型取引の内容の合理性**

　定型取引とは、「ある特定の者が不特定多数の者を相手方として行う取引であって、その内容の全部又は一部が画一的であることがその双方にとって合理的なもの」をいう（新548条の2第1項）。すなわち、取引内容が画一的であることがその双方にとって合理的なものであることが必要である。そこで、この合理性がどのようにして判断されるかが問題となる。前述のように、これは、定型約款をそのまま受け入れることが取引通念に照らして双方にとって合理的だという意味だとされているが、そのような説明は、トートロジカルでもある。少なくとも、双方にとって利便性があることが必要であろうが、それ以上の詳細、すなわちどのような要素が考慮されるかは明確でなく、今後の解釈に積み重ねに委ねられている。

(2) **信義則に反する条項**

　定型約款について合意があったとみなされる場合でも、相手方の権利を制限し、または相手方の義務を加重する条項で、信義則に反して相手方の利益を一方的に害すると認められるものについては、合意しなかったものとみなされる（新548条の2第2項）。前述のように、信義則に反するか否かは、当該定型取引の態様およびその実情、ならびに取引上の社会通念に照らして判断される。そこで、この取引上の社会通念がどのようなものと解されるかが問題になる。双方当事者が事業者であることもあるので、消費者契約法のように、当事者間の情報や交渉力の格差だけをいうのではないとはいえるが、それ以上は定かでない。

(3) **変更における合理性**

　定型約款は、たとえ相手方の利益にならない場合であっても、合理性があれば変更可能である（新548条の4第1項）。一方的な変更を可能にするものであるため、相手方保護という観点からは注意を要する規定である。このため、条文上もこの場合の合理性の判断要素が明記されており、合理性の有無は、変更の必要性、変更後の内容の相当性、変更条項の有無、その内容、その他の変更に係る事項に照らして判断される。しかしこれらの要素自体が抽象的であり、実際に判断をするためにはより詳細な基準が必要である。また、これらの要素を加重的に考慮すればするほど、定型約款

準備者に有利な判断になりやすい。解釈によって合理性の客観性をどう確保するかが課題となろう。

◆ 発 展 問 題 ◆
合意・認識・表示

　従来の約款論では、約款が拘束力を持つためには、少なくとも相手方に約款の内容が開示されていること、およびそれに対する同意（黙示の同意を含む）があることが必要であると解する見解が多かった。そこで、民法改正の過程では、当初、約款が契約の内容となるための要件として、相手方への開示と当事者がその約款を契約に組み入れることの合意が必要であるという案が示されていた。

　これに対して、新設された定型約款の規定では、約款を利用した取引の実務に配慮して、黙示の同意があると構成できないような場合にもその拘束力を認めるものとなっている。しかし、約款の拘束力の最終的な根拠は合意にあるという考え方からすれば、約款を相手方に表示をしたことと、それに相手方が同意したこととの間にはかなり開きがあるといわざるをえない。

　第一に、定型約款準備者があらかじめその定型約款を契約の内容とする旨を相手方に「表示」していたときは、定型約款の個別条項について合意したものとみなされる（新548条の2第1項2号）。これは定型取引に入ること自体については同意があることを前提に、定型約款の内容に対する黙示の同意があったと構成しうる場面である。しかし、実際には、各種の業法（鉄道営業法、道路運送法、航空法等）では、この規定を緩和する特別規定があり、そこでは、定型約款をあらかじめ「公表」していればよく、相手方に事前に表示することすら不要とされている。定型約款が利用される典型的な場面は、ほとんどがこれに当たることが多いであろう。これは相手方が定型約款の存在を認識していない場合でもよいことになるが、それでも相手方の黙示の同意があるといえるのであろうか。

　第二に、この点を補うのが、相手方から請求があった場合には、定型約款の内容を示さなければならないという規定である（新548条の3第1項本文）。あらかじめ内容を開示していなくてもよいのかという問題はあるが、請求があれば開示するのだからそれでよいともいえる。しかし、すでに定

型約款を記載した書面を交付し、または電磁的記録を提供していれば、この開示義務はないとされている（新548条の3第1項ただし書）。相手方がこれにアクセスすれば内容を把握できるという機会を与えているという趣旨である。しかし、そんなに簡単に内容理解に対する責任の所在を相手方に転嫁してもよいのであろうか。たとえ面倒でも請求があればこれに応えるというスタンスではだめなのであろうか。

　第三に、定型約款の変更は、相手方の利益に適合するか、合理的であれば、合意があったものとみなし、その周知方法はインターネットなどによることでよい（新548条の4第1項、2項）。これもまた、相手方に変更を知る機会を与えればよいという考え方である。さらに、変更が相手方の利益に適合する場合には、周知すら必要ない（新548条の4第3項）。しかし、内容が問題なければ相手方が知らないところで変更されてもかまわないという考え方は、自己決定権を基本に据えた考え方とはかなりかけ離れたものであろう。

　以上のように、定型約款の規定は、最初に定型取引に入ることの合意を要求しつつ、その後の展開については、相手方の同意だけでなく、場合によっては表示さえも省略できるものとなっている。規定が新設された今さらとなっては、立法論ではなく、解釈論において、どのようにして相手方の利益が実質的に損なわれないよう配慮するかが今後の課題となろう。

3　契約成立前の法律関係

- 契約は、交渉、準備を経て合意に至るものであり、契約成立前であっても、当事者間には一定の信頼関係が形成される。
- 契約の交渉は原則として自由に行われるが、①契約が無効となった場合、②契約の交渉を不当に破棄した場合、③契約締結に際して十分な情報を提供しなかった場合、④契約の交渉過程で相手方の身体・財産に損害を与えた場合には、自らの過失によって相手方に生じた損害を賠償する責任がある。
- 損害賠償の法的性質については、①一種の契約責任と構成する見解、②不法行為責任と構成する見解、③契約の熟度論があり、議論

が分かれている。
・民法改正に際して、規定を設けるか否かで議論があったが、結局は明文化されなかった。

◆ 条 文 ◆

　契約が成立する前の法律関係について、民法典に明文の規定はない。これは、伝統的には、契約成立によってはじめて当事者間に法律関係が発生するのであって、それより前には何らの法律関係も存在しないと考えられてきたからである。しかし実際には、契約はある日突然締結されるわけではなく、交渉、準備を経てようやく合意に至るものである。この間に、当事者間にはまったくの第三者間とは異なる特別の社会的接触関係が生じている。そこで今日では、一方では、原則として交渉の自由とともに交渉から撤退する自由を認めつつ、他方では、契約の成立前においても当事者間には一定の信頼関係が形成されているとして、その信頼を損なう行為をしたときは、相手方に対して責任を負うべきであると考えられるようになっている。

　そこで、民法改正に際して、規定を設けるか否かで議論があったが、結局は明文化されなかった（◆**発展問題**◆参照）。

◆ 解 釈 ◆

(1) 契約締結上の過失の法理とその拡大

　1861年、ドイツの法学者イェーリング（R.v.Jhering）は、契約締結上の過失（culpa in contrahendo）という法理を提唱した。これは、「過失によって無効な契約を締結させた者は、相手方が契約を有効であると信じたことによって被った損害を賠償する責任がある」という法理である。典型的には、家を売却する契約を結ぶ前に、実際にはその家が消失しており、売主がそれを過失によって知らないまま売却したという例があげられる。この法理は、契約成立前の法律関係についての議論の端緒となり、わが国でも肯定的に迎えられた。しかし、契約成立前の信頼が問題になる場面は、目的物が存在していなかった場面だけに限られない。そこでわが国の学説は、この法理を基礎としつつ、その適用範囲をしだいに拡大させてきた。

(2) 契約成立前の信頼の保護

今日では、以下のような場合には、契約の締結前の一方当事者の過失によって損害を被った相手方は、その賠償を請求することができると解されている。この場合、損害賠償の範囲は、別途特約していた等の事情がない限り、原則として契約が信頼どおり締結されると信じていたために実際に被った損害（信頼利益）に限られるというのが伝統的な理解である。具体的には、調査費用、保管倉庫の費用などである。したがって、契約が履行されていたならば得られたであろう利益（履行利益。具体的には転売利益など）は含まれないことになる。しかし、以下でみるように「信頼」の内容は実際には多様であり、また、信頼利益・履行利益の区別は理論上あいまいでもある。したがって、この概念に拘泥することなく、事案ごとに妥当な損害賠償の範囲（相当因果関係にある損害）を決定すべきである。

(a) 契約が無効となった場合

一方当事者の過失によって契約が無効となり相手方に損害を与えたとき、たとえば、売買契約以前に目的物である家が焼失していたような場合である。ただし、この例は、原始的不能と呼ばれる場合であり、従来は、契約締結前の問題の典型例と考えられてきたが、新法の下では、このような契約も有効に成立するが、売主が履行できない（債務不履行）という問題として処理されることになった（前述、第1章2◆**解釈**◆(3)参照）。

(b) 契約の交渉が不当に破棄されて契約成立にいたらなかった場合

契約の交渉において、交渉を不当に破棄して相手方に損害を与えたとき、たとえば、交渉が煮詰まり契約の締結を待つばかりになっていたにもかかわらず、合理的な理由なく一方的に交渉を打ち切ったような場合である。判例でも、歯科医がマンションを購入するための交渉をして、その過程で分譲業者がレイアウトや電気容量を変更したが、その後一方的に交渉が打ち切られたという事案で、分譲業者に計画変更に要した費用の賠償請求を認めた例などがある（最判昭和59・9・18判時1137号51頁）。ただし、このような場合には、交渉の自由との関係で、「不当破棄」といえるか否かが争点になりやすい。

(c)　**契約は成立したが、契約を締結するに際して十分な情報が提供されていなかった場合**

　契約は成立したが、契約の締結段階で十分な情報提供がなかったために相手方が契約を締結しなかったならば被らなかった損害を与えたとき、たとえば、不動産売買で不動産業者である売主が不動産の状態に関する情報を十分提供していなかったとか、金融取引で金融機関が金融商品のリスクについて十分情報提供していなかったような場合である。裁判例でも、この場合については数多くの事例がある（京都地判平成3・10・1判時1413号102頁、千葉地判平成6・12・12判タ877号229頁〔以上、フランチャイズ契約〕、最判平成8・10・28金法1469号49頁〔変額保険〕、最判平成16・11・18民集58巻8号2225頁〔公団住宅購入契約〕など）。

　もっとも、このような情報提供に関する事例の中には、契約成立前の信頼を問題にするまでもなく、成立している契約上の説明義務（契約の付随義務）違反として、債務不履行責任を問題にできる場合もある（最判平成17・9・16判時1912号8頁〔マンション売主による買主に対する防火戸の説明義務〕、最判平成20・7・4判時2028号32頁〔フランチャイズ運営者による加盟店に対する報告義務〕など）。判断が微妙なこともありうるが、一般的にいえば、情報提供することが当該契約の内容に含まれているか、それとも契約を締結するか否かの判断に関する情報かで区別することになろう。また、このような場合には、十分な情報が提供されていたならばそもそも契約を締結しなかったということもありうる。その場合には、契約の無効（たとえば錯誤〔新95条〕）や取消し（詐欺〔新96条〕、誤認〔消費者契約4条〕）を主張することができる。

(d)　**契約は成立したが、交渉過程で相手方の身体・財産に損害が発生した場合**

　契約は成立したが、契約の交渉過程で相手方の身体・財産に損害を与えたとき、たとえば、交渉担当者の過失によって相手方に傷害を与えたような場合である。契約とは直接かかわりがないが、信頼関係を基礎に損害賠償を請求できる点にポイントがある。

(3) 損害賠償請求権の法的性質

上記のような場合の損害賠償請求権の法的性質については、学説・判例上理解が分かれている。

(a) 一種の契約責任とする見解

従来の通説は、契約が成立していない段階であっても、契約の交渉に入った者の間の関係はまったく無関係な者同士の関係とは異なるとして、これを「信義則に基づく契約法上の責任」と位置づけてきた。最近では、これを基礎にして、「プロセスとしての契約」という考え方（現実の契約は一連のプロセスであり、契約の成立から始まるわけではない）によって説明する説が有力である。ただし、この見解の多くは、契約成立前の段階で、その契約とは別ものとして一種の契約責任を考えるのであり、後に契約が成立した場合であっても、その契約に基づく責任であると構成しているわけではないことに注意すべきである。

(b) 不法行為責任とする見解

これに対して、従来契約成立前の信頼の問題とされる場合は、過失ある者の不法行為（民709条以下）と構成すれば十分であり、特別な法理は不要であるとする見解も根強く主張されている。それによれば、ドイツでは不法行為責任が認められる要件が厳格であるため、被害者を救済するためには契約責任を拡張しなければならなかったという事情があるが、わが国ではそのような事情はないので、特殊な法理を用いる必要はないし、むしろそのような法理のために契約の成立という問題があいまいになってしまうとする。不法行為構成では、故意・過失の立証責任が被害者にあるという点（後に扱う「債務不履行」で述べるように、契約責任では立証責任は逆になる）、および損害賠償請求権の消滅時効（債務不履行では5年〔新166条1項1号〕、不法行為では3年〔新724条1号〕）の点では契約責任構成よりも被害者に不利であることになるが、それは不法行為法の解釈によって克服できるとする（立証責任の転換、時効起算点の解釈など）。また、従業員の過失による場合には、債務不履行構成では特別な法理（後に扱う「履行補助者の過失」の法理）が必要になるが、不法行為構成ならば、端的に使用者責任（民715条）を問えるとする。

(c) 契約の熟度論

　最近では、従来の通説を基礎としつつ、契約が成立していないにもかかわらず「一種の」契約責任と構成するあいまいさに対する批判をふまえて、契約前の信義則は、交渉の過程で次第に煮詰まってゆくものであり、その熟度に応じて責任が重くなるという考え方が示されている（契約の熟度論）。このような考え方は、イメージとしては理解しやすいが、契約成立前の状態を法的にどのように構成するかについてはいまだ不明確な点が多い。有力な説は、契約の成立前には「予備的合意」が成立していると構成するが、それは交渉の過程で事実として存在する当事者の合意を法的な契約と混同するものであるとの批判がある。

(d) 最近の判例

　以上のように学説上議論がある中で、最判平成23・4・22民集65巻3号1405頁は、信用協同組合の経営が破綻し、出資金の払戻しを受けられなくなった出資者が、経営破綻の現実的な危険があることを説明しないまま出資を勧誘したことは、信義則上の説明義務違反であるとして組合に損害賠償を請求したという事案において、後に締結された契約は説明義務の違反によって生じた結果であって、説明義務をもってその契約に基づく義務であるということは一種の背理であり、契約締結の準備段階においても信義則上の義務が発生するからといって、その義務が当然にその後に締結された契約に基づくものであるということにはならないとしたうえで、出資者が契約を締結したことにより被った損害につき組合が負う責任の性質は不法行為責任であるとした（そして、請求権が消滅時効にかかっているとして請求を認めなかった）。

　この判決は、契約締結前の説明義務違反は不法行為の問題であることを明らかにした。しかし、後に成立した契約をもって契約成立前の義務を論ずることが背理であるとしても（契約が成立しなかった場合を考えてみれば明らかである）、そのことから、契約締結の準備段階での信義則上の義務違反が不法行為責任であることが必然的に導かれるわけではない。学説上、信義則によることを主張する見解の多くは、後の契約とは「別の」一種の契約責任を論じるものであって、判決のいうような背理を説くものではない。したがって、この判決によって、学説上の議論がすべて否定されたこ

とにはならないであろう。

　以上のような契約成立前の法律関係についての対立は、契約成立前の状態は法的にゼロではないが100でもないことを共通認識としながら、そもそも契約とはどのようなものかについての理論的な考え方の違いによるものである。この問題を契機に、理論上、契約とは何か、契約の成否（事実問題）とその効力（法律問題）とはどのような関係にあるかなどの議論が本格的に行われるべきである。しかし、実際の問題解決にとって重要なのは、契約成立前の段階での損害賠償の要件・効果（時効期間も含めて）はいかなるものであるべきかを具体的に明らかにすることであり、これを明文化すれば実務上は責任の性質にこだわる必要はない。

◆ 発 展 問 題 ◆

　今後は、契約成立前の法律関係についてこれまで判例・学説によって確立されてきた基本的な考え方を確認した上で、損害賠償を請求するための要件・効果をどのように明確化するかが課題である。そこで、民法改正に際して、明文規定を設けようとの立法提案がなされた。その概略は以下のようである。

　①契約交渉の自由　契約成立前の法律関係を規律する前提として、原則として契約交渉は自由であり、交渉過程での交渉に伴う責任や情報提供に伴う責任を問われるのはあくまで例外であることを明らかにする。これは、契約成立前の責任に関する規定を明文化すると、あたかもそれが原則であると受け止められることにより自由な契約交渉が阻害されるおそれがあるとの懸念に配慮したものである。

　②契約交渉の不当破棄　契約交渉の当事者の一方は、相手方が契約の成立を確実であると信じ、かつ、交渉に関する一切の事情に照らしてそのように信ずることが相当であると認められる場合には、相手方に生じた損害を賠償する責任を負う。

　③情報提供義務　契約交渉の当事者の一方がある情報を知らずに契約を締結したために損害を被った場合、相手方が当該情報を契約締結前に知りまたは知ることができたときで、かつ、一方の当事者が当該情報を入手することが期待できず、当該情報を知っていれば契約を締結しなかったであろうときには、相手方は一方当事者に生じた損害を賠償する責任を負

う。

　しかし以上のような提案に対しては、こうした契約締結前の状況における信義則違反を逐一具体化する規定を置く必要はないのではないかという基本的な疑問が出され、結局、改正法案からは除外されて明文化されることはなかった。学説は、契約締結前でも一定の場合には責任を負うべきであるというこれまで積み上げられた議論の成果を明文化するのが妥当であると考えたのに対して、取引実務は、それはあくまで信義則に反するような限られた例外的場合でしかないという認識であり、この差が露呈したものであろう。

　たしかに、自由な交渉の例外とはいえ、このような規定を明文化することにより、自由な交渉が委縮し、また無用な紛争が増発するとの懸念は理解できるところもある。しかし、他方では、内容的には、これまでの判例や学説の域を超えるものではなく、むしろ、損害賠償をしなければならない場合を特定しているものであって、明文化することにより、法律専門家以外の者にとってもルールの明確化、一般化に資するというメリットもある。これをどのように調整するかは今後の課題として残された。

章 契約の成立

1 民法の契約規定

- 契約法各論では13種類の契約が規定されているが（典型契約）、これが契約のすべてではない。
- 実際には、民法に規定がない契約（非典型契約）や典型契約と非典型契約を組み合わせた契約（混合契約）があり、また、物権法、債権総論、家族法などにも契約の規定がある。
- しかし、典型契約を規定することには、当事者が契約を締結しようとする際の拠り所や、裁判官がある契約の効力を判断する際の基準を提供するという積極的な意義がある。

◆ 条 文 ◆
(1) 民法の構成

　民法の契約規定は、総則と各論から成り立っている。総則では、①契約の成立として、契約の一般的な締結方法が、②効力として、契約の特殊な効力が、③契約上の地位の移転として、契約当事者の一方がその地位を第三者に譲渡する方法が、④解除として、契約解除の方法・効果が、⑤定型約款が規定されている。定型約款についてはすでに解説した（第2章2）。その他の規定は、実際上、契約の前提となる債権・債務に関する債権総論の規定と密接に関連している（とくに契約の不履行の効果としての債務不履行制度）。そこで本書では、契約の成立→契約の効力→契約の履行（不履行）→不履行の効果という順序で、債権総論と契約法を織り交ぜて解説する。また、契約上の地位の移転は、債権関係における当事者の交代に係る

問題として、第19章の債権譲渡で解説する。

(2) 契約の種類

　契約各論では、13種類の契約（典型契約という）が規定されている。しかし、実際に締結される契約はこれにとどまらず、民法に規定がない契約（非典型契約ないし無名契約という）が非常に多い。典型契約と典型契約を組み合わせた契約や、典型契約と非典型契約を組み合わせた契約もある（混合契約という）。また、物権法や債権総論の中で規定されている契約もある（質権・抵当権設定契約、保証契約、更改契約）。さらには、家族法にも契約の規定がある（夫婦財産契約）。

　多種多様な契約をいくつかの要素によって分類すれば以下のような類型に分けられる。

　①**有償契約・無償契約**　　一方当事者の給付に対して対価を支払うことが必要か否かという区別。典型契約でいえば、売買、交換、賃貸借、雇用、請負、和解は有償契約であり、贈与、使用貸借は無償契約である。代表的な有償契約である売買の規定は、他の有償契約に準用される（民559条）。消費貸借、委任、寄託、終身定期金は、有償・無償のいずれの場合もある。しかし、組合は、各当事者が共同してひとつの事業をするための契約であり（民667条）、当事者の対立構造による分類に馴染まない。

　②**双務契約・片務契約**　　当事者双方が債務を負うかそれとも一方当事者のみが債務を負うかという区別。売買契約は代表的な双務契約であり、売主が目的物を引き渡す債務を負い、買主は代金を支払う債務を負う。他方、贈与契約は片務契約であり、贈与者が目的物を与える債務を負う。①の区別とほとんど一致するが、利息付消費貸借は、有償（利息）だが、片務（借主のみ債務を負う）契約である。民法には双務契約にのみ適用される規定がいくつか存在する（第4章参照）。

　③**諾成契約・要物契約・要式契約**　　合意だけで成立するか否かという区別。大多数の契約は諾成・無方式契約である。旧法の下では、消費貸借、使用貸借、寄託契約が要物契約であり、目的物の交付があってはじめて成立するとされていた（民587、旧593、旧657条）。これは歴史的に①の無償性と関連しており、有償でなされるとき、ないし有償取引の一環としてなされるときは実体に合わないことが生じる。このため民法改正では、

消費貸借とは別に諾成的消費貸借が新設され（新587条の２）、使用貸借、寄託契約は諾成契約に改められた（新593条、新657条）。

　また、要式契約は合意以外に何らかの方式を備えてはじめて成立する。民法では、法令に特別の定めがある場合を除き、無方式契約であると規定されている（新522条２項）。諾成契約でも契約書が作成されることが多いが、それは後日の証拠のためであって要件ではない。典型契約に要式契約はないが、保証は、保証人保護のために要式契約（書面）とされている（新446条２項）。

◆ 解 釈 ◆

(1) 典型契約を規定する意義

　契約は原則として自由に結んでよいので（契約自由の原則）、契約をできるだけ典型契約のどれかに当てはめなければならないというものではないし、典型契約のほうが非典型契約よりも重要だともいえない。そうだとすれば、あえて民法で典型契約を定めておく必要はないのではないかとも思われる。しかし近年の学説では、典型契約の規定は当事者が契約を締結しようとする際の拠り所となり、また裁判官がある契約の効力を判断する際の基準ともなるのであり、もし規定がなければ、社会的な事実が法的にどのように取り扱われ、どのような意味を有するかをすべて一から考えなければならなくなってしまうとして、典型契約を規定することに積極的な意義を見出す見解が有力である。本書でも、売買、消費貸借、賃貸借、委任を中心に解説を進めるのは、それらの契約が財貨交換と労務提供の基本的な仕組みを提供しているからである。

(2) 冒頭規定の意義

　各典型契約規定の最初の規定（冒頭規定という）は、その契約の成立に必要な要件を定めている。しかし、当事者がこれ以外に必要だと考える事項があるときは、それについて合意していなければ契約は成立しない。また、貸借型契約（消費貸借、使用貸借、賃貸借）では、借りた物の返還時期を定めなければ意味がないという議論がある（司法研修所の旧見解）。これは、契約に条件や期限が付けられている場合、その成就や到来をいずれの当事者が主張・立証するか、またそれが契約によって異なるかという問題

にかかわっている。

◆ **発 展 問 題** ◆
典型契約の意義
　典型契約についての問題は、現在の13種類の典型契約でよいかという点にある。売買、消費貸借、賃貸借、委任などが取引社会で頻繁に締結される契約であり、そのモデル規範を規定しておくことに意義があることは疑いない。しかし、交換、終身定期金、和解が頻繁に利用される契約かといえば首を傾げたくなる。また、雇用の主要な問題は労働法で規定されており、組合は団体法として法人との関係で位置づけたほうがよいとも思える。他方では、現代社会では、各種の役務（サービス）提供契約や、いくつかの典型契約の側面を併せ持つ契約（ファイナンス・リースなど）が登場しており、民法にはそのガイドラインを示す役目もあるように思われる。
　民法改正では、これらの事情を勘案して、ファイナンス・リースや役務提供契約について規定することが議論された。これらを典型契約として規定することによって適正な標準としての機能を果たすことが期待されたのである。しかし、現段階ではこれらの契約の標準的な内容・効果が確定しているともいえない状況にあり、結局、立法化は見送られた。典型契約を規定する意義がどこにあるかという根本から考えるという大きな課題が残された。

2　契約の成立要件

・契約は申込みと承諾の合致によって成立する。
・契約は承諾の意思表示がなくとも、承諾があったと認められるような事実があった場合にも成立する（意思実現）。
・相手方の申込みを誘う趣旨でなされる申し出を申込みの誘因という。
・申込みと承諾の合致という当事者の対立構造は、現代的な多数当事者による取引関係を説明するには適合的でないことがある。

◆ 条文 ◆

(1) 申込みと承諾の合致

　契約は契約当事者間での合意である。前述したように、原則としてそれ以外の要件はない（例外として、要物契約、要式契約）。この合意がどのように形成されるかにつき、民法は申込みと承諾の合致という仕組みを用意している（新522条1項）。これは契約の当事者として二当事者を想定し、一方が他方に対して申込みという意思表示をし、これに対して他方が承諾という意思表示をする、というものである。申込みと承諾は、いずれに向けられた意思表示かという点でちょうど相対立しているが、内容的には一致していなければならない。すなわち、契約の成立要件は、申込みと承諾の合致である。

　申込みとは、承諾があれば契約を成立させるという意思表示である。また、承諾とは、申込みを受けて契約を成立させるという意思表示である。承諾するか否かは自由であるが（契約締結の自由）、電気・水道・ガスの供給契約など生活に必需の契約では、特別法により、事業者は正当な理由がなければ締結を拒めないものとされている。申込みに条件を付けたり、内容を変更したときは、それで契約を締結するつもりがあれば、承諾ではなく新たな申込みをしたものとみなされる（民528条）。

　ただし、実際の契約においては、これが申込みであり、承諾であるというようにそれぞれを特定して交渉が行われるわけではない。契約の成立にとって重要なことは、当事者間でどのような合意が成立したか、またそれはいつかを確定させることであり、申込みと承諾という概念はこのような契約解釈を容易にするための法律構成にほかならない。たとえば、ある申し出のすべてについて同意していなくとも、両当事者が合意できた部分で契約を成立させる意思であれば、その合意に対応した申し出と同意が申込みと承諾である。

(2) 意思実現

　意思実現とは、承諾の意思表示がなくとも、申込者の意思表示によりまたは取引慣習上承諾を要しない場合には、承諾があったと認められるような事実で契約を成立させることをいう（新527条）。あくまで事実であって、それを意思表示とみなすわけではない。たとえば、ホテルの部屋を予

約したところ、ホテルがこれに応じて部屋を確保した場合（履行準備行為）や、レストランで注文と違う料理が出てきたが、それをそのまま食べた場合（権利実現行為）がこれにあたる。実際の事例では、黙示の承諾（意思表示）があったといえる場合も少なくないが（注文に応じて、商品を発送した場合など）、意思実現では申込者への通知がなくても契約が成立する点で異なる。なお、消費者取引で、事業者が商品とともに一定の期間内に返事がない場合には契約したものとみなす旨の文書を勝手に送りつけてくることがあるが（ネガティブ・オプションという）、たとえこれを放置してもそれで承諾があったとはいえない。しかし商人間では、平常取引する者からの申込みに対して遅滞なく諾否の通知をしなかったときは、承諾したものとみなされる（商509条）。

(3) 懸賞広告

ある行為をした者に対して一定の報酬を与える広告を懸賞広告という（新529条）。逃げた飼い犬を探し出して連れてきてくれた人には報酬を支払うといった広告を出すような場合である。一定の行為をした者のうち優等者のみに報酬を与える広告は優等懸賞広告という（民532条）。民法には撤回や報酬の分配に関する規定があるが、旧法では、懸賞広告を知らずに当該行為をした者にも報酬を支払う義務があるか否かについての規定がなかった。懸賞広告を契約の申込みであると解すると、広告を知らない者は承諾をしたことにならず、報酬支払義務はないことになる。他方、懸賞広告は一定の行為がなされることを停止条件として報酬を支払うという単独行為であると解すると、報酬支払義務があることになる。新法では、懸賞広告を知っていたか否かにかかわらず、報酬支払義務があると規定された。しかし、この規定は任意規定であり、一律に解する必要はなく、広告の趣旨によるというべきであろう。

◆ 解 釈 ◆

(1) 申込みの誘引

ある申し出をしても相手方の同意によって直ちに契約を成立させるつもりがないときは、それを申込みと評価することはできない。この場合には、相手方の同意が申込みとなる。このような相手方の申込みを誘う最初

の申し出のことを、条文はないが、申込みの誘引と呼ぶ。たとえば、アルバイト募集の張り紙を見て誰かが応募してきた場合、応募が申込みになるので、どのような人物かを見極めて雇うか否か（承諾するか否か）を決めればよい。実際には申込みかその誘引かの区別が明確でないことがあるが、一般的には、相手方の個性（人物や経済力）を見た上で契約する趣旨か否かで判断することになろう。したがって、商品に値札を付けたディスプレイは通常は申込みといってよいが、訪問販売、通信販売、電話勧誘販売では、契約の勧誘は申込みの誘引だと規定されている（特定商取引2条）。

(2) 交叉申込み

交叉申込みとは、同じ内容の申込みがやりとりされた場合に契約を成立させることをいう。条文はないが、意思表示が合致しているので契約を成立させてよいというのが多数説である。後の申込みを承諾とするわけではない（後述3の契約成立時期に影響する）。しかし、契約を成立させたければ、最初の申込みに対して承諾をすればよいので、実際上このような方式を認める必要があるかは疑問である。なお、英米法では、かつて、Battle of Forms（書式の戦い）という問題があった。これは、A社が自己に有利な約定を付けてB社に申込みをし、これに対してB社も自己に有利な約定を付けてA社に申込みし直すが、それに対してA社が再び自己に有利な約定を付けて送り返すことを繰り返し、最終的に自己に有利な内容で契約を成立させようという戦いである。しかし、いくら申込みを繰り返しても、それに対する承諾がない以上、契約は成立しない。

◆ 発 展 問 題 ◆

多角取引と多数当事者間契約

民法では、契約は申込者と承諾者の二当事者間での意思表示の合致により形成されるという原則が採られている。しかし、実際の取引社会では、「三人以上の多数当事者間」で、各当事者が取引によってそれぞれ「固有の利益」を実現するために、独立の当事者として契約を個別に締結し、これら複数の契約を組み合わせることによって、「意思表示の合致がない」当事者間を含めて、「一つの社会的・経済的目的」を達成しようとする取

図3　多数当事者間契約

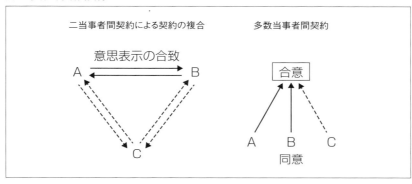

引が存在する。このような「三当事者以上の者により、複数の契約によって、各当事者の独立の利益を実現するために行われる、一つの取引」（多角取引）には、たとえば、リース取引、クレジット取引、ネット契約、フランチャイズ契約、サブリース契約、下請負などがある。これらは、民法典に直接の規定がない現代的な多角取引である。他方で、民法典にすでに規定があるか解釈上その存在が定着している多角取引も存在する。たとえば、保証取引、併存的債務引受、第三者のためにする契約、転貸借などは、多数の当事者が固有の利益を有しながら複数の契約から構成されている取引である。

　クレジット取引のように、クレジット会社・販売店・消費者間で、一つの取引を形成している場合には、各当事者が相互に関連性を有していることに基づく効果（たとえば、欠陥商品であったときはクレジット代金の支払いを留保するなど）を導くためには、この取引が三当事者からなる契約関係であるということが簡潔であり実体にも合っている。しかし、契約は相対立する申込みと承諾の合致であるという構成では、この取引は、提携契約・立替払契約・売買契約の3つの契約を複合させた取引であると構成せざるをえないので、各契約の一体性や密接な関連性をうまく説明できず、特別法によって消費者を救済する（たとえば、割賦販売30条の4〔抗弁の接続〕）といった方法にとどまっている。

　これを克服するために種々の議論が展開されているが（契約結合論、経済的一体性論、給付の関連性論、ハイブリット契約論など）、現在までのとこ

ろ新たな契約の基礎理論が確立されているとはいえない。今後は、契約は二当事者でなされるという二当事者間契約の原則の基づく、いわば「線」の複合ではなく、取引全体をいわば「面」として捉え、多数当事者間で一つの契約が成立することもあるという考え方（多数当事者間契約論）への転換が必要ではなかろうか（図3）。このような考え方によれば、ある当事者が提案した事項に対して、取引に参加する各当事者がこれを「同意」することにより、当該取引の基本契約（基本合意）が成立し、各当事者間では、それを具体化する個別条項が定められる、と構成することになる（法人設立行為である合同行為と本質的な違いはなくなる）。

3 契約の成立時期

・契約は、申込みを承諾した時に成立する。
・旧法では、隔地者間での契約は、承諾を発信した時に成立すると規定されていたが、これは現代における取引実体を反映しておらず、意思表示の効力発生時期についての原則どおり、承諾が到達した時に成立すると改められた。

◆ 条 文 ◆

(1) **対話者間での契約**

(a) **成立時期**

申込み、承諾が対話者間で取り交わされる場合には、申込みの意思を発信した時とそれが相手方に到達した時との間にタイムラグがない。承諾も同じである。そこで、対話者間での契約は、申込みを承諾した時に成立すると解されている。対話者とは、当事者間に時間的な間隔がないことをいう。したがって、電話での会話は対話者間である。しかし、新法の下では、意思表示の効力発生時期についての到達主義の原則（新97条1項）は、次の隔地者間だけでなく対話者間にも適用されることになったので（旧526条の削除）、隔地者間と区別する実益はほとんどなくなった。

(b) 撤回・失効

　他方、対話者間でも申込みを受けて承諾するまでには間があるため、申込みの撤回・失効という問題が生じ得る。まず、承諾期間を定めのある申込み（「1週間以内にお返事ください」など）は、その期間内は、撤回権を留保していない限り撤回できず（新523条1項）、その期間の終了によって失効する（同条2項）。次に、承諾期間の定めのない申込みは、対話が継続している間はいつでも撤回することができ（新525条2項）、この間に承諾の通知を受けなかったときは失効する（同条3項）。ただし、これは任意規定であり、申込者が対話終了後も申込が効力を失わない旨を表示すればそれによる（同項ただし書）。

(2) 隔地者間での契約
(a) 成立時期

　申込み、承諾が隔地者間で取り交わされる場合には、発信と承諾との間に時間的な間隔があるので、それぞれがいつ効力を生じ、契約はいつ成立するのかが問題になる。

　申込みも承諾も、意思表示の原則どおり、相手方への到達によって効力を生じる（新97条1項）。したがって、契約は承諾の到達によって成立することになる。到達とは、相手方の支配領域に入ること、すなわち了知可能性が発生することである（最判昭和43・12・17民集22巻13号2998頁、最判平成10・6・11民集52巻4号1034頁〔いずれも申込みの事例ではない〕）。ただし、申込者が申込み後に死亡し、意思能力を有しない常況にある者となり、または制限行為能力者となった場合には、通常の意思表示（新97条3項）と異なり、申込者がそのような事実が生じれば申込みは効力を有しない旨の意思を表示していたとき、または相手方が承諾の通知をするまでにそのような事実が生じたことを知ったときには、申込みは効力を失う（新526条）。この規定が97条3項の特則という意味について、以前は、申込みの発信後で到達以前にそのような事実が生じた場合のみ適用されると解されていたが、近時の多数説では、申込み到達後であっても承諾期間内に生じた場合には、当事者双方に損害が生じないので適用があると解されていた。新法の規定はこれを受けたものである。

(b) **撤回・失効**

　隔地者間では、対話者間以上に、申込みを受けて承諾するまでに時間的間隔があるため、当然に申込みの撤回・失効という問題が生じる。まず、申込みの到達前は、申込みを自由に撤回できると解されている。そうすると、到達した後は撤回できないようにも思えるが、承諾がないまま申込みだけが延々と継続する事態が生じないよう、一定の場合には到達後でも申込みは撤回でき、失効することがあるとされている。承諾期間の定めのある申込みは、承諾期間内は承諾を待つべきなので、その期間内は撤回権を留保していない限り撤回できず（新523条1項）、その期間の終了によって失効する（同条2項）。これは対話者間と同じである。次に、承諾期間の定めのない申込みは、申込者が承諾の通知を受けるのに相当な期間内は撤回できない（新525条1項）。相当な期間を経過したが申込みを撤回していない場合のその効力については規定が設けられなかったが、従来から通説は、相当期間経過からさらに相当期間を経過して申込みは失効すると解している（商人間では相当期間内に承諾通知を発しなかったときに失効する〔商508条〕）。新法の下でもこの解釈が維持されよう。以上によると、承諾者は申込みの到達後、承諾期間内または相当期間内に承諾をする必要がある（承諾適格という）。ただし、いずれの規定も任意規定であるから、申込者が一定期間内は撤回できるとして申込みをしてもかまわない。

(c) **延着**

　旧法の下では、承諾について発信主義を採っていたため、発信とそれが申込者に到達する間にタイムラグが生じ、これを調整するための規定が設けられていた（旧522条、527条）。しかし、承諾についても到達主義を採ることとした現在では、このような規定は不要であり、削除された。

　ただし、承諾期間を定めた申込みで、承諾が延着した場合には、申込者は、延着した承諾を新たな申込みとみなしてもよい（新524条）。

◆ **解　釈** ◆

(1) **承諾についての到達主義の採用**

　旧法の下では、承諾は発信時に効力を生じるとされていた（旧526条）。承諾について発信主義を採った理由について、申込みはその内容が多様で

到達してみないことには分からないが、承諾の内容は Yes のみなので（内容変更は新たな申込みになる）、契約を迅速に成立させたほうがよいというのが起草者の説明である。しかし、このような理由は手紙でのやり取りを想定したものであり、現代の取引実体を反映していない。今日では通信手段が発達しているのであるから到達にそれほど時間がかかることはなく、申込者のリスクを考慮すれば到達主義のほうが妥当である。世界的潮流も到達主義である（ウイーン国際動産売買条約18条。日本も加盟しすでに発効している！）。コンピューター、ファックス、テレックス、電話による承諾通知については、特別法（電子消費者契約及び電子承諾通知に関する民法の特例に関する法律4条）により、民法526条は適用されないとされていた（到達主義になる）。新法はこれを受けて、承諾についても到達主義によることとしたのである（これに伴い、特別法の規定は削除された）。

(2) 契約の成立の証明

契約の成立に関する民法の規定は複雑なので、訴訟において隔地者間での契約の成立を主張してその履行を請求する場合の主張・立証責任について整理しておこう。まず、契約が成立したことを証明するためには、申込みがなされそれが到達したこと、承諾がなされそれが到達したことを主張・立証しなければならない。これは申込者、承諾者で同じである。承諾者が契約の成立を証明するためには、さらに申込みの到達後、承諾期間または相当期間内に承諾を通知したこと（承諾適格があること）を主張・立証しなければならない。これに対して申込者側は、承諾の延着（承諾期間の定めがあり、その期間を経過していること）、申込みの撤回、申込み後の死亡・意思無能力、制限行為能力を抗弁として主張・立証して契約の成立を阻止することができる。

◆ 発展問題 ◆

承諾について到達主義が採用された結果、契約の成立に関する理論的統一が実現した。しかしそれでも民法の規定は複雑なので、すんなりと頭の中に納まるというわけにはいかない。そこで以下では、これを一覧表にしておく（**表1**）。

表1　申込みと承諾

契約の成立	申込み		到達で効力発生
	承諾		
申込みの撤回	承諾期間の定めあり		期間内は撤回不可
	承諾期間の定めなし	対話者間	対話継続中は撤回可
		隔地者間	相当期間内は撤回不可
申込みの失効	承諾期間の定めあり		期間終了により失効
	承諾期間の定めなし	対話者間	対話終了により失効
		隔地者間	相当期間経過後さらに相当期間経過で失効（解釈）
申込者の死亡等	申込者が失効について意思表示していたとき		失効
	相手方が承諾前に事実を知ったとき		
承諾の延着	隔地者間	承諾期間の定めあり	新たな申込みとみなすことができる

第4章 契約の効力

1 契約の基本的効力

- 債権の基本的効力は、履行請求権であるが、その性質については議論がある。
- 双務契約では、双方の債権債務が対価的牽連性を有していることからする特別の効力（同時履行の抗弁権、危険負担）がある。
- 契約は原則として契約当事者のみを拘束するが（契約の相対性）、第三者のためにする契約はその例外である。

◆ 条 文 ◆

(1) **債権の効力**

　契約は、債権の主な発生原因であるから、債権の効力が契約の基本的な効力である。しかし、債権の具体的内容は千差万別であり、また、契約に基づく債権では、契約自由の原則に則り、契約内容は原則として当事者の自由に委ねられているのであるから、それ以外に債権ないし契約一般の効力として民法で規定すべきことはほとんどないのである（物権法はこれと対照的に、内容の詳細についてまで規定がある）。

　すなわち、債権総論で「債権の効力」と題して規定されているのは、「債務不履行の責任等」（新412条〜新422条の2）、「債権者代位権」（新423条〜新423条の7）、「詐害行為取消権」（新423条〜新426条）のみである。前者は、債務が任意に履行されなかった場合の債権者の救済手段に関する規定であり、後の二者は、債務者の行為ないし債務者がなすべき行為をしないことによって債権の実現が困難になるかあるいはその可能性がある場合の

債権の保全手段に関する規定であって、債権関係が存続中の債権者・債務者間の状態を直接規律する規定ではない（いずれも後に順次解説する）。

また、債権はその内容が達成されて実現されることが最終目的であるが、これについては、「債権の消滅」として、弁済、相殺など債務者が債務を履行するための各種の方法が別途規定されている（新473条～新520条の20。これについても後に順次解説する）。

これ以外に債権の効力として問題になるのは、そもそも債権者は債務者に対して債務の履行を「請求」できるのかということであるが、これを正面から認める規定はない。これが認められるという結論に異論はないが、その位置づけについて議論がある（◆解釈◆参照）。

(2) 双務契約の効力

上記の規定以外に、債権各論の契約総則には、「契約の効力」（新533条～539条）と「契約の解除」（民540条～新548条）という款がある。これは各種の契約に共通する効力について定めたものである。このうち解除は、債務不履行と連動した問題であるが、契約では、債務者の責任を追及するだけでなく、債権者が負っている反対債務を消滅させなければならないことが多いため、契約法で規定されている（本書では、契約不履行に伴う効果として、債務不履行とともに後に解説する）。

こうして、民法上、契約の効力として残るのは、①同時履行の抗弁権（新533条）、②危険負担（新536条）、③第三者のためにする契約（新537条～539条）のみである。このうち、①と②は、契約のうちでも、当事者双方が債務を負う契約である双務契約では、債権者は債務者でもあり、債務者は債権者でもあるというように、双方の債権債務が相互に向き合っている（これを「対価的牽連性」という）という構造に基づく特別の効力である。ここでいう特別とは、双務契約の本質的な性質という意味で理解すべきである。たとえば、典型的な双務契約である（動産）売買契約では、売主は目的物を引き渡す債務を負い、売主は代金を支払う債務を負っているが、これらの債務はそれぞれ独立して存在しているわけではなく、いわばワン・セット（目的物と代金の交換）になっており、本来一方だけでは意味がない。このため、一方の債務は、他方の債務の成立、履行、存続に影響を受ける。どのような影響を受けるかがあらかじめ定められていればそれ

によればよいが、定めがない場合であっても、双務契約であることから最低限①②のような効力があるとされているのである。

　他方、③は契約の人的効力の拡大という問題にかかわる。すなわち、契約は原則として契約当事者のみを拘束する（これを「契約の相対性」という）。これは、第三者のことについて契約することは、その者の自己決定の自由を侵害することになるというフランス民法の考え方に由来する。しかし、実際には、経済の発展に伴って、第三者に利益を与えるような契約も認める必要性が出てくる（たとえば、受取人を第三者とする生命保険契約）。そこで、フランスでも、契約の相対性の例外として、第三者のためにする契約が認められるようになり、わが国の民法もこれを契約総論に規定しているのである。第三者に義務を課す契約は認められていない。しかしこのような沿革的な理由は、今日では克服されており、より進んで、多数当事者からなる現代的な契約関係をどのように法律構成するかが課題となっている（第3章2◆発展問題◆参照）。その際、第三者のためにする契約は、このような契約の伝統的なモデルの一つとしての意義を有するといえよう。

◆ 解 釈 ◆

(1)　**履行請求権の性質**

　債権者は、債務者に対して債務の履行を請求することができると解することに異論はない。民法には、これを正面から認める明文規定はないが、民法改正で、履行が不能であるときは、債権者はその履行を請求できないという規定が設けられた（新412条の2第1項）。これは、債権者が履行請求権を有することを前提にした規定である。問題はその位置づけである。前述したように（第1章1◆解釈◆(2)）、債権は請求力という基本的性質を有しており、伝統的な立場では、履行請求権はこの性質からする本来的機能であるとされる。債務不履行の効果としての解除や損害賠償請求権とは次元が違うという位置づけになる。

　これに対して、近年では、履行請求権は、債務不履行が生じた場合に債権者に与えられる救済手段の一つであるという考え方が有力に主張され、このような理解は世界的な潮流にも親和的であるともいわれている。これによれば、履行請求権は、履行強制、解除権、損害賠償請求権と同じ次元

にあると位置づけられる。

(2) 履行請求権と他の権利との優先関係

　伝統的な立場からすれば、債権者のなすべきことは、第一次的には、契約の趣旨に従って債務者に対して債務の履行を請求することである。そして債務が履行されない場合に、第二次的に契約の解除や損害賠償を請求することになる。これに対して、履行請求権を債務不履行に対する救済手段の一つと位置づける考え方からすれば、履行請求とその他の救済手段との間には原理的に優先関係はないことになる。しかし実際には、英米法における考え方を参考に各救済手段を同列に捉える見解や、わが国の民法の解釈としては債務者の自己決定を尊重してまず履行請求権によるべきだとする見解などがあり、一定していない。少なくとも契約の場面では、履行請求権の性質をどのように解するかにかかわらず、当事者の意思を尊重し、履行請求権の優先を承認すべきではないかと思われる。

◆ 発 展 問 題 ◆

(1) 履行請求権の明文化

　前述したように、民法改正の過程では、履行請求権の規定を新設することが議論された。これは、明文規定を設けることにより、履行請求権は、債権の本来的機能であることが明確に位置づけられるとともに、債権者は債権の成立（原因）を主張・立証すれば、それだけで債務者に対し履行請求ができるという効果がある。

　最終的には、履行不能の場合には履行請求できないという規定を設ければ、そうでないときは履行請求できるのだから、わざわざ教科書的な規定を設ける必要はないとして、履行請求権を正面から認める規定の新設は見送られた。たしかに、履行請求の内容は債権によって千差万別であり（土地明渡請求、金銭支払請求等々）、抽象的に履行請求といってみても実際上その規定をそのまま適用することはない。しかし、民法が「債権の効力」という節を設けながら、それがいきなり債務不履行の規定から始まるというのでは、はたして国民にとって分かりやすい民法といえるのであろうか。民法典の基本的スタンスを示すという意義はあったのではなかろうか。

(2) 契約の解釈

　契約における債権・債務の具体的内容は千差万別であり、契約に関する紛争の解決は、まず契約解釈によってその内容を確定するところから始まる。しかし、これが双方当事者の恣意的な解釈によってはならない。そこで、明文規定はないが、学説では、法律行為ないし契約の解釈として種々の基準の定立やルールが語られてきた。民法改正に際しては、途中まで、契約解釈に関する規定を新設する提案がなされていた。それによれば、①契約内容について当事者が共通の理解をしていたときは、契約はその理解に従って解釈しなければならず、②共通の理解が明らかでないときは、契約の文言など一切の事情を考慮して、当事者が理解したと認められる意味に従って解釈し、③それでも確定できない事項については、当事者が合意したであろう内容に従って解釈しなければならない、とされていた。

　このような提案は、当事者の意思を重視したものであり、大枠では、現在の学説の多数が認めるものであったと思われるが、結局は、解釈の硬直化を招くものであり、事案ごとに個別に解釈すべきであって、民法で規定すべきことではないとして、立法化が見送られた。しかし、今回の民法改正が、契約主義ともいうべきものであって、当事者が締結した契約を中心に据えて法律関係を規律しようとするものであることからすると（その具体的内容は順次解説する）、提案内容の是非は別として、契約解釈のルールが存在しないことのほうが不自然である。ただし、契約の解釈方法は、大陸法系、英米法系、北欧法系で違いがあるだけでなく、大陸法系の中でも、裁判官の権限などの違いによって国によりかなり異なっており、今後は、単に外国の理論を持ち込むだけでなく、わが国の取引と裁判の実体に適合的なルールを新たに確立すべきである。

2　同時履行の抗弁権

- 双務契約の各債務には、成立上、履行上、存続上の各レベルで対価的牽連性がある。
- 同時履行の抗弁権（新533条）は、履行上の牽連性の問題である。
- 双務契約の当事者の一方は、①相対立する債務について、②相手方

の債務が履行期にあり、③相手方が履行または履行の提供をしないで履行を請求してきたときは、自己の債務の履行を拒絶することができる。
・自己の債務が先履行の場合でも、相手方の履行について不安がある場合には、信義則上、不安の抗弁権が認められる。
・同時履行の抗弁権は、双務契約の本質に由来する権利ではあるが、主張してはじめて顕在化し効果が発生すると解すべきである。

◆ 条 文 ◆

(1) 双務契約における対価的牽連性

双務契約における対価的牽連性には三つのレベルがある。

①成立上の牽連性　これは、一方の債務が成立していないときに他方の債務は成立するのかという問題である。具体的には、一方の債務が契約締結前から実現不可能（建物売買で契約前に建物焼失など）であった場合、契約は無効となるかが問題になる。これについては、「原始的不能」の問題としてすでに解説した（第1章2◆**解釈**◆(3)参照）。伝統的な考え方は原始的不能概念を認め、契約を無効と解してきたが、近年の有力説は契約の成立を認め、実現の可否は履行上の問題と解してきた。民法改正では、有力説を受けて、原始的不能概念は放棄された（新412条の2）。

②履行上の牽連性　これは、一方の債務が履行されないときに他方の債務は履行しなければならないのかという問題であり、これが「同時履行の抗弁権」の問題である。

③存続上の牽連性　これは、いったん成立した双務契約において、一方の債務が消滅したときに他方の債務はそのまま存続するのかという問題であり、「危険負担」の問題である（後述）。また、双務契約の成立後、契約を締結した時の事情が大きく変化した場合でも契約上の債務はそのまま変更なく存続するのかという問題があり、民法に規定はないが、「事情変更」の問題として判例・学説上議論されている（後述）。

(2) 同時履行の抗弁権の意義
(a) 意義

　双務契約の当事者の一方は、別段の定めがない限り、相手方が債務の履行または履行の提供をするまでは、自己の債務の履行を拒むことができる（新533条）。これを同時履行の抗弁権という。たとえば、動産売買契約で、買主が代金を支払うかその提供をするまで、売主は動産の引渡しを拒むことができる。また、民法改正にあたり、相手方の債務の履行には、履行に代わる損害賠償の債務の履行が含まれることが加えられた。売買契約の売主が担保責任として履行に代わる損害賠償義務を負う場合（新563条～566条参照）や、請負契約の請負人が瑕疵修補に代わる損害賠償債務を負う場合（民559条、新636条参照）も本条に含まれる。同時履行の抗弁権は、当事者間の公平に基づき法がとくに認めた権利であると解するのが通説であるが、むしろ、双務契約における両債務が対価的牽連性を有することに内在する権利であると解すべきである。

(b) 留置権との異同

　同時履行の抗弁権は、相手方からの履行請求に対する防御的な機能とともに、相手方の履行を促すという担保的な機能を果たす。そのため、機能的には、担保物権である留置権（民295条）と類似したところがある。留置権とは、他人の物を占有している者は、その物に関して生じた債権を有するときは、その弁済を受けるまでその物を留置できるという権利であり、当事者間に特に約定がなくとも認められる法定担保物権である。たとえば、時計の修理契約で修理代金が支払われるまでは預かった時計を渡さないといった場合であるが、この契約では、同時履行の抗弁権もまた発生することになる。両者がともに成立する場合には、当事者はどちらを主張してもよいというのが古くからの判例・通説である。

　しかし、両者は以下の点で異なる。①留置権は、物の引渡しについてのみ認められる権利であり、代金支払いや仕事をすることには適用されない（同時履行ではこれらも含まれる）。②同時履行の抗弁権は、双務契約の当事者間のみの権利であり、第三者には主張できない（留置権は物権であり第三者効がある）。③同時履行の抗弁権は可分であるが（たとえば、代金を半額提供すれば、目的物が可分である限りその半分だけ引渡しを拒むことができ

る)、留置権には不可分性がある(代金全額の提供がない限り、目的物全部の引渡しを拒むことができる)。④そのほかに、留置権には代担保の制度があり(民301条)、競売申立権もある(民執195条)。

(3) 同時履行の抗弁権の要件

同時履行の抗弁権の要件は、条文からすれば、①同一の契約から相対立する債務が存在すること、②相手方の債務が履行期にあること(新533条ただし書の反対解釈)、③相手方が履行または履行の提供をしないで履行を請求することの三つである。しかしこのうち、①は相手方が履行請求において契約の存在を主張・立証する必要があり、その中にすでに現れていることなので、とくに主張・立証する必要がない(要件を充たしているかは裁判所が判断する)。また③は、同時履行の抗弁権を主張した際に、相手方がこれを阻止するためには履行または履行の提供をしたことを主張・立証する必要があるというものであって、とくに主張・立証する必要がない。すなわち、履行請求された者は「お前の債務も履行期にあるので履行すべきだ」と主張すればよいことになる。

(4) 同時履行の抗弁権の効果

同時履行の抗弁権の直接の効果は、双務契約上の自己の債務の履行を拒絶できることである(新533条本文)。また、このことから以下のような派生的効果が生じる。

①債務不履行との関係 債務を履行しなくても履行遅滞にならない。

②相殺との関係 相手方は、自己の債権を利用して(自働債権として)相殺することができない(大判昭和13・3・1民集17巻318頁)。相殺によって債務者の同時履行の抗弁権を剥奪することになるからである。たとえば、AB間の商品売買契約で、売主AがBに対して有する代金債権と、この売買契約とは別に存在するBに対する金銭債務とを相殺すると、買主Bは、代金を先払いしたのと同様になり、商品の引渡しについて裸の(同時履行の抗弁権のない丸腰の)引渡請求をしなければならなくなってしまう。

③引換給付判決 履行請求の裁判において同時履行の抗弁権が主張された場合には、判決は、敗訴判決ではなく、引換給付判決になる(原告の

一部勝訴）（大判明治44・12・11民録17輯772頁以来の確定した判例である）。ただし、この判決に基づいて強制執行をするときは、反対給付またはその提供をしたことを証明しないと執行が開始しないので（民執31条１項）、この点では実質的に反対給付が先履行となる。

◆ **解 釈** ◆
(1) **債務の相対立性**
(a) **契約解釈**

　債務の相対立性とは、一般的にいえば、対価関係に立つ債務であるが、実際には契約の解釈による。判例には、土地の売買契約では、所有権の移転義務および登記移転義務と代金支払義務とが相対立する債務であり、代金の不払いを理由に引渡義務を拒めないとしたものがある（大判大正７・８・14民録24輯1650頁）。しかし建物の売買契約では、引渡義務もまた相対立する債務に含まれるとしている（最判昭和34・６・25判時192号16頁）。問題は所有権移転義務と引渡義務との関係の理解にかかわるが、私見によれば、通説とは異なり、所有権移転義務は現象としての物の引渡義務を通じて果たされる本質的な義務であると考えるべきであって（二つの義務があるわけではない）、売買では、目的物の種類を問わず引渡しこそが代金支払いと相対立する第一の債務であると解すべきである（なお大正７年判決の事案は、代金残額を登記所で支払うとの約定があったにもかかわらず、引渡しがないとして支払いを拒んだという事案であった）。

　その他の契約では、不動産賃貸借契約において問題になることが多い。建物の明渡しと立退料の支払い（立退料の合意がある場合）については、同時履行関係を肯定するのが判例（最判昭和38・３・１民集17巻２号290頁、最判昭和46・11・25民集25巻８号1343頁）・通説であるが、建物の明渡しと敷金返還については、判例（最判昭和49・９・２民集28巻６号1152頁）は否定している。建物と敷金とでは著しい価格差があること、敷金返還請求権は明け渡した時に発生するとする判例（最判昭和48・２・２民集27巻１号80頁。なお新622条の２第１項２号参照）や明渡し後に敷金を清算するとの取引慣行が定着していることを考慮しているものと思われる。また、借地における土地の明渡しと建物買取代金の支払い（借地借家13条）については、本来相対立する関係にないが、代金支払いまで建物の明渡しを拒絶できる

結果、土地についても不法占有とはならないとして肯定するのが判例（最判昭和35・9・20民集14巻11号2227頁）・通説である（ただし、使用収益権はないので、その間の土地の使用料相当額は不当利得となる）。しかし、類似の問題である借家における建物の明渡しと造作買取代金の支払い（借地借家33条）については、判例（最判昭和29・7・22民集8巻7号1425頁）は否定している。価格差を考慮しているものと思われる。

(b)　契約関係の変動

契約関係に変動があった場合には、債務の相対立性の有無は、元々の債権債務の同一性が維持されていると評価できるか否かによる。契約解除の場合の当事者双方の原状回復義務については、明文で同時履行関係が準用されている（民546条）。他方、契約が取り消された場合の当事者双方の不当利得返還関係については、判例（最判昭和28・6・16民集7巻6号629頁〔未成年者〕、最判昭和47・9・7民集26巻7号1327頁〔第三者の詐欺〕）は肯定するが、学説では、詐欺・強迫による取消し（新96条）の場合には、信義則や留置権との均衡（民295条2項〔占有が不法行為によって始まった場合留置権は認められない〕）から、詐欺・強迫をした者に同時履行の主張を認めるべきでないとする見解が有力である。その他、一方の債権が譲渡または裁判所の命令で移転した場合（転付命令）には、当事者が変わるが、債権の性質は変わらないので同時履行関係は維持される。しかし契約の更改では、旧債務は消滅するので（新513条）、従前の同時履行関係も消滅する。

(c)　継続的契約

一定期間継続的に債務の履行が繰り返される契約（たとえば継続的な商品供給契約）では、相手方がある期の債務を履行しない場合、自分の「次期の」債務の履行を拒絶できると解されている（大判昭和12・2・9民集16巻33頁）。継続的契約の特殊性に基づくものであり、後述の不安の抗弁権と同じ発想による。

(2)　**相手方の債務が履行期にあること**
(a)　規定の趣旨

相手方の履行期にかかわらず、自己の債務が履行期にないときは、同時

履行の抗弁権を主張するまでもなく、当然に履行を拒絶できる。したがって、相手方の債務が履行期にあるという要件は、実際には、双方の債務が履行期にあるという意味である。

(b)　**先履行の再抗弁**

　この要件は、同時履行の抗弁権が主張された場合、履行請求をする相手方が、その履行は先履行されるべきであることを主張・立証すれば同時履行の抗弁権を阻止できる、という意味で機能する。たとえば、商品先渡しの約定で商品を購入する場合などである。

　自己の債務が先履行の場合であっても、相手方がその際には履行を請求せず、相手方の債務の履行期を徒過してから請求をしたときには、現在では双方の債務の履行期が到来している以上、同時履行の抗弁権は阻止されないと解するのが通説である。

(c)　**不安の抗弁権**

　自己の債務が先履行で、かつ相手方の債務の履行期が未到来である場合には、同時履行の抗弁権を主張することができない。しかしこのような場合でも、後の相手方による債務の履行に対して不安があるときは、信義則上、履行拒絶の抗弁権を認めるのが通説である。これを「不安の抗弁権」という。しかしこの抗弁権については、信義則を根拠にするため、どのような場合に認められるかなど、いまだ不明確な点が多い（◆**発展問題**◆）。

(3)　**相手方が履行または履行の提供をしないこと**

(a)　**不完全な履行・履行提供**

　前述したように、履行または履行の提供は、相手方からの履行請求に対して同時履行の抗弁権が主張された際に、相手方がこれを阻止するために再抗弁として主張・立証する事情である。履行の提供とは、履行行為のうち債務者としてなすべきことを完了することであり、たとえ債権者がこれを受領しなくても自己の債務を履行しないことによって生じる責任を免れる（新492条。民493条〔弁済の提供〕参照）。それでは、不完全な履行・履行の提供であっても同時履行の抗弁権は阻止されるか。これについては、何と何とが対価的牽連性ある債務かという判断を基本にして判断するほか

ない。たとえば、一般的には、複数の商品の単価を積み上げて価格が設定されている場合であれば、履行・提供があった価格部分については同時履行の抗弁権は阻止されるといってよいが（可分債務）、性質上可分でも、セット商品など契約の趣旨からすべてが履行・提供されなければ意味がない債務の場合であれば、すべての代金について同時履行の抗弁権が維持されると解される。しかし逆に、履行・提供にごく僅かの不足があったような場合には、同時履行の抗弁権を主張することが信義則違反とされることもある。また、旧法下の判例ではあるが、請負契約において目的物に瑕疵がある場合の請負人の瑕疵修補に代わる損害賠償責任と注文者の報酬支払債務についての同時履行では、軽微な瑕疵であるため損害賠償額と報酬額との間に著しい差があるときには信義則上報酬全額の支払いを拒むことはできないとしたものがある（最判平成9・2・14民集51巻2号337頁）。

(b) 提供の継続の要否

いったん履行の提供をしたが、その後提供したものを持ち帰った場合、それでもなお同時履行の抗弁権は阻止されたままか。これは提供の継続の要否という問題である。判例では、パチンコ台の売買契約で、売主がパチンコ台を提供したが、代金支払いがなかったので、"あひる"と呼ばれる部品を持ち帰ってしまい（かつて存在した手打ち式ではこれがないと球を打てなかった）、後日あらためて代金支払いを請求したところ、買主が同時履行を主張したという事案で、売主は提供の継続を要するとしたものがある（最判昭和34・5・14民集13巻5号609頁〔ただし本件では、履行の提供ではなく履行が完了しているとして抗弁権を認めなかった〕）。学説でも、いったん履行の提供をしたからといって対価的牽連性が失われたわけではないとして提供の継続を要求する説が多数であるが、信義則上、債務不履行をした債務者に口実を与えるのは妥当でないとして、過去の提供の事実をあげれば同時履行の抗弁権を阻止できると解する説もある。債務不履行に基づき契約を解除する場合であれば、いったん提供したことで債務不履行になってはいるが、同時履行の抗弁権は現在の履行の問題であり、提供の継続を要すると解すべきであろう。

(c) **債務者に履行の意思がまったくない場合**

　債務者が自己の債務を履行する意思がまったくないことが明らかな場合でも提供をしなければ同時履行の抗弁権を阻止できないか。これは、債務の弁済の提供に関する規定（民493条ただし書）を参考に考えれば、提供が不要か否かではなく、現実の提供をしなければならないか、それとも口頭の提供（履行の準備をして、それを通知し、受領を催告すること）で足りるかという問題として捉えるべきであり、提供したものを受領する意思がまったくないと認められるときは、口頭での提供をしておけばよいと思われる。

(d) **債務者が履行の提供を受領する意思がまったくない場合**

　それでは、債務者には提供されたものを受領する意思すらまったくない場合でも口頭の提供をする必要があるか。判例では、賃貸借契約において貸主が長い間賃料の受領を拒否し続けていたために、借主がたまたま口頭の提供もしなかったという事案で、口頭の提供を不要であるとしたものがある（最判昭和41・3・22民集20巻3号468頁）。しかし、これは継続的契約の特殊な事例であり、一般的には、口頭の提供は簡単にできるのであるから、最低限度それくらいのことはしておく必要があるというべきであろう。

(4) **同時履行の抗弁権の行使方法**

　同時履行の抗弁権の行使方法については、学説が対立している（判例は明確でない）。

　①**存在効果説**　存在効果説（多数説）は、要件を充たしているならば、相手方が抗弁権を阻止しない限り効果が生じるとする。すなわち、履行期が到来していても、相手方が反対給付の履行の提供をしていない限り、とくに同時履行の抗弁権を主張するまでもなく履行遅滞にはならない。これは、同時履行の抗弁権は双務契約の構造に由来するものであり、取消権のように主張してはじめて効果が生じる形成権ではないという理解に基づいている。

　②**行使効果説**　行使効果説は、行使してはじめて抗弁権といえるので、たとえ要件を充たしていても主張がなければ効果を享受できないとす

る。主張がない場合には、いったん履行遅滞になり、後に同時履行の抗弁権が主張されると遡及的に履行遅滞ではなかったことになる。これは、同時履行の抗弁権は「権利の抗弁」であって、単なる事実に関する抗弁ではないので、主張しなければ効果を享受できないのは当然であるという理解に基づいている。

前述したように、同時履行の抗弁権は双務契約の本質に由来する権利であると解すべきであり、そのことからすれば①説によるのが当然であるようにも思われる。しかし、双務契約といえども、各債務は具体的には単純給付の体裁をしているので、そのような本質は主張しないことには顕在化しない。相手方による履行請求が双務契約に基づく請求であっても（引換給付請求ではなく）単純給付請求を認める以上、履行の提供は、同時履行の抗弁権が主張された場合の再抗弁になる。これを説明するには②説によるほかないように思われる（実務では②説が多数説であるといわれている）。

◆ 発 展 問 題 ◆
不安の抗弁権の明文化

不安の抗弁権については、いまだ不明確な点が多い。

第一に、どのような不安があれば認めるのかについて、相手方の信用不安・財産状態の悪化を基本としながら、後の履行が期待できない事情があれば緩やかに認めてよいと解する立場と、相手方の個人的な事情だけでは認めるべきでないとして厳格に解する立場とに分かれている。必ずしも後者による必要はないが、具体的には、対価的牽連性の観点から見て合理的な不安か否かをケースごとに判断するほかない。

第二に、契約締結後の事情の変化だけに限られるか、契約締結前であっても当事者が契約締結時点では知らなかった事情も含まれるかについても争いがある。前者が従来の通説であるが、近年では、対価的牽連性に対する不安があれば時期にこだわる必要はないとする後者が有力である。

第三に、履行の拒絶だけでなく担保請求権や契約解除権まで認めるか否かについても争いがある。履行拒絶に限定するのが通説であるが、近年では、契約そのものが危うくなるような重大な不安の場合にはこれらも認められるとする見解も有力である。しかしこれらの効果は、もはや当事者が設定した対価的牽連性の実質確保のための防御手段という問題を超えてお

り、不安の抗弁権の名の下で認めるべきではないように思われる。

　民法改正に際して、当初、不安の抗弁権についての規定の新設が検討された。そこでは、①先履行義務ではない場合でも認めるか（同時履行の抗弁権と併存する抗弁権になる）、それとも先履行義務を負う場合に限定するか（あくまで同時履行の抗弁権の例外になる）、また、②契約締結時に既に生じていた事情を含めるか否か、③効果として担保請求や解除権まで認めるか否かなどが議論されたが、結局、このような問題以前に、このような抗弁権を明文化することにより不当な履行拒絶を誘発するおそれがあるとの懸念が出され、明文化されることはなかった。したがって、ルールの明確化という課題は、今後も受け継がれる。信義則の具体的ルール化は、理論的には当然のことに属するが、実務では、あくまで一般条項としての個別的判断によるべきだという認識であり、基本的スタンスの違いは大きい。

3　危険負担（履行拒絶）

- 危険負担は、双務契約における一方の債務を履行することができなくなった場合、その債権者は自己の債務の履行を拒絶できるかという問題である。
- 民法改正により原始的不能概念が放棄されたので、このような問題は、履行することができなくなった事情が契約成立前の事情か否かにかかわらず生じる。
- 一方の債務が履行できなくなっても、双方の債務は存続する。
- 債権者が自己の債務を消滅させるためには、契約を解除しなければならない。
- しかし、履行不能が当事者双方の責めに帰することができない事由によるときは、債権者は、自己の債務の履行を拒絶することができる。
- 債権者の責めに帰すべき事由によるときは、債権者は、自己の債務の履行を拒絶することができない。
- 債務者の責めに帰すべき事由によるときは、債務者の債務不履行であり、債権者は、自己の債務を履行して損害賠償を請求することが

できる。
・労働契約では、労働者の賃金支払請求権を存続させるために、独自の解釈が展開されている。

◆ 条 文 ◆
(1) 危険負担の意義

　危険負担とはどのような問題であるかにつき定義する条文はない。従来の学説は、いったん成立した双務契約において、双方の履行が完了する前に、一方の債務が目的物の滅失等によって履行不能になった場合、他方の債務は消滅するかというのが危険負担の問題であると解してきた。

　ただし、このように問題を設定するには、二つの前提があった。第一に、原始的不能概念を認めるか否かという問題である。すでに述べたように（第1章2◆解釈◆(3)）、伝統的な考え方はこの概念を認めてきたので、双務契約の一方の債務が原始的不能（たとえば契約締結前に建物焼失）であった場合には、債務は不成立であり、契約は無効となる。したがって、そもそも他方の債務がどうなるかを考える余地はない。あとは契約締結上の過失が問題になるのみである。これによれば、危険負担は、契約成立後の不能、すなわち後発的不能の場合にのみ問題になる。

　しかし、民法改正により、契約成立前に履行が不能であることによって契約の成立は妨げられず、債務が実現できるか否かはすべて履行上の問題として処理されることになった。したがって、契約締結前であるか否かを問わず、双務契約における一方の債務が履行不能となった場合でも、他方の債務は存続し、その履行がどうなるかだけが問題となる。

　第二に、債務が履行不能になった場合、その債務は消滅するか否かという問題がある。従来の学説によれば、原始的不能の場合に債務が成立しないと考える以上、後発的不能でも当然、債務は消滅する。ただし、後発的不能となったことについて債務者に帰責事由があるときは、債務不履行の問題になる。そして債権者保護のために、債務は消滅せず履行に代わる損害賠償（填補賠償という）をする債務として存続すると構成する。双務契約では、この債務と他方の債務とが牽連関係を有しながら存続することになる。これによれば、危険負担は、債務者に帰責事由がなく、債務が消滅

する場合にのみ問題になる。

　しかし、民法改正により、債務が履行不能であっても債務は成立・存続することになったので、あとは帰責事由の有無によって履行できないことの責任の有無を考えればよく、また、他方の債務については、債権者が自己の債務の履行を免れるために契約を解除できるか否かを考えればよくなる。このように考えると、双務契約の一方の債務が消滅した場合に他方の債務が消滅するかという問題自体が成り立たなくなる。

　このように、危険負担は、従来の学説の下では、双務契約における一方の債務が債務者に帰責事由がない履行不能によって消滅する場合、他方の債務はなお存続するのかという問題であった（債務消滅構成）。しかし、民法改正後は、履行不能によっても債務は消滅せず、債務の履行ができないだけであり、危険負担は、その場合に他方の債務の履行を拒絶できるかという問題として再定位されることになった（履行拒絶構成）。

(2)　旧法下における危険負担に関する２つの主義

　従来の危険負担制度下では、双務契約において一方の債務が消滅した場合における他方の債務の存続について、①不能となった債務の債務者に危険を負担させ、反対債務が消滅する（たとえば、売買契約で目的物が滅失した場合には、売主（物の引渡債務者）が危険を負担し、代金債務も消滅する）とする主義（債務者主義）と、②不能となった債務の債権者に危険を負担させ、反対債務は消滅しない（上記とは逆に、買主（物の引渡債権者）が危険を負担し、代金債務は消滅しない）とする主義（債権者主義）とがあり、民法では、①を原則とし（旧536条１項）、例外的に、特定物に関する物権の設定または移転を目的とする双務契約では、②が採られていた（旧534条１項）。

　しかし、双務契約の対価的牽連性からすれば、一方の債務が消滅すれば他方の債務も意味を失うと考えるのが理にかなっている。②の債権者主義は、原始的不能の場合（契約不成立）と比べて不均衡である。また、債権者主義は、昔、荷物を船積みした段階から買主が危険を負担するという慣習に由来するといわれているが、今日では実際には保険で対応されている。他方、理論上は、債権者主義は、特定物の所有権は契約の成立によって移転する（民176条）以上、危険もまた負担すべきであるということ、

および、目的物の価格が高騰する利益を債権者が得る以上、損失の危険も負担すべきであるということに支えられているといわれてきたが、前者については、契約成立時に所有権が移転すると解することを批判するか、または所有権の移転と実質支配とは別問題であるとして両者の連動を否定するのが多くの学説の立場であった。また、後者については、価格高騰の利益に対応するのは価格暴落のリスクであって、物の滅失ではないと批判されていた。このため従来の学説は、解釈によって債権者主義のもたらす不都合を回避しようとして、債権者に危険が移転する時期は、契約成立時ではなく、目的物についての「支配」が移転した時であるとする説（支配移転説）が通説化していた。

しかし、民法改正後は、一方の債務が履行不能となっても、そもそも反対債務は消滅しないのであるから、当然、他方の債務も消滅することはなく、上記のように債権者主義が適用される場面を遅らせる意味がなくなった。ただし、支配移転説の内容は、特定物の売買において売主が目的物を引き渡した後に目的物が滅失・損傷した場合には、買主がその危険を負担するという規定（新567条）として生かされることになった（後述）。

(3) 新法下での危険負担
(a) 履行拒絶権

新法の下での危険負担は、双務契約における一方の債務を履行することができなくなったときに、債権者が反対給付の履行を拒絶できるかという問題として位置づけられる。

(ア) 履行不能が当事者双方の責めに帰することができない事由によるときは、債権者は反対給付の履行を拒むことができる（新536条1項）。これが危険負担の原則である。新法の下では、一方の債務が履行不能でも他方の債務が消滅することはないので、この規定がなければ、債務者は反対給付の履行を請求できることになる。債権者が自己の反対給付の履行を免れようとするならば、契約を解除するほかないはずである。しかし新法は、解除していなくても、履行を拒絶できることとしたのである。たとえば、建物の賃貸借契約で建物が地震によって倒壊した場合には、賃借人は、建物を使用することができないが、同時に賃料支払いを拒むことができる。また、出演契約で劇場が類焼により焼失した場合には、劇場は、出演して

もらうことができなくなるが、同時に出演料支払いを拒むことができる。一部不能の場合には、反対債務もそれに応じて一部の履行を拒絶できるというべきであろう（ただし残部だけでは契約として意味がないときは、全部の履行を拒絶できると解すべきである）。

　しかし、履行拒絶権を認めても、債務者に履行を請求できないまま自己の債務だけが残存するという状態になる。これにどれほどの意味があるかは今後問題になるであろう（◆発展問題◆）。

　(ｲ)　履行不能が債権者の責めに帰すべき事由によるときは、債権者は反対給付の履行を拒むことができない（新536条2項前段）。(ｱ)の例外である。債務者が反対給付の履行を請求した場合、債権者が履行不能である事実を主張すれば、それだけで(ｱ)の原則が働くので、債務者の側で、それが債権者の責めに帰すべき事由によることを主張・立証しなければならない。

　ただし、債務者が債務を免れたことによって利益を得たときは、これを債権者に償還しなければならない（新536条2項後段）。たとえば、請負契約で、債権者（注文者）の責めに帰すべき事由により仕事の完成が不能となった場合（修理すべき物を過失で滅失させたなど）には、債務者（請負人）は、仕事をすることなく請負代金を請求できるが、すでに債権者から受領していた材料購入費などは償還しなければならない。なお、債務者が新たな利益ではなく、物が滅失したことによる代償を取得した場合（たとえば火災保険金、第三者に対する損害賠償請求権）については、旧法下での通説・判例（最判昭和41・12・23民集20巻10号2211頁〔火災保険金〕）は、担保物権で目的物が滅失した場合の物上代位の規定（民304条）や損害賠償で債務者が弁済をした場合の規定（民422条）の趣旨から、債権者に代償請求権があると解していた。新法では債務者の債務不履行の場合に代償請求権の規定が設けられたので（新422条の2）、ここでの場合にもその趣旨から代償請求権を認めるべきであろう。

　(ｳ)　履行不能が債務者の責めに帰すべき事由によるときは、債務者の債務不履行であり、その規律に従う。すなわち、債権者はその債務の履行を請求することはできないが、反対給付を履行して履行に代わる損害賠償を請求でき（新412条の2、415条2項1号）、また、契約を解除できる（新542条）。

(b) 売買における目的物の滅失等

以上の危険負担制度の改正に関連して、売買に特別の規定が設けられた（新567条）。

(ア) 売主が買主に目的物である特定物を引き渡した場合、引渡しの時以後にその目的物が当事者双方の責めに帰することができない事由によって、滅失・損傷したときは、買主は、それを理由にしては債務不履行の責任を追及したり、契約を解除したりすることができず、代金の支払いを拒むことができない（同条1項）。これは、引渡しによって目的物の滅失・損傷に関する危険の負担が売主から買主に移転するという趣旨である。ここでいう引渡しは、目的物が買主の「支配領域」に入ったことをいうものとされている。改正前の危険負担制度において、債権者主義（旧534条1項）の適用範囲を限定するために学説上認められていた支配移転説は、支配移転後の場面で生かされ続けることになる。

これに対して、引渡し後の滅失・損傷でも、それが売主の責めに帰すべき事由によるときは、買主は債務不履行の責任を追及したり、契約を解除したりすることができる（反対解釈）。また、買主の責めに帰すべき事由によるときは、買主の自己責任であるのは当然である。

なお、売買における引渡しによる危険の移転は、引渡しの時以後の滅失・損傷の問題であるから、引き渡された段階で、目的物がそもそも契約の内容に適合しない物であったときは、売主の責任を追及できる（新566条）。

(イ) 売主が目的物の履行を提供したにもかかわらず、買主がこれを受けることを拒みまたは受けることができない状態で、目的物が滅失・損傷した場合も①と同様になる。受領遅滞（新413条）については後述するが、そこではこのような効果は規定されていない。受領遅滞にあること自体で債権者に帰責事由があるとはいえないので、受領遅滞のために滅失・損傷したといえる場合に限定すべきであろう。

◆ 解 釈 ◆
(1) 種類物債務と危険負担

種類物に関する契約では、たとえある物が滅失しても代替物があるので、履行不能ということがない。債務者は別の物を履行しなければならな

いというにすぎない。しかし、種類物でも、具体的にどれを履行するかが決まったというように、給付する物を「特定」（民401条2項）させた後は、履行不能ということが生じる。そこで、種類物債務でも、特定後は危険負担が問題になる。

　売買における引渡しの時以後の危険の移転について、種類物債務で売主が契約に適合しない物を選定しても特定にならないと解する説によれば、危険は買主に移転しないことになる（特定と危険移転の合致）。しかし、そのような場合でも特定は生じると解しても（特定と危険移転の区別）、そもそも契約に適合しない物を引き渡したことになるので、結果的には、売主の責任を追及できることに変わりない（第1章4◆**解釈**◆⑶参照）。

⑵　売買における支配の移転

　売買においては、特定物を引き渡した時以後の滅失・毀損には買主に危険が移転するが、前述のように、その際の引渡しは、買主の「支配領域」に入ったことをいうものとされている。旧法下での支配移転説は、引渡しがあったときは支配が移転すると解する点では共通しながら、厳密には、不動産売買での登記移転、代金支払いがあったときも含まれるか否かで以下のような議論があった。

　①所有権の移転を重視する説　　特定物に関する契約で目的物の所有権が移転するのは、引渡し時、登記の移転時（不動産の場合）、代金完済時であり、このいずれかがあった時に危険も移転するとする。

　②目的物の使用・収益・処分権を重視する説　　引渡し、登記移転（不動産の場合）のいずれかがあると、目的物を使用・収益・処分のいずれかができるようになるので、その時に危険が移転するとする。

　③目的物の管理可能性を重視する説　　債権者が目的物を管理できるようになるのは、引渡しがあった時であり、その時に危険が移転するとする。

　いずれの説も引渡しを重視する点では共通している。他方、代金完済については、誠実な買主のほうが不利になるとして反対する見解が多かった。旧法下の判例では、蚊取り線香の売買契約で引渡し以後に空襲によってそれが滅失したという事案で、買主の危険負担とするものがある（最判昭和24・5・31民集3巻6号226頁）。

新法では、従来の学説の最大公約数である引渡しがあったときに限定して規定されたが、それ以外の場合が含まれるか否かは、「引渡し」という要件が単なる事実ではなく「支配」という評価を伴う規範的な要件であると解する以上、なお解釈に委ねられているというべきであろう。

(3) 労働契約における危険負担

①債権者に帰責事由がある場合　労働契約において、使用者（債権者）に帰責事由があるために労働者（債務者）が就労できなくなったときに（たとえば、不当解雇）、新536条2項を機械的に当てはめると、使用者は、賃金の支払いを拒むことができないが、労働者は、就労を免れたことによって利益を得たときはこれを債権者に償還しなければならなくなる。しかし、これでは就労ができない間、労働者が生活のために他で働いて賃金を得ていたときは、労働者には解雇前に遡って正規の賃金が支払われる反面、他で稼いでいた賃金を控除されることになり、働いていてもいなくても同じことになってしまう。そこで旧法下での判例は、労働基準法26条（使用者の責めに帰すべき事由による休業の期間中は60％以上の賃金を支払わなければならない）の趣旨から、労働者が他から収入を得ていたときでも、控除は最大限40％までにとどめられると解している（最判昭和37・7・20民集16巻8号1656頁、最判昭和62・4・2判時1244号126頁）。休業損害とは異なるが結果は妥当であり、新法の下でも同じように解すべきであろう。学説の中には、労働者には使用者の損害を軽減すべき義務があるとして、その範囲に応じて控除額を決めるべきだとする見解もあるが、そのような義務まで創設する必要はないであろう。

②当事者双方の責めに帰することができない場合　たとえば、病気、類焼による工場焼失、交通ストなどによって労働者が就労できなかった場合、その間の賃金は支払われるべきであろうか。新536条1項によれば、原則どおり債権者は賃金の支払いを拒むことができる。しかし旧法下での学説は、労働者を保護するために、できるだけ賃金請求を認めようとしてきた。ただし、その法律構成については、使用者の責めに帰すべき履行不能（新536条2項参照）を広く認める見解、当該事由が労働者と使用者のいずれの領域で生じたかによって区別し、病気の場合には労働者負担、工場焼失の場合には使用者負担（新536条2項による）、交通ストはいずれの領

域ともいえないので原則どおり賃金支払いを拒絶できるというように解する見解、使用者の受領遅滞を広く認め受領遅滞後の履行不能だと解する見解などが主張されており、いずれが通説であるといえる状況にはなかった。これに対して新法では、雇用契約の節において、労働者が使用者の責めに帰することができない事由によって労働に従事することができなくなったときは、既にした労働の割合に応じて賃金を請求できるとする規定が新設された（新624条の2第1号）。

◆ 発 展 問 題 ◆
履行拒絶と解除

　新法は、双務契約の一方の債務が履行不能になっても、双方の債務は消滅することなく、存続するという構成を採った。これを原理的に考えれば、一方の債務の債権者は、相手方に履行の請求ができないにもかかわらず、自己の反対給付の履行には応じなければならず、これを回避するためには、契約を解除しなければならないはずである。新536条2項前段は、債権者の責めに帰すべき事由によって履行不能になったときは、債権者は反対給付の履行を拒めないと規定するが、これはむしろ原理的には当然のことである（同項は後段の利益償還に意義がある）。また、債務者の責めに帰すべき事由によって履行不能になったときは、債権者は、契約を解除しなければ、自己の反対債務の履行に応じつつ、債務者には履行に代わる損害賠償を請求することになる。

　このように考えると、新536条1項が、当事者双方の責めに帰することができない事由によって履行不能となったときは、債権者は反対給付の履行を拒むことができると規定していることがむしろ異例であることになる。これは、双務契約の一方の債務の履行不能が生じても、反対債務は消滅しないという構成を採るため、解除との間で隙間ができ、解除はしないが、損害賠償を請求できないまま反対債務の履行には応じなければならないという不都合を回避する必要があるからである。旧法の下では、このようなときは反対債務が消滅すると解されていたので（旧536条1項）、このような事態は生ぜず、同条は危険負担の原則を定めたものだと解されていたが、新法の下での536条1項は、当然の規定ではなく、特別の規定としての意義を有するものとなったのである。

しかし、旧法下での結論と同様の結論を導くためには、新法下でも、このような場合には契約は解除されたものとみなして（特別の法定解除）反対債務を消滅させてしまえば、特別の履行拒絶権というような構成を採る必要はなかった。それではなぜそのような構成ではダメなのであろうか。それは、債権者にとって、解除はしないが履行を拒絶できるという状態を存続させるメリットがあるか否かにかかっているといえよう。たとえば、不動産の賃貸借や新聞の販売契約のような継続的な契約で、履行がなかった（利用できなかった、購読できなかった）部分については反対給付（賃料、代金）をしないが、契約は維持したいというような場面が考えられる。しかしそれでも、履行不能の部分については一部解除されたという構成が採れないわけではない。

いずれにせよ、履行拒絶と解除との二段階構成の評価と調整については、今後の解釈で明確にする必要があろう。

4　事情変更

- 契約の成立後、契約の基礎となっている事情が著しく変化した場合には、事情変更の原則により、契約の拘束力の例外として、契約の改訂、解除が認められることがある。
- 基礎的事情とは、当事者が予見し得なかった客観的・社会的な事情であり、当事者の責めに帰することができない事情でなければならない。

◆ 条文 ◆

契約の成立後、契約の基礎となっている事情が著しく変化した場合、契約上の債務はそのまま変更なく存続するのかという問題について、民法典には規定がない。民法改正の過程では、規定の新設が議論されたが、結局規定されなかった。しかし判例・学説は、以下に見るように、「事情変更の原則」を認め、一定の要件の下で、契約内容の改訂や契約の解除が認められると解している。

◆ **解 釈** ◆

(1) 合意の尊重と事情変更

　契約は当事者の合意に基づくものであり、これを簡単に変更したり、合理的な理由なくして解除したりすることを認めるべきではない。中世の教会法（カノン法）における「契約は守らなければならない」（pacta sunt servanda）という原則は、時代を超えてこのことをよく示している。しかし教会法においては、他方で、「すべての契約は、それが締結された時の事情がそのまま存続する限りにおいてのみ効力を有する」（clausula rebus sic stantibus）という原則もまた存在していた。二つの原則は契約に関する両輪の原則だったのである。しかし資本主義の発達に伴い、契約を中心とした経済活動が活発化すると、契約の拘束力を維持するために前者の原則だけが強調されるようになった。

　ところが、第一次大戦後のドイツにおいて数か月で数十億倍というすさまじいインフレが発生すると、後者の原則が再認識されるようになり、新たに「事情変更の原則」として認められるようになった。わが国でも、判例・学説は信義則を根拠にこの原則を認めており、個別の立法ではこの原則を具体化したと見ることができる規定も設けられている（たとえば、借地借家11条、32条は、事情の変更により、当事者双方が地代や家賃の増減を請求できるとする）。ただし、この原則は、契約の拘束力（当事者の自律的な合意）に対する重大な例外を認めるものであるから、あくまで慎重に運用されるべきである。

(2) 事情変更の要件

　判例・学説上、以下の要件が確立しているといってよい。

　①契約の成立後に、当事者が予見し得なかった基礎的な事情の変更があること　基礎的事情の変更とは、客観的かつ社会的な事情の変更であり、主観的または個人的事情では認められない（主観的な誤認は新95条の錯誤の問題である）。判例では、土地の売買契約で、契約後になって売買には知事の認可が必要となり、かつ認可されない状況になったという事案で、買主からの契約解除の請求を認めたものがある（大判昭和19・12・6民集23巻613頁）。しかし、建物の売買契約で、戦災によって売主の自宅が焼失したという事案では、他の都市が空襲にあっていたので自分の町も空襲があ

りうることが予見できたし、かつ個人的事情であるとして、売主による契約解除の請求が認められなかった（最判昭和29・1・28民集8巻1号234頁）。また、ゴルフ場の会員契約で、コースののり面が大雨のために崩壊したので、経営者が会員に対して、事情変更を理由に追加金を支払うか退会するかを迫ったところ、会員が追加金を支払わないまま会員の資格確認を請求したという事案では、崩壊の発生が予見不可能であったとはいえないとして、請求が認められた（最判平成9・7・1民集51巻6号2452頁）。

②**事情変更が当事者の責めに帰すことができない事由によること**　信義則に基づく以上、当然のことである。同様に、債務の履行を遅滞中に変更（目的物の価格が著しく高騰した）が生じても、変更を主張することは認められない（最判昭和26・2・6民集5巻3号36頁）。

③**契約どおりに履行を強制することが信義則に反すること**　信義則に反するか否かを判断する際の具体的な要素としては、経済的不能（当初の価格で履行することが不可能）、等価性の崩壊（双方の債務の著しい格差）、目的達成不能（契約の目的が実現できない）があげられている。

なお、以上の要件に加えて、近年では、契約または法律によって定められているリスクの配分の趣旨を十分考慮すべきであるという有力な見解が主張されている。契約や当該契約を規律する法律によってリスク負担があらかじめ定められているのに、それと無関係に事情変更を考えるのは不合理であり、これを出発点にすべきであろう。

(3) 事情変更の効果

事情変更の原則が適用された場合の効果については議論がある。

①**再交渉**　当事者間でまずなされるべきは、再交渉による契約内容の自主的変更である。したがって、事情変更の原則の具体的効果は、第一に当事者に再交渉の申出権があり、相手方に再交渉に応じる義務があるというように現れるべきである。ただし、現行法には明文がない以上、これを民事訴訟の手続上どのように処理したらよいかが明確でなく、実際には多くの場合、当事者が裁判所で以下の主張をするにとどまっている。

②**契約改訂**　当事者が代金の減額・増額など契約改訂を裁判所に求めた場合には、裁判所は契約の改訂ができるといってよい。裁判例でも、土地の売買予約で代金が175万円に設定されていたが、約20年後になって予

約完結権を行使した時点では、地価は4000万円になっていたという事案で、代金を4000万円に増額して予約完結を認めたものがある（神戸地伊丹支判昭和63・12・26判時1319号139頁）。ただし、当事者が改訂を求めていないのに裁判所が勝手に改訂することは妥当ではない（最判昭和31・4・6民集10巻4号342頁は、控訴審まで改訂を主張せず、上告審になってはじめて主張してきた場合に、その主張を認めていない）。なお、目的達成不能の場合には、契約改訂をする意味はない。

③契約解除権　契約の解除は、契約の否定であるから安易に認められるべきではないが、事案によっては解除を求めることもできると解してよい。契約の改訂と解除とに優先関係はなく、当事者の選択によるというべきであろう。問題は、再交渉を経ていることを契約解除の前提とするか否かである。再交渉していない場合に解除を認めないとした裁判例もあるが（東京地判昭和34・8・19判時200号22頁）、現行法上は再交渉義務を明確に設定できない以上、再交渉しているか否かは、信義則判断の要素とするにとどめざるを得ないであろう。

◆ 発 展 問 題 ◆

信義則の立法化

　前述のように、事情変更は、民法改正で立法化が検討された。内容的には、要件の点では、これまでの判例・学説を踏襲したものであったが、効果の点では、当初は、契約改訂や解除だけでなく、再交渉の申出権と申出に応じる義務を設定することも検討されていた。しかし、その後、極めて例外的にしか適用されない事情変更を明文化することにより、原則と例外が逆転し、濫用されるおそれがあることなどが指摘され、結局、立法化は見送られた。

　再交渉については別として、従来の判例・学説上、要件や効果として解除や契約改訂について認めることは確立していた。このような従来信義則の具体化として生成してきた法理の明文化について、消極的な姿勢を採ることは、今回の民法改正の一貫した姿勢である（前述の不安の抗弁権など）。しかし、信義則の適用は、単に原則に対する例外というだけでなく、民法の規定では処理できない新たな問題を先取りして、妥当な解決を導こうとする努力でもある。濫用されないためにも明文化すべきであったとい

う反論も十分に成り立つのではなかろうか。

5　第三者のためにする契約

・第三者のためにする契約は、契約当事者の一方が第三者に対して給付をする債務を負うことを約する契約である。
・第三者は契約当事者ではないが、受益の意思表示をすることによって権利が発生する。
・第三者を受取人とする生命保険契約など、契約当事者が自分では給付することができないか困難な場合に利用価値が大きい。

◆ 条 文 ◆

(1) 意義

　第三者のためにする契約とは、契約当事者の一方が第三者に対して給付をする債務を負担することを相手方と約する契約である（新537条1項）。第三者に給付する部分は契約の附款（特約）であると解されているが、実体としては全体として一つの取引形態に関する制度である。

　具体的には、自分で相手方から調達して、それを第三者に給付すればよいではないかと思うかもしれないが、自分で給付することができないとか困難である場合に意義がある。たとえば、生命保険で第三者を受取人とする場合が典型的であり、契約をした者は保険金が支払われるときはすでに死亡しているので、いったん給付を受けて第三者に給付することができないために、第三者を受取人とするのである。そのほかに、銀行振込は、銀行に依頼して第三者に金銭を振り込む契約であり、売買でも代金を直接第三者に支払うよう約されることがある。しかし、ある物を第三者に送付してくれと約するだけでは第三者が権利を取得するわけではないので、第三者のためにする契約ではない。第三者が権利を取得するか否かが分かれ目である。また、代理では代理人が契約を締結した場合、その効果は本人に帰属するが（民99条1項）、契約は本人と相手方との間で成立するのであって、第三者のためにする契約ではない。

　理論的には、契約は原則として契約当事者のみを拘束するので（契約の

相対性)、第三者のためにする契約はその例外となる。このため民法では契約総論に規定されているが、今日では、一つの契約類型にすぎない。ただ、契約類型とはいっても、売買などと異なり、契約の様式であって、この様式にどのような内容を盛り込むかは自由である。

なお、第三者に義務を課す契約は民法典では認められていない。

(2) 契約の構造
(a) 契約の成立

たとえばAB間の売買で、Bが代金をCに支払うという合意をすれば、第三者のためにする契約が成立する（新537条1項）。この場合のAを要約者、Bを諾約者、Cを受益者という。要約者と諾約者が契約当事者であり、受益者はそうではない。また、AB間の関係を補償関係（原因関係）といい、AC間の関係を対価関係（出捐関係）という。補償関係は第三者のためにする契約の内容となるが、対価関係はならない。

(b) 第三者

契約時に、第三者（受益者）が現に存在しない場合または特定していない場合であっても、かまわない（新537条2項）。胎児や設立中の法人（最判昭和37・6・26民集16巻7号1397頁）であっても受益者とすることができる。しかし、契約の効力は、受益者が現実に出現ないし特定したときに受益の意思表示をしなければ発生しないのは当然である。

(3) 効果の特色
(a) 直接請求権

受益者は、契約当事者ではないにもかかわらず、諾約者に対して直接に給付請求権を取得する（新537条1項）。あくまで契約当事者ではないので、給付に応じないからといって受益者が契約を解除することはできない。他方、要約者は諾約者に対し受益者への給付をするよう請求でき、これがなされないときは契約を解除できると解されている。

(b) 受益の意思表示

上記の受益者の権利は、契約の利益を享受する意思表示（受益の意思表

示）をした時に発生する（新537条3項）。これは第三者の権利発生要件であって、契約自体の成立要件ではない。

　伝統的には、この意思表示こそが契約の相対性の例外を正当化する根拠であった。しかし、今日では、黙示の意思表示でもよいと解されており、また受益を放棄することもできると解されているため、受益の意思表示を不要とする特約も有効である（ただし放棄できる）と解する説が有力である（古い判例では無効としたものがある。大判大正5・7・5民録22輯1336頁）。実際、第三者を受益者とする保険や信託では、この意思表示は不要であると規定されている（保険8条〔損害保険〕、42条〔生命保険〕、信託88条1項）。

　受益者に付随的な負担を負わせることはかまわないと解されている。受益の意思表示の際に判断させればよい（または放棄すればよい）からである。たとえば、物を受け取る権利を付与しつつ、要約者が支払う代金の残代金を負担させるような場合である。

(c)　**権利の確定**

　受益の意思表示があった後は、契約当事者（要約者・諾約者）は、受益者の権利を変更したり消滅させたりすることはできない（新538条1項。ただし生命保険では、受取人の変更権が認められている〔保険43条〕）。また、諾約者は、要約者に対して有する抗弁（同時履行の抗弁権など）を受益者にも主張することができる（民539条）。

(d)　**解除権**

　受益者が受益の意思表示をして権利が確定した後に、諾約者が債務を履行しないために要約者が契約を解除する場合がありうるが、そのような場合には権利を取得した受益者の意思を無視するのは妥当でない。そこで、このような場合には、要約者は受益者の承諾を得なければ契約を解除できない（新538条2項）。新法で新たに追加された規定である。旧法下では、解除は要約者が反対給付から免れるための制度であり、受益者は契約当事者ではないので、その承諾は不要であるという見解が多数であった。この規定により、受益者は、単なる第三者ではなく、契約に関与している者であるという位置づけが明確になったといえよう。

第4章 ◆ 契約の効力／第三者のためにする契約

◆ 解　釈 ◆
(1)　電信送金契約
　かつて、電信送金契約が第三者のためにする契約かどうかが激しく争われた。これはAがB銀行に対してXへの電信送金を依頼し、Bがこれをxの取引銀行であるY銀行に依頼して、YがXの口座に振り込みをするという仕組みである。ところがYが間違えてCに対して支払いをしてしまったので、XがYに対して支払請求をしたというような場合が問題になる。もしこれが第三者のためにする契約であれば、Xには直接請求権があるはずである。しかし最高裁は、第三者のためにする契約ではないとした（最判昭和43・12・5民集22巻13号2876頁）。これに対して学説では、迅速かつ安全な送金をするための第三者のためにする契約であるという見解が多い。

(2)　振込み
　現在の銀行実務でも、振込みでは、AB間には振込みの準委任契約が、BY間には銀行間の提携契約が、YX間には預金契約があり、それが組み合わされているにすぎないと解されている。またいったん依頼に応じても、Xの承諾なくそれをやめられる（組戻し）ことも根拠としてあげられている。
　しかし、学説では、振込みもまた、迅速かつ安全な送金をするための第三者のためにする契約であるという見解がある。それによれば、AB間ではXを受益者とする第三者のためにする契約が、またBY間ではXを受益者とする第三者のためにする契約が成立すると構成される（なお、銀行実務でも、Xの口座への入金記帳後は、預金が成立するので承諾なく組戻しすることはできないものとされている）。

◆ 発 展 問 題 ◆
(1)　第三者のためにする契約の類型化
　民法改正の過程では、当初、第三者のためにする契約を①債権取得型（受益者に債権を取得させる）、②負担付債権取得型（①で付随的負担を伴う）、③契約成立型（受益者が反対給付義務を負う契約を成立させる）、④債務免除型（受益者の債務を免除する）、⑤条項援用型（受益者が責任制限や免

除に関する条項を援用できる）の5つの類型に分けて細かく規定することが議論された。③類型は、受益者に契約当事者としての立場を与える類型である（ただしあくまで受益者に利益を与えることを目的とする場合に限られる）。要件については、①では受益の意思表示なくして当然に債権を取得し（ただし放棄できる）、⑤では条項を援用することにより効力を生じる。詳細すぎる議論であり、明文化は見送られたが、第三者のためにする契約が今日どのような機能を果たしているかを理解するうえでは、重要な議論であった。各類型を契約類型として認め、要件・効果を区別するか否かは、今後の課題として残された。

(2) 受益者の法的地位

　現在の第三者のためにする契約の構造では、受益者は契約の当事者ではない。したがって、要約者と受益者間の関係（対価関係）が欠けていても第三者のための契約は成立する。対価関係がないときは、要約者が受益者に対して不当利得返還請求をするにすぎない。しかし、実際には、要約者は、対価関係があるからこそ第三者のための契約を締結するのであり、受益者は受益の意思表示をすることによって、これまでの対価関係が今後はどのように処理されることになるかを受け入れるのである。

　このように考えると、受益の意思表示があった後は、契約当事者（要約者・諾約者）は、受益者の権利を変更したり消滅させたりすることはできないとされ（新538条1項）、要約者は受益者の承諾を得なければ契約を解除できないとされているのは（新538条2項）、単に受益者に権利が発生した以上、それを無視できないというにとどまらず、受益者が第三者のためにする契約によって形成される新たな法律関係の当事者となるという意味を有しているとも考えられるのではなかろうか。したがってまた、第三者のためにする契約では、受益の意思表示が重要な意義を有するのであり、一律にこの意思表示が不要なことも認める（後で権利を放棄すればよい）のではなく、この契約が利用される場面の違いに応じて、その要否を判断すべきではなかろうか。

第5章 契約の不履行

1 債務不履行の意義

・債務不履行とは、債務者が債務の本旨に従った履行をしないことである。
・不履行の態様には、履行遅滞、履行不能、その他の債務不履行がある。

◆ 条 文 ◆

(1) 債務不履行の意義

　債務不履行を定義する条文はないが、債務不履行による損害賠償について、新415条1項本文では、「債務者がその債務の本旨に従った履行をしないとき又は債務の履行が不能であるとき」に損害賠償請求できると規定されている。このうち、履行不能の場合については、旧415条後段と同趣旨であって、履行不能が履行を「しない」場合に含まれないのではないかとの疑義が生じないようにとの配慮から改正で入れられたものであり、債務不履行の意義を拡張する趣旨ではない。そこで、債務不履行とは、「債務の本旨に従った履行がないこと」であると解するのが一般的な理解である。

　①**事実としての不履行**　　債務不履行といえるためには、債務の本旨に従った履行がないことが必要である。本旨とは趣旨、目的といった意味であり、契約の場合であれば、契約の目的にしたがった履行がないということである。不履行には様々な態様があり、どのような類型を考えるかにつき議論があるが（◆**解釈**◆参照）、事実としての不履行が必要である点では

異論はない。

　②**帰責事由**　債務不履行の責任を追及するためには、不履行につき債務者に責めに帰すべき事由が存在しなければならない。事実としての不履行があっても、帰責事由がなければ、法的な責任を追及することはできない。目的物が滅失したために債務を履行できない場合でも、債務者に帰責事由がないときは危険負担の問題となる。原始的不能概念を認める伝統的な見解によれば、契約成立前に履行が不能であれば債権は無効であって契約は不成立となると解してきたが、改正によりこのような概念は放棄された（第1章2◆**解釈**◆(3)参照）。帰責事由の意味内容については、2で述べる。

(2)　債務不履行に対する債権者の救済手段

　債権者は債務者に対して履行を請求することができる（第4章◆**解釈**◆(1)参照）。履行があっても不完全であれば、履行請求の一態様として、追完を請求することもできる。債務者がこれらに任意に応じなかった場合の債権者の救済手段については、3以下で詳しく解説するが、あらかじめ概観すれば、以下のような救済手段が認められている。

　①**履行の強制**　債権者は、裁判所を通じて強制的に履行を実現させることができる（新414条1項）。これには、直接強制（履行自体の強制）、代替執行（債務者に代わって第三者に履行させる）、間接強制（金銭の支払いを命じて履行を心理的に強制する）などがある。

　②**損害賠償請求**　債権者は、債務者に対して債務不履行によって生じた損害の賠償を請求することができる（新415条）。

　③**解除**　契約に基づく債務の不履行の場合には、債権者は、契約を解除することができる（民540条以下）。解除されると、契約ははじめからなかったこととなり、当事者双方は、相手方を契約がなかった状態（原状）に復させる義務を負う（新545条1項本文）。双務契約では、解除は債権者を反対債務から解放するという機能を有している。

　①と②のうちの給付価値の賠償請求とは選択的であり、いずれかを優先させる必要はない。かつては、債務はできる限り履行されるべきであるとの考えから、①が優先するとの考え方もあったが、これらはいずれも債務不履行の救済手段であって、債権者の選択に委ねればよいことである。ま

た、②と③は競合して差し支えない（新545条4項）。しかし①と③は、契約の存否で異なっており、実際上選択的であって競合しない。またいずれが優先するかを決める必要はない。

◆ **解 釈** ◆

民法には債務不履行につき明文の定義がないことから、債務不履行の類型をどのように立てるかについて議論がある。

(1) **三分説（従来の通説）**

従来の通説は、①旧415条前段が債務の本旨に従った履行を「しない」ときと規定していることから、これが「履行遅滞」という類型であり、②同条後段が、履行することが「できなくなった」ときと規定していることから、これが「履行不能」という類型であることを導いていた。③また、これに加えて、明文はないが、上記の2種類に含まれない債務不履行もあり、これを「不完全履行」という類型であるとする。すなわち、債務不履行は、履行遅滞、履行不能、不完全履行の3つの類型から構成される総体であると解してきた。

なお学説では、三分説の不完全履行では物の引渡が不完全で、かつ拡大損害型が中心であり（たとえば、病気の鶏を給付し他の鶏に伝染した）、範囲が狭いとの批判があった。そして、不完全履行を給付の履行不完全、給付義務に付随する義務違反、債権者の生命・身体・財産に対する保護義務違反に細分化する説、不完全履行に代えてその他の債務不履行という類型を立て、旧415条前段は履行遅滞とこの類型を含むと解する説などが主張されてきた。これらは基本的には三分説の修正説として位置づけられよう。

(2) **一元説（最近の多数説）**

最近では、三分説を根本的に批判する説が主張されており、三分説は少なくとも学説上はもはや通説とはいえない状況にある。それによれば、三分説はドイツ法の圧倒的な影響の下で形成されているが、ドイツでは、かつて履行不能と履行遅滞の規定しかなく、このため学説が第3の類型を加える必要があった。しかしわが国では、債務不履行は債務の本旨にしたがった履行がないことと包括的に規定されており、債務不履行はこの要件

の下で一元的に理解すればよく、わざわざ類型を立てる必要はないとする。あとは個々の契約の解釈を通じて債務の本旨とは何かを確定すればよいというのである。損害賠償請求の要件の観点から、追完可能な債務不履行と追完不能な債務不履行に二分する説もあるが、これも不履行の態様で分けない点では一元説である。

一元説は、三分説と異なり、旧415条前段がすべての債務不履行を含むという解釈を前提にする。すなわち、同条後段が履行不能に言及しているのは、前段だけでは、履行不能は「履行をしないとき」ではないと誤解されるおそれがあったからにすぎず、同条前段は、履行遅滞のみに限定されるものではないと解するのである。

(3) 改正法の立場

改正作業の初期段階では、債務不履行の意義に関して、「本旨」という言葉はあいまいであるとして単に債務不履行とすることが検討された。これはどのような場合に債務不履行になるかは契約解釈によるという一元説の考え方の表れでもあった。最終的には旧法どおり、この言葉は残されたが、他方、三分説のような類型を立てることはしなかった。

たしかに、一元説は理論的に明快であり、かつ分かりやすい。しかし一元説の下で、あとはすべてが個々の契約の解釈に委ねられるとするのは妥当でない。履行不能、履行遅滞にはそれぞれ損害賠償請求の要件、効果の点で独自性があり（たとえば催告の要否、追完の可否、損害賠償の内容）、両者を分けたうえで債務不履行の要件・効果を検討するのが合理的である。改正法でも、履行遅滞、履行不能という分類はそのまま残されている（新412条、412条の2）。また、これらに含まれない債務不履行には種々の態様があり、どのような義務に違反したかなどを基準としていくつかに分類しておくことが要件・効果の判断上有意義である。

そこで本書では、債務不履行とは、債務の本旨に従った履行がない場合として一元的に理解しつつ、その具体的な内容については、①履行遅滞、②履行不能、③その他の債務不履行という態様に分けて解説することにする。

◆ 発 展 問 題 ◆

　債務不履行には、履行遅滞、履行不能以外の態様の債務不履行がある。たとえば、新法の下では、売買について、「買主に引き渡された目的物が種類、品質又は数量に関して契約の内容に適合しない」場合および「買主に移転した権利が契約の内容に適合しない」場合には、債務不履行の規定によることとしている（新564条、565条）。しかし、それ以外でも、付随義務違反、保護義務違反なども債務不履行の一態様である。こういった「その他の債務不履行」については、定義的な規定は置かれることはなかった。したがって、これらの場合に債務不履行になるか否かは、個々の契約解釈に委ねられることになった。

2　債務不履行の要件

- ・債務不履行による損害賠償を請求するためには、債権者は不履行の事実を主張・立証しなければならない。
- ・債務者は、①履行の提供をしたこと、②履行しないことが違法でないこと、③不履行が債務者の責めに帰することができない事由によるものであることのいずれかを主張・立証すれば免責される。
- ・帰責事由の存否は、従来、「故意・過失または信義則上それと同視すべき事由」の存否と解されてきたが、新法は過失責任主義によらず、「契約その他の債務の発生原因及び取引上の社会通念に照らして」判断されることになった。
- ・債務者が履行補助者を用いる場合、従来、その過失は、報償責任・危険責任の観点から債務者本人に帰責事由がある場合として論じられてきたが、新法では、帰責事由について過失責任主義によらないことから、今後は、契約に第三者を使用することが組み込まれているか否かで債務者の責任を判断することになる。

◆ 条 文 ◆

(1) 債権者が主張・立証すべき要件

　債務不履行による損害賠償を請求するためには、前述したように、債権

者は、「債務者がその債務の本旨に従った履行をしない」ことを主張・立証しなければならない（新415条1項本文）。これは、事実としての不履行があることを主張・立証することである。

(a) **履行遅滞**

履行遅滞とは、履行期に履行しないことであり、厳密には、「債務が履行期にあること」、「履行期を徒過したこと」、「履行しないこと」を主張・立証しなければならない。

履行期にあること、および履行期を徒過したことについては、新412条が規定している。すなわち、①確定期限があるときは、期限が到来した時から遅滞となる（同条1項）。ただし持参債務（債務者が給付を持参する債務。金銭債務が典型）はそれでよいが、取立債務（債権者が取り立てる債務）は、履行について債権者の協力が必要なので、債権者が必要な協力（催告など）をした時から遅滞になると解されている。②不確定期限があるときは、期限が到来し、かつ、履行の請求を受けた時または債務者が期限の到来を知った時のいずれか早い時から遅滞となる（同条2項）。債権者が催告し、それが債務者に到達していれば実際には債務者が知らなくてもよいことになる。③期限の定めのないときは、債権者はいつでも請求できるので、債務者が履行の請求（催告）を受けた時から遅滞となる（同条3項）。ただし、消費貸借（他人の物を借りて消費し同種・同程度・同量の物を返す）は、一定期間消費することを前提にしており、相当の期間を定めて催告し、その期間を過ぎたことが必要である（新591条1項）。しかし、消費寄託（普通預金など）は消費貸借に似ているが、遅滞に関しては原則どおりになる。また、契約ではないが、不法行為に基づく損害賠償債権については、被害者保護のために、請求がなくても不法行為時から遅滞となると解するのが判例である（最判昭和37・9・4民集16巻9号1834頁）。なお、履行期前にすでに債務者が履行を拒絶することが明らかな場合には、履行期の徒過を待つまでもなく、債権者に何らかの方策を採らせなければ不合理なことがある（他から仕入れる必要があるなど）。学説の中には、後述のその他の債務不履行（適切な準備をすべき義務違反）になると解する見解もあるが、実際には契約の解除を認めるかどうかが問題になるので、解除で扱うことにする。

履行しないことについては、学説は、債権者が主張・立証すべきであると解するが、実務では、履行の提供（新492条）により債務者が免責される以上、履行したことまたは履行の提供をしたことが債務者の抗弁になると解されている。

なお、以前は、「履行が可能であること」についても、不能と区別するために履行遅滞の要件であると解されてきたが、近年では、履行遅滞では当たり前であり、条文上も要求されていないので、わざわざ債権者に立証させる必要はないと解されている。

(b)　履行不能

履行不能とは、契約その他の債務の発生原因および取引上の社会通念に照らして履行することができなくなったことであり（新412条の2）、これには物理的不能（目的物の滅失）だけでなく、法律的不能（契約成立後にその取引が法律によって禁止された場合など）、社会的不能（物理的には可能でも社会通念上は不能と判断できる場合）が含まれると解されている。判例・多数説によれば、他人の物の売買で、売主が他人から権利を取得できなかった場合（最判昭和41・9・8民集20巻7号1325頁）や、不動産の二重譲渡で一方の譲受人が登記を備えてしまった場合（最判昭和35・4・21民集14巻6号930頁）は社会的不能に含まれる。なお、原始的不能概念は放棄されたので、契約成立前にすでに不能であっても債権は成立し、履行できないことは履行不能となる。

(c)　その他の債務不履行

遅行遅滞、履行不能以外の債務不履行には様々な場合がある。これを債務者の義務に応じて分類すれば、以下のように整理できる。

①給付の不完全　　これは、債務者がなすべき給付が不完全な場合である。たとえば、陶器セットの一部が損傷していたとか、屋根瓦を指定と違う色で敷設したような場合である。この場合は履行遅滞でも履行不能でもないが、給付義務が十分尽くされていないことになる。ただし、給付内容によっては履行の追完が可能なこともある（種類物債務など。この問題は、後述の債務不履行の効果の問題として扱う）。

②付随義務違反　　これは、債務者の給付義務に付随する義務に違反し

た場合である。債務の本旨に従った履行であるといえるためには、単に給付をするだけでなく、たとえば、給付についての適切な説明をする必要がある場合（説明義務）などがある。労働契約では、使用者には労働に対して賃金を支払うだけでなく、労働者の安全に配慮する義務（安全配慮義務）があると解されている（この問題は後に労務提供契約で扱う）。なお、安全に配慮する義務が給付義務そのものである契約もあり（医療契約、介護契約など）、その場合は①の問題になる。

　③保護義務違反　一般に、何人といえども他人の生命・身体・財産を侵害しないようにすべき義務（保護義務）があり、このことは契約当事者間でも異ならない。この義務違反が債務の履行に伴って生じたために、債権者に契約以外で損害が発生してしまった場合であり、これは従来の三分説で拡大損害型といわれてきた場合にあたる（たとえば、家具を購入したがその搬入時に他の家具を傷つけてしまったような場合）。この場合には不法行為責任（民709条）も問うことができるが、これを債務不履行と構成できる点に意義がある（立証責任の点で債権者に有利になる）。

　以上の分類は説明としては分かりやすいが、実際には明確に区別することが困難なこともある（たとえば、ひよこを納入するに際して、通常なすべき事前検査をしなかったために、病気のひよこが混入し、もとからのひよこにまで伝染して全滅してしまったような場合を考えよ）。結局のところ、結果債務（結果まで必要な債務。引渡債務など）か、手段債務（最善を尽くせばよく、結果までは必要でない債務。行為債務に多い）かに注意しながら、当該契約の趣旨がどのようなものであったかを明らかにするという作業を欠かすことができない。

(2)　債務者の免責事由

　債権者が債務の不履行を主張・立証したのに対して、債務者は、抗弁として以下の事由を主張・立証すれば債務不履行責任を免れる。

(a)　履行の提供をしたこと

　履行の提供とは、詳しくは後に第16章弁済で解説するが、簡単に言えば、履行そのものではないが、債務者としてなすべきことをして債権者が履行を受領できるようにすることである（民493条参照）。履行遅滞である

との主張に対して、履行の提供をしたことを主張・立証すれば、債務者は免責される（新492条）。履行の提供をして受領を促しても債権者が受領しなければ債務は履行されたことにならないが、それでは不合理である。そこで、債務者が履行の提供をすれば債務不履行責任を免れることとされているのである。

(b) **履行しないことが違法でないこと**

　これは、同時履行の抗弁権（新533条〔第4章2参照〕）や留置権（民295条）を行使して履行を拒絶する場合や、正当防衛や緊急避難（民720条参照）によって履行できなくなったことを主張する場合である。前者の場合には、免責ではなく、そもそも債務不履行にならないと解する見解もあるが、これらの事由は抗弁として主張せざるを得ないように思われるので（行使効果説）、免責事由と解すべきであろう。

(c) **不履行が債務者に責めに帰することができない事由によるものであること（帰責事由がないこと）**

　旧法では、履行不能についてのみ明文規定があったが（旧415条後段）、その他の債務不履行についても同様に解されていた。改正により、これが明文化されるとともに（新415条1項ただし書）、帰責事由の存在が債務不履行の成立要件であるということではなく、債務不履行ではあっても責任を免ずる免責事由であることが明確化された（詳しくは◆**解釈**◆参照）。また、履行遅滞に陥っている間に履行不能となった場合には、遅滞につき帰責事由があれば、不能につき帰責事由がなくても、帰責事由よる不能であるとみなされる（新413条の2第1項）。これは旧法での通説を明文化したものである。

　帰責事由がないことの主張・立証責任は、起草者を含め古くから債務者にあると解されており（大判大正10・5・27民録27輯963頁、最判昭和34・9・17民集13巻11号1412頁）、異論はない。旧法ではその規定上は誰に主張・立証責任があるか明確でなかったが、改正によって、債務者が主張・立証すべき免責事由であることが明確化した。この点では、不法行為（民709条）における加害者の故意・過失の主張・立証責任が被害者（債権者）にあるのとは逆になる。契約が締結されれば履行すべきは当然のことであ

り、債務者は免責事由がない限り不履行の責任を負うべきだからである。とくに、なす債務の不履行では帰責事由の存否が問題となることが多く（たとえば医療過誤での医師の帰責事由）、債権者にとっては負担が軽減されるメリットが大きい。

(d) **金銭債務の特則**

金銭債務では、不可抗力（戦争、大災害など）を抗弁とすることができない（新419条3項）。債務の性質という点から見ると、金銭は、何が起きても必ずどこかには存在しており、履行できないということにはならないからである。したがって金銭債務の不履行は常に履行遅滞になる。また損害についても、債権者は損害の証明をする必要がなく（同条2項）、不履行があれば、約定がある場合は別として、当然に債務を負った最初の時点における法定利率による損害があるとされる（同条1項）。改正にあたって、債務不履行では、契約によって何を引き受けていたかが問題であり、債務の性質は問題にならないとの観点から、同条3項は不要であるとの提案もあったが、結局は金銭債務の特殊性が維持されることになった。

利息を超える損害が生じた場合にそれを請求できるかという問題について、判例は、法定利率による以上の損害があってもそれに制限されると解しているが（最判昭和48・10・11判時723号44頁）、学説では、利息は証明を要しない最低保障であり証明があればそれ以上の賠償も認められるとする見解、故意の場合には限定されないとする見解、営業利益の損失など別の損害として構成する見解など、判例に反対する見解が有力である。

◆ **解　釈** ◆

(1) **帰責事由の意義**

債務不履行責任を追及するためになぜ帰責事由が必要なのか、またその具体的な内容はいかなるものかにつき従来から議論がある。

(a) **過失責任主義**

従来の通説は、帰責事由を過失責任主義と結びつけて理解し、帰責事由とは、「故意・過失または信義則上これと同視すべき事由」であると解してきた（信義則上同視すべき事由の代表的な場合としては、後述の履行補助者

の過失をあげてきた)。これは不法行為において故意・過失が必要である以上、債務不履行でもこれを絶対責任とすることは過酷であり、同様に解すべきであるという考え方に基づいている。

(b) **過失責任主義に対する批判**
　しかし近年では、帰責事由を過失責任主義と結びつけることには批判が多くなった。すなわち、①過失責任主義は、一般私人の行動準則であり、これを契約の場面に持ち込むことに論理必然性はない、②債務の不履行について責任を負うのは、過失があるからではなく、契約しているのにそれにしたがった履行をしないからである、③実際の裁判例でも、帰責事由の判断において故意・過失の存否が問題とされることはほとんどない、というのである。

(c) **契約の拘束力**
　過失責任主義を基礎とすることが長らくわが国の通説であったが、近年の学説では、上記のような批判に基づいて、契約の拘束力を基礎に帰責事由を理解する見解が有力になっている。
　①**契約においては、約束をしたことを履行しないこと、それ自体に帰責事由があるとする説**　債務の内容を結果債務と手段債務とに分け、前者では、結果の不実現により帰責事由があり(ただし不可抗力を除く)、後者では、債務不履行の判断と帰責事由の判断は同じことになり、債務者の具体的な行為態様が不完全であったと評価されれば、帰責事由がある(この場合には不可抗力を持ち出す意義はない)とする。
　②**債権者が契約において約束された結果を獲得していない場合に帰責事由があるとする説**　債務者の帰責原理を保証責任と過失責任とに分け、前者では、一定の結果を保証した以上、債権者に圧倒的な帰責性があるか不可抗力の場合を除き責任があり(結果債務に対応する)、後者では、結果を保証していないので、履行過程での具体的な行為が不当である場合(具体的な行為義務違反)に責任があるとする(手段債務に対応する)。
　③**事実としての不履行があれば、それだけで原則として帰責性があるとする説**　事実としての不履行があれば、履行しないことに免責事由か正当化理由がなければそれだけで責任を負うとして、帰責事由の不存在を免

責事由と解した上で、具体的には、不可抗力か、債務者に予見可能性および結果回避可能性がない場合でなければ責任があるとする。事実としての不履行の存否を判断する中で、債務者が契約上いかなる行為をすべきか、および実際にどのように行為したかが評価されることになろう。

これらは、前述の不履行の意義に関する一元的な理解と連動して、基本的には、契約内容がいかなるものかを検討し、そこから帰責事由の意義・内容を導く点で共通しているといえる。ただし、①説は債務の内容の違いに重点を置き、②説は帰責の原理の違いに重点を置いている。これに対して③説は、事実としての不履行の評価の中に債務の内容や帰責の原理の違いを取り込み、不履行が認められる以上、帰責事由は原則として存在するとするものであり、もっとも分かりやすいように思われる。

(d) 改正法の立場

改正法の立場は、近年の有力説のうち③説を基本とするものである。前述したように、新415条1項は、帰責事由がないことを免責事由とし、その存否は、契約その他の債務の発生原因および社会通念に照らして判断される。

(2) 責任能力の要否

従来の通説は、帰責事由と過失責任主義を結びつける帰結として、債務不履行といえるためには、債務者に責任能力があることが必要であると解してきた。しかし、改正法によれば、この問題を過失責任主義から論じないので、責任能力を問題にすることはないと解される。具体的には、意思無能力者や制限行為能力者が問題になるが、それは契約の成否の問題（無効、取消し）として論じればよく、契約が有効に成立したのであれば、履行に伴うリスクは債務者が負うべきであることになる。

(3) 第三者の行為による不履行（履行補助者）

債務者が履行のために第三者を使用したところ、この者が事実としての不履行をしてしまった場合、債務者は責任を負うか。この問題に関する学説上の議論は、3つの発展段階を経て今日に至っている。

(a) **判例**

　判例では、古くからこの問題が論じられており、①船の転借人が使用する船員の過失で船が難破し、船を返還することができなくなったという事案で、被用者の行為は債務者の行為にほかならないとして賃借人の債務不履行責任を肯定した事例（大判昭和4・3・30民集8巻363頁〔恒栄丸座礁難破事件〕）、②家屋の転借人が失火して家屋が焼失したという事案で、賃借人に責任があるのは信義則上当然であるとした事例（大判昭和4・6・19民集8巻675頁〔ヒューム失火事件〕）が代表的である。

(b) **第1段階**

　従来の通説は、このような結果を理論化して、債務者の意思に基づき債務の履行のために使用する者を「履行補助者」と呼び、過失責任主義の延長上で、報償責任ないし危険責任（利益・危険の存するところ不利益・結果についての責任も負うべきである）の原理から、履行補助者の過失も債務者の帰責事由となることを正当化してきた。それによれば履行補助者は以下のように類型化される。

　①真の履行補助者　債務者の手足として使用される者（従業員、医師の代診、看護士など）の故意・過失について、債務者は常に責任を負う。

　②履行代行者　債務者に代わって履行の全部を引き受ける者については、さらに以下のように細分化される。

　②-1　法律の明文、特約または債務の性質により代行が許されないのに使用した場合（新104条、民625条2項など）には、使用したこと自体が債務不履行となる（代行者に故意・過失がなくても責任を負う）。

　②-2　代行が明文または債権者の承諾により許されている場合（新105条、新658条2項など）には、代行させること自体に問題はなく、その選任・監督についてのみ責任を負う（したがって、賃貸人の承諾ある転借人の行為につき賃借人の責任を認める上記判例に反対）。

　②-3　代行が許可も禁止もされていない場合には、債務者の自己責任として①と同様の責任を負う。

(c) **第2段階**

　その後学説は、上記の説では区別が分かりにくい（たとえば「手足」と

いうのは比ゆ的すぎる)、履行代行者につき選任・監督についてのみ責任を負うのであれば、民法715条（使用者責任）と異ならず履行補助者概念を用いる意味がない、履行補助者概念は使用者責任が不備なドイツで生まれたがわが国では715条がある、などと批判して、履行補助者概念は715条を補完するものとして機能させるべきであるとの説が登場した。それによれば、①被用者的履行補助者（715条の被用者）については、715条1項ただし書のような免責がない点で債権者に有利であり、②独立的履行補助者（請負人など）については、715条には含まれないが債務者に責任を負わせることができる点で債権者に有利であり、いずれの場合にもこれらの者の故意・過失について債務者に責任があるとする（ただし学説は、②では補助者の過失についてのみ責任を負うとする説があるなど細かく分かれている）。

(d) 第3段階

しかし近年では、従来の説ではなぜ715条の場合よりも責任範囲が広くてよいのかの根拠が示されていないとして、この議論を根本的に見直し、債務者の帰責事由の問題としてではなく、「第三者の行為による債務不履行」という類型の問題として位置づける説が有力になっている。この説にもバリエーションがあるが、①第三者を自らの履行行為に用いたという意思決定に責任の根拠があるとしたうえで、②契約内容や履行過程に第三者が組み込まれているか否かで第三者に起因する不履行についての債務者の責任の存否を判断する点で共通しているといってよいであろう。このように解するときは、履行補助者の問題は契約解釈の中に解消し、帰責事由についての特殊な問題ではなくなる。

(e) 改正法の立場

帰責事由について過失責任主義に依拠せず、契約解釈によるとする改正法の立場からすれば、従来履行補助者の過失として論じられてきた問題は、独自の意義を失い、債権者の承諾や債務者の選任・監督の問題ではなくなる。そして、今後、この問題は、債務者が債務の履行に際して第三者を用いたことが、債務の本旨に照らして債務者の不履行と評価できるか、また、免責事由の存否に影響を及ぼすかという問題として論じられることになる。

◆ 発 展 問 題 ◆
(1) 不履行の態様
　改正法では、債務不履行の態様について一元説の立場を採りつつ、履行遅滞、履行不能という態様は維持されたが、その他の債務不履行については、特別な規定が置かれることはなかった。解釈で述べたように、学説の議論でもほぼ共通項が見出せるようになっており、すべてを債務の本旨の解釈に委ねるのではなく、大枠だけでも規定してよかったのではなかろうか。今後の課題となる。

(2) 債務の本旨と免責事由の関係
　新415条1項は、債務不履行の要件として「債務の本旨」に従った履行をしないときとしつつ、免責事由として「契約その他の債務の発生原因及び社会通念に照らして」債務者の責めに帰することができない事由を規定している。債務の本旨が債務の趣旨・目的だと解するならば、両者は同じことを規定しているようにも見える。しかし、それでは契約解釈などによって債務不履行になるといいながら、契約解釈などによって免責されるということとなってしまい、トートロジカルである。この両者の関係はどう解すればよいのであろうか。改正作業の当初の段階では、「債務の本旨」という言葉は削除することが提案されており、事実としての不履行自体が原則として債務不履行であることが明確であった。しかし結局のところこの言葉は存続することになり、両者の関係が不明確になったように思われる。今後の方向としては、債務の本旨は債務の態様・内容として限定的に解した上で、総合判断は免責事由において集中的に行うというように整理すべきではなかろうか。

3　債務不履行の救済手段

・不履行に対する救済手段には、追完請求、履行の強制、損害賠償請求がある。
・追完請求は履行の強制に先立つが、損害賠償請求は他の手段と同時になしうる。

・債務不履行と不法行為の要件をともに充たすときは、どちらによって損害賠償請求してもよいと解するのが判例・通説である。

◆ 条 文 ◆

　契約に基づく債務が任意に履行されない場合または債権者の履行請求に債務者が応じない場合、債権者がその債権に関して取りうる手段には、(1)追完請求、(2)履行の強制、(3)損害賠償請求がある。このほかに、(4)債権者が自己の反対債務を免れるためにする手段として解除がある（解除は第6章で扱う）。

(1)　追完請求

　追完は、履行が不完全な場合に、完全な状態にして履行し直すこと、すなわち補完的な履行である。給付が不完全な場合（損傷した物の給付、指定違いの工事など）に問題になる。追完の内容は、契約の趣旨により、代物の履行、修理、追加、再工事などさまざまである。債務者が任意で追完することは履行行為の一環にすぎない。しかし、債務者が任意に追完しない場合には、民法上にとくにこれを認める規定はないが、債権者は債務者に対して追完を請求することができると解されている（ただし売買では追完請求権が規定されている〔新562条〕）。

(2)　履行の強制

　債務者が任意に履行をしない場合には、強制的に履行させるための手段も保障されていなければならない。これが履行の強制である。新414条と民事執行法の規定とを合わせて、直接強制、間接強制、代替執行などの手段が認められている（4参照）。

(3)　損害賠償請求

　債務者がその債務の本旨に従った履行をしないときまたは債務の履行が不能であるときは、債権者は、これによって生じた損害の賠償を請求することができる（新415条）。上記の(1)(2)では最終的に履行がなされるが、履行ができないときまたは履行してももはや意味がないときには、損害賠償

によらざるをえない（5参照）。

◆ 解 釈 ◆

(1) 各種手段の法的性質

　以上の手段と履行請求権との関係が学説上議論されている。まず、前述のように、履行請求権は債権の本来的機能か、債務不履行に対する救済手段かという争いがある（第4章1 ◆解釈◆(1)参照）。また、これと関連して、追完請求、履行の強制についても、同様の争いがある。損害賠償請求は、債務不履行に対する救済手段と位置づけられるが、履行に代わる損害賠償については、本来の債務が形を変えたものであるという考え方（債務の転形論）と、履行が可能であってももはや履行を期待できない場合には認められるという考え方の対立がある。これらの争いの組み合わせによって、①履行請求権・追完請求・履行の強制はいずれも履行請求の性質を有するので本来的機能であり、損害賠償請求が救済手段であるとする見解、②履行請求権は本来的機能だが、追完請求・履行の強制・損害賠償請求はいずれも救済手段であるとする見解、③履行請求・追完請求・履行の強制・損害賠償請求はいずれも救済手段であるとする見解などがあり、何が通説といえるかが判然としない状況となっている。具体的な違いは、債務者の帰責事由の要否に現れるが（本来的機能であれば不要）、事実としての不履行があればそれだけで原則として帰責事由が存在する（あとは免責の問題になる）と捉えると、実際上の違いはなくなる。

　本書は一応上記の②の理解に基づいて解説しているが、追完請求、履行の強制には本来の履行の具体化という側面もあり、これらを本来的機能か救済手段かに峻別する実益は乏しい。重要なのは、手段ごとに適切な要件・効果を考えることである（たとえば、追完請求、履行の強制では、仮に免責を主張しても履行が可能である限り認められないが、他方では、債務者の意思に反して強制することはできない）。なお、各手段には規定上優先関係はないが、実際上、追完請求は履行の強制に先立つことになろう。損害賠償請求は、他の手段と同時になされることもありうる（履行が遅れたことの損害賠償を併せて請求するなど）。

(2) 損害賠償請求権の競合

　債務不履行による損害賠償請求権（新415条）は、不法行為による損害賠償請求権（民709条）と競合することがある。たとえば、診療契約において医療事故が発生した場合には、両者の要件を充たす。他の手段との競合と異なり、この場合には損害賠償請求で共通しているので、債権者（被害者）はどちらの請求権を行使するのかが問題になる。

　①請求権競合説　　請求権が競合しており、どちらの請求権を行使してもよいと解する。これが判例（最判昭和38・11・5民集17巻11号1510頁、最判昭和44・10・17判時575号71頁）・通説である。

　②非競合説（法条競合説）　　法条が競合しているだけであって、請求権は競合していないとする。そして特別法は一般法に優先することから、契約という特別の関係を規律している法条（債務不履行）によるべきであるとする。

　③規範統合説　　二つの問題が競合するような一つの行為類型であるとして、要件・効果を選択して一本化する（しかし、統合された内容がどのようなものであるか不明確なところがある）。

　以上の説のうち、請求権者の選択に委ねればよく、①説が妥当である。要件（債務不履行では帰責事由の不存在を債務者が立証し、不法行為では過失の存在を債権者が立証する）の点では債務不履行によることが債権者に有利であるが、損害の範囲（弁護士費用）の点では、これを損害に計上できる不法行為のほうが有利である。消滅時効については、財産的損害の賠償請求では、債務不履行では5年（新166条1項1号）、不法行為では3年（新724条1号）となるが、人の生命または身体についての損害賠償請求では、不法行為でも5年となる（新724条の2）。いずれを主張するかは事案に応じて使い分ければよい。

◆ 発 展 問 題 ◆

　改正作業の初期段階では、履行請求権とともに、追完請求権、債務者の追完権を規定することが議論されたが、履行請求権については、当然に認められるとして規定の新設が見送られ、それに伴って追完に関する規定の新設も見送られた。ただし、売買の目的物に契約不適合がある場合には、とくに買主に追完請求権を認める規定が新設された（新562条）。これは、

売買の特殊性を考慮して追完請求権に一定の制限を加えるものであり、一般の債務不履行における追完請求を否定する趣旨ではない。

4　履行の強制

・任意に履行がなされない場合、強制的に履行を実現する手段がある。
・直接強制のほかに、代替執行（債務者以外の者に履行させる）、間接強制（金銭の支払いを命じ履行を間接的に強制する）、意思表示の擬制があり、債務の種類に応じて使い分ける。

◆ 条 文 ◆

　履行の強制は、任意に履行がなされない場合に、国家機関（裁判所）によって強制的に履行を実現する手段であり、新414条１項と民事執行法で規定されている。債権者は、通常は裁判外で履行を請求する（履行請求権）が、債務者がこれに応じない場合には以下の手段を利用することができる。

　履行の強制は、債務の性質が許さないときは認められない（新414条１項ただし書）。行為債務（労務提供など）、不作為債務（一定の行為をしないという債務）などがこれにあたる。実際上よく問題になるのは、家族法関係で、親権侵害や人身保護法違反による幼児の引渡請求である。幼児に意思能力があるときは間接強制のみが認められ、ないときは直接強制も認められる傾向がある。

(1)　**直接強制**

　直接強制とは、裁判所に履行の強制を請求する方法である。物の引渡訴訟や建物明渡訴訟などを提起し、勝訴判決を得て強制執行をするような場合が典型的である。金銭債権では、債務者の財産を差し押さえて競売し、その代金から債権を回収する方法など種々の執行方法がある（民執43条以下）。物に関する債権では、執行官が債務者の占有を解いて債権者に取得させる（民執168条１項、169条１項）。種類物債権については、執行官がど

の物かを特定して取り上げることになるが、債権者が代替物を容易に入手できるならば直接強制を認める意義は乏しい（後述の間接強制のみ認めるべきとする説もある）。

(2) 代替執行

　代替執行とは、債務者の費用で、作為債務を債務者以外の者に履行させたり、不作為債務の履行を自ら履行したりすることを裁判所に請求する方法である（民執171条）。直接強制ができない作為債務、不作為債務について利用できる。たとえば、建物の取壊工事を第三者に依頼したり、契約に反して設置された看板を撤去したりするといった場合である。不作為債務では、将来に備えて適当な処分をすることも裁判所に請求できる（将来の損害発生に備えて担保を提供させるなど）。ただし、代替執行は、債務者でないと履行できない債務（不代替的債務）については認められない（不代替的か否かは契約解釈による）。謝罪広告を債務者自身にさせるのではなく新聞社に依頼して掲載することも代替執行になるが、判例は、債務者の意思を強制する結果となっても憲法違反ではないとしている（最大判昭和31・7・4民集10巻7号785頁）。

(3) 間接強制

　間接強制とは、履行しない場合に債務者に一定の金銭を支払うべきことを命じ、履行を間接的に強制する方法である。民事執行法で認められている（民執172条1項）。金銭債務では直截に直接強制すればよいので、間接強制は認められず（例外として、離婚に伴う養育費など扶養義務に係る金銭債務〔民執167条の15、167条の16〕）、その他の物の引渡債務、作為債務、不作為債務について認められる。

　以上のことを債務の種類からまとめれば、①物の引渡債務では直接強制、間接強制、②金銭債務では直接強制のみ、③代替的な作為債務・不作為債務では代替執行、間接強制、④不代替的な作為債務・不作為債務では間接強制のみとなる。複数の方法がある場合には選択できる（民執173条参照）。

(4) 意思表示の擬制

　法律行為をする債務（承諾する債務、移転登記を共同申請する債務など）については、履行を強制しなくても、法律上そのような行為がなされたと認めれば十分である。そこで、このような債務については、判決をもって債務者の意思表示に代えることができるとされている（民執174条）。

(5) 履行の強制の限界

　以上の方法は、債務者の自由意思を抑圧する場合には認められない。この場合には、損害賠償を請求するほかない。なお、履行の強制ができる場合でも、同時に損害賠償請求をすること（履行が遅滞したことによる損害賠償など）は妨げられない（新414条2項）。

◆ 解 釈 ◆

　履行の強制に関しては、すでに述べたように、法的性質をどのように捉えるかという問題があるが、それ以外ではほとんど解釈の余地はない。

◆ 発 展 問 題 ◆

　改正にあたり、旧414条から手続法に関する準則が除外され、民法規範として履行の強制に関する部分だけに整理された。「その他の方法」として、今後、民事執行法に新たな強制手段が設けられた場合にも対応できるようにされた。

5　損害賠償請求

- 債務不履行による損害賠償を請求するためには、債権者が①債務の存在、②不履行の事実、③損害の発生およびその額、④不履行と損害の因果関係を主張・立証しなければならない（新415条）。
- 履行不能では填補賠償（給付そのものの価値）を、履行遅滞では遅延賠償（遅れによる損害）を請求することができ、その他の債務不履行ではどちらかに準ずることになる。
- 履行遅滞でも、履行に代わる損害賠償として填補賠償を請求するこ

> とができる場合がある。
> ・損害賠償の範囲は、通常生ずべき損害（通常損害）と、当事者に予見可能性がある特別の事情によって生じた損害（特別損害）に制限される（新416条）。

◆ 条 文 ◆

(1) 損害賠償請求の要件

債務者がその債務の本旨に従った履行をしないときは、債権者は、これによって生じた損害の賠償を請求することができる（新415条）。これを分解すれば、債権者は、①債務の存在、②不履行の事実、③損害の発生およびその額、④不履行と損害の因果関係を主張・立証しなければならない。①と②は債務不履行の要件であるから、損害賠償請求でとくに問題になるのは、③と④である。

以上に対して、債務者が免責事由（履行の提供をしたこと、履行しないことが違法でないこと、帰責事由がないこと）の存在を主張・立証しなければ責任を免れないことは前述した（2◆条文◆(2)）。

(2) 損害の内容

損害の内容に関する規定はないが、一般的にいえば、以下のような種類の損害がある。

(a) 財産的損害と非財産的損害

損害の態様による区別であり、財産的損害には、積極的損害（実際に失った利益）と消極的損害（不履行のために得られなかった利益）がある。後者は逸失利益ともいう。非財産的損害とは、精神的損害（慰謝料）のことである。通常は不法行為で問題になるが（民710条）、債務不履行でも、人格的利益が侵害された場合には賠償の対象になりうる（美容整形契約上のミス、ペット預託契約上の管理ミスなど）。

(b) 履行利益と信頼利益

履行との関係による区別であり、履行利益とは、契約が履行されたなら

ば得たであろう利益であり（転売利益など）、基本的には上記の消極的損害がこれにあたる。信頼利益とは、契約が履行されると信頼したために実際に被った不利益であり（給付の保管場所の借上費用など）、基本的には上記の積極的損害がこれにあたる。しかし実際には両者の区別は明瞭でなく、また、債務不履行ではいずれの利益も賠償の対象になりうるので、区別することにあまり意味があるともいえない。

(c) **填補賠償と遅延賠償**

　給付との関係による区別であり、填補賠償とは、給付そのものの価値の損害の賠償であり、遅延賠償とは、履行が遅れたこと自体による損害の賠償である。履行不能では、填補賠償を請求できる。具体的には、給付されるべきであった物の市場価値である。債権者は、契約を解除して自己の反対給付をせずに損害賠償を請求する方法と、解除せずに、履行に代わる損害賠償として請求する方法とがある。後者の場合には、債権者は反対給付を履行する必要があるが、反対給付が金銭（たとえば売買代金）であるときは、差引計算をすれば解除したのと同じことになる。履行遅滞では、遅延賠償を請求できる。具体的には、金銭債務なら遅延利息であり、物の引渡債務ならばその物を使用できなかったことによる損害である。金銭債務については特別の規定（新419条）があることは前述した（2◆**条文**◆(2)(d)）。契約を解除すれば、填補賠償とともに請求できるが、解除していない場合には、本来の給付とともに遅延賠償を請求することになる。その他の債務不履行で、給付の不完全の場合には、給付の追完ができるときは履行遅滞の場合に準じて、また追完ができないときまたは追完しても契約の目的を達成できないときは履行不能に準じて考えることになる。

　なお、填補賠償と遅延賠償の区別は明瞭だが、これらが初めから区別されているわけではないこともある。たとえば、無駄に支出した費用、十分な説明がなかったことによる損害などは、すべての債務不履行の類型で問題になりうるものであり、不履行の態様に応じて填補賠償か遅延賠償に組み入れられることになろう。また、(a)～(c)以外の損害であっても、当事者間に特約があればその賠償を請求できるのは当然である（違約金条項など）。

(d) **履行に代わる損害賠償**

　履行不能の場合には、填補賠償を請求できるが、履行遅滞の場合でも、履行不能と同様に、解除せずに履行に代わる損害賠償（填補賠償）を請求できるか否かが問題になる。従来の判例にはこれを認めるものがあり（大判昭和8・6・13民集12巻1437頁〔履行遅滞後に債権者が催告し、相当期間が経過しても履行しなかった〕、大連判昭和15・3・13民集19巻530頁〔株券の一部を受け取りつつ他については損害賠償請求〕）、従来の学説でも、遅滞までになされた給付を返還したくない場合、反対給付を履行済みでその返還を欲しない場合、継続的契約で今後も給付を受けたい場合などにメリットがあるとして、これを肯定する見解が多数であった。ただし、その理論的根拠については議論があり、本来の給付債務が填補賠償に転形したといえることが必要であり（債務の転形論）、填補賠償を請求したときは、そこに解除の意思表示が黙示的に含まれていると解する考え方（伝統的な見解）と、履行請求と填補賠償の請求とは別問題であり、履行が可能であってももはや履行を期待できない場合には認められ、解除とは連動しないという考え方（近時の有力な見解）との対立があった。

　改正では、従来の判例・学説により、①履行不能の場合だけでなく、②債務者がその履行を拒絶する意思を明確に表示したとき、および③契約が解除されまたは解除権が発生したときには、履行に代わる損害賠償を請求できることが明文化された（新415条2項）。ここでは、損害賠償請求のために解除を前提としていないことに注意すべきである。すなわち、新法は債務の転形論という考え方は採らなかったのである（履行不能についても同じ考え方であることになる）。

(3) **因果関係**

　以上のような損害は、債務不履行と因果関係があるものでなければならないとして因果関係を独立の要件とするのが通説である。ただし、わが国の民法では、因果関係にある損害がすべて賠償されるという主義（完全賠償主義）ではなく、一定の範囲に制限する主義（制限賠償主義）が採られている（新416条）。このため、学説の中には、因果関係の問題は結局いかなる損害が賠償されるべきかという問題に解消されるとする見解もあり、これによれば独立の要件ではなくなる。しかし通説によっても、実際に

は、不履行に「よって」損害が発生したというだけであり、因果関係がことさら問題になるわけではない。

(4) 損害賠償の制限
(a) 通常損害と特別損害
　新416条によれば、賠償される損害の範囲は、債務不履行によって通常生ずべき損害（通常損害〔同条1項〕）および、特別の事情によって生じた損害で、当事者がその事情を予見すべきであった損害（特別損害〔同条2項〕）に制限される。旧416条の内容と異ならない。

　通常損害とは、立証がなくても定型的に予見できる損害であり、特別損害とは、予見可能性に基づく損害である。具体的には、給付物を使った営業利益、代物購入費、遅延利息などは通常損害である。給付物の転売利益は、一般的には通常損害とはいえないが、契約で転売予定であることが示されていれば通常利益といえるであろう。しかし、実際には区別があいまいなことが多い。契約の解釈を基本とし、その他の事情（当事者の立場〔事業者か消費者かなど〕、目的物〔不動産か動産かなど〕、用途〔原料か製品かなど〕、社会状況など）を勘案して判断するほかない。特別損害になると予見可能性が必要になるので、債権者としては予備的にその主張・立証をしておくことが無難である。結局、予見可能性ルールの下で損害項目によってその主張・立証の程度に差があるといったほうが実情に合っている。

(b) 予見可能性
　予見可能性については、①いつ、②誰の予見可能性が必要で、③予見の対象は何かが問題になる。契約利益の保護を重視する説は、①契約締結時に、③両当事者の予見可能性が、③発生する損害について必要であるとする。これに対して不履行に対する責任を重視する説は、①債務不履行時に、②債務者の予見可能性が、③損害を生じさせる事情について必要であるとする。後者が従来の判例（大判大正7・8・27民集24輯1658頁〔マッチの売買契約の履行遅滞で、契約後高騰した価格分の賠償まで認められた〕）・通説であるが、前者でも契約による利益の獲得を約束した以上、契約締結後に予見可能になった損害も含まれうるとする説が有力であり、また、債権者が予見できたと主張するのは当然であり、さらには、予見の対象の違い

は、通常、原因と結果の違いにすぎないので、両説で具体的な差はほとんどない。改正では、予見可能性の有無が規範的な判断であることを文言上明らかにした以外、旧法どおりの文言となった。したがって、旧法の下での議論は、新法の下でもそのまま受け継がれる。

◆ 解 釈 ◆
(1) 損害の意義
　損害とは、一般的にいえば、「不履行によって債権者が被った不利益」である。しかしその捉え方については種々の考え方がある。
　①総体か個別か　　総体差額説は、不履行がなければ債権者が有していた仮定的な全財産の額から現実の財産の額を引いたものが損害であるとする。しかし、それぞれの総額を確定することは実際困難であり、また非財産的な損害を含めにくいという批判がある。これに対して個別損害説は、種々の損害を含みうるとして、個々の特定の法益ごとに仮定的状況と現状の差額を計算し、その総和が損害であるとする。実務における個別損害項目積み上げ方式はこの考え方によるものである。実際には、いずれかの説のみによるべきではなく、総体と個別を相関的に考慮しながら損害を確定すべきである。
　②事実か規範的判断か　　損害事実説は、損害とその金銭的評価を完全に区別し、損害とは事実であり、賠償されるべき損害額は、損害賠償の範囲、算定の基準時、損害の金銭的評価の問題を経て確定するとする。これに対して規範的損害説は、損害とは何かという問題には、損害と認められる「べき」ものは何かというという規範的な要素もあるとする。
　結局のところ、抽象的に損害を定義してみてもあまり意味がなく、実際には、新416条（損害の範囲）によって何が損害かを判断することにつきるといえよう。

(2) 新416条と相当因果関係論の関係
(a) 相当因果関係論とその批判
　損害賠償の範囲は、予見可能性ルールに基づき新416条で制限されているが、この規定は、1910年代以降1960年代半ばまで、債務不履行と相当因果関係に立つ損害の賠償を定めたものであると解釈されてきた。この相当因

果関係論は、不履行と因果関係のある損害のうち、賠償されるのが相当といえる損害のみが認められるとするものであり、旧416条1項は、相当因果関係の原則を定め（「通常」を「相当」と読み換える）、同条2項は、相当因果関係の有無を判断するための基礎となる事情の範囲を定めていると解釈する。具体的には、予見可能性ルールを用いず、契約成立後に目的物の価格が急騰した場合や拡大損害など当事者が予見不可能であっても賠償が認められる場合があるとし、不法行為による損害賠償についても相当因果関係論が妥当するとして同条を準用する。このような解釈は、当時のドイツ法学の影響の下でわが国でも通説となり、裁判実務は現在でもなおこれによっているといわれている（とくに拡大損害の賠償を肯定するような場合）。

　しかし、相当因果関係論は、1960年代後半から学説上激しく批判されるようになった。それによれば、①相当因果関係論は、完全賠償主義を採用していたドイツにおいて賠償の範囲を限定するために提唱されたものであり、そもそも旧416条で制限賠償主義を採っているわが国では不要である、②同条の予見可能性ルールは、相当因果関係のような客観的可能性と相容れない、③予見可能性では処理できないとされる価格高騰や拡大損害は、それぞれ賠償額算定の基準時の問題、契約上の義務の射程の問題であり、損害の範囲の問題ではない、④実際にも、相当因果関係は賠償すべきとする損害の範囲を後で正当化するために用いられているにすぎず、基準として機能していない、というのである。

(b)　**予見可能性ルールへの回帰**

　以上のような議論を経て、最近の学説では、債務不履行による損害賠償の範囲は、旧416条の文言通り、予見可能性の有無によって判断すればよいとする理解が支配的となっている（相当因果関係の擁護論もあるが、それは旧416条により判断した結果を相当因果関係という言葉で呼ぶこと自体は差し支えないというものである）。ただし、なぜ旧416条が賠償の範囲を制限しているかの説明については、①同条は債権者が保護される範囲を定めたものであると解する説（保護範囲説）、②不履行による第一次損害は旧415条で規定されており、旧416条はそれに関連して生じる危険のある損害についての規定であると解する説（危険性関連説）、③契約に基づいて債権者が獲得できたはずの利益の範囲を定めたものであると解する説（契約利益説）

などが主張されており、議論が分かれている。しかしこれらは共通して、債務不履行では予見可能性ルールによるので、不法行為に旧416条を準用すべきではないとする。

(c) 改正法の立場

改正作業の初期段階では、相当因果関係論によらず、予見可能性ルールによることについては一致しながら、契約利益の保護を重視する見解と不履行に対する責任を重視する見解の対立を反映して、前者に基づき、予見可能性の時期・当事者・対象は、「契約締結時に・両当事者が・予見すべきであった損害」であることを明言すべきであるとの提案も見られた。しかし、最終的には、新416条は、旧法どおり、「債務不履行時に・債務者が・予見すべきであった事情」であるとする規定に落ち着いた（時期は解釈による）。実際の運用において大きな差異は生じないであろうが、旧法下での議論は今後も持ち越されることになった。

◆ 発 展 問 題 ◆

(1) 履行に代わる損害賠償

履行に代わる損害賠償は、債務不履行による損害賠償を解除と分離し、解除しなくても（すなわち契約をそのまま維持しても）損害賠償を認めるための理論的工夫であった（債務の転形論）。しかし、債務の転形論が放棄された新法の下でも、解除とは、双務契約における反対債務者（すなわち不履行債務の債権者）が自己の債務の履行を免れるための手段であると位置づけられるため、債務者の不履行責任から切り離され、その結果、解除しなくても損害賠償請求が認められる。

しかし、債務不履行は、債務を履行しなかったことに対する責任（債務の不履行責任）ではなく、契約当事者の一方が契約を破綻させたことに対する責任（契約の不履行責任）であることを重視するならば、履行不能であるか履行遅滞であるかに関わりなく、契約を破綻させた場合にはじめて、それに対する賠償（填補賠償）を認めればよいはずである。解除には、もはや契約を維持せず、清算処理（責任追及と自己の債務の履行からの解放）に入ることを宣言する意味もあるといえるかもしれない。このように解すると、履行遅滞の場合だけでなく、履行不能の場合でも、解除せず

に履行に代わる損害賠償（填補賠償）を認める意義はどれほどあるのであろうか（継続的契約でも一部解除を認めれば済む）。

(2)　予見可能性ルールと通常損害・特別損害

　新法416条は、損害賠償の範囲につき予見可能性ルールによることを再確認したが、旧416条どおり、通常損害、特別損害という区別もまたそのまま残した。しかし、予見可能性ルールを契約利益の保護を重視する立場から捉えれば、契約（契約締結時に両当事者）を基準としてその解釈（予見可能性）のみで損害賠償の範囲が決まるはずである。他方、債務の不履行に対する責任を重視する立場からすれば、債務者の予見可能性とは別に、契約それ自体の解釈から導かれる損害（通常損害）について規定する必要が生じる。このように考えると、新法は、債務不履行につき契約利益の保護を重視するのか、債務者の責任を重視するのかがあいまいなままとなっているといえよう。

6　損害額の算定

- ・債務不履行による損害賠償を請求するためには、債権者は、損害の発生だけでなく、原則として、損害額を主張・立証しなければならない。
- ・物の引渡債務の不履行の場合には、何時の時価を基準として填補賠償の額を算定するかが問題になる。
- ・判例は、填補賠償請求権の発生時を原則としつつ、予見可能性と債権者がその利益を確実に取得できたか否かによって、値上がり時、転売予定時、中間最高価格、代替取引時を基準時とすることを認めている。
- ・学説は多岐に分かれているが、債権者が実際に被った損害の賠償を認めるべきであるとの観点からすれば、現在の時価（口頭弁論終結時）を原則としつつ、不履行後に債権者が実際に取った行動または合理的になし得た行動（解除、代替取引、転売）があるときは、これを考慮して基準時を決めるべきである。

◆ **条文** ◆
(1) **金銭賠償の原則**
　損害賠償の方法は、一般的に考えれば、大別して、原状回復（債権の目的と同種の物を渡す、契約違反がなかった状態に戻すなど）と填補（債権の目的と別の給付で補填する）という方法が考えられよう。わが国の民法では、簡便性を理由に、原則として金銭での填補によるものと規定されている（民417条〔金銭賠償の原則〕）。ただし、当事者間の合意があれば、金銭以外のものを賠償に充てることができる（民417条、421条参照）。

(2) **損害の金銭評価**
　債務不履行による損害賠償を請求するためには、債権者は、前述のように（5◆**条文**◆(1)）、損害の発生だけでなく、その額を主張・立証しなければならない（最判昭和28・1・20民集7巻11号1229頁）。したがって、債権者は、損害賠償を請求するために、金銭賠償の原則に基づき、多種多様な内容を有する債権について生じた損害を金銭評価するという作業をしなければならない。これは、物の引渡債務の不履行でいえば、目的物の市場価格を基本としながら、その他に、転売する予定があった場合の転売代金、代品を購入した場合の購入費用、引渡しがなかった間ほかの物を借りていた賃料などを目安として、債権者が実際に被った損害を算定するという作業になる。しかしこれには以下のような例外がある。
　①**金銭債務の特則**　　金銭債務については、前述したように（2◆**条文**◆(2)(d)）、債権者は損害の証明をする必要がなく（新419条2項）、不履行があれば、約定がある場合を別として、当然に法定利率による損害があるとされる（同条1項）。
　②**精神的損害（慰謝料）**　　精神的損害の額は裁判所の裁量的判断によるので、債権者が証明する必要がない（大判明治43・4・5民録16輯273頁〔ただし不法行為の事例〕）。しかし、債務不履行では、人の生命・身体に対する侵害（保護義務違反）以外では、通常、給付を得られなかったことに対する賠償以外には、慰謝料は請求できない。
　③**損害額の認定**　　損害は発生しているが、その額を立証することが極めて困難なときは、裁判所は、口頭弁論の全趣旨および証拠調べの結果に基づき、相当な額を認定することができる（民訴248条）。

◆ **解 釈** ◆

　債務不履行後、目的物（ないし目的物であった物）に価格変動（値上がり、値下がり）がある場合、その物に関する填補賠償の額は何時の価格を基準にして算定すべきか。民法には、基準時に関する直接の規定がないため、この問題の性質をどのように捉えるか、また具体的には何時が基準時となるかについて解釈が分かれている。これが「損害額算定の基準時」という問題である。判例・学説の議論は分かれており、様々な見解が示されているが、改正法でも明文化されなかった。この議論を新416条との関係で見ると、大きく以下の3つの見解に分かれる。

(1) 損害賠償の範囲の問題とする見解（判例）

　判例は、この問題をまず新416条の損害賠償の範囲の問題と捉え、損害賠償請求権の発生時の価格を通常損害とし、その他の事情については予見可能性がある場合の特別損害という枠組みで分別し、そのうえで、特別損害についてはさらに、債権者がその利益を確実に取得できたか否かを併せて問題にしている。

(a) 履行不能の場合

　(ア) 原則として、履行不能時が基準時になる。その時が、損害賠償債権が発生した時だからである。しかし、これには例外がいくつかある。

　(イ) 履行不能後に値上がりしたときは、値上がりを債務者が予見可能であったことを債権者が立証すれば、値上がり後の価格を基準として賠償が認められる。この場合、債権者が目的物について転売目的であったか自己使用目的であったかは問わない。ただし、値上がりの途中で他に転売したであろうこと（転売契約があるなど）を債務者が立証すれば、その転売予定時の価格が基準となる（最判昭和47・4・20民集26巻3号520頁〔不動産の二重売買で未登記の第一買主が売主に対して現在価格で損害賠償請求した事例〕）。

　(ウ) 履行不能後にいったん値上がりしたがその後下落したときは、中間最高価格を基準にできるかが問題になる。値上がりを債務者が予見可能であったことを立証するとともに、債権者が最高価格での利益を確実に取得できたはずであることを立証すれば、最高価格を基準として賠償が認められる（大連判大正15・5・22民集5巻386頁〔富貴丸事件。ただし船が沈没した

不法行為の事例〕、最判昭和37・11・16民集16巻11号2280頁〔宅地の履行不能の事例〕）。

(b) **履行遅滞の場合**

(ア) 契約を解除せずに、本来の履行請求とともに予備的に、またははじめから履行に代わる損害賠償を請求したときは、事実審（通常は高裁まで）の口頭弁論終結時が基準となる（最判昭和30・1・21民集9巻1号22頁）。それが履行を遅滞している物の価値だからである。

(イ) 契約を解除して填補賠償を請求したときについては、判例は一定していないが、原則として、解除時を基準としていると解されている（最判昭和28・12・18民集7巻12号1446頁〔下駄材の売買契約〕）。この時が、損害賠償請求権が発生した時だからである。しかし、判例の中には、同種の事案で履行期を基準としたものもある（最判昭和36・4・28民集15巻4号1105頁〔干うどんの売買契約〕）。

(ウ) 解除後に価格変動があった場合には、履行不能と同様、値上がりを債務者が予見可能であったことを債権者が立証すれば、値上がり後の価格を基準として賠償が認められる。ただし、解除後に債権者によって代替取引がなされた場合には、代替取引をした時の時価が基準となる（大判大正5・10・27民録22輯1991頁〔解除後、価格が下落した事例〕、大判大正7・11・14民録24輯2169頁〔解除後、価格が上昇した事例〕）。それが実損害だからであると思われる。同様に、目的物が履行されていれば他に転売していたであろうことを債務者が立証すれば、転売予定時が基準となる。

(エ) 中間最高価格は、履行遅滞で解除した場合にも問題になるが、これについては履行不能の場合と同様になる。

(2) **損害賠償の範囲の問題と基準時の問題を区別する見解**

この見解によれば、判例が損害賠償の範囲の問題と基準時の問題を結びつけていることは妥当でない。そして、前者は新416条の問題であるのに対して、後者はそれで確定された範囲の損害をどのように金銭評価するかという問題であってもはや実体法上の問題ではなく、両者は区別されるとする。したがって、基準時は判例のいうように民法の解釈として論理必然的かつ一般的に決まるものではなく、また決めるべきものでもない。

このような見解によると、履行不能にせよ履行遅滞にせよ、一律の基準はないことになるが、具体的には、裁判官がその裁量によって基準時を決めればよいとする説（裁判官裁量説）、種々の考えられる時点から債権者が最も有利であると考える時点を選択して主張できるとする説（多元説）などがある。

(3) 範囲の問題と基準時の問題の両側面があるとする見解

上記の(2)説が二つの問題の区別を指摘する点は正当であるとしつつ、基準時の問題は、損害賠償の範囲の問題と裏腹であって、新416条によって確定した範囲の損害について、それを確実に取得できるか否かという問題であり、基準時はこの観点から民法の解釈として一般的に示すことができるとする。ただし、損害賠償額の算定の段階では、予見可能性の問題はすでに処理済みなので、それをあらためて問題にする必要はない。

(4) 本書の立場

私見によれば、債権者の損害に関する主張は、一定の範囲の賠償を認めるべきであるとの主張であるとともに、その時点を基準として賠償額を算定すべきとの主張でもあり、(3)説のように、2つの問題を理論上区別しつつ、実際には範囲に関する主張を反映した具体的な基準時を提示しておくことが妥当なように思われる。

(3)説の立場でも、具体的にどのような基準時を設定するかは、論者により違いがあるが、筆者としては以下のように考えておきたい。

(ア) まず、履行遅滞の場合も履行不能の場合も、ともに現在の時価（口頭弁論終結時の時価）を原則とすべきである。それが、債権者が目的物を保有していたならば、通常、実際に得る利益だからである。判例は、前述のように損害賠償請求権の発生時期を問題にするが、基準時の問題は、債権者が実際に被った損害の賠償を認めるという問題であり、発生時に固執する必然性はない。

(イ) 次に、それ以外に債務不履行後に債権者が実際に取った行動または合理的にできたであろうといえる行動（解除、代替取引、転売）を考慮し、債権者がどの時点での利益・不利益を得ることができたかを判断する。このような行動は、債権者に有利な事情のこともあれば、債務者に有利な事

情のこともあり、それによって誰が立証すべき事情かが分かれる。基準時はこのような過程を経て決まることになる。

このような理解によると、実際には、債権者が選択した時点からスタートするという点では(2)説の多元説と同様になるが、現在の価格（口頭弁論終結時）を基準時とするときは、とくにその価格での利益を確実に取得できたことの立証は必要ないことになる。また、最終的な結果については、履行不能の場合に不能時を原則とするか否かという点を除き、(1)説とほぼ同様の結論となろう。

◆ 発 展 問 題 ◆

改正作業の初期段階では、従来の判例・通説の考え方を踏襲した明文規定を置くという提案がなされていた。すなわち、①原則として、履行不能時、債務者による履行拒絶意思表明時、催告期間内に履行がない時、解除時のいずれかを債権者が選択でき、②例外として、値上がり（債務者が騰貴を予見すべきであったならば騰貴価格によるが、代替取引をすべきであったといえるときは賠償額を減額する）と代替取引（合理的な時期になされたのであればその価格によるが、代替取引額が不合理に高額であるときは合理的な額による）というものであった。しかし、このような提案は細かすぎ、事案に応じた裁判官の裁量的判断の余地を狭めるという批判が出され、結局、明文化は見送られた。しかし、民法としての基本的な考え方を示しておく意義はあったのではなかろうか。明文化されなかったからといって無原則な運用がなされてはならないであろう。

7　賠償額の調整・予定

- 民法には、公平の理念に基づき、賠償額を調整するための制度がある。
- 過失相殺は、債務不履行に関する債権者の過失を債務不履行責任の有無および賠償額の決定において考慮する制度である。
- 賠償による代位は、賠償を支払った債務者が、債権の目的である物、権利に対して債権者が有する地位を当然に承継する制度であ

る。
・損害賠償額の予定をしておくと、債権者は損害額を立証することなく予定額を請求できる。ただし、不当な内容・額の予定は、特別法または新90条により無効・一部無効となる。
・代償請求権は、履行不能と同一原因で生じた債務者の権利・利益を債権者に移転することを請求できる権利である。
・このほかに、明文はないが、解釈によって、損益相殺（債権者が損害と同時に受けた利益を賠償額から控除する）が認められている。

◆ 条 文 ◆

　民法は、債務不履行による損害賠償について、公平の観念に基づき、債権者と債務者の利害を調整するために、過失相殺、損害賠償額の予定、賠償による代位、代償請求権という4つの制度を規定している。

(1) 過失相殺

　債務不履行またはこれによる損害の発生もしくは拡大に関して債権者に過失があったときは、その過失は債務不履行責任の有無・賠償額の決定にあたり考慮される（新418条）。これを過失相殺という。これは、債務不履行に関して債務者は債権者の過失についてまで責任を負うべきいわれはないという、公平の観念に基づく制度である。改正により、債務者の帰責事由について過失責任主義を採らないことが明確にされた以上（2◆**解釈**◆(1)参照）、「過失相殺」という用語は妥当ではないことになろうが、ここでは広く、契約上債権者が取ることができた行為、または債務不履行に関して債権者が実際に行った行為により、責任が減免されるという意味で理解しておけばよい。この意味での過失には、債務不履行それ自体に対する過失、損害発生に対する過失、その後の損害の拡大に対する過失が含まれる。過失相殺は、債務者からの主張がなくても裁判所が職権ですることができるが、債権者の過失となるべき事実は債務者が立証していなければならない（最判昭和43・12・24民集22巻13号3454頁）。しかし、過失があるとされれば、裁判所はこれを必ず考慮しなければならない。また、責任を否定することも可能である（実際には、債務不履行である以上、責任否定はほと

んどないであろう）。新418条では「裁判所は、これを考慮して、損害賠償の責任及びその額を定める」と規定されているからである。

なお、不法行為についても過失相殺の規定があるが（新722条2項）、そこでは、「裁判所は、これを考慮して、損害賠償の額を定めることができる」と規定されているので、過失相殺をするか否かは裁量的であり、また、責任否定はできないことになる。しかし学説では、従来は、両者を区別すべき合理的な理由はないとして、債務不履行の場合と区別すべきでないという説が多数であった（債務不履行と同様に解するか、不法行為と同様に解するかについては見解が分かれる）。これに対して近年では、不法行為では免責まで認めるべきでないとして、両者の違いを肯定的に解する説が有力である。

(2) 損害賠償額の予定

当事者は、債務不履行による損害賠償の額を予め合意しておくことができる（新420条1項）。契約自由の原則に基づく。このような合意は、債権者による損害額の立証の困難を除去するだけでなく、債務者にとっても自己の負うべきリスクの計算が立つというメリットがある。一般に、違約金として合意されることもあるが、これは違約罰（賠償とは別に支払う民事罰）ではなく、損害賠償の予定であると推定される（新420条3項）。さらに、金銭消費貸借契約における違約金は、損害賠償の予定とみなされる（利息制限4条2項）。

この場合、債権者は損害賠償を請求するにあたり、損害額の立証が不要になる（大判大正11・7・26民集1巻431頁）。実際の損害額がこれより少なくても、不合理な額でなければそのまま賠償が認められるが、他方、これより多くても増額を請求することはできないと解されている。また、このような合意は、あくまで損害賠償をする場合の金額に関するものであるから、債権者が履行請求や契約解除をすることは妨げられない（新420条2項）。逆に、不履行の事実があった場合には、債務者に帰責事由がない場合でも予定額を支払わなければならないか否かも問題になる。契約解釈によるが、通常は、債務不履行にならないかぎり支払責任は負わないという趣旨だと解すべきであろう（新420条の文言も、額の予定にとどまっている）。なお、以上のことは、金銭以外のもので賠償する場合にも準用される（民

421条)。

　損害賠償額の予定にも以下のような限界はある。まず、①特別法によって、過大な賠償額の予定が一定限度を超える部分につき無効とされ（消費者契約9条、利息制限4条1項など多数）、債務不履行責任を減免する合意が無効とされる（消費者契約8条1項2号、労基16条など）ことがある。また、②判例上、新90条の公序良俗違反として合意が無効または一部無効と判断されることがある（大判昭和19・3・14民集23巻147頁〔手形金100円につき1日33銭の割合の遅延損害金を支払う旨の特約〕など多数）。さらに、③債権者に過失があった場合には、損害賠償額の予定があっても、裁判所は、過失相殺により賠償額を減額することができると解されている（最判平成6・4・21裁時1121号1頁）。これもまた、合意の効力の限界ということになる（ただし、過失相殺を排除する合意ではないと解釈することも可能であろう）。

(3)　賠償による代位

　損害賠償をした債務者は、賠償を支払った債権の目的である物、権利について、当然に債権者に代位する（民422条）。代位とは、その者がその物・権利に対して有している法律上の地位をそのまま承継するということである。たとえば、宝石の寄託契約において、受寄者が宝石を盗まれてしまい、寄託契約の債務不履行として寄託者に損害賠償を支払った場合には、受寄者がその宝石の所有権を取得する。これは、債権者が二重に利得を得ることを防止し、賠償した債務者の利益を保護することを目的とした制度である。

　代位と同じような効果は、不当利得返還請求によっても得ることができるが、不当利得では、債務者が債権者に対して債権を有するという構造になるので、債権者に対する他の債権者と競合し、債権者が無資力になるリスクを負担しなければならない。しかし代位では、債務者が物や権利について当然に債権者のそれまでの立場を取得するので、そのようなリスクを負担することはないというメリットがある。

　代位するためには、全部賠償した場合でなければならず、一部賠償では代位しない（「全額の支払」とある）。代位の効果は、当然に発生し、意思表示をする必要はないし、対抗要件を備える必要もない。債務者が現実に

物や権利を取得した場合（たとえば盗まれていた母の形見の宝石が出てきた場合）には、債権者は受領していた賠償額を返還して、物や権利の返還を債務者に請求できる（ただし同時履行の関係になる）と解すべきである。これを認めても第三者を害することはなく、また不公平でもないからである。

なお、保険についても保険給付をした者につき代位と同様の制度がある（商661条、662条、労災保険12条の4第1項など）。また不法行為においても、第三者による不法行為につき損害賠償をした者には、422条を類推して、第三者に対して賠償請求をすることが認められている（最判昭和36・1・24民集15巻1号35頁）。

(4) 代償請求権

代償請求権とは、履行不能と同一の原因で生じた債務者の権利または利益を債権者に移転させるための債権者の権利である。従来から、公平の観念から認めることに判例・学説上異論がなかったが、改正により明文化された（新422条の2）。

賠償による代位が債権者の利益を債務者に移転させる制度であるのに対して、代償請求権は、債務者の利益を債権者に移転させる制度である。たとえば、賃貸人の土地に賃借人が建物を建築し、これを賃貸人に無償譲渡したうえで、借り受けていたところ、原因不明の火災で建物が焼失し、賃借人が自ら締結していた損害保険契約により火災保険金を受け取ったという事案で、火災保険金は建物の返還の履行不能と同一の原因によって発生したものであり、建物の建築費用の負担者が何人であるかは関係がないとして、賃貸人には損害の限度において代償請求権があるとした事例がある（最判昭和41・12・23民集20巻10号2211頁）。

ただし、代償請求権は、債権者が受けた損害を限度とするので（新422条の2）、実際には、代償請求によって債権者に移転した利益の分だけ賠償額が減ることになる。代償請求権の規定がなかった旧法下の解釈では、そうであるならば、代償請求には、内容的には損害賠償請求の一部にほかならないとして、債務者に帰責事由があることが必要であるとする見解もあった。しかし、新法はこの点につき明言を避けたものの、代償請求権を明文化した上で帰責事由を要件としていない以上、帰責事由不要説に立っ

ていると解すべきであろう。

◆ **解　釈** ◆
損益相殺

　損害賠償をした債務者と債権者との利害調整が必要な場面は、上記の4つに限られない。そのため、判例・学説は、解釈によって、損益相殺を認めている。損益相殺とは、債権者が損害と同時に利益を受けた場合、その利益は賠償額から控除されるという概念である。条文はないが、公平の観念からこれを認めることに判例・学説上異論がない。改正作業の初期段階では、規定を置くことが検討されたが、結局明文化されなかった。しかし、これは損益相殺を認めないということではない（むしろ当然ということ）。

　たとえば、賃貸借契約で、貸主の債務不履行のため借主が賃借物を利用できなかったときは、借主は賃料を支払わずにすんだことになるので、損害賠償額から賃料相当額が控除される（大判昭和5・7・26新聞3169号10頁）。実際には、債権者が第三者からも賠償を受けた場合に、重複填補となるか否かで問題となることが多い。判例では、不法行為の事例で、第三者の不法行為により死亡した者の遺族について、損害賠償額から受給が確定している遺族年金を控除すべきであるとした事例がある（最判平成5・3・24民集47巻4号3039頁）。しかし、賃借人による賃貸建物の焼失の事例では、貸主が取得した火災保険金について、保険金は保険料支払いの対価であるとして、控除を認めなかった事例がある（最判昭和50・1・31民集29巻1号68頁）。

◆ **発 展 問 題** ◆
損害軽減義務

　学説には、過失相殺に関連して、これよりも問題を広く捉え、債権者には信義則上、損害軽減義務があると主張する見解がある。これは、債権者には、債務者との信頼関係の中で自らも損害の発生を軽減すべき義務があるというものであり、比較法的には、過失概念を用いない法制の下で認められてきた概念である。そこで債務不履行につき、過失責任主義を採らない以上、債権者についても過失を観念するのは不合理だという主張として

有力化している。

　機能的には過失相殺と同様の機能を果たしているといわれているが、すでに見たように、債権者が債務不履行に関してどのような行動を取ったかは、賠償額算定の基準時の問題にも関連してくる。たとえば、債権者が契約を解除すべき時に解除せず損害が拡大した場合には、具体的には、解除時の価格ではなく解除すべきであった時の価格によることになろうが、これを基準時の問題としていえば、債権者の実損害の基準時は何時かという問題であるのに対して、損害軽減義務の発想によれば、賠償額が債権者自身の義務違反のために減額されるという問題であると理解することになろう。

　現在までのところ、不法行為ではなお過失概念が存在していることもあり（民709条、新722条2項）、学説ではこのような義務を一般的に認めることには慎重な見解が多い。たとえば、債権者が代替取引をしなかったために損害が拡大したような場合に、賠償額の基準時の決定以上に、債権者の行動準則として、代替取引をすべき義務まであるということが妥当か、といった懸念が示されている。これは、より根本的には、この義務が債務不履行を含む種々の問題に対してどこまで影響を及ぼすか、それが既存の制度・概念とどのような関係を有するか、いわば議論の外延が不透明だという懸念ではないかと思われる。逆にいえば、この義務を賠償額の減額調整の場面に限定し、かつ債権者の過失の意味を前述のように広く捉えるならば、過失相殺というか損害軽減義務違反というかは、用語の違いにすぎなくなるようにも思われる。

　改正作業の初期段階では、損害軽減義務とのタイトルの下で、債権者が合理的な措置を講じていれば発生または拡大を防ぐことができたときは、裁判所は賠償額を減額することができるとし、債権者は損害の発生または拡大を防止するために要した費用の賠償を合理的な範囲で債務者に請求できるとする規定を置く提案もなされた。これは、現行法の過失相殺を基本的に踏襲しつつ、そこに損害軽減義務という発想を盛り込んだものであったが、最終的には、損害軽減義務という文言が採用されることはなく、これらの議論は今後の解釈に委ねられることになった。

第6章 契約の解除

1 契約の終了原因

・契約の終了原因には、当事者の合意または法律の規定に基づき、様々なものがある。
・もっとも重要なのは、契約当事者の一方が債務を履行しない場合に民法の契約解除の規定にしたがって解除する債務不履行解除（法定解除）である。

◆ 条 文 ◆

契約には、当事者の合意または法律の規定により、以下のように多様な終了原因がある。

(1) **合意に基づく終了**
(a) **履行**

契約は債務の内容が実現されることによって、その目的を果たして終了する。規定はないが当然のことである。

(b) **期間の満了**

不動産賃貸借や金銭消費貸借のように、契約関係が一定期間継続することを目的とする契約（継続的契約）では、期間の満了によって契約が終了する。ただし、不動産賃貸借契約では、賃借人を保護するために、特別法（借地借家法）上、期間が満了するだけでなく、契約を終了させることについて正当な理由が賃貸人にあることが要求される。

127

(c) **合意解約（合意解除）**
　契約当事者間で、契約を解約するという合意をすれば（この合意自体が契約である）、契約は終了する。ただし、不動産賃貸借契約では、第三者（転借人、借地上の建物の賃借人）を保護するために、合意解約はこれらの者に対抗できないと解されている。

(d) **解除条件の成就**
　解除条件付の契約（民127条2項）では、条件が成就した時に契約は効力を失う。

(e) **約定解除**
　契約において、一定の事由が生じたときは当事者の一方に解除権を付与する特約を結んでいた場合には、その事由が発生したときに解除権の行使によって契約は終了する。合意解約に似ているが、当事者の一方の解除の意思表示による点で異なる。ただし、不動産の買戻特約による解除は、厳格な要件の下でのみ認められる（新579条以下）。なお、売買契約で手付が交付されているときは、解除権の合意がなくても、その手付は解約手付と推定され、買主が手付を放棄するか、売主が倍額を提供して契約を解除することができる（新557条1項）。

(2) **法律の規定に基づく終了**
(a) **法律の規定する終了事由**
　契約の終了について特別な規定がある場合には、それに従って契約は終了する。たとえば、委任契約は、委任者または受任者の死亡などによって終了する（民653条。その他に民552条、新597条3項など）。

(b) **契約の特殊性に基づく解除**
　契約の特殊性に基づいて特別に解除できる場合が規定されていることがある。たとえば、委任契約は、当事者がいつでも解除することができ（新651条1項）、賃貸借契約の賃貸人は、賃借人が無断で賃借権を譲渡したり転貸したりしたときは解除することができ（民612条2項）、請負契約の注文者は、請負人が仕事を完成しない間は損害を賠償して解除することがで

きる（民641条）。また、消費者保護のために、訪問販売などの特殊な方法を用いた契約や割賦販売契約などでは、消費者は、一定期間、理由の如何を問わず契約を解除することができる（特定商取引9条、割賦販売35条の3の10など）。これをクーリング・オフという。

(c) 債務不履行解除（法定解除）

契約当事者の一方が債務を履行しない場合に、民法の契約解除の規定に従って解除する場合である。これが債務不履行解除であり、約定解除と区別して法定解除ともいう。どのような場合に解除することができ、どのような効果を生じるかが契約の終了原因として実際上もっとも重要である。

2　解除の意義・機能

> ・契約の解除は、債務不履行があった場合に、他方当事者の一方的な意思表示によって、契約を遡及的に解消する制度である。
> ・解約告知は、不動産賃貸借などの継続的契約を解消する意思表示であり、解除と異なり契約は将来に向かってのみ解消される。
> ・解除は、機能的には、双務契約の債権者を自己の反対債務から解放することを主たる目的とする。

◆ 条　文 ◆

(1)　解除の意義

解除（法定解除）とは、契約上の債務について不履行があった場合に、他方当事者の「一方的な意思表示」によって、契約を「遡及的に解消する」制度である（民540条～548）。民法の規定は、①解除の要件（民541条～新543条）、②解除の方法（民540条、544条）、③解除の効果（新545条、民546条）、④解除権の消滅（民547条、新548条）という構成になっている。

(2)　解除と解約告知

解除は、契約を遡及的に解消する制度であるが、これと異なり、契約を将来に向かってのみ解消する意思表示のことを解約告知という。解約告知

は、不動産賃貸借やフランチャイズ契約などの継続的契約の解消において問題になる。過去の契約関係には影響がないこと（契約があった状況はそのまま残る）が解除と異なる。ただし、民法は解約告知についても解除という用語をそのまま使っており（新620条など）、また解約告知の一般的な要件は解除と同様に解されるので、以下では契約の特性に注意しながらこれを含めて解説する。

◆ 解 釈 ◆

(1) **解除の機能**

　債務不履行に対して損害賠償請求をするだけなら、解除は必要ないはずである。それにもかかわらず契約を解除するのは、相手方が債務不履行をした場合に、債権者が「自己の債務を免れ」、「相手方の遅れた履行を拒絶し」、「自己がすでに給付したものがあればその返還を請求する」ためである。すなわち、①未履行の債務からの解放、②相手方の履行の拒絶、③給付物の返還が解除の機能である。このように、解除は、契約における自己の債務からの解放を主たる目的とする制度であると解されており、主に双務契約において問題となるが、片務契約でも問題になりうる。また、相手方としても、契約上の利益を受けられなくなるという意味ではサンクションを負うことになるが、これは、解除する者が自己の債務から解放されることの反射的効果である。

(2) **改正法の立場**

　解除の機能について、伝統的には、以上のような理解と異なり、債務者の債務不履行責任と連動させて、債務不履行によるサンクションの一環であるという捉え方が支配的であった。このため、解除の要件は債務不履行と連動させて、債務者に帰責事由があることを要求する（この問題は3であらためて取り上げる）。この点で、債務者に帰責事由がない履行不能の場合に関する危険負担と解除とは、明確に区別されてきた。

　しかし、改正により、双務契約の一方の債務が履行不能になっても、双方の債務が消滅することはなくなり、ただ、債務者に帰責事由があるときは、債権者は履行に代わる損害賠償を請求できることになった（新415条2項）。また、危険負担は、債務者に帰責事由がないときの反対債務の履

行拒絶権として再定位されることになった（新536条）。履行遅滞の場合には、債務者に帰責事由があれば遅延利息を請求できるが、契約は存続しているのであるから、自己の反対債務を履行しなければならないことはいうまでもない。

　このように解すると、債権者が、債務者に帰責事由があるか否かに関わりなく、自己の反対債務を消滅させようとするならば、契約を解除しなければならないことになる。すなわち、解除は、債務が履行不能ないし履行遅滞であるときに、債権者が契約の維持を断念し、債務者の履行をもはや期待しないだけでなく、自己の反対債務を消滅させ、契約関係から離脱するための制度として位置づけられることが明確になった。

◆ **発 展 問 題** ◆

　危険負担と解除とが、債務者の帰責事由の存否で区別されるという伝統的な理解は放棄された。しかしそうであるならば、不履行の事実があっても反対債務は存続しているのであるから、債権者が反対債務の履行を免れようとするならば、解除しなければならず、そうであるからこそ解除は債務者の帰責事由の存否に関わりなく認められるということで一本化するのが整然とした制度設計であろう。しかし、前述したように、新法は、債務者に帰責事由がない履行不能の場合に、債権者が反対債務の履行を拒絶できるという制度として存続させた。この点では、不完全さを残したといわざるをえないように思われる（第4章3◆**発展問題**◆参照）。

3　解除の要件

- 契約を解除するためには、①債務不履行の事実と、②解除権の行使が必要である。
- 債務者に帰責事由があることは必要ない。
- 解除権を行使するには、相手方に対して解除の意思表示をしなければならない。
- 契約当事者の一方または双方が複数である場合には、法律関係の複雑化を避けるために、解除の意思表示は、全員から、全員に対して

> ・しなければならない。
> ・履行遅滞による解除をするためには、原則として、解除の意思表示に先立ち、相当の期間を定めて履行を催告し、その期間内に履行がないことが必要である。
> ・履行不能による解除をするためには、催告は無意味であり必要ない。
> ・その他の債務不履行による解除をするためには、不履行により契約の目的を達することができないことが必要である。

◆ 条 文 ◆

(1) 共通の要件

　債務不履行には、大別して、履行遅滞、履行不能、その他の債務不履行という類型がある（第5章1◆**解釈**◆）。従来は、履行遅滞と履行不能による解除の要件について規定があり（旧541条～543条）、その他の債務不履行については規定がないという整理であったが、新法は、催告による解除（新541条）と催告によらない解除（新542条）という整理をし、前者で履行遅滞、後者で履行不能とその他に契約の目的を達成できない債務不履行について規定している。また、解除権の行使方法については、民540条、544条が規定している。これらによれば、債務不履行による解除に共通する要件は、①各債務不履行の事実と、②解除権の行使である。

(2) 解除権の行使

(a) 意思表示

　解除は、相手方に対する解除の意思表示によってしなければならない（民540条1項）。一方的な意思表示によって一定の法律状態が形成されるので、解除権は形成権であるといわれる。相手方の同意は必要ない。また、裁判による必要はない。しかし、いったん意思表示をしたときは撤回できない（同条2項）。解除によってすでに新たな法律関係が形成されているのに、撤回を認めると、相手方に混乱を招き、事態を複雑にするからである。したがって相手方が同意すれば、撤回することもできると解されているが、実際上そのようなことはほとんどないであろう。なお、解除の意思

表示が詐欺や強迫に基づく場合には取消しできるのは当然であり（新96条1項）、これはここにいう撤回ではない。

　履行遅滞の場合には、履行をせよと催告するとともに、「○月○日までに債務を履行しないときは契約を解除する」という通知をすることが多い。これは、その日に契約を解除するという意思表示であり、停止期限付解除の意思表示と解されている。聞きなれない概念かもしれないが、停止条件とすると、条件成就を債権者が証明しなければならず、期限が付いていない債務の場合よりも債権者の負担になるので、立証責任の公平な配分のため期限の未到来が債務者の抗弁であると解されているのである。

　それでは、契約時にあらかじめ、解除の意思表示を不要とする特約（失権約款）を付した場合、そのような特約は有効か。法的には、特約ではなく、解除条件付契約を結んだということになるが、債務者に一方的に不利な場合には、そもそもそのような契約が無効とされる（新90条、消費者契約10条）。ただし、一回でも代金支払いを怠ったときは自動的に解除するというような条項の場合には、契約自体を無効とすると債務者にとってかえって不利になることもあるので、当該条項だけを無効としたり、有効としておいて契約解釈によって解除を制限したりする工夫が必要になる。

(b)　解除権の不可分性

　契約当事者の一方または双方が複数である場合には、解除の意思表示は、全員から、また全員に対してしなければならない（民544条1項）。また、当事者の一人について解除権が消滅したときは、他の者についても消滅する（同条2項）。法律関係の複雑化を避けるためであり、これを解除権の不可分性という。以上のことは改正によっても異ならない。たとえば、共同賃借人などがこれにあたるが、共同相続した場合（民898条）のように、契約後に当事者が複数になることもある。実際には、一人が他の者を代理して意思表示することが多いと思われる。ただし、この規定は任意規定であると解されており、特約があるときは適用されない。また、法律に特別の規定があるときも適用されない。たとえば、不動産賃貸借で賃貸人が目的物を共有しているときは、解除権の行使は共有物の管理（民252条）にあたり、全員ではなく、共有持分の過半数で解除することができるとした判例がある（最判昭和39・2・25民集18巻2号329頁。学説では

544条の適用があると解する説も有力である)。

(c) **債権者に帰責事由がある場合**
　新法では、債務不履行が債権者の責めに帰すべき事由によるものであるときは、債権者は解除できないと定められた(新543条)。結論は当然であるが、理論上の理由は次のとおりである。
　後述の◆**解釈**◆で解説するように、新法では、伝統的な見解のように、解除を債務者に対する責任追及の手段であるとは捉えず、債務不履行責任とは切り離して、債権者を契約から解放するための手段であると捉えるため、債務者に帰責事由があることを解除の要件としていない。しかし、そうすると逆に、債権者に帰責事由があっても解除できるのかという問題に答える必要が出てくる。そこで、債権者に帰責事由があるときは、契約の拘束力から解放する権利(解除権)を付与する必要はないとされたのである。

(3) **催告による解除**
　新541条は、履行遅滞による解除に関する旧541条を受け継ぎつつ、若干の制限を加えたものである。すなわち、催告による解除をするには、(a)相当の期間を定めた催告、(b)その期間内に履行がないこと(期間の経過)、および解除の意思表示が必要である(新541条本文)。履行遅滞では、催告があったにもかかわらず、債務者が相当な期間内にこれに応じなければ、債権者としてはもはや契約上の利益を受けることを期待できず、自己の反対債務の履行義務を維持する意味がなくなるからである。不履行によって契約の目的が達成不可能になったということまでは必要ない(これは催告によらない解除の要件である)。

(a) **相当の期間を定めた催告**
　①催告　催告とは履行を請求することである。債務不履行すなわち履行遅滞の事実は、催告をすれば、それによって遅滞であることが基礎づけられるので、とくに主張・立証する必要がない。また期限の到来は要件ではなく、未到来が債務者の抗弁となる。期限の定めのない債務では、遅滞にするためには催告が必要であるが(新412条3項)、解除をする場合の催

告はこれを兼ねるので、二重に催告をする必要はないと解されている。

　しかし、相手方は同時履行の抗弁権（新533条）を主張すると免責されるので、解除するためには、これを封じるために自己の債務を履行するか履行の提供（新492条）をしておかなければならない（最判昭和34・8・28民集13巻10号1301頁）。これは催告より前にしてもよいし、催告と同時でもよいし、催告で定めた日（期間の最終日）でもよい（最判昭和36・6・22民集15巻6号1651頁）。

　なお、過大催告（債務よりも多い額を支払えという催告など）も適正な範囲で有効である（最判昭和34・9・22民集13巻11号1451頁など）。債務者は適正額を履行すればよい。

②**相当の期間**　　相当の期間とは、解除までに債務者に与えられるべき客観的な猶予期間のことである（最判昭和31・12・6民集10巻12号1527頁）。期間の相当性は、客観的事情（契約解釈、債務の性質、取引の実情など）の総合判断による。債権者の主観的な事情（病気、旅行など）は含まれない。したがって、判例・通説は、期間が相当でない（短い）場合（最判昭和44・4・15判時560号49頁）や、期間を定めていなかった場合（大判昭和2・2・2民集6巻133頁）であっても、相当期間経過後に解除できると解している。

(b)　**相当期間内に履行がないこと（期間の経過）**

　民法の規定では、期間内に履行がないことが要件となるように読めるが、実際には、立証責任の公平な分担の観点から、債権者は期間の経過だけを立証すればよいと解されている（損害賠償請求の場合と同様、履行または履行の提供があったことが債務者の抗弁になる）。

　ただし、相当期間を経過して解除権が発生した後であっても、解除の意思表示がなされない間に債務者が履行または履行の提供をしたときは、債務が消滅するかまたは不履行の責任を負わないとされている（新492条）ので、解除はできなくなる（大判大正6・7・10民録23輯1128頁、大判大正8・11・27民録25輯2133頁）。

　なお、債務者が履行の提供をしたのに債権者が受け取らなかった場合（受領遅滞〔新413条〕）には、提供がある以上、債権者から解除をすることはできないが、逆に、債務者から契約を解除できるかという問題がある

（後述の6参照）。

(c) **不履行が軽微な場合の例外**

　履行遅滞であっても、催告期間を経過した時における不履行が契約および取引上の社会通念に照らして軽微であるときは、解除することができない（新541条ただし書）。改正によって付け加えられた制限である。これは、数量がわずかに不足しているような場合のほか、旧法の下で、付随義務違反では解除できないと解されていた（最判昭和36・11・21民集15巻10号2507頁〔不動産の買主が公租公課を負担しなかった事例〕）ことを踏襲したものである。

　改正作業の初期段階では、不履行が契約の達成を妨げるものでなければ解除できないという案が示されたこともあったが、成立した新法では、この「契約目的の達成」という基準は、次の催告によらない解除の要件である。したがって、ここでは不履行が軽微かどうかだけが基準となる。したがって履行遅滞が付随義務違反であっても、不履行が債権者にとって重要な意義を持つものである場合には解除が認められる（最判昭和43・2・23民集22巻2号281頁〔代金完済までは売買された土地上に建物を建築しないという特約に違反した事例〕）。

(4) **催告によらない解除**

　催告することなく、直ちに解除できるのは、以下の各場合である（新542条）。これは、いずれも契約目的を達成することができないときであるが、具体的には、履行不能のとき、債務者が履行を拒絶する意思を明確に表示したとき、それ以外で契約目的を達成することができないときの解除を規定するものであり、旧法の下でも、明文上（旧542条、543条）または解釈上認められていたものを明文化したものである。

(a) **履行不能**

(ア) **履行不能の事実**

　履行不能による解除をするには、履行不能の事実（新542条1項1号）と解除の意思表示が必要である。履行不能では、履行ができない以上、催告をしても意味がない。したがって、催告をする必要はなく、また、履行期

の定めがあっても履行期前に履行不能となれば、その時点で直ちに解除できる。履行不能では、そのこと自体で債権者が契約利益を得られず、契約の目的を達することができないことが明らかであるといえる。

一部不能の場合には、残存する部分だけでは契約目的を達成することができないときは契約の全部を解除できる（新542条1項3号）。債務が可分であり、かつ、残部だけでも契約目的を達成できないわけではないときは、一部のみ解除ができる（新542条2項1号）。しかし、債務が不可分であるか、残部だけでは契約の目的を達せられないときは、全部の解除が認められる。

(イ) **填補賠償と解除の選択**

履行遅滞では、契約を解除せずに遅延賠償を請求しつつ、履行を受領することが可能であるが、履行不能では、履行を受領することはありえない。しかし、前述したように、新法では、債務者に帰責事由があるときは、履行不能でも履行に代わる損害賠償（填補賠償）を請求できるとされている（新415条2項1号）。したがって、このような構成を前提にする限り、債権者の反対債務が金銭債務であるときは、債権者にとっては、解除して損害賠償請求するのと、解除せずに履行との差額の損害賠償請求するのとで実際上差がなく、履行不能による解除にはあまり意味がないことになる。私見では、逆に解除で一本化したほうがよかったのではないかと考える。

(b) **履行拒絶**

債務者が履行を拒絶する意思を明確に表示したときは、催告をすることなく直ちに解除できる（新542条1項2号）。一部の履行を拒絶する意思を明確に表示した場合には、残存する部分のみでは契約目的を達成できなければ契約を全部解除でき（新542条1項3号）、そうでなければ契約の一部解除ができる（新542条1項2号）。

古い判例で、履行期の定めがある場合には、それまでの間に債務者が翻意することがありうるとして催告を要するとしたものがあるが（大判大正11・11・25民集1巻684頁）、履行を拒絶しておきながら、催告がないとして解除の無効を主張することは信義則違反（矛盾行為）として許されない

というべきである。

(c) **定期行為**

定期行為の不履行があったときは、催告をすることなく直ちに解除できる（新542条1項4号）。定期行為とは、定期的の意味ではなく、結婚式で使用するウェディングドレスの仕立てのように、特定の日時または一定の期間内に履行がないと契約目的を達成できない契約である。催告して期限後に履行があっても意味がない。なお、商人間の定期行為については、商法にさらに特則があり（商事確定期売買）、直ちに履行の請求をしなければ、それだけで契約を解除したものとみなされる（商525条）。

(d) **その他の債務不履行**

(ア) 契約の目的達成不能

履行遅滞、履行不能以外の債務不履行には、給付の不完全、付随義務違反（説明義務など）、保護義務違反（他人の生命・身体・財産侵害）など様々な場合がある（第5章2◆**条文**◆(1)参照）。このような債務不履行による解除について、旧法には規定がなかったが、その他の債務不履行では、直接的な給付自体ないし給付の全部が不履行ではないので、特に不履行によって契約目的を達成することができないことを要件とすべきであると解されてきた（契約目的達成不能）。これに対して新法では、以上述べてきた履行遅滞や履行不能などの場合以外でも、「債権者が催告をしても契約目的を達するのに足りる履行がされる見込みがないことが明らかであるとき」は、催告なく直ちに解除できることとされた（新542条1項5号）。これは、契約の目的達成不能を理由にする解除を認めるものであるから、その他の債務不履行だけでなく、履行遅滞の場合も含めて、さまざまな不履行による解除を認めるための受け皿となる規定として企図されている規定である。

(イ) 賃貸借における重大な不履行

たとえば、不動産賃貸借で賃借人に賃貸人との信頼関係を破壊するような著しい不履行があった場合には、無催告解除が認められる。催告をして一定期間猶予を与えることが不合理であり、その必要もないからである。

賃借人が賃貸人に無断で増築をした場合（大判昭和7・7・7民集11巻1510頁、最判昭和38・9・27民集17巻8号1069頁）、建具等を破壊した場合（最判昭和27・4・25民集6巻4号451頁）などがそうである（詳しくは第9章賃貸借で解説する）。

(ウ)　**無催告解除特約**

　なお、不動産賃貸借では、履行遅滞でも催告することなく解除できるという特約（無催告解除の特約）が問題になることがある。このような特約も有効であると解されているが（最判昭和43・11・21民集22巻12号2741頁）、無催告であっても不合理でないことが必要である（最判昭和50・2・20民集29巻2号99頁〔特約があっても、解除するには賃貸人と賃借人間の信頼関係が破壊されていることがさらに必要であるとした〕）。このような特約が一方当事者にとって不合理に不利であるときは、公序良俗違反として無効、または、信義則違反として解除の主張ができないというべきである（詳しくは第9章賃貸借で解説する）。

◆　**解　釈**　◆

(1)　**帰責事由の要否**

　従来、解除をするためには債務者に帰責事由があることが必要か否かにつき争いがあった。

　①**必要説**　　従来の通説は、解除には債務者に対する制裁の要素があるとし、当然に、解除するためには債務者に帰責事由があることが必要であると解してきた。履行不能については明文規定があり（旧543条ただし書）、履行遅滞の場合もこれと同様に解する。また、危険負担が債務者に帰責事由がない場合の履行不能に関する制度であることが、側面でこの見解を支えていた。ただし帰責事由がないことの主張・立証責任は、損害賠償請求と同様、債務者にあると解するので、不要説との実際上の違いはさほど大きくない。

　②**不要説**　　これに対して、近年の学説では、国際的な動向と同様、帰責事由不要説が有力になっていた。これは、解除においては債権者を契約の拘束力から解放すべきか否かが問題であり、債務者の事情は関係ないと考えることによる。解除できるか否かは、債務不履行があってもなお契約

の目的を達することができるか否かの判断によるべきであるとする。これによれば、債務不履行に対して、損害賠償請求はできないが解除はできることもあり、逆に、損害賠償請求はできるが解除はできないこともある（このことは、付随義務違反の場合などを通じて、判例も認めてきたことであるという）。ただし、この説も履行不能についてはさらに不要説と必要説に分かれていた。必要説は、履行不能については、条文の文言（旧543条ただし書）および危険負担との区別の必要上、帰責事由が必要であると解している。この立場では、帰責事由を全面的に不要と解するためには、条文の文言と危険負担との区別という障害があったのである。

③**折衷説**　債権者の反対債務がすでに履行されている場合には、給付物の返還義務を生じさせるために帰責事由が必要だが、未履行の場合にはその必要がないので不要であるとする。しかし給付物の返還関係は、義務違反ではなく、解除により契約が遡及的に消滅することに基づいて発生する効果であり、既履行の場合を特に区別する必要はないであろう。

④**改正法の立場**　新法は、国際的な動向を反映して、債務不履行による債務者の責任追及（損害賠償）と、債権者の契約からの解放（解除）を明確に区別した。前述の新541条、542条が履行不能の場合を含めて債務者の帰責事由に言及していないのは、その表れである。また、危険負担は、履行が不能となっても債務は当然には消滅しないことから、契約による反対債務の履行拒絶権を認めるという制度に変容したことも、これを支えている。

(2) 追完との関係

従来の通説は、その他の債務不履行のうちの不完全履行について、追完が可能であるときは、履行遅滞に準じて催告による解除が認められ、追完が不能であるときは、履行不能に準じて催告不要で解除を認められると解してきた。

これに対して、新法の規定は、催告による解除か催告によらない解除かという整理になったので、追完は、履行請求に関しては、追完請求権として依然として問題になるが、解除に関しては、独立の問題ではなくなったと解される。追完が可能であってもなくても、不履行による契約目的の達成が不能になったと解されるときは、催告なくして直ちに解除できる（新

542条1項5号)。

◆ **発 展 問 題** ◆

　近年の学説では、帰責事由の存否に関する見解の対立を別として、契約の目的を達成することができない不履行か否かが解除のポイントであることが共通認識になりつつあった。このため、新法もこの点を重視したものとなっている。しかし、旧法とはかなり異なる規定の仕方になったので、旧法に慣れた身からすれば、一見して分かりやすいものとはいえない。他方では、理論上は、国際的な動向も取り込み、損害賠償と解除とを峻別するなど、旧法よりも筋の通った構成になっているといえるであろう。初めて民法を学ぶ諸君にとっては、むしろ理解しやすいものとなったといえるかもしれないが、この新しい枠組みが実務上も定着するためには、従来の判例・通説の成果がこの規定の枠組みの中でどのように生かされてゆくのか、または放棄されることになるのかについて、本書で指摘した問題にとどまらず、細部にわたる検討を経なければならないであろう。

4　解除の効果

- 解除の効果は、反対債務からの解放であり、既履行債務についての原状回復義務の発生、未履行債務の消滅である。このほかに、債務不履行解除では、債務者の責任追及として、損害賠償を請求できる。
- 受領した目的物が金銭であるときは利息を付して返還しなければならず、果実、使用利益も返還しなければならない。
- 目的物が滅失・損傷したときは、解除権が消滅することがある。また解除できるときは価格賠償すべきである。
- 原状回復の法的性質、物権変動の効力について議論が分かれるが、具体的には、解除によって害されない第三者の範囲と不動産登記の要否のみが対立点になる。

◆ 条 文 ◆

　解除の効果は、新545条で、①原状回復義務（1項本文）と、②損害賠償義務（4項）が規定されている。①については、第三者の権利を害することができないという制限が付いており（同条1項ただし書）、また、原状回復として金銭を返還するときは利息を付さなければならず（同条2項）、受領した物を返還するときは果実も返還しなければならない（3項）。果実については、従来、解釈によっていたが、改正によって明文化された。他方、②については、解除によって新たに義務が生じると規定されているわけではなく、「損害賠償の請求を妨げない」という微妙な表現になっており、その意義について議論がある（◆**解釈**◆参照）。

　このほかに、③未履行債務がどうなるかという問題がある。これを規定する条文はないが、今日の判例・学説は、債務が消滅するという結論で一致している（理由づけについては◆**解釈**◆参照）。

(1) 原状回復義務

　契約が解除された場合の基本的な効果は、契約当事者双方が原状回復義務を負うことである（新545条1項本文）。これは、契約前の状態に戻すという意味であり、給付されたものを相互に返還しなければならない。この規定は、一般の債務不履行による解除だけでなく、その特則（新564条、新565条、新651条など）や約定解除の場合にも適用がある。合意解除（合意解約）はそれ自体が契約であるから、適用はない。原状回復の法的性質については、後述のように（◆**解釈**◆参照）、不当利得返還と解する説（直接効果説）と、原契約が変容したものと解する説（原契約変容説）の対立があるが、いずれに解しても具体的な違いは生じない。当事者双方の原状回復義務は、同時履行の関係になる（民546条、新533条）。

　なお、継続的契約（賃貸借など）の解除（解約告知）の効力は、将来に向かってのみ生じるので、原状回復という問題は生じない。

(2) 損害賠償

　解除しても損害賠償を請求することは妨げられない（新545条4項）。これについても後述のように（◆**解釈**◆参照）、解除による債務の遡及的消滅に対する例外であると解する説と、解除によっても債務は消滅しないので

損害賠償請求できるのは当然であると解する説の対立がある。いずれに解しても具体的な違いは生じないが、解除は未履行債務からの解放を主たる目的としている制度であり、債務者の責任追及手段としての損害賠償とは次元の異なる問題であって、債務不履行による損害賠償の要件が整えば損害賠償が認められるのは当然というべきである。

(3) 返還の範囲
原状回復の範囲は、基本的には、給付されたものであるが、以下の問題がある。

(a) 金銭
金銭を返還する場合（たとえば代金の支払いをすでに受けていた場合）には、利息を付して返還しなければならない（新545条2項）。実際に金銭を利用していたか否かにかかわらない。金銭の交付を受けていた以上、その利用可能性を得ていたはずだからである。利率は法定利率による（年3％〔新404条1項、2項〕）。

逆に、給付を受けた者が、給付物につき金銭を支出していた場合、たとえば、不動産につき、災害復旧のための基礎工事費（必要費）や、電気・水道・ガス施設工事費（有益費）を支出したような場合には、占有の規定により、相手方にそれらの費用の償還を請求することができる（民196条）。

(b) 果実
給付物から果実が生じた場合（たとえば建物の賃料）には、これを返還しなければならない（新545条3項）。従来は、明文がなく、解釈によって、金銭との均衡と原状回復の趣旨から認められていたが、改正にあたり明文化された。

(c) 使用利益
給付物から果実が生じていなくとも、その使用利益（その物を借りていた場合の賃料相当額）については、改正によっても明文は設けられず、解釈に委ねられた。従来の判例（大判昭和11・5・11民集15巻808頁、最判昭和34・9・22民集13巻11号1451頁〔いずれも建物の使用利益〕）・多数説は、金銭

との均衡と原状回復の趣旨から、給付物を使用していたか否かにかかわらず返還しなければならないと解している。実際に使用していた場合のみ返還しなければならないとする説もあるが、金銭と同様、使用可能性を考慮すべきである。また、他人の物の売買契約が解除された場合（新565条、新564条）でも、使用利益を売主に返還しなければならない（最判昭和51・2・13民集30巻1号1頁）。売主に損失はないとして反対する説もあるが、売主は代金に利息を付して返還しなければならないのであるから、返還させることが公平である。

(4) 第三者に対する効果

解除権の行使によって第三者の権利を害することはできない（新545条1項ただし書）。この規定は、目的物が転売されるなどして第三者のもとにある場合に、解除者がその返還を請求できないというかたちで問題になる。しかし、第三者の範囲などについて議論があるので、◆**解釈**◆であらためて取り上げることにする。

(5) 目的物の損傷等による解除権の消滅
(a) 解除権者の故意・過失による場合

目的物の給付を受けた後に、解除権を有する者が故意・過失によって目的物を著しく損傷しもしくは返還することができなくなったとき、または加工・改造によって目的物を他の種類のものに変えたときは、解除権は消滅する（新548条本文）。目的物が滅失した場合のほか、目的物を転売して事実上返還できない場合も含まれる。目的物を加工または改造して他の種類の物に変えてしまったときについては、旧法では明文がなく解釈上同様に解されていたが、改正により明文化された。これらの場合には、解除できない以上、原状回復という問題は生じない。ただし、一律に解除できないとする必要はなく、たとえばセット商品の一部を費消したような場合には、費消部分につき価格賠償をさせて全部解除するか、残部について解除すること（一部解除）を認めてよいと思われる。

他方、解除後に目的物が滅失・損傷等した場合には、そのことに帰責事由があっても解除自体は有効なので、原状回復をどうするかが問題になる。明文の規定はないが、学説は、果実や使用利益との均衡から、解除時

の時価による価格賠償をすべきだと解している。売買の場合には相手方は代金を返還しなければならず、代金返還と価格賠償との間に差額が生じうる。原状回復という趣旨からすれば、価格賠償は代金額を限度とするのが公平であろう。

(b) **解除権者が解除権を有することを知らなかった場合**

(a)の場合であっても、解除権者が解除権を有することを知らなかったときは、解除権は消滅しない（新548条ただし書）。解除権者が目的物を損傷等したときは、解除権の放棄があったと解されることから解除権が消滅するとされているのであり、放棄があったといえないときは、解除権を認めなければならないからである。したがってこの場合にも原状回復の問題が生じる。ただし、目的物をそのまま返還できないので、それをどのように処理するかは難問である（◆**発展問題**◆で取り上げる）。

◆ **解　釈** ◆

解除の効果については解釈上問題が多い。①原状回復義務の性質はどのようなものか、②未履行債務はどうなるか、③解除と損害賠償との関係をどのように理解するか、④目的物が転得者に移転していた場合、その物の所有権はどうなるか、が議論されている。このうち①～③の問題は、そもそも解除により契約は消滅するのか否かに関する理解の違いを反映する。しかし④の問題は、わが国において物権変動はどのようにして生じるかに関する理解の違いを反映しており、①～③の問題と必然的に結びついているわけではない。これらの問題については、改正によっても明文規定が置かれることがなく、解釈に委ねられた。

(1) **原状回復義務の法的性質**

(a) **契約上の債務が遡及的に消滅すると解する説（直接効果説）**

判例・通説は、解除により契約上の債務が直接、遡及的に消滅し、はじめから契約がなかった状態になると解している（大判大正6・12・27民録23輯2262頁、大判大正9・4・7民録26輯458頁〔解除前になされた相殺は無効〕）。そして、新545条1項ただし書は、遡及的消滅を貫くと第三者が害されることから、とくに遡及効を制限しているとする。

このような理解によれば、①原状回復は、契約がない場面での不当利得（民703条以下）の問題だと位置づけることになる。そこで、新545条1項は、不当利得法の特則であり、返還の範囲が原則として現存利益に限られる（民703条）ところを原状回復に拡大しているとする。また、②未履行債務は、契約上の債務が遡及的に消滅する以上、存在しないことになる。他方、③損害賠償については、契約がない以上、債務は存在しなかったことになるので、その不履行による損害賠償もまた観念できないはずであるが、それでは債権者が保護されないので、特別に遡及効が制限されているとする。

(b)　**契約上の債務は遡及的に消滅しないとする説（原契約変容説）**
　これに対して、解除により契約上の債務は遡及的に消滅するのではなく、原状回復債務に変容すると解する説が古くから存在し、近時では、解除は債権者の反対債務から解放するための制度であることが重視されるようになるにつれて次第に有力になっている。
　このような理解によれば、①原状回復は、解除によって原契約が変容した債権債務の履行関係となり、不当利得とは異なる問題だと位置づけることになる。原契約は遡及的に消滅しないので、少なくとも契約に関しては（物権変動については(2)参照）、第三者を害することはなく、新545条1項ただし書は当然の注意的な規定であることになる。また、②既履行債務は、原状回復義務の未履行債務として存続するが、未履行債務は、原状回復義務の既履行債務として消滅するとする。他方、③損害賠償は、債務からの解放という解除の目的とは無関係の問題であり、解除によっても債務は消滅しないので、解除とは別に当然請求できるとする。

(c)　**改正法の立場**
　新法によれば、解除の主たる目的は、前述のように、債権者の未履行債務からの解放であることが明確になった。このような目的に照らせば、いったん有効に成立した契約をあえて遡及的に消滅させる必要はなく、解除によって未履行の債務を消滅させれば、後は、すでに給付されたものの返還を認めればことは足りる。これは、債務不履行解除だけでなく、解除原因を問わない問題である。これに対して、損害賠償は債務不履行に対す

る相手方の責任追及の手段であり、解除とは次元を異にしている問題である。

　このような理解からすれば、改正法の立場は、近時の有力説のように、解除により原契約が原状回復の関係に変容すると解することに、より親和的であろう。直接効果説のように、遡及的消滅としながら、それが実際に問題になる場面（新545条1項ただし書、同条4項）では遡及効が制限されると解するぎこちなさもない。

　ただし、このようにいってみても、実際上の問題としては、いずれの説によるかで具体的な違いは生じない。解除により未履行債務が消滅することについては、今日の判例・学説は一致しているし、既履行債務についても原状回復義務を負うことに違いはなく、原契約変容説でもその義務の履行を通じて原契約は消滅するからである。他方、直接効果説によると、原状回復債務は原契約とは別の債務であるから、たとえ原契約に商事消滅時効（旧商522条）が適用されても、原状回復については一般の民事消滅時効（旧167条1項）になるようにも思えるが、実際には、原契約との関連を認めて原契約の性質を受け継ぐものと解されてきた（大判大正5・7・18民録22輯1553頁）。また、改正により、商事消滅時効の規定は削除され、民事消滅時効に統一された（新166条1項）ので、この点でも違いがなくなった。さらに、損害賠償が債務不履行の場合に認められる点でも違いはない。

(2)　解除と物権変動の効力

　解除により、すでに発生していた物権変動がどうなるかという問題は、たとえば、売買契約によりAからBへ目的物の所有権が移転し、さらにBがこれをCに転売してCに所有権が移転したことがAによるAB間の売買契約の解除によってどう影響を受けるかという問題である。これは、わが国における物権変動の仕組みをどのように理解するかという問題の反映であり、とくに解除の場合に限って問題になるわけではない。したがってまた、原状回復の法的性質の理解と物権変動の関係は、いわば縦軸と横軸のように、その組み合わせにより多様な見解がある。これを解除によって物権変動が遡及的に消滅すると考えるか否かによって分けると以下のようになる。

(a) **物権変動が遡及的に消滅すると解する説**

　この説は、解除によってそれまで発生していた物権変動が遡及的に消滅するとし、新545条1項ただし書は、この物権変動の遡及的消滅を制限したものだと解する。これは、わが国では、物権変動について意思主義が採られており（民176条）、物権を移転させるために契約以外に特別な行為（物権行為）を観念する必要がないという考え方に基づく（物権行為独自性否定説）。物権変動に関してはこれが判例・通説である。直接効果説の立場からは、契約の遡及的消滅とともに物権変動も遡及的に消滅することになる。また、原契約変容説の立場からしても、物権行為を観念しなければ、物権ははじめから移転しなかったことになり、原状回復は他人のものを元の所有者に戻す関係と解されることになる。

(b) **物権変動は遡及的に消滅しないと解する説**

　この説は、解除によってもそれまで発生していた物権変動は遡及的に消滅しないとし、新545条1項ただし書は、このことを注意的に規定しているにすぎないと解する。これは、物権変動のためには、契約（債権行為）とは別に物権を移転させるための行為が必要であり（物権行為の独自性）、その行為の効力は契約の効力とは切り離されている（物権行為の無因性）という考え方に基づく（民176条は物権行為の規定であると解する）。このような考え方によれば、契約が解除されてもすでに発生していた物権変動はその影響を受けず、原状回復を通じて相手方から解除した者への復帰的な物権変動が生じることになる。

(c) **改正法の立場**

　この問題は、本来、物権法の問題であり、改正によっても特別の規定が置かれるようなことはなかった。したがって、従来の議論がそのまま受け継がれることになる。詳細は物権法で論じられるべきであるが、原状回復に関する直接効果説が(a)説と、原契約変容説が(b)説と結びつきやすいとはいえるであろう。また、改正によって、法律行為の無効や取消しの場合にも、既給付物の返還は原状回復関係であるとする規定が新設されたので（新121条の2第1項）、これらの場合も含めて原契約変容説と(b)説が結びつきやすくなったとも思われる。しかし、このような結びつきは必然ではな

い。ただし、具体的には、いずれの説によっても当事者間で違いが生じることはなく、違いは、第三者との関係について生じるのみである。

(3) 解除と第三者

解除によって当事者間には原状回復義務が生じるが、第三者の権利を害することはできない（新545条1項ただし書）。この第三者の範囲に関して議論がある。相手方から第三者に目的物が転売されていたような場合に問題になるが、目的物が動産であるときは、相手方との取引によって動産の占有を取得した第三者は即時取得の規定（民192条）によって保護される。また、相手方と債権関係に入っただけの者は、原状回復に影響を受けることはない。そこで、実際上問題になるのは、目的物が不動産のときの転得者である。

(a) 解除前の第三者に限定する説

直接効果説に立ち、新545条1項ただし書は遡及効によって不測の損害を被る者を特別に保護する規定であると解すると、第三者とは、解除によって遡及的に権利を失う者（解除前の第三者）に限定されることになる。これが判例・通説である。原契約変容説によっても、物権変動に関しては遡及効が生じると解する立場では、同様になる。

しかし、この第三者が登記を備えている必要があるか否かに関しては、解除者と第三者は対抗関係（民177条）に立たないので、登記は不要であるとする説と、対抗関係にはないが、保護を受けるための権利保護要件として登記が必要であるとする説とに分かれており、後者が判例（最判昭和33・6・14民集12巻9号1446頁、最判昭和58・7・5判時1089号41頁）・多数説である（解除者が登記を戻していなくても、第三者が登記をしていなければ保護されないという意味である。大判大正10・5・17民録27輯928頁）。

他方、解除後の第三者については、保護されないと割り切る説と、解除後は原状回復と転売による物権変動とが対抗関係に立つとする説（大判昭和14・7・7民集18巻748頁、最判昭和35・11・29民集14巻13号2869頁）、解除したにもかかわらず登記を相手方のもとに残していることに解除者の帰責性があるとして民法94条2項を類推適用する説とに分かれている。

(b)　解除の前後を問わない説

　原契約変容説により、かつ物権変動は遡及的に消滅するわけではないと解すると、解除の前後を問わず、解除によって第三者の権利が害されることはなく、原状回復と競合関係になるだけである。したがって、新545条1項ただし書の第三者を解除前の第三者に限定する必要はなく、解除者と第三者との関係は、原状回復による物権変動と転売による物権変動の先後を争う対抗関係になり、登記を先に備えた者が優先することになる（民177条）。

　また、直接効果説によっても、新545条1項ただし書は、遡及効の制限ではなく、解除の効力そのものが第三者との関係で認められないという規定であると解すると、同様にして第三者を解除前の第三者に限定する必要はないことになるが、解除者と第三者との関係は、解除者が原状回復を第三者に主張できない関係になるので、対抗関係にはならず登記は不要であると解することになる（権利保護要件として登記を要求する余地はある）。

(c)　改正法の立場

　今般の改正は、債権法の改正であり、基本的には物権法の問題には踏み込んでいない。したがって、従来の議論がそのまま受け継がれることになる。学説は多岐に分かれるが、理論構成上の対立にもかかわらず、具体的な違いは、①新545条1項の第三者には解除後の第三者も含まれるかという点と、②第三者は登記が必要かという点のみである。しかし具体的な結論からすれば、第三者の範囲を限定しかつ登記を要求することも、他方、第三者の範囲を限定せずかつ登記を不要とすることも妥当ではないように思われる。したがって、保護される第三者を解除前の第三者に限定しつつ登記は不要であると解するか、または、解除の前後を問わず第三者を保護しつつ登記が必要であると解するかの選択によるべきであろう。判例は、①について解除前の第三者に限るとしながら、②については権利保護要件として登記を要求し、他方、解除後についても物権変動が対抗関係に立つとして登記を要求している。これは、理論的に一貫しないが、具体的には、解除の前後を問わず登記を備えている第三者を保護する結果となっており、結果的に原契約変容説で解除の前後を問わず対抗問題とする説と同様になる。しかし、私見によれば、原状回復の問題を登記の有無によって

処理することには根本的な疑問があり、第三者の範囲を限定し登記不要とし、それ以上の第三者保護は登記に対する信頼保護（民法94条2項類推適用）によることが妥当であると考える。

◆ 発 展 問 題 ◆

(1) 目的物の損傷等について解除権者に帰責事由がない場合の原状回復

　解除権を有する者が、目的物の給付を受けた後に、故意・過失によって目的物を損傷等したときは、解除権は消滅する（新548条本文）。しかし、解除権者が解除権を有することを知らなかったときは、解除権は消滅しない（同条ただし書）。また、解除権者の故意・過失によらない損傷等であれば、解除権は消滅しない（548条の反対解釈）。この場合の原状回復関係をどのように処理するかは、新法でも明らかでない。従来の学説では、解除権者が原状回復に代わる損害賠償をすべきかということと、解除権者が反対給付の返還を請求できるかということの組み合わせによって、①いずれも認められないとする説、②損害賠償をする必要はなく、反対給付の返還を請求できるとする説、③いずれも認められるとする説に分かれており、定説を見ない状況にある。

　①いずれも認められないとする説　この説は、旧法の下での危険負担の債務者主義（旧536条）の考え方をこの場合にも応用し、原状回復関係をあたかも裏返しの契約関係のように考え、当事者双方の責めに帰することができない事由による損傷等であれば、損害賠償請求も反対給付の返還請求もできないとする。

　②返還請求できるとする説　目的物の給付前に目的物が債務者の責めに帰すことができない事由によって滅失・損傷したときは、債務者は債務不履行責任を負わない（新415条1項ただし書）。このことを原状回復義務でも同様に解するならば、債務者（解除権者）は、目的物の返還に代わる損害賠償をすることなく、解除してすでに給付したものの返還を請求できるとする。

　③いずれも認められるとする説　①説では、解除権者に一方的に不利であり、②説では相手方に一方的に不利であるとして、当事者間の公平の観点から、解除権者の返還請求と相手方の価格賠償とをともに認めるべきだとする。

解除権者に故意・過失があるが解除権があることを知らなかったときは、③説が原状回復の趣旨に最も忠実なように思われる。しかし、解除権者に故意・過失がないときには、損害賠償をさせるべき根拠がなく、②説のように解すべきであろう。

なお、以上と異なり、目的物の損傷等について相手方に帰責事由がある場合には、解除権者は価格賠償をする必要がないと解することで一致している（前掲、最判昭和51・2・13）。

(2) 物権法との関係

解除によって害することができない第三者の範囲、不動産転得者の登記の要否については、今回の改正が物権法に踏み込まないことから、明確な規定が置かれなかった。この点では不十分さがあることは否めない。そうであるならば、物権法改正にあたっては、今回の改正に拘束されず、取消しなどを含めて、いったん成立した法律関係が消滅する場合と物権変動との関係を横断的・統一的に検討すべきであろう。

5　解除権の消滅

> ・解除権は、相手方の催告、目的物の滅失・損傷によって消滅することがある。
> ・判例は、解除権と原状回復請求権がそれぞれ別の消滅時効にかかるとするが（二段構成）、学説では、原債権・解除権・原状回復請求権を一体的に捉え、原債権の消滅時効に従うと解する説（一段構成）が有力である。

◆ 条 文 ◆

解除権の消滅について、民法には2つの条文（民547条、新548条）があるのみである。

(1) 相手方の催告による消滅

解除権の行使につき期間の定めがない場合（これが通常であろう）、相手

方が相当期間を定めて解除するか否かを催告したが、解除の通知がなかったときは、解除権は消滅する（民547条）。相手方がいつまでも不安定な状態に置かれることを保護しようとしたものである。これと異なり、期間の定めがある場合、または法律に行使期間が定められている場合（民641条など）には、解除権はその期間内保障される。

(2)　解除権者による目的物の滅失・損傷による消滅

これについては前述した（新548条）。

◆ 解　釈 ◆

解釈上、次の2つの消滅原因が認められている。

(1)　消滅時効

解除権の消滅時効を定める規定はないが、判例は、債権に準じて（新166条1項1号）、解除権を行使できる時から消滅時効にかかると解している（大判大正6・11・14民録23輯1965頁、最判昭和62・10・8民集41巻7号1445頁）。商行為による契約でも、民法改正に伴い商事消滅時効の規定（旧商522条）が削除され、5年となった。

また、解除権行使の結果発生した原状回復義務に基づく原状回復請求権は、解除権から独立して、解除の時から消滅時効にかかると解されている（大判大正7・4・13民録24輯669頁）。この請求権は解除権の行使によって発生した債権であることを理由とする。この結果、5年以内に解除権を行使すれば、そこからさらに5年を経過するまで原状回復請求権は時効消滅しないことになる（二段構成という）。

これに対して学説では、解除権のような形成権は、原状回復関係を発生させるための手段にすぎず、解除前の原債権・解除権・原状回復請求権をそれぞれ切り離して捉えるべきではないと解する説が有力である（一段構成という）。これによれば、解除される前の原債権の消滅時効期間内に、解除権および原状回復請求権を行使しなければならないことになる。時効の起算点、完成時点ともに判例よりも早くなるが、もともと原債権がそのような期間であったのであり不当とはいえないので、この説が妥当である。

(2) 権利失効の原則による消滅

　解除権を行使できるにもかかわらず、長期間行使せず、相手方にもはや解除されないとの信頼を生じさせた場合、信義則により解除権が失効するという原則（権利失効の原則）が解釈上認められている。しかし、権利を奪うまでの必要はなく、具体的な権利行使が権利濫用であるとの処理をすれば目的は達せられるように思われる。また、もしこの原則を認めるとしても、実際の運用は限定的かつ慎重になされるべきである。判例でも一般論としてこの原則を認めたものがあるが（最判昭和30・11・22民集9巻12号1781頁〔土地の賃貸借で、無断譲渡後7年余りを経過し、別の理由による土地明渡請求訴訟を提起してから4年余りを経過した後になって解除権（民612条2項）を行使した事案〕）、具体的な結論としては、解除権を行使することが信義則に反すると認められるような特段の事由がないとして、解除を認めた。

6　その他の問題

> ・同一の当事者間で複数の契約が結ばれ、契約間相互に密接な関連性がある場合には、一つの契約の不履行により他方の契約も解除することができることがある。
> ・債権者が債務者の履行を受領遅滞した場合には、契約の解釈または信義則により債権者に引取義務が認められ、その債務不履行として損害賠償・解除が認められることがある。
> ・第三者による債権侵害（契約侵害）は、不法行為になる。

◆ 条　文 ◆

　以下に扱う、①複数契約の解除、②債権者の受領遅滞と解除、③第三者の債権侵害という問題は、いずれも民法典に規定がなく、解釈上議論がなされている問題である。このうち③は、解除には直接関係がない問題であるが、契約関係の総論にかかわる問題としてここで取り上げておくことにする。

◆ 解 釈 ◆
(1) 複数契約の解除
(a) 従来の判例・学説

　同一当事者間で、ある目的を達成するために、複数の契約が結ばれることがある。たとえば、不動産業者がリゾート・マンションを分譲するとともに、それにスポーツ・クラブや高齢者福祉施設を併設し、これらをいわば一体化した商品として売り出すような場合、工場に特殊な機械を導入するとともに、そのメインテナンスを委託するような場合などである。このような契約関係は、今後ますます増えてくることが予想される。このような契約関係においては、一つの契約が不履行により解除される場合に、他方の契約には不履行がなくても同時に解除できるのか否かが問題になる。しかし、民法典には、このような契約関係における解除に対応する規定はない（問題は、同一当事者間ではなく、多数当事者間で一つの目的を達成するために相互に契約を締結しあう場合に、より複雑になる）。

　判例では、リゾート・マンションの分譲契約（4400万円）とそれに併設されるスポーツ・クラブの会員契約（登録料50万円、預り金200万円）とが同一当事者間で締結されたが、売主の事情でスポーツ・クラブの屋内プールの建設が遅れていまだ実現しないなどの事情が発生したという事案で、分譲契約だけでは購入者が契約を締結した目的を達することができないとして、会員契約の履行遅滞を理由に分譲契約も解除できるとしたものがある（最判平成8・11・12民集50巻10号2673頁）。他方、学説では、契約間の密接な関連性がある場合に一つの契約に解除原因が存在すれば他の契約も解除することを認めようとするために、様々な法律構成が試みられている。たとえば、各契約は全体として1個の契約であるとする構成（多数当事者間契約）、基本契約と個別契約からなる重層的な契約関係であるとする構成、複数の契約ないし給付が相互に関連性を有しているために解除原因を共有できるとする構成などがある。しかしいまだ定説はない。

(b) 改正法の立場

　改正作業の初期段階では、上記の判例を明文化する提案もなされたが、結局明文化されなかった。問題は、判例のような二当事者間で複数契約が締結された場合にとどまらないので、今しばらくは、どのような取引でど

のような問題が発生しているかを明らかにするとともに、「二当事者」間での「単一契約」の原則を相対化するための基礎理論的な検討が必要である。

(2) 受領遅滞と解除
(a) 受領遅滞の意義・効果

債務者が履行をしようとしても債権者がこれを受領しない場合、債務は履行されたことにはならない。しかしこれでは債務者が不利益を被るので、民法では弁済の提供という制度が設けられている（新492条）。それによれば、債務者は弁済の提供（これには現実の提供と口頭の提供がある）をすれば、たとえ債権者がこれを受領しないときでも債務者は債務を履行しないことによって生じる責任を負わない（詳細は、第16章2で解説する）。他方、それ以外の問題については、別の規定があり、債権者が受領を拒絶しまたは受領できなかった場合には、債務者は、履行の提供をした時から目的物の保存義務を軽減され（新413条1項）、履行費用が増加したときはその増加額の償還を請求できる（同条2項）。なお、労働契約に関して、労働者が帰責事由なく労働できなかった場合の賃金をめぐって、使用者の受領遅滞か労働者の履行不能かが争われているが、その問題はすでに「危険負担」で取り上げた（第4章3◆解釈◆(3)）。

旧法では、弁済提供は、債務者の側からの規定であるのに対して、受領遅滞は、債権者の側から「遅滞の責任を負う」とだけ規定されていた（旧413条）。このため、解釈によって、①債務者の債務不履行責任の免除（旧492条）、②債権者の同時履行の抗弁権喪失、③債務者の注意義務の軽減（善良な管理者の注意義務〔旧400条〕から自己の物と同一の注意義務へ軽減）、④増加費用の債権者負担（民485ただし書）、⑤目的物の滅失・損傷についての危険負担の移転（債権者負担）が認められていた。①の結果、債務者は損害賠償責任を負わず、契約を解除されることもない。新法は、①、③、④を新413条で規定し、⑤については、新413条の2によって、債権者の責めに帰すべき事由による滅失・損傷であると規定された。以上のほか、債務者には、供託権（新494条1項）または自助売却権（新497条〔供託に適しない物を競売し代金を供託する権利〕）が認められる。

(b) 受領義務・引取義務

　受領遅滞に関する最大の問題は、債権者に受領義務があるかという問題である。従来の判例（大判大正4・5・29民録21輯858頁、最判昭和40・12・3民集19巻9号2090頁）および従来の通説は、債権は権利であり義務ではないので、当事者間で受領義務が約定されている場合を除き、一般的に受領義務はないとし、受領遅滞による上記のような効果は法定の特別の責任であると解している（法定責任説）。これによれば、債権者が受領しない場合には、双務契約ならば相手からの反対債務の履行遅滞を理由に損害賠償請求、解除でき、供託もできるので、それで十分であるとする。

　これに対して、有力説は、債権者といえども債権の実現に向けて協力すべきであり、債権者には受領義務があるとし、債務者はこの義務違反として債務不履行による損害賠償を請求でき、解除することもできると解している（債務不履行責任説）。したがってまた、受領遅滞となるためには、債権者に帰責事由があることが必要であるとする（弁済提供との区別）。

　このような議論の状況の下で、継続的供給契約について債権者に引取義務を認めた判例がある（最判昭和46・12・16民集25巻9号1472頁）。これは、硫黄鉱石の継続的売買契約で、買主が硫黄鉱石の受領を拒絶したため採掘を中止せざるを得なくなった売主が代金相当額の損害賠償を請求したという事案であったが、最高裁は、この契約を信義則に照らして考察すれば、売主が採掘した鉱石全部を順次買主に出荷し、買主はこれを引き取り、かつ、代金を支払うという法律関係が存在していたとして、買主の債務不履行となると判断した。この判決は、一般的な受領義務を認めたものではなく、例外的には契約解釈ないし信義則により債権者に引取義務がある場合があることを認めたものということができる。

(c) 改正法の立場

　新法は、この問題について解答を用意しなかった。したがって、上記の議論は今後も持ち越されることになった。しかし、解除が債務からの解放を主目的とする制度であることが明確になったことからすれば、契約解釈を基本としつつ信義則を併せ考慮して、引取義務が存在する場合があることを認め、その不履行に対しては、債務者の債務不履行による解除と同様、帰責事由の有無を問わず解除を認めるべきであろう（損害賠償には帰

責事由が必要)。

(3) 第三者による債権侵害
(a) 債権の不可侵性

債権も権利である以上、第三者もこれを侵害してはならないという性質(権利の不可侵性)を有している。物権に不可侵性があることは古くから認められてきたが、債権については物権との対比から、債権や契約には排他性がない(第三者に対する効力がない)として、不可侵性がないか、あっても弱いことが強調された時代もあった。しかし今日では、無体の財産権に対する社会的価値の増大に伴い、債権侵害ないし契約侵害に対する救済の必要性が高まっている。この問題は、根本的には契約法と不法行為法の両方にまたがる問題であるが、具体的には、主として債権侵害に対する不法行為による損害賠償として問題になるので、以下では、簡単な解説にとどめる。また、不動産賃借権の侵害に対しては妨害排除請求が問題になるが、これについては第9章賃貸借で取り上げる。

(b) 債権侵害の類型

従来の通説は、債権侵害による不法行為を①債権の帰属の侵害(他人の債権の弁済を受けたなど)、②給付の侵害(目的物の損傷など)、③給付の妨害(二重契約など)に類型化し、①②では第三者に過失があれば不法行為が成立するが、③では債権には排他性がないことおよび債権自体はなくなっていないことから、不法行為となるためには違法性が強くなければならないとして、害意が必要であると解してきた。

しかし近年では、上記のような類型では粗すぎて種々の事案に対応できないとして、より詳細な類型論が有力に唱えられている。これにも様々な見解があるが、代表的なものとしては、①債権の帰属侵害型、②事実行為による債権の給付侵害型(目的物の損傷、債務不履行をするようたきつける行為など)、③契約による債権の給付侵害型(二重契約など)、④責任財産減少型(債務者の責任財産を減少させる行為)に分け、それぞれの態様に応じて過失、故意、害意を要求する見解がある(最後の④が特徴的であり、従来の通説にこれを加える見解もある)。

類型論は、一つの基準とはなるが、具体的な事例を網羅するものではな

い。一般論としては、主観的要件と侵害行為の態様（違法性）を相関的に判断することで処理すべきであろう。

(c) 改正法の立場

今般の改正では、不法行為のような法律に基づく債権（法定債権）については補充的な改正しかなされなかったので、債権侵害についてとくに規定を設けることはなかった。不法行為法が改正されるとすれば、そこで十分な議論がなされることが必要になろう。

◆ 発 展 問 題 ◆

多角取引と解除

複数契約の解除という問題は、契約の成立（第3章2 ◆**発展問題**◆）で述べた多角取引において、取引を構成する一つの契約に解除原因がある場合に取引全体を解除できるかという問題と共通性を有している。二当事者間での一つの契約ごとにその解除を考えてきた伝統的な構成では否定的な解答しか導けないため、それを打開する法律構成を考えなければならないからである。複数契約の解除では、判例は、前述のように、「契約を締結した目的を達成できるか否か」という基準を示したが、これは一つの契約の目的達成不能論を最大限拡大したものであって、取引全体の法的構造を明らかにしたものとはいえない。今後は、直截に、複数の個別契約から構成される取引を一つの契約と捉える発想が必要ではなかろうか。そして、それを支える基礎理論も必要である。

第7章 売買

1 売買の成立

・売買は、売主が財産権の移転を約し、買主がその代金を支払うことを約することによって成立する。
・売買の一方の予約では、予約完結権を有する当事者が予約完結の意思表示をすれば、相手方の承諾がなくても売買が成立する。
・手付には多くの種類があるが、民法は、解約手付を原則として規定している。

◆ 条 文 ◆

(1) **典型契約と売買**

　これまでの章では、各種の債権、契約に共通する事項について解説してきたが、本章からは、各種の契約の特色を扱う。民法典には、13種類の契約が規定されており、これを典型契約と呼んでいるが（第3章1◆**条文**◆(2)、◆**解釈**◆(1)、◆**発展問題**◆参照）、これらはその目的によって、①所有権移転型契約（贈与、売買、交換）、②貸借型契約（消費貸借、使用貸借、賃貸借）、③労務提供型契約（雇用、請負、委任、寄託）、④その他（組合、終身定期金、和解）に分けられる。民法の実際上の機能という点からすると、①②では売買、金銭消費貸借、不動産賃貸借が重要であり、③では委任と請負が重要なので、本書ではこれらを中心に順次解説することにする。

(2) 売買の意義と民法の規定
(a) 売買の意義

売買契約は、各種の契約の中でも、自由主義経済を支えるもっとも基本的な契約である。売主が財産権の移転を約し、買主がその代金を支払うことを約することによって成立する（民555条）。条文では「効力を生ずる」と規定されているが、これは文字通り効力発生要件（成立要件は別にあることになる）ではなく、成立要件のことであると解されている。特別の方式を要しない。目的物は金銭以外の財産権であり、不動産、動産のほか、債権も含まれる。なお、新561条は他人の権利の売買について規定しているので、移転すべき財産権が売主の所有に属していることは売買成立の要件ではない（この規定の意義をめぐっては後述 **2** 参照）。

金銭以外の財産権と財産権を相互に移転することを約する契約は、金銭の支払いを約していないので売買ではなく、交換であるが（民586条1項）、売買の規定が準用される（民559条）。また、財産権の一方的な移転を約するのは贈与であるが（新549条）、負担付贈与については、売買の規定が準用される（新551条2項、民553条、民559条）。

以上をまとめれば、売買は、①諾成契約（合意のみで成立する）であり、②有償契約（代金支払い）であり、③双務契約（財産権の移転債務と代金支払債務）である。

なお、スーパーでの買い物などでは、その場で目的物と代金の交換が瞬間的に行われるので（これを現実売買という）、「当事者間に債権債務関係が発生しないので契約ではない」ようにも見える。しかし、合意は存在しており、また目的物に欠陥があったときには売主の責任を追及できなければ妥当でないので（新562条など）、現実売買も民法にいう売買であると解されている。

(b) 民法の規定

売買に関する民法の規定は、売買が行われる過程を順にすべて網羅するものではない。すなわち、売買の主たるポイントである、交渉（規定なし）、成立（契約総論）、履行・不履行（債権総論）、損害賠償（債権総論）、解除（契約総論）については、債権と契約に関する一般的規定および一般理論に委ねられている。

売買に関する規定は、これらの狭間にある特殊な問題を扱っている。すなわち、①売買の成立に関連して予約、手付、費用負担（民556条～558条）、②権利の移転に関する売主の義務（新560条、新561条）、③売買の目的物に欠陥等があった場合の売主の責任（新562条～572条）、④代金の支払時期と支払場所（民573条～578条）、⑤いったん売却した不動産の買戻し（新579条～民585条）が規定されているのみである。このうち、②は物権変動論にもかかわる問題なので、項をあらためて2で扱い、④の一部は金銭債権の消滅ないし回収の問題なので、後に第16章の1で述べることとし、ここでは、①③⑤と④の一部の問題を取り上げる。

(3) 売買の予約
(a) 予約の意義
予約一般の意義を定める条文は民法にないが、一般的には、予約とは、将来契約を締結する債務を生じさせる契約であると解されている。日常用語としての「予約」（ホテルの予約、座席予約など）は、法的には本契約そのものであることが多い。予約には、義務型予約（当事者の一方または双方に契約についての承諾義務を負わせるもの）と、予約完結権型予約（当事者の一方または双方が予約を完結させる権利を有し、その意思表示により契約を成立させるもの）とがあるといわれている。しかし、義務型予約は、将来相手方が契約締結に応じない場合、訴えの提起などをしなければならなくなり面倒である。このため実際には、予約完結権型予約か、または予約によらずに、停止条件付契約として客観的な事情に契約の成立を委ねるのが普通である。

(b) 売買の一方の予約
民法の売買規定では、以上のうち、当事者の一方に予約完結権を与える予約のみについて規定が置かれており、これを売買の一方の予約という（民556条1項）。当事者の一方が予約完結権を有し、予約完結の意思表示をすれば、相手方の承諾がなくても売買が成立する。予約完結権の行使期間を定めなかったときは、相手方は、予約を完結するか否かの催告権を有し、確答がなければ予約は効力を失う（同条2項）。予約完結権は、その行使によって新たな法律関係を形成するので形成権であるが、債権と同

様、5年の消滅時効（新166条1項）にかかり（大判大正10・3・5民録27輯493頁）、その譲渡には債権譲渡の規定（新467条）が適用される（最判昭和35・11・24民集14巻13号2853頁）。

(4) 手付
(a) 手付の意義

　手付一般の意義を定める条文は民法にないが、一般的には、手付とは、契約の締結に際して一方の当事者から相手方に交付される金銭その他の有価物のこと、ないしそのようなものを交付する契約のことであると解されており、これを認めることに異論はない。手付にはその目的によって以下のような種類があるといわれているが、実際には区別は微妙であり、目的が重なっている場合もある。①証約手付（契約が成立したことの証明）、②違約手付（損害賠償額の予定〔新420条3項〕であることが多い、または違約罰〔損害賠償は別途請求できる〕）、③解約手付（約定解除権の留保）。ただし、いずれにせよ契約が順調に進展すれば、手付は代金の一部に充当される（大判大正10・2・19民録27輯340頁）。

(b) 解約手付の原則

　民法は、売買の買主が売主に手付を交付したときは、買主は手付を放棄して、また売主はその倍額を現実に提供して、契約を解除することができるとしており、これは解約手付について規定したものである（新557条1項本文）。これによる解除は、約定解除であり、債務不履行解除ではないので、債務不履行による損害賠償は請求できない（新557条2項）。実際には、買主の放棄は「手付損」、売主の倍額償還は「手付倍返し」といった用語で語られている。この規定は、他の目的の手付を禁ずるものではない。しかし、特別の事情がなければ手付は原則として解約手付と解釈されるという趣旨であり、それは「保証金」といった文言が入っていたとしても変わらない（最判昭和29・1・21民集8巻1号64頁）。また、違約手付として交付されていても同時に解約手付であると解釈されることもある（最判昭和24・10・4民集3巻10号437頁）。

　このように解約手付を原則とすることに対して、かつては、「契約は守られなければならない」という原則に反し、契約の拘束力を弱めるもので

あるとして、民法の規定を制限的に解釈すべきだという見解が有力であった。しかし、最近では、「契約をやめる自由」もあるとして、制限的に解する必要はないという見解が多数である。新法でもこのような見解が踏襲された。消費者取引などでは、解約手付と解したほうが消費者に有利な場合も多く、現に、宅地建物取引業法（宅建業法）39条は、代金の２割を超える手付の授受を禁止するとともに、手付は解約手付であるとみなしている。これは、業者の側からはこれと異なる特約を提案できない片面的強行規定である。なお、新築マンションの分譲でよく見られる申込証拠金は、契約締結の優先権を与えるものであって手付ではなく、契約を締結しなくても返還されると解すべきである。

(5) 売買の費用

売買に要する費用は、当事者双方の平等負担が原則である（民558条）。契約書の作成費や、不動産の鑑定費などである。これに対して、運送費や公的手続の費用は、売主の債務の履行行為に要する費用であり、弁済費用（民485条）として売主負担となる。登記費用については、判例は契約費用だとするが（大判大正７・11・１民録24輯2103頁）、学説では、売主の履行行為であるとして、弁済費用だと解するものが多い。しかし、以上はすべて任意規定であり、実際には、特約によってすべて買主負担であるとされることが多い。

◆ 解 釈 ◆

(1) 売買の一方の予約の機能

売買の一方の予約は、実際には、貸金の担保として機能することが多い。たとえば、金銭を貸し付けるとともに、債務者（売主）の不動産について売買予約をして債権者（買主）への所有権移転の仮登記をしておき、返済がないときに債権者が予約完結権を行使して売買を成立させ、仮登記を本登記にしてしまうといった具合である（売買予約のほか、代物弁済の予約も用いられる）。しかし、このような予約では、貸付金に見合わない高額の不動産を取得することも可能になるため、現在では、仮登記担保法が制定され、債権者には清算義務が課せられている（仮登記担保３条）。

なお、担保としての予約には、いったん債権者（買主）に不動産を売買

しておき、返済によって債務者（売主）に再度売買してそれを取り戻すことを予約するタイプのもの（再売買の予約）もあるが、これについては同様の形態を取る買戻し（新579条以下）とともに、後述 **7** で解説する。

(2) 手付解除の方法
(a) 現実の提供
　解約手付による解除について、買主は解除するとの意思表示をして手付を放棄すればよいが、売主は手付の倍額を買主に提供して意思表示しなければならない（新557条1項）。一般に、履行の提供には現実の提供のほかに口頭の提供（民493条ただし書。履行の準備をして受領を催告する）もあるが、ここでの解除は、相手方の債務不履行が先行する解除ではないので、解除の意思を明確に示すために現実の提供をしなければならない（最判平成6・3・22民集48巻3号859頁）。これは、改正にあたり明文化された。

(b) 履行の着手
　解約手付による解除は、相手方が履行に着手するまでにしなければならない（新557条1項ただし書）。これは、その時点を超えると、相手方が解除によって被る損害を手付のみで填補できなくなる段階に至るからだと解されている。旧法の下では、解除しようとする者が履行に着手していたが、相手方はいまだ着手していない場合に解除できるかという問題があり、判例（最大判昭和40・11・24民集19巻8号2019頁・百選Ⅱ-48）・通説は、これは相手方保護のための解除の制限であるとして、解除を認めていた。改正にあたり、新法ではそれが明文化されたのである。

　具体的にどの時点が履行の着手にあたるかは、このような観点からケース・バイ・ケースで総合的に判断せざるをえないが、契約で定められた履行期前であっても、相手方が履行に着手していればもはや解除できない（最判昭和41・1・21民集20巻1号65頁〔履行期前に代金を準備し口頭の提供をしていた事例〕）。ただし、履行期前に買主が土地の測量をしてそれを基に代金を準備していた場合であっても、売主の移転先探しを考慮して履行期がかなり遅く設定されていたという事情がある事案で、履行の着手があったとはいえないとした例もある（最判平成5・3・16民集47巻4号3005頁）。

2　売買の基本的効力

> ・売主は、売買の目的である財産権を相手方に移転する義務を負う。
> ・この義務は、売買における売主の本質的義務であり、通常は、目的物の引渡しを通じて財産権が移転する。
> ・しかし他人の物の売買では、引渡しをしても所有権の移転という本質的義務を果たしたことにならないので、売主が他人から所有権を取得して買主に移転する義務が顕在化する。
> ・権利の瑕疵に関する売主の担保責任は、この本質的義務違反に対する特殊な債務不履行責任と解すべきである。

◆ 条 文 ◆

(1)　**当事者間の義務**

(a)　**売主の義務**

　売主は、財産権を相手方に移転する義務を負う（民555条）。これを財産権移転義務という。他人の権利を売買の目的としたときは、その権利を取得して買主に移転する義務を負う（新561条）。したがって、他人の物の売買も有効であり、財産権の所有権を売主が有していることは売買成立の要件ではない。

　売主は、買主に対して、権利の移転につき対抗要件を備えさせる義務を負う（新560条）。対抗要件は、権利の移転の要件そのものではないが、実際上、買主がこれをさらに他に処分する場合には対抗要件を備えている必要があり、対抗要件は買主が自分で備えることができない（動産では引渡し〔民178条〕、不動産では登記義務（登記申請に協力する義務）〔民177条〕。自動車などでは登録、債権では売主による通知〔新467条〕）。

　売主が財産権移転義務や対抗要件を備えさせる義務に違反した場合には、債務不履行責任を負い、買主に損害賠償請求権（新415条）、解除権（新541条、新542条）が発生する。しかし、この財産権移転義務の意義をどのように解するかは、売買の本質にかかわる問題である。私見によれば、この義務は売買の本質的な義務であり、他人の物の売買ではない通常の場合には、具体的には引渡義務として現れる（すなわち、引渡しを通じて財産

権が移転する）と考えるが、議論や改正の状況を含めて後述の◆**発展問題**◆であらためて考えることにする。

(b) **買主の義務**

　買主は代金支払義務を負う。買主の義務は、特段の合意がなければ、売主の義務と同時履行の関係にあり（新533条）、目的物の引渡しの場所において支払わなければならない（民574条）。また、引渡しについて期限があるときは、代金支払いについても同一の期限を付したものと推定される（民573条）。

　買主は、買い受けた権利について権利を主張する者があるなどの事由により、買い受けた権利を失うおそれがあるときは、危険の程度に応じて代金の全部または一部の支払いを拒絶することができる（新576条本文）。ただし、売主が相当の担保を供したときは、この限りでない（同条ただし書）。また、買主は、抵当権付きの中古住宅を買ったような場合には、抵当権の消滅請求の手続が終わるまで、代金の支払いを拒むことができる（新577条）。しかし、これらの場合、売主は、代金を供託するよう請求できる（民578条）。

(2) **契約後に生じた果実の帰属**

　目的物が引き渡されていない間に果実（民88条）が生じたときは、その果実は売主のものとなる（民575条1項）。しかしその反面、買主は、引渡しの日から代金の利息を支払う義務を負う（同条2項）。これは引渡しと代金支払いを同時と想定し、果実と利息をそれぞれの当事者に帰属させて、法律関係を単純化しようとするものである。

◆ **解　釈** ◆

(1) **財産権移転の不能**

　旧法の下での他人物売買では、旧561条の権利を「移転できない」場合には、物理的に不可能な場合だけでなく、所有者である他人に目的物を譲渡する意思がない場合や、売買前に他人が先に購入して対抗要件を備えてしまっていた場合など、社会通念上不能な場合を含むと解されていた。しかし、新法の下では、事情がどうであれ、財産権を移転しなければ債務不

履行になるので、これらを論じる実際上の意義はなくなった。買主が自分で所有者から手に入れるなどしてしまったような場合についても、損害賠償の範囲の問題として処理すれば足りるであろう。

なお、これに関連して、相続により売主の地位と所有者の地位とが同一に帰した場合、売主はなお履行を拒絶する自由を有するかが議論されている。従来の判例は、売主が死亡して所有者が相続したという事例で、相続人である所有者は、履行を拒絶しても信義則に反しないとしている（最大判昭和49・9・4民集28巻6号1169頁）。これは、無権代理と相続という問題と共通する問題であり、詳細は民法総則に委ねるが、判例は両者で論理を一貫させている。履行を拒絶した場合には、売主を相続した以上、売主の債務不履行責任を承継すると解すべきであろう。

(2) 果実と利息

新575条の1項と2項は、果実と利息とが大体見合っているという前提に立っているので、両項はリンクして解釈しなければならない。したがって、代金が支払われた後（または供託後）は、売主は果実の収取権を失う（大判昭和7・3・3民集11巻274頁）。また、売主が引渡しを遅滞している場合であっても、代金の支払いを受けていない限り、果実収取権は売主にある（大連判大正13・9・24民集3巻440頁）。ただし、この規定は任意規定であり、通常は特約によって処理されるであろう。以上が通説的な理解である。

しかし、このような理解の合理性に疑問がないわけではない。果実と利息のそれぞれの理屈からすれば、果実は、目的物を引き渡すべき時から買主のものとなり、利息は、代金を支払うべき時（履行期）から売主に支払われるべきだというのが筋だともいえなくはない。事実、改正作業の初期段階では、そのような提案もあった。民法の規定は、一見合理的なように見えるが、果実のほうが利息よりも明らかに大きい場合（子牛が生まれたなど）には、不合理な結果となる。今後は、明文の特約がなくとも、契約解釈によって不合理な結果にならないよう留意すべきであろう。

◆ 発 展 問 題 ◆

(1) 財産権移転義務の意義

　民法176条によれば、物権は当事者の意思のみによって移転する。これを物権変動に関する意思主義という。しかし、この意思というのが、売買のように売るという意思表示と買うという意思表示との合致のことをいうのか、それとも、それとは別の、物権を移転させるための意思のことをいうのかで争いがある。前者は、物権変動が生じるためには、当事者間に債権債務を発生させる以外に特別な行為は必要ないという考え方であり（物権行為独自性否定説）、後者は、物権変動が生じるためには、物権を移転させるための行為が必要であるという考え方である（物権行為独自性肯定説）。ただし後者であっても、実際には、わが国では物権変動のために意思以外に特別の形式は要求されていないので、売買契約の履行過程で所有権も移転する。以上のうち、物権変動に関しては物権行為独自性否定説が判例・通説である。

　他方、民法555条によれば、物権変動の代表的な原因である売買で、売主は、代金と引き換えに財産権を移転する義務を負っており、もっとも典型的な物の売買でいえば、売主は買主に所有権を移転する義務を負っている。この規定と176条との関係を整合的に説明しようとして、以下のような考え方が示されている。

(a) 財産権移転義務を実在化しない考え方

　176条において物権行為に独自性はないと解する以上、555条でいう財産権移転義務とは、物の引渡義務（および登記義務）のことであり、これ以外に財産権移転義務が別に存在しているわけではないとする。伝統的には、このような考え方が多数説であった。

(b) 財産権移転義務を実在化する考え方

　176条において物権行為に独自性があると解することができ、555条の財産権移転義務は、まさにそのことを売買において示しているとする。または、物権行為に独自性はないと解しても、財産権移転義務をこれに連動させて理解する必要はなく、売買における債権的な履行義務として財産権移転義務があるということができ、555条はそのことを示しているとする。

最近では、後者のような考え方が有力である。

(2) 他人の物の売買との関係

このような考え方の違いは、売主が自己の所有物を売買した場合には、具体的な問題として顕在化しない。すなわち、上記のいずれに理解によっても、売主は自己の所有物を買主に引き渡せば、それによってその物の所有権が買主に移転する。所有権を移転するために引渡し以外に特別な行為が必要なわけでもない。しかし、売主が他人の所有物を売買した場合には、違いが生じる。

(a) 財産権移転義務を実在化しない考え方

財産権移転義務を実在化しない考え方によれば、売主は、引渡しをすることによって義務を尽くしていることになるが、他人の物の売買では、買主が目的物の所有権を取得できないままになってしまう。これでは、売主が代金を取得しておきながら、買主は所有権を取得できないという不公平を生じる。そこで、新561条は、とくに他人の権利を売買の目的としたときは、売主は通常の場合とは異なり、その権利を取得して買主に移転する義務を負うと規定したのであり、この義務の実体は、法が特に認めた責任というべきものである。しかし、種類物売買の場合には、売主は数多く存在する種類物のうち自己に所有権がある物を買主に引き渡すことが可能であり、所有権のある物を引き渡さなければ債務不履行となるので、特別の責任を問題にするまでもない。

(b) 財産権移転義務を実在化する考え方

財産権移転義務を実在化する考え方によれば、売主は、引渡しをしただけでは義務を尽くしたことにならず、所有権を買主に移転しなければならない。新561条は、この当然のことを注意的に規定しているにすぎないのであり、この義務は、売買における売主の履行義務である。また、このことは種類物売買でも同様であり、特定物と種類物とで区別する必要はない。

(3) 売主の担保責任との関係

　売買の売主は、売買の目的物について契約不適合があった場合、買主に対して責任を負う（新562条〜572条）。これを売主の担保責任という。担保責任には、大きく分けて、目的物の種類・品質・数量に関する契約不適合の場合の責任（新562条〜564条）と、権利に関する契約不適合の場合の責任（新565条）とがある。このうち財産権移転義務の理解と密接に関連するのは、権利に関する契約不適合の場合の責任である。

　担保責任の法的性質・具体的内容に関する議論の詳細は、3以下で解説するが、以下では、財産権移転義務・他人物売買・担保責任の全体像を理解するという観点から、売主の財産権移転義務の理解の違いが売主の担保責任の法的性質をどのように解するかに大きな違いを生じさせていることを指摘しておく。

(a) 財産権移転義務を実在化しない考え方

　財産権移転義務を実在化しない考え方によれば、特定物売買の場合には、その物以外の物を引き渡すことができないので、売主の義務は目的物を買主に引き渡すことによって尽くされており、権利に関する契約不適合がある場合の担保責任は、売主の履行義務の問題ではなく、法が当事者間の公平のために特別に認めた法定責任であるということになる（法定責任説）。他方、種類物では、契約に適合する目的物を取得して買主に移転することができるので、そうしなければ売主の債務不履行となり、担保責任は問題にならない。

(b) 財産権移転義務を実在化する考え方

　財産権移転義務を実在化する考え方によれば、特定物、種類物を問わず、売主には引渡義務とは別に財産権を移転する義務があり、引き渡しただけでは売主の履行義務は尽くされていない。したがって、権利に関する契約不適合がある場合には売主の債務不履行であり、担保責任の規定は債務不履行責任の特則を定めたものであることになる（契約責任説）。規定がない問題については債務不履行の一般原則が適用される。

171

(4) 改正法の立場とその理解
(a) 改正法の立場
　新法は、財産権移転義務の不履行は債務不履行となるという考え方を採用しており、また、権利に関する契約不適合については、契約責任説に立つことを明らかにした。これは、財産権移転義務を実在化させる考え方によっているといえるであろう。
　たしかに、財産権移転義務を実在化させない考え方は、財産権移転義務を引渡義務と別に観念しないものであり、民法176条の物権変動の要件に関する理解としては無理がないが、他方で民法555条・新561条が売主の義務として財産権移転義務を明記していることの説明には無理がある。しかし他方では、財産権移転義務を実在化させる考え方は、財産権移転義務を引渡義務とは別に存在すると捉えるものであり、民法555条・新561条の文言には忠実だが、民法176条については、物権変動に関する意思主義に必要ない概念を持ち込むことになりかねない。すなわち、物権行為の独自性は、物権変動のためには、債権行為（売買）とは別に特別の形式を備える必要があるという法制（形式主義）の下で必要になる概念であって、わが国においては無用であり、物権行為の独自性を認めないとすれば、物権変動の場面では、引渡義務と別に財産権移転義務があるという必要はないはずである。

(b) 新法の理解
　以上のように見てくると、民法176条・555条・新561条の関係については、以下のように考えるべきである。
　①民法176条の理解　　民法176条が物権は当事者の意思のみによって移転すると規定しているのは、物権変動のためには当事者間の合意以外に特別な形式を備える必要はないという趣旨であり、したがって物権変動が生じるための特別な行為は必要ない（物権行為独自性否定）。売買の場合には、売買契約の締結により、目的物の所有権は、売主の引渡義務の履行を通じて買主に移転する。
　②民法555条の理解　　民法555条が売主に財産権移転義務があると規定しているのは、売買は代金と引き換えに目的物の所有権を買主に移転することを本質とすることを示している。したがって、財産権移転義務は、売

主の契約上の義務である。しかしこの義務は通常の場合には、目的物の引渡しを通じて尽くされるのであり、引渡義務と別に所有権移転義務が顕在化することはない。

　③**新561条の理解**　　しかし、他人の物を売買の目的物としたという異例な場合には、売主は引渡義務を尽くしただけでは、所有権移転という売買の本質的義務を果たしたことにならない。そこで新561条はそのことをとくに規定しているのであり、所有権移転義務は、他人の物を売買した売主にとって契約上の義務というべきである。したがって、所有権移転義務違反の性質は債務不履行責任であるが、通常の履行遅滞や履行不能のような具体的な履行義務の不履行に対する責任とは異なる特殊な債務不履行責任である。

　④**他人の物としての他人の物の売買**　　以上と異なり、他人の物を他人の物と承知したうえで売買の目的物とした場合は事情が異なる。このような売買は、目的物を第三者が所有していることを売主・買主双方が認識しつつ、それを売主が取得して買主に移転することを約束するという契約であり、売主は、通常の売買契約上の債務以外に、第三者から所有権を取得して移転するという債務を顕在的に負っている。これは、売買の本質としての所有権移転義務とは異なり、契約による具体的な義務としての所有権移転義務である。したがって売主は、もし第三者から所有権を取得できないことにつき帰責事由があれば、契約上の履行義務の違反として債務不履行責任を負うことになる。

　⑤**種類物売買**　　以上のことは、目的物が特定物であろうと種類物であろうと異ならないようにみえるが、種類物売買の場合には、そもそも契約時に、自己の物の売買、他人の物の売買、他人の物の他人の物として売買といった区別はなく、その種類に属する物のうち売主の所有である物を引き渡すことが売買契約上の債務となる。したがってその違反は債務不履行となる。

　以上のような議論は、民法555条・新561条に関する限りでは理論上の問題であり、実益がない。しかし、物権法を含めた民法全体の理解にとっては、考えておくべき問題であろう。

3 売主の担保責任（契約不適合）の意義

・売主は、財産権の移転について契約不適合があった場合、買主に対して担保責任を負う。
・契約不適合には、権利に関する契約不適合と目的物の種類・品質・数量に関する契約不適合とがある。
・担保責任の内容は、追完請求、代金減額請求、損害賠償請求、契約の解除である。
・担保責任の規定は任意規定であるが、特約がすべて有効になるわけではない。
・担保責任の規定は売買以外の有償契約に準用される。
・担保責任の法的性質については、従来、法定責任説と契約責任説の対立があったが、新法は、契約責任説の立場を採ることを明らかにした。

◆ 条 文 ◆

(1) 担保責任の種類

　売買の売主は、財産権の移転について契約不適合があった場合、買主に対して責任を負う（新562条〜572条）。これを売主の担保責任という。担保責任は、大きく分けて、目的物の種類・品質・数量に関する契約不適合に対する担保責任と、権利に関する契約不適合に対する担保責任とがある。全体で、その他を含めて以下のような配列で規定されている。①目的物の種類・品質・数量に関する契約不適合に対する担保責任の要件と効果（新562条〜564条）、②権利に関する契約不適合に対する担保責任の要件と効果（新565条）、③目的物の種類・品質・数量に関する契約不適合に対する担保責任の期間制限（新566条）、④目的物の滅失・損傷に関する危険の移転（新567条）、⑤その他の担保責任（競売：新568条、債権：民569条、買主の費用償還請求：新570条）、⑥担保責任を負わない特約の効力（新572条）。

　旧法では、権利と目的物の瑕疵という点から種々の場合ごとに要件・効果を定める規定が置かれていたが（旧561条〜572条）、改正により、新法では、契約不適合という点から大きく二つの場合に分類し、要件・効果を

まとめて規定するというように整理された。

なお、他人の物の売買について、旧法では、これも担保責任の一類型として規定されていたが（旧561条、562条）、新法では、他人の物の売買は、そもそも、財産権（所有権）移転義務違反の債務不履行として、債務不履行責任に関する一般規定に委ねられることとなったことに注意すべきである。したがって、それはここでの担保責任の問題ではない。新法の下での担保責任は、財産権移転義務は尽くされているが契約から見て不適合が生じている場合の問題である。したがって、権利に関する契約不適合とは、他人の物の売買以外で、目的物の上に他人の利用権が存在するなどの場合である（詳細は後述する）。

(2) 担保責任の内容

担保責任の具体的内容は、追完請求、代金減額請求、損害賠償請求、契約の解除である（**表2**参照）。旧法の下では、解釈上、追完請求の是非が争われていたが、改正により明文化された。これは、新法が契約責任説に立つことによる。

上記のうち、目的物の種類・品質に関する買主の権利には、期間制限があり、目的物の引渡し後、買主が契約不適合を知った時から1年以内にその旨を売主に通知しなければならず、通知を怠った買主は、契約不適合を理由とする権利を失う（新566条）。旧法下では、買主が事実を知ってから1年の権利行使期間が規定されていたが（旧566条3項、570条）、新法では、これを通知義務と失権という構成に変更された。不適合を知った時とは、買主が売主の責任を追及できる程度に確実な事実関係を認識した時をいうと解すべきであろう（旧法下での事実を知った時につき最判平成13・2・22判時1745号85頁参照）。これは中断などのない除斥期間と解される（大判昭和10・11・9民集14巻1899頁）。

(3) 免責特約の効力

担保責任の規定は任意規定であり、これらと異なる内容の特約は有効である。しかし、売主が契約不適合であることを知りながら買主に告げなかった場合および売主自身が契約不適合を作り出した場合には売主の責任を免責する特約は無効である（新572条）。

表2　契約不適合に対する責任

契約不適合の種類		買主の権利	期間制限
種類・品質・数量に関する契約不適合	種類・品質	・追完請求（562条） ・代金減額請求（563条） ・損害賠償請求（564条、415条） ・解除（564条、541条、542条）	1年以内の通知（566条）
	数量		5年または10年（166条1項）
権利に関する契約不適合	権利（権利の一部の非移転含む）	・追完請求（565条、562条） ・代金減額請求（565条、563条） ・損害賠償請求（565条、564条、415条） ・解除（565条、564条、541条、542条）	5年または10年（166条1項）
競売における不適合	数量・権利	・解除（568条、541条、542条） ・代金減額請求（568条、563条）	5年または10年（166条1項）
	種類・品質	なし（568条4項）	―
債権売買における債務者の資力担保	債権	・弁済請求（569条）	5年または10年（166条1項）
抵当権等付着不動産	不動産	・所有権保存費用償還請求（570条）	5年または10年（166条1項）

(4) **有償契約への準用**

担保責任の各規定は、売買以外の有償契約に準用される（民559条）。ただし、これ以外に、契約の特性に応じた担保責任の規定が設けられている（消費貸借に関する新590条2項、請負に関する新636条、637条）。とくに請負における担保責任は実際に問題になることが多い（後に第12章請負であらためて扱う）。

◆ **解 釈** ◆

(1) **担保責任の性質に関する従来の議論**

担保責任の法的性質について長い間、議論がなされてきた。実際には、以下の2つの説を基軸としながら多様な見解が展開されたが、理論上の対立ほどは具体的な結論において違いは生じていなかった。しかし、これは、担保責任は売主に課せられた特別の責任なのか、それとも売主の当然

の義務なのかという売買の本質にかかわる議論であった。以下では、その基本的な対立点を比較しておこう。

(a) 法定責任説

　前述の2で述べたように、売主には財産権移転義務があるが（民555条）、これを物の引渡義務（および登記義務）であると解する考え方によれば、特定物の売主の義務は、目的物を引き渡すことにより尽くされている。したがって、その物の権利や品質等について契約に適合しないところがあっても、売主が債務不履行となることはない。しかし、それでは目的物が契約に適合しているものとして代金を支払った買主との間で不公平が生じる。そこで、法が法定責任として特別に売主に責任を課したのが担保責任である、と解する。これを法定責任説という。

　法定責任説によれば、種類物売買では契約に適合するものを選んで引き渡すことができるので、そうしなければ債務不履行となり、担保責任は特定物売買においてのみ問題となる（このように特定物と種類物において売主の義務を区別することに対しては、他説から教条的との批判を込めて「特定物のドグマ」と揶揄されてきた）。また、法定の特別責任であるから、その効果は民法に規定されているもののみが認められ、追完請求は認められない。損害賠償についても、債務の不履行による責任ではないので、転売利益、目的物を使用した営業利益など、契約が履行されれば得たであろう利益（履行利益）の賠償はありえず、目的物の保管料、不動産の測量費など、契約どおりの履行だと信頼したために支出した利益（信頼利益）の賠償に限られるとする。

(b) 契約責任説

　他方、売主の財産権移転義務は、引渡義務とは別の売主の義務であると解する考え方によれば、売主は、権利や品質等に瑕疵のない物を給付しなければ履行義務を尽くしたことにならず、債務不履行となる。したがって担保責任の性質は契約責任であり、民法の規定は、売主の帰責事由の有無を問わず責任を認めるなど一般の債務不履行の特則を定めている、と解する。これを契約責任説という。

　契約責任説によれば、担保責任は特定物売買に限らず、種類物売買でも

同様に問題になる。また、権利や品質等の取得を保証した場合であろうとなかろうと、契約に違反するという点で異ならない。責任内容としては、債務不履行責任の特則であるから、売買で規定されていない問題については一般の債務不履行責任の原則によることとなり、旧法下では規定がない追完請求もまた認められる。損害賠償の範囲についても、債務不履行の一般原則により履行利益の賠償も認められる。

(2) 種類物売買に関する従来の議論

　法定責任説と契約責任説の対立における大きな違いの一つに、種類物売買に対する結論の違いがあった。法定責任説によれば、種類物売買には担保責任の規定の適用はない。このため、特定物のドグマは現代取引に適合していないとの批判があった。これに対して、従来の判例は、法定責任説に立ちながら、問題を特定物か種類物かで二分しない考え方を採ってきた。

(a) 受領時区別説

　従来の判例は、問題を目的物の受領によって区別してきた（大判大正14・3・13民集4巻217頁、最判昭和36・12・15民集15巻11号2852頁）。すなわち、特定物売買では、はじめから担保責任の規定が適用されるが、種類物売買では、買主が目的物を受領することにより目的物が特定し、受領以前は債務不履行責任が、受領後は担保責任だけが問題になるとする。ただし、上記の昭和36年判決は、「債権者が瑕疵の存在を認識した上でこれを履行として認容」したのでない以上、なお債務不履行責任（完全履行請求）を追及できるとした。しかし、これに対しては、瑕疵の存在を認識しながらそれを認容して受領することなどありえないとして批判が多い。そこで学説では、受領とは債務の履行として認容することであり、売主は買主が受領すれば履行義務は終了したと期待するのが通常であるから、その後隠れた瑕疵が発見されたときは特別の責任だけが認められるという理由づけをする説が主張されてきた。

(b) 危険負担的代金減額請求権説

　これに対して、旧法下における原始的不能概念、危険負担制度、債務不

履行における過失責任主義を前提として、担保責任は無過失責任であるが、債務不履行責任は過失責任であるという区別に注目する説があった。それによれば、瑕疵のない目的物を引き渡すことが売主の義務であり（この点では契約責任説と同様になる）、売主は、過失があれば債務不履行責任を負う（損害賠償、追完請求）。他方、売主が無過失であれば、本来ならば給付の一部不能によって買主の権利は消滅するが、それでは目的物と代金との対価的牽連性が損なわれるので、これを確保するために担保責任があるとする。したがって買主には代金減額を内容とする損害賠償請求が認められる（代金額が限度となる）。

(3) 改正法の立場

(a) 担保責任の性質

　旧法下では、担保責任の性質について、判例および伝統的な学説は法定責任説を採ってきた。しかし、近年では、売主の債務不履行責任（契約責任）であると解する考え方が有力であった。新法は、このような動向を踏まえて、契約責任説に立つことを明らかにした。これは、財産権移転義務違反が債務不履行となること（新565条、前述2参照）、担保責任の内容として、追完請求を認めるほか（新562条）、債務不履行の規定を準用している（新564条）ことから明らかである。

　したがって、担保責任の規定は、目的物が特定物であろうと種類物であろうと、また売主が一定の品質を保証していようとなかろうと適用され、売主は、契約により合意された内容に従って履行する義務に対する違反（契約不適合）として責任を負う。担保責任には、一般の債務不履行では規定がない事項についての規定、ないしこれと異なる規定があるが（追完請求権、代金減額請求権、期間制限）、これらは債務不履行責任の特則を定めたものとなる。

(b) 種類物売買と担保責任

　新法の採る契約責任説の下では、担保責任は、売買の目的物が特定物か種類物かの区別に関係がない。特定物であろうと追完ができるのであればそれを請求すればよく、種類物であろうと追完する見込みがなければ代金減額を請求すればよい。また、損害賠償請求や契約の解除は債務不履行の一

般規定によればよい。

このように、担保責任の法的性質に関する従来の議論は、改正により、終止符が打たれたことになる。また、特定物のドグマを前提とした種類物売買と受領の問題もまた、意義を失うことになった。すなわち、担保責任は、債務不履行責任と区別された特別の問題ではなくなったのである（特則という意味は残る）。

(c) 特定物か種類物かが意味を持つ場合

新法の下でも、特定物か種類物かは意味を持つ場合がある。それは、引渡し後に目的物が滅失・損傷した場合の取扱いである。

新法の下では、売主の担保責任は、目的物の引渡しを基準時として発生する。このため、目的物の滅失・損傷に関する危険は、引渡しによって売主から買主に移転する。したがって、引渡し後に目的物が滅失・損傷しても、買主は契約不適合に基づく担保責任を追及することができないのが原則となる（新567条1項）。引渡しがなくても、売主が履行を提供したにもかかわらず買主が受領しなかったときも同様である（同条2項）。これは、引渡しないし履行の提供により、目的物が買主の支配領域に入ったといえるからである。ただし、「売主・買主双方の責めに帰することができない事由」によらない滅失・損傷、すなわち、売主の責めに帰すべき事由による滅失・損傷の場合（引渡し時における目的物の取扱い説明義務違反による損傷など）には、責任の追及ができる（新567条1項の反対解釈）。

以上の規律は、目的物として特定した物に限られる。種類物売買では、契約に不適合な物を引き渡しても、債務不履行であって特定の効果が生じない。一般の債務不履行責任が問題になるだけである。種類物を特定したからといっても、引渡しをしなければ危険は買主に移転しない。

◆ 発 展 問 題 ◆
捨てられることと受け継がれること

これまで述べてきたように、担保責任については、契約責任説に立つことが明確になり、従来の議論のうち、その法的責任に関する議論は意義を失うことになった。このような理解は、担保責任を売買における売主の債務不履行責任と構成するものであるから、「担保責任」という用語は、や

や違和感さえ生じさせるものとなっている。

しかし他方では、担保責任の具体的内容に関しては、4以下で見るように、従来でも、法定責任説と契約責任説とでそれほど大きく対立していたわけではなく、両説のいずれからも是認される解釈が展開されてきた。今後は、改正によって捨てられる議論と、改正によっても受け継がれる議論とを明確に区別して理解する必要がある。

4　目的物の種類・品質・数量に関する契約不適合

- 目的物の種類・品質・数量に関する契約不適合に対する担保責任は、担保責任のうちで理論上、実際上の両面においてもっとも問題になる。
- 契約不適合の有無は、契約の解釈による契約内容に適合しているか否かで判断される。
- 種類・品質に関する契約不適合には、物理的不適合だけでなく、心理的不適合（自殺があった部屋など）も含まれる。
- 法律上の制限も、ここでの不適合に含まれると解される。
- 買主には、追完請求権、代金減額請求権、損害賠償請求権、解除権が認められる。
- 買主が権利を行使するためには、引渡し後に契約不適合の事実を知った時から1年以内に買主に通知しなければならない。
- 契約不適合を知らない場合でも、買主の権利は、引渡しの時から消滅時効にかかると解されている。

◆ 条 文 ◆

(1) **種類・品質・数量に関する契約不適合の要件**

売主は、目的物の種類・品質・数量に関して、契約内容に適合する目的物を給付すべき義務を負っており、契約に適合しないことは債務不履行となる。いかなる場合に契約不適合となるかは、当該売買契約の解釈によって確定される契約内容に適合するか否かで判断される。目的物は、特定物か種類物かを問わない。数量不足の場合は、旧法では物の一部滅失と同様

に規定されていたが（旧565条）、新法では、原始的不能概念を採らないので、目的物に関する契約不適合の問題として規定された。

(a) 種類・品質

目的物の種類・品質に関する契約不適合には、物理的な欠陥だけでなく、たとえば、目的物のマンションが以前性風俗営業に使用されていた（福岡高判平成23・3・8判時2126号70頁）、殺人事件があった（大阪高判平成18・12・19判時1971号130頁）、首つり自殺があった（浦和地川越支判平成9・8・19判タ960号189頁）などの心理的欠陥も含まれる（ただし説明義務違反と構成できる場合も多い）。これは旧法の下での瑕疵の解釈と異ならない。

旧570条の瑕疵担保責任では、「隠れた」瑕疵であることが必要であり、ここから買主の善意・無過失という要件が導かれていたが、新法の下では、買主の認識や認識可能性は、どのような内容の契約であったかという契約解釈の中に取り込まれるので、独立の要件とする意味がなくなった。また、旧法では、瑕疵がいつ存在していることが必要かという議論があり、法定責任説は契約成立時に存在していることが必要であると解してきたが（原始的な瑕疵）、新法の下では、目的物の引渡し時までに契約不適合が生じていれば、それをそのまま履行しても契約上の義務を尽くしたことにならないので、責任を負うことになる。

なお、競売で目的物を購入した場合には、目的物の種類・品質に関する契約不適合の責任を追及することはできない（新568条4項）。競売の結果尊重の趣旨である。

(b) 数量

目的物に数量不足がある場合とは、契約によって、一定の数量を備えていることが必要なことを契約内容とした（これを数量指示売買という）にもかかわらず、それが不足した場合のことをいう。土地の面積がそのような場合にあたりうると考えられるが、旧法下の判例では、それが数量指示売買といえるためには、単に土地を特定するために土地の坪数を示した程度では足りず、その数量を基礎として代金額が定められたことなどが必要であると解されている（最判昭和43・8・20民集22巻8号1692頁）。新法の下で

は、契約解釈を基準とする以上、なおさらこのような理解が維持されるべきであろう。ただし、上記判例の基準では分かりにくい。当該売買にとってその数量がなければ意味がないか否かで判断すべきである。

(2) 効果

買主には、追完請求権、代金減額請求権、損害賠償請求権、解除権、が認められる。

(a) 追完請求

目的物の種類・品質・数量に関する契約不適合では、売主は、不完全履行をしたことになる。したがって、買主は、完全な履行を求めて、追完を請求できる（新562条1項本文）。旧法下では争いがあったが、新法は契約責任説に立っていることから当然認められることになった。そもそも一般的に、債務者の不完全履行に対して債権者が追完請求できることは、明文規定がないが、履行請求の一態様として債務者の帰責事由の有無にかかわらず、当然に認められると解されているので（第5章3◆**条文**◆参照）、本条は、買主に特別な保護を与えたものではなく、むしろ追完請求に限定を加えたものということになる。ここでの追完請求でも売主に帰責事由があることは必要ない。

追完の方法は、買主の選択により、①目的物の修補、②代替物の引渡し、③不足分の引渡しによる。ただし、売主は、買主に不相当な負担を課するものでなければ、買主が請求した方法と異なる方法によることができる（新562条1項ただし書）。不相当な負担とは、たとえば修補に時間がかかりすぎて、買主に不利益が生じるような場合である。

追完請求は、契約不適合が買主の責めに帰すべき事由によるものであるときは認められない（新562条2項）。これは、代金減額請求（新563条3項）、解除権（新565条、新543条）も同様である。

(b) 代金減額請求

代金減額請求権（新563条）は、契約の一部解除と同様の機能を有する形成権である。このため、この請求をするためには、解除権の行使と同様の手順が定められている。また、売主に帰責事由があることは必要ない。

なお旧法下では、明文上、数量不足の場合のみに認められていたが（旧565条、563条1項）、新法では、そのような場合に限定されない。代金の減額割合は何時を基準にして算定すべきかにつき、明文の規定はないが、契約不適合の判断基準時を引渡しの時としていることからすれば、引渡し時と解すべきであろう。

(ア) **催告による減額請求**

買主は、売主に対して相当の期間を定めて追完の催告をし、その期間内に履行の追完がないときに代金減額請求をすることができる（新563条1項）。これが原則である。

(イ) **催告によらない減額請求**

①履行の追完が不能であるとき、②売主が追完を拒絶する意思を明確に表示したとき、③特定の日時または期間内に履行しなければ契約をした目的を達することができない場合で追完なくその時期を経過したときには、買主は、催告なく直ちに代金の減額を請求することができる（新563条2項）。解除における無催告解除と同様、追完を催告する意味がないからである。

(c) **損害賠償請求**

買主は、損害賠償請求をすることができる（新564条、新415条）。契約不適合は債務不履行であるから当然である。ただし、この請求には売主に帰責事由があることが必要であることになる。損害賠償の範囲も一般の債務不履行の規定（新416条）によるので、旧法下での信頼利益に限るか履行利益まで認められるかといった議論は、もはや不要である。

(d) **解除権**

買主は、売買契約を解除できる（新564条）。これは、売主の債務不履行による解除であり（新541条、新542条）、一般の解除と同様、売主に帰責事由があることは必要ない。一般の解除と同様、催告による解除と催告によらない解除が認められる。

(3) 期間制限

　種類・品質・数量に関する契約不適合に対する買主の権利のうち、種類・品質に関するものについては、期間制限がある（新566条）。その内容についてはすでに述べた（3 ◆**条文**◆(2)）。旧法下の判例は、売主の担保責任は目的物の引渡しの時から10年（旧166条1項）の消滅時効にかかるとしていたが（最判平成13・11・27民集55巻6号1311頁）、その趣旨は維持されることになろう（新166条1項）。

　他方、数量に関するものには制限がない。期間制限は、引渡しを終えた売主は、通常、これで履行が終わったと期待するので、そのような期待を保護する必要があること、種類・品質に関する契約不適合は、目的物の劣化等によって不明確になるので、法律関係を早期に確定させる必要があることによる。これに対して、数量不足の場合は、通常、買主の期待を保護する必要はなく、また劣化等という事情もないからである。旧法では、数量不足の場合についても期間制限があったが（旧565条、564条）、新法で見直された。したがって、数量不足に関する買主の権利の消滅は、消滅時効に関する一般原則に委ねられる（新166条1項）。

(4) 特約・特別法との関係

　すでに述べたように、契約不適合に対する売主の責任の規定は、任意規定であり、原則として、特約によって排除できるが（新572条）、このような特約は、とくに品質に関する契約不適合について問題になりうる。通常は「保証」と称して別の項目、別の期間などが定められる。しかし消費者契約法（8条1項5号）などによって、買主に不利で不合理な特約の効力が否定されることがある。また、住宅品質確保促進法（品確法）95条は、新築住宅の売買について、責任を追及できる瑕疵を住宅の構造耐力上主要な部分に限定しつつ、瑕疵修補請求権も認めており、かつ売主は引渡し後10年間責任を負うものとされ、これよりも買主に不利な特約は無効とされている。なお、欠陥商品との関係では、民法の契約不適合に関する規定では、人身損害の賠償を請求できず、また、欠陥商品について商品流通ルートの末端にいる消費者がメーカーの責任を追及できない（契約関係がない）という問題があり、製造物責任法にはこの溝を埋めるものとして重要な意義がある。

なお、民法の規定を排除する特約は、買主が契約不適合を知りながら告げなかった事実については効力を有しない（新572条前段）。

◆ 解 釈 ◆
(1) 法律上の制限
　目的物に法律上の制限が付いているために契約の目的を達成することができない場合、たとえば、建物を建築するために土地を買ったが、この土地に法律上の制限があり、建物を建てられないような場合、これは目的物の品質に関する問題か、それとも目的物に利用制限がある場合かという問題がある。旧法下での判例（最判昭和41・4・14民集20巻4号649頁）・多数説は、物の瑕疵であるとして瑕疵担保責任（旧570条）の問題であると解してきたが（競売で購入した物については売主の責任を追及できない）、学説では、物自体に瑕疵はなく権利の瑕疵（旧566条）であるとする見解もあった。このことは、新法の下でも問題になるが、新法はこれを解釈に委ねている。新法の下では、競売における違いのほか、買主の権利の期間制限の有無が大きな違いとなるが（3◆条文◆表2参照）、競売での違いが重要であり、旧法と同様に解すべきであろう。

(2) 借地権付建物売買における借地の欠陥
　土地借地権付きで建物を買ったところ、借地に欠陥があった場合、買主は建物の売主の責任を追及できるか。旧法下での判例は、台風により土地が一部沈下して建物が傾斜したという事例で、建物の欠陥ではなく、借地の欠陥であるから、買主は、建物の売主に対してではなく、借地契約における借地権者として土地の貸主に対して責任を追及すべきであるとしている（最判平成3・4・2民集45巻4号349頁）。このような理解は新法の下でも維持されるであろう。

(3) 錯誤との関係
　目的物の品質に関する契約不適合の問題は、売買契約の錯誤としても問題になりうる。品質に関する錯誤は、買主にとって、「法律行為の基礎とした事情についての認識」に関する錯誤で（新95条1項2号）、かつ、そのことを「表示」していた（同条2項）と言える場合には、両者がいずれも

適用されうるからである。

旧法下での瑕疵担保責任と錯誤の関係につき、従来の判例は、錯誤が優先すると解しているといわれてきた（大判大正10・12・15民録27輯2160頁、最判昭和33・6・14民集12巻9号1492頁）。しかし学説では、特別法は一般法に優先するとして担保責任を優先する説ないし、買主に与えられた法的救済手段が複数あるにすぎないとして選択行使を認める説が有力であった。

新法下でも同様に問題になるが、契約不適合に対する手段が複数あると考えればよく、買主は事案に応じて自己に有利なほうを主張すればよい。実際問題としては、訴訟において買主がいずれかを主張すれば裁判所はそれによるほかなく、また、両者を共に主張した場合には、裁判所がいずれを認めるかは任意であるというべきであろう。

(4) 値上がり相当分の損害賠償請求

買主が数量不足の契約不適合で損害賠償を請求する場合、不足分につき値上がりした価格相当分の損害賠償を請求できるかという問題がある。旧法下での判例は、一般論として、数量の表示が契約の目的を達成するうえで特段の意味を有するときは賠償範囲に含まれうるとしていた（最判昭和57・1・21民集36巻1号71頁）。また、学説では、これを担保責任とは別の保証合意に関するものと捉えるか、履行義務の範囲に関するものと捉えるかで争いがあった。前者は、数量不足の担保責任は一部不能の場合の対価的不均衡を是正するものであるという法定責任説の考え方に基づき、履行利益については別の合意が必要であると解するものである。これに対して、後者は、契約責任説の考え方から、損害賠償の範囲は契約の解釈によって定まると解するものである。しかし、新法の下では、数量不足の問題は契約の解釈問題であり、その不履行は債務不履行であることから、損害賠償の範囲は新416条の解釈に委ねられる。

(5) 数量超過における代金増額請求

民法の規定とは逆に、売主が契約で定めた数量を超過して引き渡した場合、売主は、超過分の代金の増額を請求できるか。旧法下での判例（最判平成13・11・27民集55巻6号1380頁）・通説は、特段の合意がなければ、旧565条を類推適用して増額請求することはできないとしていた。そもそも

数量の問題は契約解釈の問題というべきであり、通常は多少の超過があっても代金は請求しない趣旨であることがほとんどであろうし（日常の買い物における「オマケ」など）、そうでなければ、合意がない以上、超過した現物を返還すればよい。返還しない場合でも、新536条1項は代金増額請求まで認めたものとは解されないであろう。

◆ **発 展 問 題** ◆
法定責任から契約解釈へ

　すでに見てきたことから分かるように、新法は、旧法下における判例・伝統的学説が担保責任を法が認めた特別の責任であるという法定責任説の立場ではなく、売買の当事者がどのような契約を締結し、買主がどのような義務を引き受けたかという契約責任説の立場に立つことを明らかにした。これにより、民法の規定は、契約外で特別の責任を定めたという意義を有するのではなく、契約解釈のための指針を提供し、債務不履行の一般法理にはない特則を定める（制限する）という意義を有するものとなった。このことは、とくに種類・品質・数量に関する契約不適合の場合に顕著に現れる。このような新法の考え方は、基本的には支持されるべきである。しかし、すべてが契約解釈に委ねられ、その歯止めが、契約不適合を知りながら告げなかった事実についてのみに限定される（新572条前段）というのでは、民法の規定には、実質上、デフォルト・ルールとしての機能すらないことになりかねない。あとは契約を合理的に解釈することで対応するほかないといってよいものであろうか。

5　権利に関する契約不適合

- 権利に関する契約不適合に対する担保責任には、①売主が買主に移転した権利が契約の内容に適合しない場合と、②売主が買主に権利の一部を移転しない場合がある。
- 権利が契約の内容に適合しない場合とは、目的物の利用が制限されている場合である。
- 権利の全部が他人に属する場合（他人の物の売買）には、権利を移

転しなければ財産権移転義務の不履行であり、債務不履行の一般法理にしたがって処理される。

◆ 条 文 ◆

(1) 権利に関する契約不適合の要件

売主は、契約の内容に適合した権利を買主に移転する義務を負う（民555条）。この権利移転義務の不完全な履行がなされた場合には、債務不履行となる。これには、売主が買主に移転した権利が契約の内容に適合しない場合と、権利の一部が他人に属する場合に売主が買主にそれを移転しない場合とがある（新565条）。

(a) 売主が買主に移転した権利が契約の内容に適合しない場合

これは、目的物の利用が制限されているために契約の内容に適合しない場合であり、たとえば、①目的物に他人の地上権、永小作権、地役権、留置権、質権が付着している場合、②不動産売買でその不動産のために存在するとされていた地役権が存在しなかった場合、③建物売買でその建物のために存在するとされていた土地賃借権や地上権が存在しなかった場合（最判平成8・1・26民集50巻1号155頁参照〔ただし旧法下での競売の場合〕）、④不動産売買でその不動産に登記をした他人の賃借権が付着している場合などがありうる。いずれも対抗要件を備えている場合であり、対抗要件を備えていない権利は買主である所有者にそもそも対抗できないので契約不適合は問題にならない。対抗要件がある場合にはこれを知らないまま売買契約を締結することは、（登記以外の特殊な対抗要件を定める借地借家10条1項、31条1項などを除き）実際上あまり考えられないが、買主の善意・悪意はそれ自体問題とならず、どのような内容の契約であったかという契約解釈で処理される。

なお、目的不動産に契約の内容に適合しない先取特権、抵当権が存在していた場合は、目的物の利用を制限しないので、ここでの場合に含まれない。たしかに、質権を含めたこれらの担保物権が実行されると、買主は所有権を失うことになる。しかし、このような場合は、そもそも財産権移転義務の不履行となるので、債務不履行の一般法理に従って処理されるだけ

である（旧567条1項、3項は不要になった）。また、買主が、自ら費用を支出してこれらの権利を消滅させ所有権を保存した場合には（民379条の抵当権消滅請求など）、売主に対してその費用の償還を請求することができる（新570条。これは旧567条2項を受け継いだものである）。実際の取引では、抵当権が付着している場合には、それを承知の上で代金を割り引いて買うか、抵当権を消滅させてから買うことが多いので、そのような場合には償還請求を認める必要はないであろう。これは契約解釈によることになる。

(b) **権利の一部が他人に属する場合に売主が買主にそれを移転しない場合**

これは、権利の一部が他人に属する場合に限られる。売主がその権利を取得して買主に移転できないことが要件となる。権利の全部が他人に属する場合は他人物売買であり、買主がその権利を取得して買主に移転しなければ、そもそも財産権移転義務（民555条）の不履行として、債務不履行の一般法理により処理されるので、特別の規定を要しない。

(2) **効果**

買主には、追完請求権、代金減額請求権、損害賠償請求権、解除権が認められる（新565条、新562条〜564条、新415条、新541条、新542条）。これらは、4の目的物の種類・品質・数量に関する契約不適合と同様である。

(3) **期間制限**

権利に関する契約不適合に対する買主の権利には、期間制限がない（新566条のような規定がない）。契約に適合した権利を移転しない売主が引渡しによって履行が終了したと期待することは通常考えられず、またそのような期待を保護する必要もないし、法律関係を早期に確定する必要もないからである。旧法の下では期間制限があったが（旧564条、566条3項）、新法で見直された。したがって、買主の権利の期間制限は、消滅時効に関する一般原則に委ねられる（新166条1項）。

(4) **任意規定**

以上の規定が原則として任意規定であることは、種類・品質・数量に関する契約不適合の場合と同様である。しかし、民法の規定を排除する特約

は、買主が自ら第三者のために設定しまたは第三者に譲渡した権利については、効力を有しない（新572条後段）。

◆ 解 釈 ◆
目的物が一部滅失している場合の責任
　旧法の下では、目的物の一部が契約時にすでに滅失していた場合には、売主の担保責任が規定されていた（旧565条）。しかし、新法の下では、原始的不能概念は放棄されたので、このような場合はすべて債務不履行ないし契約不適合の場合として処理される。したがって、このような場合に関する特別の規定はない。

6　競売・債権売買の特則

・競売で目的物を買い受けた買主の権利には制限がある。
・数量・権利に関する契約不適合の場合には、買主は、追完請求、損害賠償請求をすることができない。
・種類・品質に関する契約不適合の場合には、買主は、契約不適合を理由とする権利を有しない。
・債権の売買では、債務者の資力が問題になるので、一定の場合に売主がそれを担保したものとする規定が設けられている。

◆ 条 文 ◆
(1)　**競売における契約不適合**
　競売で買い受けた物に契約不適合がある場合には、それがいかなる不適合であるかに応じて、買主の権利が制限されている（新568条）。これは、旧法（旧568条）の下での制限を強制競売以外にも拡大したものである（もっとも旧法下でも解釈により拡大されていた）。

(a)　**数量・権利に関する契約不適合の場合**
　競売で買い受けた物に数量・権利に関する不適合があった場合には、買受人は、債務者に対して、債務不履行により契約を解除し、または代金の

減額を請求することができる（新568条1項）。物ないし権利が不存在であった場合も競売自体は無効にならないので、ここで同様に扱われる。債務者が無資力であるときは、代金の配当を受けた債権者に対して、代金の全部または一部の返還を請求できる（同条2項）。しかし、追完請求はできない。競売で売却された物について自ら引き渡しをしていない債務者に追完をさせることには理由がないからである。損害賠償請求も、債務者または債権者が物または権利の不存在について悪意であったときを除き、原則として認められない（同条3項）。

(b) **種類・品質に関する契約不適合の場合**

競売で買い受けた物に種類・品質に関する不適合があった場合には、買受人は、債務者に対して契約不適合を理由とする契約解除も代金減額請求もすることができない（同条4項）。

(2) **債権売買における契約不適合**

債権の売買では債務者の資力が問題になる。そこで、①売主が債務者の資力を担保したときは、契約当時の資力を担保したものと推定され、②債務者の将来の資力を担保したときは、弁済期における債務者の資力を担保したものと推定される（民569条）。これは債務者が弁済しないときは、売主がこれに代わって損害賠償しなければならないことを意味する。売主にとって大きな負担となるので、通常は特約でこの規定は排除されている。なお、この規定は改正の対象にならなかった。

7　特殊な売買

- 買戻しの特約は、主として貸金の担保のうち権利移転型担保として機能するが、不動産の売買について売買契約と同時にしなければならず、また、期間は10年を超えることができず、登記しなければ第三者に対抗できないなど制限が多いので、あまり利用されない。
- 再売買の予約は、再度の売買の予約であるため、買戻しのような制限がない。

- しかし買戻しも再売買の予約も目的物の占有を買主（債権者）に移転する占有移転型担保であるため、売主（債務者）にとって不都合がある。
- このため実際には、権利移転型担保でも占有非移転型担保である譲渡担保が利用されることが多い。

◆ 条文 ◆

(1) **買戻し**

(a) **買戻しの意義**

　買戻しとは、いったん売買した物を買い戻すことである。しかし民法では、不動産売買における買戻しについてのみ規定が設けられている（新579～民585条）。それによれば、不動産の売主は、不動産売買契約と同時にした特約により、買主が支払った代金または別段の合意による金額と契約費用を返還して、売買を解除することができる（新579条前段）。すなわち、買戻しの特約は、解除権の留保であり、売買契約と同時にしなければならず、買戻し代金は、当初の代金ないし特約による金額および契約費用と決められている。

　買戻し期間は10年を超えることができず、これより長い期間を定めても10年に短縮される（民580条1項）。また、期間を延長することはできない（同条2項）。期間を定めなかったときは、5年となる（同条3項）。

　買戻しの特約は、売買契約と同時に登記しなければ、第三者に対抗できない（新581条1項）。登記は売買による所有権移転登記の付記登記となる。ただし、この登記後に、その不動産について対抗要件を備えた賃借人がいるときは、売主を害する目的でなされたものでない限り、その残存期間のうち1年を超えない期間に限り、賃借権を売主に対抗できる（同条2項）。これは、買戻しの実行と売買契約後に現れた不動産の賃借人の使用権との利害を調整するための規定である。

(b) **買戻しの実行**

　買戻しは、売却した代金と契約費用を提供し、売買を解除することにより行う（民583条1項）。買主または転得者が不動産について費用を支出し

ていたときは、売主はそれを償還しなければならない（同条2項）。また、不動産の果実と代金の利息とは、別段の定めをしなければ相殺したものとみなされる（新579条後段）。その他に、売主の債権者が買戻権を代位行使する場合の規定（民582条）や、共有持分の売買について買戻しの特約をした場合の規定（民584条、585条）がある。

(c) **買戻しの機能**

買戻しは、売却した不動産の利用目的などに条件を付け、それに違反した場合のために用いられることもあるが（地方公共団体による工業団地用土地の売買など）、多くの場合には、貸金の担保目的で利用される。すなわち、金銭を貸し付け、同時に借主の不動産を貸主に売却させ、その代金（貸金）を一定の期間内に返済すれば不動産を返す、というものである。この場合の買戻しは、目的物の所有権を移転しない抵当権と異なり、目的物の所有権を債権者に移転する権利移転型担保の一種となる。このような担保は、外国でもわが国でも古くから利用されてきたが、現在の民法上の買戻しは、上記のように制限が多く、決して利用しやすい担保とはいえない。

(2) **特定商取引**

特殊な販売方法を規制する特別法として代表的なのは、特定商取引法である。

特定商取引とは、取引や勧誘を営業所以外で行う取引であり、訪問販売、通信販売、電話勧誘販売のほか、キャッチ・セールス（街頭から営業所へ連れ込む）、アポイントメント・セールス（営業所へ来るよう予約させる）、マルチ商法（物品等の再販売やあっせんを通じて、販売網を拡大させてゆく連鎖販売取引）などが対象となる（特商2、30条）。これらの取引では、一般の売買にはない特殊な販売方法のために、消費者が惑わされて自由な意思決定を行えないことがある。そこで消費者の意思決定を支援するために以下のような規制がなされている。①身分の明示義務（特商3条、16条）、②契約条件についての書面交付義務（特商4条、5条、17条、18条、37条）、③クーリング・オフ（一定期間、無条件での申込みの撤回または契約解除）（特商9条、9条の2、15条の2、24条、40条）、④重要事項説明義務

（連鎖販売取引）（特商34条）。

◆ 解 釈 ◆
(1) **再売買の予約**

　売買の一方の予約（民556条1項）は、すでに述べたように（**1 ◆解釈◆**(1)）、担保として利用されることが多いが、担保目的物をより強く拘束するために、目的物をいったん債権者に売買しておき、代金（貸金）の返済があれば債務者に再度売買することを予約することもある。これを再売買の予約という。買戻しに似ているが、最初の売買の解除権を留保するものではなく、同じ当事者間で再度売買をするという予約なので、買戻しのような民法上の制限はない。このため、目的物は不動産に限られず、売買と同時にする必要はなく、期間制限もなく、再売買の代金設定も自由であり、利息を上乗せすることも可能となる。また第三者に対しては、目的物が不動産の場合には、将来における所有権移転の予約として仮登記ができ、権利移転の順位を保全できる。このように再売買の予約を利用すれば、純粋に買戻しを求める文字どおりの買戻し以外、買戻しに担保的な機能を求める必要はほとんどなくなる。

(2) **譲渡担保との関係**

　買戻しや再売買の予約は、歴史的には、権利移転型担保の中でも、目的物の占有を買主（債権者）に移転する占有移転型として機能してきた。この点では不動産質（民356条以下）に近い。しかし現代においては、売主（債務者）が目的物を利用できなくなる点で強すぎる担保となり不都合が生じる。このため実際には、権利移転型担保であっても目的物の占有非移転型の担保として譲渡担保（債権を担保するために目的物を譲渡するという契約）が利用されることが多く、買戻しや再売買の予約の利用度は高くない（譲渡担保と区別して、売渡担保と称されることもある）。判例もまた、買戻し特約付売買という名称であっても、占有を移転しない契約は、特段の事情のない限り、譲渡担保であると推認されるとしている（最判平成18・2・7民集60巻2号480頁）。

◆ 発 展 問 題 ◆
(1) 買戻し・再売買の予約・譲渡担保

　改正作業の初期段階では、担保目的を有しない純粋な買戻特約と再売買の予約についての規定を設け、担保目的を有するものについては、担保法で譲渡担保のルールに一元化するという方針が示されていた。結局、これが実現することはなかったが、譲渡担保を中心とした非典型担保に関する規定をどのように整備するかが根本的な問題であり、わが国で最も利用されている担保ともいわれながら、明文規定がないという異常事態への対応についに踏み込むべき時期が来ているといえよう。

(2) その他の特殊な売買

　改正作業の初期段階では、民法が一般市民のための法典であるという観点から、「消費者売買」の規定を設けることが提案されていた。これについては、「消費者」という概念を民法上認めるか否かが根本的な問題であり、結局、これも実現することはなかった。しかし、現代において、少なくとも社会学や経済学で消費者を意識しない議論はありえず、法律学においても、消費者契約法などの特別法による対症療法の時期は過ぎたといえるであろう。

第8章 贈 与

- 贈与は、無償契約、片務契約の典型であるが、諾成契約であり、申込みと承諾で成立する。
- 書面によらない贈与は、履行が終わっていない限り撤回することができる。
- 贈与者は、贈与の目的である物や権利を贈与の目的として特定した時の状態で移転することを約したと推定される。
- 負担付贈与には、双務契約の規定が準用される。
- 死因贈与は、機能的に遺贈に類似している。
- 忘恩行為・事情変更により贈与の撤回・解除が認められることがあると解されている。

◆ 条 文 ◆

(1) 贈与の意義・要件

　贈与とは、当事者の一方がある財産を無償で相手方に与える意思を表示し、相手方が受諾することによって成立する契約である（新549条）。改正により、自己の財産であることは要件でなくなった。他人の物の売買も有効であり、妥当であろう。贈与は、無償契約の典型であり、片務契約でもあるが、諾成契約であって、申込みと承諾により契約が成立する点では売買と異ならない。なお、公共的な目的のために財産を無償で譲渡する寄付も、法的には贈与である（ただし一定の目的に従った利用を義務づける信託的譲渡となることもある）。

　贈与には、契約の拘束力について、有償契約における等価性という裏支えがない。このため比較法的には、贈与を契約ではなく単独行為であると

するほか、贈与を要式行為とするとともに、贈与者の注意義務を軽減し、事情変更による撤回を認める例が多い。しかしわが国では、義理、恩義や社会的儀礼のように、贈与は単に相手方に恩恵を与えるためのものではないとの意識があることも否めない。そこで、贈与の拘束力の根拠について、贈与者の自由意思、当事者の属する共同体関係、贈与にいたる原因関係など様々な見解が展開されており、それが具体的な解釈問題に反映している（とくに◆**解釈**◆(3)参照）。

(2) **書面によらない贈与の解除**

書面によらない贈与は、各当事者が解除することができる（新550条本文）。実際には贈与者による解除がほとんどであろう。これは軽率な贈与を防止する趣旨であり、そのために贈与の拘束力が弱められている。ただし、すでに履行が終わった部分については解除できない（同条ただし書）。以上について、書面とは何か、履行とは何かが解釈上議論されている（◆**解釈**◆(1)(2)参照）。なお、旧法では、当初、解除と規定されていたものを民法の現代語化の際に撤回に改めたが（旧550条）、新法では、撤回とは意思表示の効力を消滅させることであり、ここでの場合はそれに当たらないと解して、再び解除という文言に改められた。

(3) **贈与者の義務**

贈与者には財産権移転義務があり（新549条）、また特定物の贈与者には善良な管理者としての保管義務がある（新400条）。これらの点では売買の売主と同様の義務を負うことになる。贈与は無償契約であるが、無償寄託における受寄者のような責任軽減規定（新659条）はない。

しかし、他方では、贈与者は、贈与の目的である物または権利を贈与の目的として特定した時の状態で移転することを約したと推定される（新551条1項）。旧法では、贈与者の担保責任について、贈与の目的である物または権利に瑕疵があったり、それらが不存在であったりしても、原則として責任を負わないとされていたが（旧551条1項）、新法では、担保責任に関する契約責任説の立場から、贈与契約においても贈与者の権利移転義務の具体的内容は契約解釈によって定まることを前提にしつつ、贈与が無償契約であることを考慮して、義務の内容が軽減されていると推定するこ

とに変更された。したがって、契約解釈により推定が覆されれば、それにしたがった財産権移転義務を負い、契約に不適合な物または権利を移転したときは、債務不履行の一般法理に従って責任を負う。ただし、受贈者に反対給付をする義務はなく、受贈者から解除する意義はあまりない。なお、この規定は目的物または権利が特定することを前提にしており、種類物にも当然適用される。

　以上の推定は、負担付贈与については適用がなく、贈与者には負担の限度で売主と同様の担保責任がある（新551条2項）。

(4) 特殊な贈与

(a) 定期贈与

　定期の給付を目的とする贈与（毎月〇〇円給付するなど）は、いずれかの当事者の死亡により終了する（民552条）。このような贈与は、当事者間の強い信頼関係を基礎としているからである。しかしこの規定は任意規定であり、特約により排除できると解されている。その場合には相続人が地位を承継する。

(b) 負担付贈与

　負担付贈与には、その性質に反しない限り、双務契約に関する規定が準用される（民553条）。したがって、債務不履行による解除（民540条以下）や同時履行の抗弁権（新533条）などが問題になりうる。負担の内容は種々ありうるし、負担の相手方は第三者であってもかまわない。しかし負担が贈与の価値を上回る場合は、もはや贈与ではなく交換（民586条）であると解釈されよう。

(c) 死因贈与

　死因贈与とは、贈与者の死亡によって効力を生じる贈与である。死因贈与も契約であるが、その実体は遺贈（単独行為）に近いため、その性質に反しない限り、遺贈の規定（民964条）が準用される（民554条）。遺贈と同様、包括的な死因贈与（一切の財産の贈与）も認められると解されている。ただし、遺贈には遺言の方式が必要であるが、この点も死因贈与に準用されるかについて争いがある。通説は、方式まで準用すると差がなくなると

して準用を否定するが、内容の重大性に照らして慎重を期させるためには準用すべきであろう。遺言の撤回の自由を認める民法1022条については、書面による贈与であっても、死因贈与に準用されると解されている（最判昭和47・5・25民集26巻4号805頁）。

◆ 解 釈 ◆

(1) 書面の意義

贈与は、書面によるか否かで拘束力に大きな違いがある。この書面につき、従来の判例は、古くから、書面は契約成立と同時に作成しなくてもよく（作成時から書面による贈与となる。大判大正5・9・22民録22輯1732頁）、贈与契約書でなくとも、文面に贈与の意思が表れていればよいとしている（大判大正15・4・7民集5巻251頁、最判昭和37・4・26民集16巻4号1002頁など）。贈与者が贈与の目的物である不動産の登記名義人に対して、受贈者に直接移転登記手続きをするよう依頼した文書もここでの書面に当たる（最判昭和60・11・29民集39巻7号1719頁）。また、受贈者に宛てたものでなくてよい（前掲、最判昭和37・4・26、最判昭和60・11・29）。

結局のところ、贈与者の意思が明確であるか否かが問題であり、それが明確であれば、書面性については柔軟に判断すればよいであろう。

(2) 履行の意義

書面によらない贈与を解除できるか否かは、履行が終わっているか否かによる。法文上は、履行が終わった部分とされているが（新550条ただし書）、一部でも履行がなされた後は、贈与者の意思は明確であり、残りの部分についても解除できないと解されている（たとえば不動産の贈与で、引渡しだけ終わり、移転登記はしていないような場合）。

この履行とは、目的物が動産の場合には引渡しであると解することに異論がない。不動産の場合には、従来の判例は、引渡しでもよく（大判明治43・10・10民録16輯673頁、最判昭和31・1・27民集10巻1号1頁〔占有改定〕、最判昭和39・5・26民集18巻4号667頁〔簡易の引渡し〕）、登記でもよい（最判昭和40・3・26民集19巻2号526頁、最判昭和54・9・27判時952号53頁〔受贈者名義での保存登記〕）としている。贈与者が不動産の占有・登記を有しない場合でも、受贈者が登記名義人に対して提起した登記請求訴訟に贈与

者が協力すれば、履行は終わったと解した事例もある（最判昭和56・10・8判時1029号72頁）。

他方、農地の贈与については、従来の判例は、農地法3条による知事の許可があるまでは、引渡しが済んでいても解除できるとしている（最判昭和41・10・7民集20巻8号1579頁）。しかし学説では、これに反対し、引渡しが済んでいる以上（この事案では受贈者が引渡しを受けて耕作していた）履行は終わったと解すべきだとする見解が多い。受贈者の信頼の点からすれば、知事の許可の性質（売買の成立要件か効力発生要件か）の問題ではなく、学説が妥当である。

(3) 忘恩行為・事情変更による解除

受贈者が贈与を受けていながら恩を仇で返すような行為をした場合（親切にしていた高齢者から贈与を受けたが、その後態度を豹変させて虐待し始めたなど）や、贈与者に贈与契約後大きな事情変更があった場合（事業に失敗して生活困難になったなど）、贈与者は贈与を解除して目的物の返還を請求できるか。

忘恩行為については、事案により、単純な贈与ではなく負担付贈与であると認定して、負担の債務不履行による解除を認めることができる場合もあろう（最判昭和37・2・17判タ360号143頁）。その他に学説では、解除条件付贈与という構成、遺贈に関する受遺欠格（民965条、891条）を類推適用する構成、信義則違反とする構成、贈与を正当化する原因の欠如により契約を無効とする構成などが主張されており、事案に応じて使い分ければよい。また、契約締結後の急激な事情変更については、信義則（事情変更の原則）によりつつ、有償契約の場合よりも緩やかに解除（既履行部分を除く一部解除を含む）を認めてよいであろう。

◆ 発展問題 ◆
贈与の無償性

贈与は無償契約であるが、前述したように、わが国では、これをまったくの無償で相手方に恩恵を与えるためだけのものではないとの意識があることも否めない。このことを意識して、わが国では、要式行為でないとするなど、諸外国に比べて、贈与が比較的簡単に認められている。しかし、

翻って考えてみれば、そもそも有償・無償という区別は、対価を金銭評価する前提で採られている区別にすぎない。これを経済的な意味にこだわらなければ、贈与には実際には様々な意義がありうるともいえる（忘恩行為の議論はその一部の現れである）。金銭に評価できないものこそが大切であるという逆説的な主張もありうるであろう。民法においても、贈与は現代社会において重要な意義を有していないと簡単に片付けるのではなく、贈与に関する議論を通じて、現代における「対価」の意味を再度問い直す意義はあろう。

第9章 賃貸借

1 賃貸借の意義・法制度の特殊性

- 賃貸借契約は、物を使用・収益させる債務と、賃料支払債務および契約終了時の物の返還債務とが対価関係に立つ契約であり、物の利用を目的とする契約の典型である。
- 土地については賃貸借以外に用益物権を設定する方法もあるが、建物については賃貸借によるほかない。
- 民法上、賃借権は用益物権に比べて効力が格段に弱いので、不動産賃借人を保護するために、特別法によって不動産賃借権が強化されている。
- 現代においては、不動産賃貸借をめぐる社会関係の変化に伴い、多様なタイプの賃貸借が生まれており、実体に即した対応を迫られている。

◆ 条 文 ◆

(1) 賃貸借の意義

賃貸借契約は、物を使用・収益させる債務と、賃料支払債務および契約終了時の物の返還債務とが対価関係に立つ契約であり（新601条）、物の利用を目的とする契約の典型である。また、有償・双務・諾成・不要式の契約であるとともに、継続的契約の代表的なものでもあり、解除は将来に向かってのみ効力を生じる解約告知である（新620条）。

賃料を伴わない貸借契約は、後述の使用貸借である。賃料といえるためには、目的物の使用・収益の対価でなければならない。多少の負担や給付

があっても、対価といえないときは賃貸借ではない（最判昭和26・3・29民集5巻5号177頁〔留守番代〕、最判昭和35・4・12民集14巻5号817頁〔謝礼〕、最判昭和41・10・27民集20巻8号1649頁〔賃料相当額の4分の1程度の公租公課負担〕）。

賃貸借の対象は物であり、有体物に限られ（民85条）、情報などの無体財産は含まれない。しかし、有体物であっても、動産（レンタカー、DVDレンタルなど）については、それぞれの場面で非典型契約（約款）が浸透しており、民法の規定が適用される余地は少ない。したがって賃貸借で主として問題になるのは不動産賃貸借である。なお、動産については、賃貸借の形式を利用した非典型契約であるファイナンス・リースもあるが、これについては賃貸借の最後に10で取り上げる。

不動産を利用したいと思っても、そもそも所有していない者は他人から借りるほかない。とくに、不動産は、われわれの生活・経済活動上、欠くことのできない財貨であるにもかかわらず、土地は再生産できない限られた財貨であり、また建物は土地上に建築するという制約があるとともに、建築するためには多額の資金を必要とすることから、不動産利用の必要性が高まるにつれて、これを借りることの需要が増大したのである。

(2) 消費貸借・使用貸借との関係

民法上、他人の物を借りる契約には、賃貸借以外に、消費貸借（民587条以下）と使用貸借（新593条以下）がある（**表3参照**）。これらについては次章以下で取り上げるが、以下では、これらと賃貸借の違いを概略的に指摘しておこう。

消費貸借は、金銭や動産などを借主が消費し、それと種類・品質・数量の同じ物を返還する契約であり、金銭消費貸借は金融取引において大きな機能を果たしているが、目的物そのものを返還する場合ではない。他方、使用貸借は、目的物そのものを返還する契約である点で賃貸借と共通するが、無償・片務（借主が目的物の返還義務を負うのみ）の契約である（新593条）。効力は弱く、借主の権利を第三者に対抗する手段はなく、貸主は目的物の状態について責任を負わないと推定される（民596条、新551条）。終了原因も特殊であり、契約で返還時期を定めていないときであっても、契約の目的の終了時に終了し（新597条2項）、それ以前であっても使用・収

表3　他人の物を借りる契約

	消費貸借	使用貸借	賃貸借
①成立	要物契約または書面契約	諾成契約	諾成契約
②対価	無償または有償	無償	有償
③目的物	金銭その他の物	有体物	有体物
④返還	種類・品質・数量の同じ物	現物	現物

益をするに足りる期間の経過後は、貸主は契約を解除できる（新598条1項。なお、旧法での判例として、最判平成11・2・25判時1670号18頁〔建物所有目的での土地の使用貸借で38年経過〕）。また、返還時期も目的も定めていないときは、いつでも解除できる（新598条2項）。さらに借主が死亡した場合には、借主の権利は相続されず契約は終了する（新597条2項）。これらはいずれも、所有者の好意など、個人的な信頼関係を前提にした契約の特徴であり、使用貸借は実際の経済社会では、有償取引に付随して行われる以外に、それ単独で大きな機能を果たすものではない。

　そこで他人から物（とくに不動産）を借りて使用・収益する契約の典型的な契約は、賃貸借だといえる。

◆ 解 釈 ◆

(1) 不動産賃貸借法制の二重構造

(a) 民法が規定する2つの方法

　民法は、他人から有償で不動産を借りるために2つの方法を用意している。一つは所有者に用益物権を設定してもらうという方法であり、目的物は土地に限られる。土地の使用目的の違いに応じて、地上権（民265条以下）、永小作権（民270条以下）、地役権（民280条以下）、入会権（民263条）が規定されている。このうち、他人の土地において工作物等を所有するための権利である地上権が代表的なものである。しかし、建物については、土地ほど長期間借りることはないと考えられて、用益物権という方法は規定されなかった。

　もう一つの方法が貸借するための債権（賃借権）を発生させるという方法であり、これが賃貸借である。目的物は限定されていないので、土地については、当事者が2つの方法からいずれかを選択できることになる。し

かし起草者は、土地の利用については、通常長期に及ぶので、用益物権が選択されるであろうと考えていたようである。他方、建物については、賃貸借によるほかない。

(b) **現実社会の選択**

しかし、現実の社会では、建物のみならず土地についても、賃貸借契約が圧倒的に多く利用されることとなった。これは、賃借権が債権であることから用益物権よりも格段に効力が弱く、市場原理にしたがえば、所有者である貸主と交渉力のない借主との間では（都市部における住宅難、農村部における地主小作関係）、貸主に有利な賃貸借が選択されることになったからである（なお、ボアソナードの手になる旧民法では、不動産賃借権の強化を意図して物権として規定されていた）。地上権と不動産賃借権を比較すれば、**表4**のとおり、賃借権の効力の弱さは一目瞭然である。用益物権は、このような経済的力関係が逆転している当事者間でしか見られなくなった（たとえば送電線の敷設を目的とする地役権、公共交通機関網のための地上権など）。農地では、永小作権すら利用されず、小作関係は多くの場合賃貸借関係となったのである。

(c) **特別法による不動産賃借権の強化**

このため、賃貸借においては、民法制定以後、「強い賃貸人対弱い賃借人」というモデルが基本とされ、さまざまな社会状況の変化があるごとに、不動産賃借人を保護するための特別法が制定されてきた。その主なものは以下のとおりである。

①建物保護法（明治42年）：日露戦争後の地価騰貴による地代値上げと追い出し対策、②借地法・借家法（大正10年）：第一次大戦後の住宅難対策、③農地調整法（昭和13年）：小作人保護、④罹災都市借地借家臨時措置法（昭和21年）：第二次大戦後の住宅難対策、⑤農地法（昭和27年）：農地改革後の農地賃借権強化。

これらの特別法の歴史は、意思自律の原則による民法の賃貸借に対し、立法により国家が強制的に介入して賃借人の保護を図ろうとする歴史であり、これによって不動産賃借権は大幅に強化され、不動産賃借権に関する限り、民法の規定は基本規定としての意義を失っている（ただし、継続的

表4　地上権と不動産賃借権の違い

	地上権	不動産賃借権
①性質	物権	債権
②対抗力	登記可 応じない場合には登記請求権あり	登記可（新605条） 応じない場合でも登記請求権なし（大判大正10・7・11民録27輯1378頁）
③存続期間	永久の定めも可能 定めない場合20年以上50年以下（民268条2項）	50年以下（新604条） 定めない場合いつでも解約申入れ可（民617条1項）
④譲渡・転貸	自由	貸主の承諾必要（民612条）

契約の部分については、なお民法規定の解釈に意義がある）。このような特別法による不動産賃借権の強化は、民法規定を賃借人保護に理解する解釈とも連動して、「不動産賃借権の物権化傾向」と呼ばれている。これらの具体的内容は、項目ごとに順次解説してゆくが、民法規定と特別法を主な問題についてのみ比較しておけば**表5**のとおりである。存続期間の保護が借家権では借地権に比べて弱いが、これは、借家では短期の利用もあること、また誰が借りるかで利用形態が大きく異なることから、長期間当然に存続することにしなかったとされている。

(2)　借地借家法の要件

　不動産の賃貸借に借地借家法が適用されるためには、以下の要件を備えたものでなければならない。

　①借地　　借地権は、建物所有を目的とする地上権または賃借権である（借地借家1条）。たとえば駐車場やガスタンクには適用がない。また、建物であっても一時使用のための借地には適用がない（借地借家25条）。一時使用か否かは、期間の長さだけでなく、借地の目的や建物の構造などから総合的に判断される。テントなどは一時使用とされるものが多いであろう。

　②借家　　借家権とは、建物の賃借権のことである（借地借家1条）。この場合の建物については、独立的・排他的支配が可能か否かが基準になる。したがって、アパートやマンションの一室の賃貸借も含まれる。間借りでも壁などで仕切られていれば適用がありうる。借家についても一時使

表5　借地権と借家権

	借地権	借家権
①性質	地上権または賃借権	賃借権
②対抗力	借地上の建物の登記（10条） 農地は引渡し（農地18条）	引渡し（31条1項）
③存続期間	最低30年（3条） 法定更新、解約申入れには正当事由必要（5条、6条）	1年未満は定めなしとする（29条1項） 50年以上も可（29条2項） 明渡猶予期間の延長（27条） 法定更新、解約申入れには正当事由必要（26条、28条）
④譲渡・転貸	承諾に代わる許可（19条）	特別の規定なし

用のための借家には適用がない（借地借家40条）。また、公営の住宅にも適用があるが、条例等の定めが優先的に適用される。他方、社宅は雇用関係に基づく場合が多く、この場合には適用がないが、従業員専用の寮であっても、家賃程度の使用料を徴収されている場合に賃貸借にあたるとされた例もある（最判昭和31・11・16民集10巻11号1453頁）。

◆ 発 展 問 題 ◆

(1) 現代における不動産賃貸借の多様化

　近年、一方では、高齢者の増加、不況による失業者、低所得者の増加など新たな弱い賃借人が増加するとともに、他方では、中間所得者層を中心とした持ち家率の増加、強すぎる借地権を土地所有者が回避することなどによる土地余り現象、事業用ビルの賃貸借の増加、事業としての賃貸借・転貸借（サブ・リース）の増加など、賃借人が必ずしも弱い存在ではない現象も同時に見られるようになり、このような賃貸借の多様化に即した幅広い対応が要請されている。そこで、平成3年には、従来の借地法と借家法を一本化して借地借家法が制定されるとともに、その一つの方策として、定期借地権（借地借家22条以下）およびその後の改正による定期建物賃貸借（借地借家38条）が創設された。これは、借地権・借家権の効力を緩和して多様な需要と供給に応えようとしたものである（詳しくは3で解説する）。しかし根本的には、現代において賃貸借関係がどのように変容

しているかを正確に把握し、「強い賃貸人対弱い賃借人」に代わる新たな基本モデルを打ち立て、それを賃貸借関係のすべての場面で民法や特別法に反映させてゆくことを検討しなければならないであろう。学説では、今後の新たな賃貸借関係立法の正当性を支える根拠として、賃貸借の継続的契約性からのアプローチ、生活空間の自由な形成という側面からのアプローチ、事業者と消費者の区別からのアプローチなどが提唱されているが、現在までのところでは、従来の弱い賃借人の保護に取って代わるまでの理念が確立しているとはいえない。

(2) 改正法の立場

改正法では、賃貸借について、これまでの理念を変更するような大幅な変更は企図されず、従来の判例・学説に合わせた改正だけが行われた。それ以上に、民法と借地借家法を統合するといった検討はなされなかった。したがって、民法における意思自律の原則と借地借家法における賃借人保護の理念との現代的統合ないし再構成をどのようにはかるかという問題は残されたままである。

2　賃貸借の成立

- ・賃貸借契約は諾成契約であり、合意のみで成立する。
- ・賃貸借契約に際して各種の金銭が交付されるが、その代表的なものは敷金である。
- ・賃貸人は、賃貸借が終了し、賃貸物の返還を受けたときは、敷金を残債務または損害賠償債務に充てることができる。
- ・敷引特約は、高額に過ぎなければ有効であるというのが判例であるが、消費者には交渉の余地がなく、その当否は疑問である。
- ・権利金は、場所的利益や営業的利益の対価である場合には、契約終了時に返還請求できない。
- ・更新料は、高額に過ぎなければ有効であるというのが判例であるが、法定更新制度の趣旨に反しており、その当否は疑問である。

◆ 条文 ◆

(1) 諾成契約

　賃貸借契約は諾成契約であり、合意のみで成立する（新601条）。ただし実際には、ほとんどの場合に契約書が作成される。合意では、目的物と賃料が特定されなければならないが、他人物の賃貸借も有効である。この場合には、賃貸人は目的物を取得して賃借人に使用・収益させる義務を負う（民559条、新560条）。

(2) 敷金

　不動産賃貸借では、契約の際に賃借人から賃貸人に対して、金銭が交付されることが多い。これらの金銭が徴収される理由は様々であり、それを一概に否定することはできないが、借地借家法や消費者契約法の理念に反するものであれば、たとえ広く普及している慣行であろうともその効力は否定されなければならない。

(a) 敷金の意義と法的性質

　敷金は、賃借人の賃料債務や目的物の損傷に対する損害賠償債務を担保する目的で交付される金銭であり、借家の場合に取り交わされる。旧法下では、間接的にこれを認める規定があったが（旧316条、旧619条2項ただし書）、改正により、賃貸借の節に第4款として新たに規定が設けられた（新622条の2）。賃貸借契約の条項の一部として記載されることもあるが、法的には、後述の権利金や更新料と同様、賃貸借契約とは別個の契約であり、かつ金銭の交付を成立要件とする要物契約であると解されている。このような契約はそれ自体賃借人に特に不利なわけではなく、有効であることについて異論はない。

　敷金契約に基づき、賃貸借契約の終了時に未払賃料や損害賠償債務が存在していれば当然に控除（差引計算）され、残額があれば、返還しなければならない（新622条の2第1項）。保証金といった名目で行われることもあるが、いかなる名称によるかを問わず上記の目的を有しており、賃貸借の終了時に清算が予定されていれば敷金にあたる。

　賃貸借契約終了時に清算されるので、契約存続中は、たとえ賃料債務を滞納していても当然にそれに充当されるとは限らない。そうでないと、賃

料をどんどん滞納してゆけば担保としての意味がなくなるからである。賃借人の側から充当を請求することはできないが（新622条の2第2項）、賃貸人が同意すれば充当してかまわないというのが旧法の下での判例である（大判昭和5・3・10民集9巻253頁）。

　賃貸人が望めば当然に差引計算されるので、賃貸人による相殺の意思表示は不要である（大判大正15・7・12民集5巻616頁）。複数の残債務間での充当の順序があらかじめ定められていなければ、充当の規定によることとなり（新489条、新491条）、基本的には賃借人にとって有利な順となる。また、建物の抵当権者が物上代位（民371条、372条、304条）として未払賃料を差し押えた場合、敷金による差引計算との優劣が問題になる。従来の判例は、敷金返還請求権以外の債権による相殺と物上代位との優劣については、抵当権設定登記の公示があることを理由に物上代位を優先するが（最判平成13・3・13民集55巻2号363頁）、敷金返還請求権と未払賃料の差引計算については、当然充当であることを理由に差引計算を優先させ、賃借人を保護している（最判平成14・3・28民集56巻3号689頁）。新法の下でも同様になろう。

(b)　返還との関係

　賃借人の敷金返還請求権の発生時期は、賃貸借が終了し、かつ、賃借物の返還をした時である（新622条の2第1項1号）。これは旧法の下での判例（最判昭和49・9・2民集28巻6号1152頁）に従ったものである。それまでは残債務などを控除した後に残額があるかまたそれはいくらかが確定しないからである。したがって、それまでは賃借人の債権者にとって転付命令の対象にならない（最判昭和48・2・2民集27巻1号80頁）。

　従来の判例は、返還と敷金返還請求権との関係についても、返還してはじめて額が確定すること、および賃借物の価格と敷金とが対価関係にない（つり合わない）ことを理由に、同時履行の関係にはないとしている（前掲最判昭和49・9・2）。学説では、賃借人保護のために同時履行になると解する説や、留置権を認めるべきとする説もあるが、実務では、判例に則った取扱いが定着している（明渡し後1か月以内に返還すると約定するなど）。

(c) 当事者の交代

　賃貸借存続中に賃借物が譲渡された場合には、賃貸人の地位も移動するが（新605条の2第1項）、これに伴って敷金返還債務は新賃貸人に承継される（同条4項）。これも旧法の下での判例（大判大正11・11・27民集15巻2110頁、最判昭和44・7・17民集23巻8号1610頁）に従ったものである。しかし、賃貸借の終了後に賃借物が譲渡された場合には、譲受人に対して敷金の返還を請求できないと解されている（前掲、最判昭和48・2・2）。敷金は賃貸借契約に付随することを理由とする。逆に、譲渡人と譲受人間で敷金承継の合意をしたときでも、賃借人の承諾がなければ承継されず、賃借人は元の賃貸人に請求することになる。

　これに対して賃借権が譲渡され賃借人が交代した場合には、敷金返還請求権は新賃借人に承継されず、旧賃借人に残額を返還しなければならない（新622条の2第1項2号）。これも旧法下での判例（最判昭和53・12・22民集32巻9号1768頁）に従ったものである。賃貸借契約に付随はするが、別契約であることを理由とする。賃貸人の交代の場合と理由づけが一見矛盾するようにみえるが、敷金は賃貸人と元の賃借人間での担保であることからすれば矛盾はしていない。したがって賃貸人は、新賃借人から再度敷金を徴収しなければならない。なお、従来の判例では、特段の理由があるときは新賃借人に承継される余地が認められていた。これは、賃貸人と元の賃借人間で敷金を新賃借人の債務不履行の担保とする合意があった場合、元の賃借人が新賃借人に敷金返還請求権を譲渡した場合などである。新法の下でも同様になろう。

◆ 解 釈 ◆

(1) 敷引特約

　敷引特約とは、契約終了時に、たとえ未払賃料がなくても、敷金のうち一定金額あるいは一定割合の金額を返還しないことをあらかじめ約しておく敷金契約の特約である。しかし、このような特約は、①損害賠償のほかに、②通常の損耗による補修費用、③新たな賃借人を得るまでの空家損失料、④後述の権利金のように、敷金とは異なる趣旨も込められているといわれており、賃借人は過重な負担を強いられることになる。従来の判例には、このような特約は災害により建物が焼失して賃貸借が終了した場合に

は適用されないとして、適用範囲を制限したものもあったが（最判平成10・9・3民集52巻6号1467頁）、本格的に議論がなされるようになったのは、消費者契約法の制定（平成12年）以後であり、賃借人が消費者である場合には、このような特約は消費者契約法10条に反し、消費者の利益を一方的に害する条項として無効なのではないかが争われている。

　賃貸借終了の場合には賃借人に原状回復義務があるが（新621条）、従来の判例では、通常の損耗は賃貸借契約の本質上当然に予定されるので、その原状回復は賃貸人の義務であると解されている（最判平成17・12・16判時1921号61頁）。しかし、敷引特約には、もともと賃貸人が負担すべき通常の損耗等の補修費用を負担させる趣旨も含まれており、上記のような任意法規（の解釈）に比して賃借人の義務を加重させるものである（消費者契約10条前段）とされつつ、敷引金の額が高額に過ぎると評価されない限り、信義則に反して賃借人の利益を一方的に害する（消費者契約10条後段）とはいえないと解されている（最判平成23・3・24民集65巻2号903頁〔賃料9万6千円、敷金40万円、敷引金21万円〕、最判平成23・7・12判時2128号43頁〔賃料17万5千円、敷金100万円、敷引金60万円〕）。これに対して学説では、10条前段にあたるとしながら同条後段にはあたらないとすることは妥当でない、消費者契約法であらかじめ一方的な内容であるとして効力が否定されている不当条項リスト（消費者契約8条、9条）との関係でも、金額の大小で判断するような解釈は妥当でないといった批判がなされている。このような特約が実際上市場調整機能を果たしている（賃料に加算されないなど）との指摘もあるが、それは事業用建物の賃貸借には当てはまるとしても、消費者にはそもそもそのような計算をした上で契約を締結するか否かの判断をする交渉能力はなく、法律論としては、消費者契約法10条の解釈としても、また過大でなければよいという結論としても判例は妥当でない。

(2)　権利金

　権利金とは、賃貸借契約の締結に際して敷金以外に交付される金銭の総称である。礼金などとして交付されることもあり、名称にこだわるべきではない。権利金には、①賃借建物の特殊な場所的利益や営業的利益の対価、②賃料の一部一括前払い、③賃借権の譲渡を承諾する対価といったものがあるといわれているが、実際には区別が難しい。通常は①であること

が多いであろう。また、賃貸借の終了時に返還を請求できるかについては、①③であれば請求できないが（①につき最判昭和43・6・27民集22巻6号1427頁）、②で賃料に充てたうえで残額があればその返還を請求できるといえる。

(3) 更新料

賃貸借契約を更新する際に、更新料として一定の金銭が徴収されることがある。これには、①賃料の補充、②賃貸人が更新拒絶権を放棄する対価、③賃借人の賃借権強化といった趣旨が含まれているといわれている。実際には、その性質は諸般の事情を総合して判断すべきだとされているが（最判昭和59・4・20民集38巻6号610頁）、文字通り②の契約更新の対価という側面があることは否定できないであろう。この法的効力につき、あらかじめ約定していながら合意による更新に際して賃借人がこれを支払わなかった場合に契約の解除を認めた例があるが（上記最判）、他方では、合意によらない法定更新の場合であっても更新料を支払うという慣習はないとした事例がある（最判昭和51・10・1判時835号63頁）。

しかし近年では、事業用建物賃貸借と居住用建物賃貸借との事情の違いなどを背景に、更新料は、建物賃借人に不利な特約として借地借家法30条に違反し、また賃貸借契約が事業者と消費者間の消費者契約である場合には、消費者契約法10条により無効となるのではないかが議論されている。学説では、更新料は法が認めた法定更新制度を無視することに等しいことから借地借家法上無効であり、または消費者である賃借人の義務を任意法規以上に加重するものとして消費者契約法上無効であるとの見解が多い。これに対して、最近の判例は、更新料が契約更新の対価だけではなく種々の趣旨を含む複合的な性質を有するとして借地借家法30条に違反しないとし、また消費者の義務を任意法規に比して加重するものではあるが（消費者契約10条前段）、経済的合理性がないとはいえず、また更新料についての情報や交渉力に看過し得ないほどの格差が存するともいえないとして、消費者の利益を一方的に害するものとはいえない（消費者契約10条後段）とした（最判平成23・7・15民集65巻5号2269頁）。しかしこれによれば、事業用建物賃貸借だけでなく、居住用建物賃貸借でも市場原理がそのまま適用されることになろう。現代における賃貸借が弱い賃借人像モデルから変容

しているとしても、法定更新制度を掲げる現行法による限り、解釈論としては是認できない判決ではなかろうか。

◆ 発 展 問 題 ◆

◆**解釈**◆で指摘したように、敷引特約、権利金、更新料は、少なくとも居住用の建物賃貸借では、実際上かなり問題になっているにもかかわらず、民法がそれを契約自由に委ねるだけではむしろ不自然であり、改正に当たって敷金について規定を置くならば、さらに一歩進んだ提案があってもよかったのではなかろうか。しかし、これらはすべて解釈に委ねられ、課題は残されたままとなった。

3 存続期間

- ・民法は、賃貸借の存続に関して、当事者の合意を基本とする制度を設けている。
- ・民法では、賃借権の最長期間は50年である。
- ・借地借家法では、①存続期間を長期化し、②更新を容易にし、③終了を望む賃貸人には正当事由を要求するという、手厚い存続保障の体制が採られている。
- ・他方、借地借家法では、更新のない借地・借家として定期借地権・定期建物賃貸借の制度が設けられている。
- ・存続保障は、従来、弱者保護の理念によって正当化されてきたが、今日では、これに代わる新たな理念を模索する必要がある。

◆ 条 文 ◆

(1) **存続保障の構造**

前述したように、不動産賃貸借に関する法体系は、契約自由を原則とする民法と賃借人保護を重視する借地借家法との二重構造になっている。このような特殊な構造は、具体的には、不動産賃借権の存続期間、更新の場面において顕著に見られる。これらの詳しい内容は順次解説するが、その全体的な枠組みは以下のようである。

民法は、賃貸借の存続に関して、当事者の合意を基本としつつ、合意の推定や最長期間の制限など若干の補充規定を設けているにすぎず、賃貸借が終了するか否かは主として賃貸人の事情による仕組みとなっている。これに対して借地借家法では、まず、①存続期間について、とくに借地について民法の最長期間の規定が実際上否定され、長期間に及ぶ借地権の存続が保障されている。借家ではそこまでの保護はないが、民法の定める期間制限が適用されない。次に、②契約の更新について、民法の定める合意の推定による制度を超えて、合意がなくとも更新されるとする法定更新制度が設けられており、賃貸人による更新拒絶が実際上きわめて困難な仕組みになっている。ただし他方では、更新のない定期借地権、定期建物賃貸借（定期借家権）が創設され、不動産賃貸借の二極化が図られている。さらに、③期間満了または解約申入れによる賃貸借の終了について、賃貸人に正当事由があることが要求されており、これが厳格に判断されている。

　このように借地借家法は、不動産賃貸借を存続させるために、①まず期間を長期化し、②次いで更新を容易にし、③最後には、賃貸人側に正当事由を要求することによって終了を阻止するという、いわば三段構えの手厚い存続保障の体制を採っている。

(2) 民法の規定
(a) 短期賃貸借

　財産の処分権限のない代理人は、一定の短期間を超える賃貸借をすることができない（新602条）。長期間の賃貸借は、実質的に処分行為にあたるという考え方に基づいている。旧法では、行為能力の制限を受けている者（未成年者〔民5条〕、成年被後見人〔民9条〕、被保佐人〔新13条1項9号〕、同意権のある被補助人〔民17条1項〕）も含まれていたが（旧602条）、これらの行為は、総則の規定によって制限されているので、不要とされて削除された。処分権限のない代理人とは、不在者財産管理人（民28条）、権限の定めのない代理人（民103条）、相続財産管理人（民918条3項、953条など）である。処分行為と同視するのであれば、これらの者が賃貸人になる場合のみ制限すれば足りるとも思われるが、そのような限定はない。一定の短期間とは、樹木の栽植または伐採を目的とする山林で10年、それ以外の土地で5年、建物で3年、動産で6か月である。しかしこの期間は満了前の

一定期間（土地1年、建物3か月、動産1か月）前に更新することができる（民603条）。なお、この短期賃貸借は、かつて、抵当権設定後であっても短期賃貸借は保護されるという規定があったためにひんぱんに議論されたが、平成15年の民法改正により両者は無関係なものとなった（民395条参照）。

(b) 普通賃貸借

賃貸借の存続期間は50年を超えることができない（新604条1項）。この期間は更新できるが、その際も50年を超えることができない（同条2項）。旧法では、最長20年とされており（旧604条）、地上権について期間の定めがないときは裁判所が20年以上50年以下の範囲内で存続期間を定めるとされている（民268条2項）ことと対照的であった。これは、前述のように、立法者は借地につき地上権と賃借権という二つの方法を定めたが、長期間の借地では地上権が利用されるであろうと考えたことによる。また借家では、賃貸借が長期に及ぶと所有者による修繕などを困難にし、建物が荒廃すると考えられたことによる。しかし、借地については実際にはほとんどの場合賃貸借が利用され、借家では建築技術の飛躍的発展があり、このような状況の下では、民法の規定はむしろ賃貸人の都合による賃借人の追い出しに利用され、また事業用の賃貸借には不都合である。そこで、改正法では、永小作権の規定を参考に（民278条）、20年が50年に改正された。また、借地借家法では、建物所有を目的とする土地賃貸借と建物賃貸借の存続期間について特別の規定が設けられ、民法の規定に優先して適用される。

(3) 借地
(a) 普通借地権
(ア) 最短期間

建物所有を目的とする土地の賃貸借においては、民法のように当事者間での自由な期間設定は妥当でない。このため、期間の更新がある普通の借地の場合には、存続期間は一律に30年となるとされている（借地借家3条）。これは最短期間であり、これより長期の定めをしたときはそれによる。以前の借地法（平成4年7月末までに締結された借地契約に適用される）

の下では、堅固建物（石造、煉瓦造など）については60年、非堅固建物については30年とされていたが、両者の区別は実際上困難であり、また現在の建築技術からすれば区別する意味もないので、一律とされた。また、借地法では、期間内に建物が朽廃したときは借地権は消滅するとされていたが、これは生活の保障よりも建物の存続を重視する発想であるとともに、朽廃の意味も不明確であり、借地借家法では、このような規定は撤廃され、代わりに、次のとおり建物が滅失した場合の再築についての規定が設けられている。

(イ)　**建物滅失による再築**

　借地上の建物が期間の満了前に滅失し、賃借人が残存期間を超えて存続する建物を築造した場合、①再築について契約に定めがあるときは（たとえば再築は認めないなど）、それに違反すれば用法違反として契約解除などを請求されることがある。②定めがないときは、再築を賃貸人が承諾すれば、借地権は再築の日または承諾の日のいずれか早いほうから20年さらに継続する（借地借家7条1項）。ただし、当初の期間の残存期間が20年以上あるとき、または当事者が20年以上の定めをしたときはそれによる（同条1項ただし書）。③承諾がないときでも、賃借人が再築すると通知をした後2か月以内に賃貸人が異議を述べなかったときは、承諾したものとみなされる（同条2項）。異議を述べたときは当初の期間のまま（残存期間だけ）になる。この異議を述べるために正当事由がある必要はない（しかし当初期間の終了時に更新拒絶するには、後述のように正当事由が必要となる）。④借地契約を更新した後に建物が滅失したときは、上記の場合よりも解約しやすく、賃貸人が承諾すれば②によって20年さらに継続するが、③のような承諾の擬制はない（同条2項ただし書）。以上のほか、⑤賃借人から滅失を機に賃貸借の解約の申入れをすることができ（同8条1項）、賃貸人からも無断で再築された場合には解約の申入れができる（同条2項）。賃貸人がする解約申入れに正当事由があることは必要ない。解約申入れがなされるとその日から3か月後に借地権は消滅する（同条3項）。しかし再築にやむを得ない事情があるのに賃貸人が承諾しないときは、賃借人は承諾に代わる許可を裁判所に請求でき、この場合、裁判所は、柔軟に延長期間や借地条件を決めることができる（同18条）。

(b) **定期借地権**

　定期借地権は、資産の有効活用の観点から導入された制度であり、更新のない借地権である。これには3つの類型がある。

　①一般定期借地権（借地借家22条）　50年以上の定期の借地権であり、目的は問わない。公正証書等の書面で設定する必要がある。終了時に賃貸人に建物を買い取るよう請求する権利（建物買取請求権）はない。この制度により、定期借地権付住宅やマンションが数多く出現しているが、期間終了時にトラブルが生じないかという問題は先送りとなっている（期間終了前に土地の買取りを交渉するなどの対応が考えられる）。

　②事業用借地権（同23条）　専ら事業の用に供する建物の所有を目的とする借地であり、期間を30年以上50年未満としつつ契約更新や建物買取請求権がない旨を定めるか、または10年以上30年未満とするかの2類型がある。後者の場合には更新や建物買取請求権はなく、前者の場合に特約するのは、普通借地権と期間が競合するからである。いずれの場合も公正証書による必要がある。これにより、事業者が住宅団地の開発などに応じてその付近で店舗（郊外型ショッピングセンター、ファミリーレストランなど）を展開することが容易になる。

　③建物譲渡特約付借地権（同24条）　30年以上経過したときに、借地上の建物を相当の対価で賃貸人に譲渡するという特約を付ける借地権である。譲渡により借地権は消滅するが、借地人または建物の賃借人が建物の使用を継続している場合には、これらの者の請求によって、法定借家権が発生する。これは期限の定めのない賃貸借となるが、借地人の請求による場合でかつ借地の残存期間があるときはその期間となる。しかしこれらの者との間で定期建物賃貸借（同38条）を設定すればそれによる。なお、その際の賃料は裁判所が定める。

(4) **借家**

(a) **普通借家権**

　当事者の合意による借家期間には、民法の最長期間の制限は適用されない（借地借家29条2項）。逆に1年未満の短い期間の定めをしたときは、期間の定めがないものとみなされる（同条1項）。これにより、解約申入れによる明渡猶予期間は民法の3か月から6か月に延長されるとともに、解

約申入れをするには正当事由が要求される（同28条）。なお、期間の定めがある場合でも、更新拒絶に制限があることは後述する。

(b) 定期建物賃貸借等

定期建物賃貸借等は、資産の有効活用のほか、良質な住宅の提供を促進する観点から導入された。これには2つの類型がある。

①**定期借家権（借地借家38条）** 制度の発足当初は賃貸人にやむえない事情がある場合に限定されていたが、現在では目的は問わない。公正証書等の書面により更新がない旨を定めなければならない。賃貸人には更新がないことを説明する義務があり、これを怠ると更新がないとの定めは無効となる。また、最短・最長期間に関する規定はないが、存続期間を1年以上とする場合には、期間満了の1年前から6か月前までに通知をしなければならず、これが遅れたときは通知後6か月で終了する。賃借人の側からは、床面積200平方メートル未満の建物（ほとんどの住宅に該当する）の場合には、転勤、療養、親族の介護などやむをえない事情により、建物を自己の生活の本拠として使用することが困難になったときは、期限前であっても解約申入れをすることができる。

②**取壊し予定建物の期限付借家権（同39条）** 法令または契約により一定期間経過後に取り壊すことが明らかな建物については、取壊しの事由を記載した書面によって終了を特約し、取壊しの時点で借家権は消滅する。単なる個人の都合の場合は認められない。

(c) 高齢者の終身賃貸借

高齢者の居住の安定確保に関する法律（平成13年）では、終身賃貸借が認められている（同52条以下）。それによれば、認可事業者は、60歳以上（または60歳以上と同居する配偶者）の賃借人の死亡により賃貸借が終了することを定めることができる。死亡によって借家権は相続されず、高齢者への賃貸が促進されることをねらっている。公正証書等の書面による必要があり、死亡前の認可事業者からの解約申入れには知事の許可が必要である。他方、賃借人からは、老人ホームへ入居する、親族と同居するなどやむをえない事由があるときは解約申入れができる。

◆ **発 展 問 題** ◆

　存続期間の定めは、場合ごとに一律かつ強制的であり、解釈の余地はほとんどない。問題はその理念である。借地借家法による手厚い存続保障は、不動産賃貸借に対する需要の増大を背景に、居住・事業のための不動産賃貸借を安定して継続的に営むことができるよう、交渉力の劣る賃借人を弱者とする賃借人保護の理念によって支えられてきた。また、このような存続保障は、わが国における住宅政策や都市計画を補完する機能を果たしてきたともいわれている。

　しかし今日では、土地余り現象、事業用賃貸借の増加などによって、弱い賃借人像が揺らいでいる。また、補完的な機能についても、借地借家法の存続保障は行政上の施策の代替手段ではないとの批判がなされている。このため近年では、本来契約自由の範囲内の問題であるはずの賃貸借の存続に、弱者保護論によらずして法が介入できる根拠が改めて問われるようになりつつある。その一つは、不動産賃貸借が継続的な契約であることから、継続性に対する賃借人の合理的期待を保護するという視点である。もう一つは、賃借人が借地や借家による生活・事業空間を基礎として主体的に人格を形成し社会関係を展開することを保障するという視点である。そして、このような二つの視点から、不動産賃借権は継続的な契約であることをふまえて、生活・事業空間を主体的に形成する自由を保障するということを存続保障の新たな理念とすべきであるとの主張がなされるようになっている。

　ただし、このような理念の変化が具体的に意味を持つ場面としては、現在までのところ、定期借地・定期借家においても、契約締結時に意図した自由な生活空間の形成を保障するために、合意による存続を保障すべきではないかとの主張など限られた問題にとどまっている。借地借家法における存続保障の全体について、解釈論または立法論としてどのような影響が生じるかは今後の議論の展開を待たなければならない。

4　更　新

・民法では、合意による更新を基本として、期限の定めのある賃貸借

> で合意を推定する規定（黙示の更新）があるにすぎない。
> ・借地借家法では、合意によらない更新を認める制度が設けられている。
> ・この場合、賃貸人が更新を拒絶しまたは解約を申し入れるには、正当事由が必要である。

◆ 条 文 ◆

(1) **民法の規定**

　民法では、期間の定めがある場合の更新と、定めがない場合の解約申入れに分けて規定されている。①期間の定めがある場合には、賃貸借は期間満了により終了するが、期間満了後、賃貸人が目的物の使用を継続しており、賃貸人がこれを知りながら異議を述べないときは、従前と同一条件で更新したものと推定される（新619条1項前段）。ただし、更新後は、期間の定めのない賃貸借となり、解約申入れができることになる（同条1項後段）。また、賃借人が担保を供していたときは消滅するが（たとえば保証人につき、大判大正5・7・12民録22輯1549頁）、敷金だけは更新後も受け継がれる（同条2項）。この制度を黙示の更新という。あくまで一定の事実から当事者の合意を推定するものであり、合意がないとの反証があれば推定は覆される（大判明治42・2・15民録15輯102頁、大判大正6・10・22民録23輯1674頁）。これに対して、②期間の定めがない場合には、いつでも解約申入れをすることができ、賃貸借は明渡猶予期間（土地1年、建物3か月、動産1日）の経過後終了する（民617条1項）。ただし農地については、収穫の季節の後、次の耕作に着手する前に解約申入れをしなければならない（同条2項）。その他に、期間の定めのある場合であっても、解約する権利を留保していたときは、定めがない場合と同様に解約申入れをすることができる（民618条）。

(2) **借地**

　借地借家法上の借地では、期間が満了しても、合意による更新のほかに、2つの法定更新（合意によらない更新）が認められており、両者ともに賃貸人に正当事由がなければ更新を拒絶できないとされている。また、

これらに反する特約をしても、借地権者に不利なものは無効である（借地借家9条）。

(a) 合意による更新（借地借家4条）

　借地契約は合意により更新できるが、更新後の期間は、これを定めなかったとき、または法定期間（1回目は20年、2回目以降は10年）より短い期間を定めたときは、法定期間となる。この場合には、新619条2項にかかわらず、担保（保証など）も受け継がれると解されている（最判平成9・11・13判時1633号81頁）。

(b) 請求による更新（同5条1項、6条）

　期間が満了する場合、借地権者は建物がある場合に限り契約の更新を請求することができる。この請求をするためには建物の存在が必要である。ただし、借地権者の債務不履行による消滅の場合は含まれないというのが判例である（大判大正15・10・12民集5巻726頁〔賃料不払い〕）。請求に対して、賃貸人が正当事由をあげて遅滞なく異議を述べなければ、同一条件で更新されたものとみなされる。遅滞なくとは、請求の諾否を考慮するに必要な期間内という意味である。正当事由については、◆解釈◆で詳しく述べるが、当事者双方のいずれが土地の使用を必要としているかをベースに、その他の事情を考慮して判断される。更新後の期間は、(a)と同様になる。

(c) 使用継続による更新（同5条2項）

　借地権の消滅後になっても、借地権者（または転借人）が土地の使用を継続している場合に、建物がある場合に限り、賃貸人が正当事由をあげて遅滞なく異議を述べなければ、同一条件で更新されたものとみなされる。民法（黙示の更新）のように合意の推定ではなく、建物の存在と使用の継続という事実から更新を認めるものである。この場合、賃貸人が期間満了を知っていればそれだけで遅滞しているといえ、また通常は知っているので、使用継続していればそれだけで更新されることが多いであろう。

(3) 借家

　借家でも、合意によらない2つの法定更新が認められている。これらに

反する特約をしても、賃借人に不利なものは無効である（借地借家30条）。

(a) **解約申入れ・更新拒絶（借地借家26条1項、27条）**

　期間の定めがある場合には、期間満了の1年前から6か月前の間に、賃貸人が、正当事由をあげて、更新拒絶の通知、または条件を変更しなければ更新しない旨の通知をしなければ、同一条件で更新されたものとみなされる。期間の定めがない場合には、賃貸人が解約申入れをするには、賃貸借の終了予定日の6か月までに、正当事由をあげてしなければならない。期間の点でも民法（3か月）より長くなっている。いずれの場合も更新後は期間の定めのない賃貸借となる。正当事由は、借地と同様、当事者双方のいずれが建物の使用を必要としているかをベースに判断されるが、建物の現況（老朽化など）が判断要素に加えられる（同28条）。なおこの場合には、合意により更新される場合に準じて、保証などの担保も継続されると解すべきであろう。

(b) **使用継続による更新（同26条2項）**

　賃借権の消滅後になっても、賃借人（または転借人）が建物の使用を継続している場合に、賃貸人が遅滞なく異議を述べなければ、同一条件で更新されたものとみなされる。更新後は、期間の定めのない賃貸借となる。民法のような合意の推定ではなく、建物使用の継続という事実を基に更新を認めるものである。この場合、賃貸人が期間満了を知っていれば、それだけで遅滞しているといえることは借地の場合と同様である。なお、この場合の異議申し立てには正当事由は不要である。しかし賃貸借の終了に際して(a)の適用があり、更新拒絶または解約申し入れをするのに正当事由が必要なので、そこで賃貸借終了と判断されていれば、ここで重複して必要ではないというにすぎない。

(c) **高齢者の終身賃貸借の更新**

　前述のように、高齢者のために賃借人等の死亡により終了する終身賃貸借が認められているが、賃借人と同居していた配偶者または60歳以上の親族が死亡を知った日から1か月以内に、認定事業者に対して引き続き居住する旨の申出をしたときは、事業者はその者と終身賃貸借契約をしなけれ

ばならない（高齢者の居住の安定確保に関する法律62条1項）。

◆ 解 釈 ◆

(1) 正当事由の判断要素

　借地借家法では、前述したように、借地について請求による更新（借地借家5条1項）・使用継続による更新（同5条2項）で異議申し立てをする場合、借家について解約申入れ・更新拒絶をする場合（同26条1項、27条、28条）には、賃貸人に正当事由がなければならない（同6条、28条）。この正当事由はいわゆる規範的要件であり、当事者双方が使用を必要とする事情のほか、従前の経緯（契約締結の事情、契約内容、借賃の支払状況など）、利用状況、明渡しの条件としてまたは明渡しと引き換えにする財産上の給付の申出（立退料、代替地・建物の提供）を考慮して判断される。借家では、建物の現況も考慮要素となる。判例・学説では、これらの要素は並列的ではなく、当事者双方が使用を必要とする事情を基本的要素とし、他は補完的要素であると解することで異論がない。たとえば、立退料の提供のみでは正当事由ありとならない。従来、正当事由の有無は賃貸人にとって非常に厳格に判断されてきた傾向がある。なお、立退料は、以前の借地法・借家法の時代から判例上、判断要素の一つとして認められており、支払いと明渡しとは同時履行となり（最判昭和46・11・25民集25巻8号1343頁）、訴訟では口頭弁論終結時までに申し出れば考慮され、裁判所が立退料の増額を命じることもできる（最判平成6・10・25民集48巻7号1303頁）と解されている。

(2) 正当事由の存在時期

　期間の定めのない借家では（借地では定めがなければ一律に30年となる）、解約申入れをするためには正当事由が必要であるが、判例は、正当事由は解約申入れ時に存在すればよいと解している（最判平成3・3・22民集45巻3号293頁）。6か月の申入れ期間は明渡猶予期間にすぎないと解するからである。これによれば、立退料の提供は口頭弁論終結時まででよいと解することとの関係が問題になるが、立退料の申出を参酌して解約申入れ時の正当事由の有無を判断するとしている。これに対して学説では、正当事由が消滅しているのに解約を認めるのは妥当でないとして、解約申入れ期間

中正当事由が継続していることが必要であると解する説もある。いずれによっても、立退料は補完的な要素であり、実質的な違いは生じないであろう。

(3) 借地上の建物の賃借人

正当事由の判断では、借地・借家の転借人の事情も考慮されることが明文化されているが（借地借家6条、28条）、借地上の建物の賃借人については、土地賃貸人と建物賃借人との間に法律関係が存在しないので、転借人と同様に解することができない。判例は、以前の借地法においてではあるが、借地契約上はじめから建物賃借人の存在を容認したものであるとか、実質上建物賃借人を借地人と同一視することができるなどの特段の事情がないかぎり、建物賃借人の事情を斟酌することは許されないとしている（最判昭和58・1・20民集37巻1号1頁）。学説は分かれているが、建物賃貸借が土地賃貸人に関係なく設定でき、借地借家法上も土地賃貸借が終了した場合の建物賃借人の明渡猶予期間が別途規定されている（借地借家35条）ことからすれば、判例のように解するのが妥当であろう。

◆ 発 展 問 題 ◆

改正により、新法は、賃貸借の最長存続期間を50年に延長した（新604条1項）。更新後の期間も同様である（同条2項）。しかし、更新制度については、合意を推定するという仕組みを何ら変更しなかった。これは借地借家法の更新制度があることを前提にしているからであろう。しかし、改正の議論において、借地借家法の更新に関する規定を民法に取り込む提案がなされなかったわけではない。これもまた、民法と特別法の統合に関する今後の課題として残されたといえよう。

5　賃貸人の義務

- 賃貸人の基本的な義務は、目的物を賃借人に使用収益させる義務であり、具体的には、目的物引渡義務、使用収益を妨げる行為を排除する義務、修繕義務、費用償還義務を負う。

・賃貸人は、売買の売主と同様に担保責任も負うが、賃貸借では実際上問題にならない。

◆ 条 文 ◆

(1) 賃貸借の権利義務関係

　賃貸借は、賃貸人が賃借人に目的物を使用収益させ、賃借人が賃貸人に賃料を支払うとともに契約終了時に目的物を返還することを基本的な権利義務とする契約である（新601条）。このような双務関係では、各当事者の権利は相手方の義務の裏返しであり、以下では義務の点からまとめることにする。なお、当事者の権利義務に関しては、不動産賃貸借でも、民法と借地借家法の二重構造はそれほど顕著でなく、当事者の合意を基本とし、借地借家法では、賃料と契約条件の変更、契約終了時における目的物の返還について若干の補充規定を置いているにとどまっている。

(2) 使用収益させる義務

　賃貸人の基本的な義務は、目的物を賃借人に使用および収益させることである（新601条）。これについて、目的物を使用収益できる状態にして賃借人に引き渡すことであると解すると、義務の範囲はかなり狭くなり、あとは例外的に法定の特別の義務を負うということになる。しかし、賃貸借は、売買のような1回きりの履行をする契約ではなく、賃借人による使用収益が継続的に行われることを当然に予定した契約である。したがって、賃貸人は、目的物を使用収益に適する状態で賃借人に引き渡す義務を負うだけでなく、引渡し後も契約の係属中、目的物が継続的に使用収益できる状態にあることを確保する義務を負っていると解すべきである。そして、民法が賃貸人の修繕義務や必要費償還義務を規定していることは、この義務の具体化であると解すべきである。このような理解から使用収益させる義務を捉えれば、それは以下のように明文にはない義務も包括する義務であるといえよう。

(a) 目的物引渡義務

　賃貸借は諾成契約であり、目的物の引渡しは成立要件ではなく、成立し

た契約に基づく義務である。明文はないが、引き渡さなければ使用収益できないので当然のことである。賃貸人は、目的物を第三者が占拠したり、目的物が壊れていたりした場合には、目的物の所有権に基づき妨害排除請求権を行使したり、自ら修繕するなどしてこれらの障害を除去し、賃借人の使用収益に適する状態にして引き渡さなければならない。

(b) **妨害排除義務**

　賃貸人は、引渡し後も、目的物を不法占拠するなど賃借人の使用収益を妨げる行為がなされている場合には、これを排除する義務を負う。これにより賃貸人に所有者としての権利（物権的妨害排除請求権）を行使するよう義務づけることになるが、賃貸人には使用収益させる義務があり、妨害を排除して使用収益を回復させることもまた賃貸人の義務であると解すべきである。したがって、賃貸人が二重賃貸をして目的物を占有する第二賃借人に対し妨害排除請求権を有しない場合でも、第一賃借人に対しては債務不履行となる。

　なお、賃貸人が妨害排除義務の履行を怠っているときは、賃借人は債権者代位権（新423条）によって賃貸人の妨害排除請求権を代位行使できる（大判昭和4・12・16民集8巻944頁）。この場合には、賃借権を保全するために、債務者である賃貸人が無資力である必要はないと解されており、債権者代位権の転用といわれている。また、対抗要件を備えた不動産賃借人は、第三者が不動産の占有を妨害しているときは、妨害の停止を請求でき（新605条1号）、第三者が不動産を占有しているときは、その返還を請求することができる（同条2号）。改正前には、判例上、排他性を有する不動産の賃借権について、賃借権に基づく妨害排除請求権が認められていたが（最判昭和28・12・18民集7巻12号1515頁〔ただし二重賃貸で民423条は使えない事例。詳しくは、後に8◆**条文**◆(5)で扱う〕）、これが明文化された。賃借人がこれらによって第三者の妨害を排除したときは、その費用は後述の必要費として賃貸人に請求できると解すべきであろう。

(c) **修繕義務**

　賃貸人は、引渡し後も、目的物を使用収益に適した状態で保存・管理する義務を負うので、契約の目的の範囲内で、使用収益に必要な修繕をする

義務を負う(新606条1項)。修繕を要することにつき賃貸人に帰責事由がある必要はない。修理を要するときは、賃借人は遅滞なく賃貸人に通知する必要があるが、賃貸人が知っていれば不要である(民615条)。賃借人は、賃貸人が修繕することを拒めないが(新606条2項)、そのために賃借をした目的を達成できなくなるときは、契約を解除できる(民607条)。

　しかし、以下の場合には修繕請求は認められない。①修繕は、可能な場合に限られ、物理的・経済的(費用が過大)に不可能な場合は含まれない。また、②賃借人に帰責事由がある修繕については、修繕義務を免れる(新609条1項ただし書。旧法の下での通説の明文化)。さらに、③修繕義務を軽減・免除する特約も有効であると解されている(最判昭和29・6・25民集8巻6号1224頁)。ただしこれを広汎に認めたのでは、賃借人が害される(◆**解釈**◆参照)。

(d)　必要費償還義務

　賃貸人は、賃借人の支出した必要費を直ちに償還する義務を負う(民608条1項)。必要費とは、契約によって予定された使用収益をするに適した状態に目的物を維持保存するための費用であり、借地の盛土、借家の土台の入れ替え、トイレの修理などだけでなく、特殊な使用を約していた場合の装置(遮音壁など)も含まれる。しかし、賃借人としては、修繕を請求するよりも、自分で修理して費用を請求するほうが便利なこともあろう。そこで、改正では、賃借人が修繕をすることができるという規定が新たに設けられた(新607条の2)。これは、①賃貸人に修繕が必要である旨を通知したか、または賃貸人がそれを知った(民615条)にもかかわらず、相当の期間内に必要な修繕をしないとき、または②急迫の事情があるときに限って認められる。賃借物はあくまで賃貸人の所有物であるから、修理は賃貸人がすべきであることが原則であり、あくまで例外的に認められているのである。

　賃借人が有益費を支出したときも、賃貸借の終了時に賃貸人に償還請求できる(民608条2項)。しかしこれは賃貸借に特有のものではなく、法的性質は不当利得の返還請求である。有益費とは、目的物の改良などその客観的価値を増加させるための費用であり、道路整備、下水道設備などが典型的であるが、契約の趣旨や時代によって異なりうる。他方、たとえ客観

的価値を増加させても、余分な装飾や贅沢品は費用とはいえない。賃貸人は、償還請求がなされた場合、賃借人の支出額または目的物の価値増加額のいずれかを償還するよう選択できる（民608条2項、196条2項）。選択しないときについて、学説は選択権が賃借人に移転する（民408条）と解しているが、古い判例には、二つの債務があるわけではないとして低額なほうになるとしたものもある（大判明治35・2・22民録8輯2号93頁）。また、裁判所は賃貸人の請求によって、償還に相当の期限を付すことができる（民608条2項ただし書）。なお、有益費の支出後に賃貸人が交代したときは、特段の事情（旧賃貸人が負担するとの特約など）がない限り償還義務は新賃貸人に承継される（新605条の2第4項）。旧法の下でも判例があったが（最判昭和46・2・19民集25巻1号135頁）。有益費は賃貸借の終了時に償還されるから当然のことである。

　これらの費用償還請求には期間制限があり、賃貸人に目的物を返還した時から1年以内に行使しなければならない（新622条、新600条1項）。また、請求が可能な時（必要費では支出時、有益費では賃貸借終了時）から10年の消滅時効にかかる（新166条1項2号）。なお、目的物の返還と費用の償還との間には牽連性があり（目的物に関する費用である）、賃借人は費用の償還を受けるまで目的物について留置権を有するが（大判昭和10・5・13民集14巻876頁）、賃借人の債務不履行により賃貸借が解除された場合にはないと解されている（最判昭和46・7・16民集25巻5号749頁〔民295条2項の類推〕）。留置権がある場合でも、賃貸借の終了後に使用していた期間の賃料分は、不当利得として返還しなければならない。

(3) **権利・物に関する契約不適合に対する担保責任**

　賃貸借は有償契約であり、賃貸人は売買の売主と同様に担保責任を負う（民559条、561条以下）。しかし実際上は、以下のようにほとんど問題にならない。

(a) **権利に関する契約不適合に対する責任**

　他人物の賃貸借も有効であり、賃借人は有効に賃借権を取得できるので、売買のように他人に権利またはその一部が帰属し、それを移転できないという問題は生じない。あとは賃借人による賃料支払拒絶、所有者によ

る賃料相当額の返還請求が問題になるだけである（後述の賃借人の義務参照）。

(b) **物に関する契約不適合に対する責任**

賃借物の品質に関して契約不適合があれば追完請求（新562条）、代金減額請求（新563条）が問題になる。しかし、引渡しの前後を問わず賃貸人には目的物を修繕する義務があり、また賃料が当然に減額される（新611条1項）ので、これが問題になる余地はほとんどないであろう。また、目的物の一部が物理的に滅失したときにも同様の問題があるが、賃貸借ではこれについても明文の規定が置かれており（新611条1項）、実際には問題にならない。

◆ **解 釈** ◆

(1) **修繕義務を免除・軽減する特約の効力**

判例は、賃貸人の修繕義務を免除・軽減する特約を有効であるとするが、実際には特約を限定的に解釈している。たとえば、店舗の賃貸借で「修繕は賃借人がする」という特約があっても、それは賃貸人が義務を負わないだけであって、賃借人が一切の修繕をする義務を負うわけではないと解されている（最判昭和43・1・25判時513号33頁）。また、消費者契約としての賃貸借では、消費者である賃借人に一方的に不利な特約は、不当条項として無効とされる（消費者契約10条）。

(2) **修理中における賃料の取り扱い**

賃貸人が修繕義務に違反したときは、賃借人は損害賠償を請求できると解されている（最判平成21・1・19民集63巻1号97頁・百選Ⅱ-6〔営業利益相当額〕）。債務不履行であるから当然である。問題は賃料であるが、旧法の下では、賃貸人が修理をしないために目的物の全部を使用収益できなかったときは、その間の賃料を支払う必要はなく、一部を使用収益できなかったときはそれに応じて減額された賃料のみ支払えばよいと解されていた。判例はこれを支払拒絶権があると構成するが（大判大正10・9・26民録27輯1627頁）、学説では、賃借物が一部滅失した場合の減額請求権（旧611条1項）を類推適用する説と、危険負担（旧536条1項）の考え方を援用

して当然に減額されるとする説とに分かれていた。使用収益できないのに賃料が発生するのは不合理であり、請求を待つまでもなく当然に減額されると解すべきであるが、新法でも、修繕がなされない間はそれに応じて賃料が当然に減額され（新611条1項）、終了時にも賃借人はその部分に関する原状回復義務を負わない（新621条ただし書）と規定された。

6　賃借人の権利義務

・賃借人は、目的物の使用収益の対価として賃料を支払う義務、契約と目的物の性質に応じた用法を順守する義務、賃貸借の終了時に目的物を原状に復して返還する義務を負う。
・借地上の建物について増改築禁止特約に違反した場合であっても、賃貸人と借地人間の信頼関係を破壊すると認めるに足りない事情があることを借地人が立証したときは、契約の解除は認められない。
・賃借物が一部滅失したなどの場合には、賃料は使用収益できなくなった部分の割合に応じて当然に減額される。
・借地および借家では、当事者双方に事情変更に応じた賃料増額・減額請求権がある。
・借地の終了時には、賃借人に借地上の建物の買取請求権があり、借家の終了時には、賃借人に造作買取請求権がある。

◆ 条 文 ◆

(1) **賃借人の基本的な権利義務**

　賃借人の権利は、目的物の使用収益権であり、これを賃借権という。使用収益の範囲は、契約または目的物の性質によって定まる（新616条、民594条1項）。ただし、賃借人に不利な特約は、借地借家法で無効となり（借地借家21条、30条）、同法の適用がなくても、公序良俗違反（新90条）や不当条項（消費者契約10条）として無効となることがある。

　他方、賃借人の基本的な義務は、目的物の使用収益の対価としての賃料支払義務である（新601条）。賃貸人は、不動産賃貸借の場合には、賃料について賃借人の動産（家財道具など）の上に先取特権を有し（民312条以

下)、さらに借地では、最後の2年分の賃料について借地上の賃借人の建物の上に先取特権を有する(借地借家12条。ただし賃借権が登記されている場合に限る)。

賃借人は、これに加えて、他人の物を預かることから、目的物をその用法に従って使用収益する義務(用法遵守義務)を負うとともに(新616条、民594条1項)、賃貸借の終了時には目的物を原状に復して返還する義務を負う(新621条、新601条)。

(2) 賃料支払義務

(a) 他人物賃貸の場合

他人物の賃貸借も有効であり、賃料支払義務を免れないが、所有者から明渡しを求められた場合には(最判昭和50・4・25民集29巻4号556頁)、それ以後、賃料の支払いを拒絶することができる(民559条、新576条)。所有者からそれまで使用収益していた賃料相当額を不当利得として返還請求されても、賃貸人に賃料を支払っていれば、賃借人に不当利得はない。所有者は、賃貸人に対して不当利得の返還請求をすることになる。なお、目的物につき権利を主張する者がいるときは、遅滞なく賃貸人に通知しなければならないが、賃貸人が知っているときはその必要はない(民615条)。

(b) 賃料の支払時期

賃料は契約により定まる。支払時期の定めがないときは、民法で後払いが基本とされているが(毎月末の後払い、宅地以外の土地については毎年末の後払い)、収穫季のあるものについては、その季節後遅滞なく支払わなければならない(民614条)。実際の借家では、毎月末に翌月分の先払いという約定が多いであろう。

(c) 賃料の変更

目的物の一部が賃借人の責めに帰することができない事由で滅失したときは、賃料は、使用・収益できなくなった部分の割合に応じて減額される(新611条1項)。滅失以外の事由で使用・収益することができなくなったときも同様であることが改正により付け加えられた。旧法のように、「減額請求」ではなく、「減額される」と規定されたが、契約の対価性を維持で

きない以上、当然減額が妥当である。しかし、実際には、賃借人から賃料減額の請求をすることになるので、賃借人に帰責事由がないことは、賃借人が主張・立証すべきことになる。上記の場合に、残存する部分では賃貸借の目的を達することができないときは、賃借人は、契約の解除を請求することができる（同条2項）。この場合には賃借人に帰責事由がないことは必要ない（帰責事由は賃貸人が損害賠償請求をする際には必要になる）。なお、目的物が全部滅失したとき、または全部を使用収益することができなくなったとき（最判昭和45・12・24民集24巻13号2271頁）には賃料債務は発生しないが、これは、もはや、後述の賃貸借の終了の問題となる（新616条の2）。

農地や牧草地については、不可抗力により賃料よりも少ない収益しか得られなかったときは、収益額まで賃料を減額するよう請求でき（新609条）、そのような状況が2年以上続いたときは、契約の解除を請求することができる（民610条）。さらに農地法によれば、田については収穫した米の価格の25パーセント、畑については収穫した主作物の15パーセントを賃料が超えるときは減額請求できる（農地22条）。民法と異なり、収益額全部を支払う必要はない。なお農地法では事情変更による増額・減額請求権も規定されているが（農地22条）、次の借地借家法と異なり、公租公課の増減は考慮されない（最大判平成13・3・28民集55巻2号611頁〔農地への宅地並課税による賃借人の減収〕）。

(d) **借地借家**

借地借家法では、当事者双方に地代・家賃の増額・減額請求権が認められている（借地借家11条1項、32条1項）。これは、同法の下で長期間の賃貸借やその更新が可能となるため、その間に生じた事情の変化に対応して賃料を調整しようとする趣旨であり、事情変更の具体化である。したがって、条文上明記されている公租公課の増減、経済事情の変動による土地・建物価格の上昇・低下、近隣土地・建物の賃料等だけでなく、諸般の事情を考慮した総合判断による。高度成長期には増額が問題になったが、バブル経済の崩壊後は逆に減額が問題になるなど、社会経済の動向に影響を受ける。賃料の増額・減額に関する特約、賃料の自動改訂特約については、後述の◆**解釈**◆で扱う。

この請求権は形成権であり、請求によって直ちに増額・減額し、具体的な額はその後確定することになる（最判昭和32・9・3民集11巻9号1467頁）。増減額について当事者間で合意できないときは、裁判所にその確定を請求できるが、裁判の前に調停を経なければならない（調停前置主義。民事調停24条の2、3）。また、当事者間に協議が調わないときは、賃借人は、裁判が確定するまで自己が相当と考える賃料を支払えば債務不履行にならないが、増額または減額が決まれば後に年1割の利息を付して不足分を支払うかまたは賃貸人が余分な額を返還しなければならない（借地借家11条2項、3項、32条2項、3項）。

(3)　用法遵守義務
(a)　善管注意義務
　賃借人は、契約または目的物の性質によって定まった用法に従って目的物を使用収益する義務を負う（新616条、民594条1項）。この義務は、内容的には、他人の特定物を預かっている者が負う善良な管理者としての注意義務（善管注意義務）であるが（新400条）、賃貸借ではとくに用法遵守義務といわれる。したがって用法を順守するだけでなく、目的物の保管義務もこれに含まれる。賃借人自身が違反すれば債務不履行となるのは当然であるが、賃借人の家族・同居人や従業員に帰責事由がある場合でも責任を負う（第三者の行為による不履行）。賃借人の失火により建物を焼失した場合、失火責任法では軽過失による不法行為責任は免責されるが、賃貸人に対する債務不履行になるので、その適用はない（大連判明治45・3・23民録18輯315頁）。

(b)　借地条件の変更
　借地については、借地上の建物の種類、構造、用途や増改築を制限する特約（借地条件）がある場合に、その変更について当事者間の協議が調わないときは、裁判所への申立てにより、裁判所は借地条件を変更しまたは増改築について賃貸人の承諾に代わる許可を与えることができる（借地借家17条1項、2項）。増改築禁止特約については、法改正によりこの規定が設けられる以前から、特約に違反した場合契約を解除できるかという問題があるので、◆解釈◆であらためて取り上げる。

(4) 目的物返還義務
(a) 原状回復義務

賃借人は、賃貸借の終了時に、目的物の損傷を借り受けた当時の原状に復して返還する義務を負う（新601条、新621条）。賃借人に帰責事由がない損傷については義務を負わない。賃借人の債務不履行により目的物に損害が生じていれば、敷金で充当され（2◆条文◆(2)参照）、それ以上の損害があればさらに賠償責任を負う。ただし、通常の用法で使用した場合の目的物の損耗、経年変化は、賃貸借の本質上当然に予定されているものであり、明確な合意がなければ原状回復義務はない。通常損耗の点は旧法の下での判例（最判平成17・12・16判時1921号61頁）を受けたものである。

損害賠償請求権は、返還時から1年の期間制限があり（新622条、新600条）、請求可能時から10年の消滅時効にかかる（新166条1項2号）。

(b) 物理的増加
(ア) 民法の原則

賃貸借継続中に目的物に物理的増加があった場合には、付合（民242条）、費用の償還（民608条）の問題になる。しかし、増加物の分離が容易なときは付合しないので、賃借人がそれを収去する義務を負う（たとえば照明器具）。分離が不可能か分離するのに過大な費用を要するときは付合するので、その物は賃貸人の所有となり、賃借人は費用の償還を請求することになる（たとえば壁紙）。どちらともいえないときは（たとえば石垣、花壇、壁に取り付けた帽子かけ）、賃借人の選択によることになろう。以上のような民法の原則に対して、借地借家法には以下のような特別規定がある。

(イ) 建物買取請求権

借地権の存続期間が満了し、更新がないときは、借地人は、賃貸人に対し借地上の建物を時価で買い取るよう請求することができる（借地借家13条）。これは増加物の分離が容易な場合（付合しない場合）について、民法の例外になる。請求権というが、その実体は賃借人の行使により効果を生じる形成権である。買取りに関する特約を結んでも賃借人に不利なものは無効である（借地借家16条）。時価とは請求時の建物の時価である。借地権

は消滅しているので借地権価格は含まれないが、場所的環境は取引通念上建物の時価に影響するので参酌される（最判昭和35・12・20民集14巻14号3130頁）。しかし、建物に抵当権が付いていても減額されない（最判昭和39・2・4民集18巻2号233頁）。判例は、賃借人の債務不履行による終了の場合には買取請求権はないとするが（最判昭和35・2・9民集14巻1号108頁）、学説は、建物保護を重視するか賃借人の自己責任を重視するかで分かれている。後者が妥当である。

　買取請求をした場合、代金支払いと建物の明渡しが同時履行になることは当然であるが（最判昭和42・9・14民集21巻7号1791頁）、土地についても留置権があると解されている（大判昭和18・2・18民集22巻91頁）。そう解さなければ建物を収去せざるをえなくなるからである。ただし、賃貸借は終了しているので、土地を使用していた期間の賃料相当額を不当利得として返還しなければならない（最判昭和35・9・20民集14巻11号2227頁）。また、この請求権は権利を行使できる時から10年の消滅時効（新166条1項2号）にかかる（最判昭和42・7・20民集21巻6号1601頁）。

　買取請求権の趣旨は、借地人による投下資本の回収、建物保護、契約更新の間接的強制にあるといわれる。しかし実際には更新拒絶は制度上困難であり、また、賃貸人としては中古の建物を買い取って更新しないほうが得策であって、それほど効果はない制度である。なお、一般定期借地権、事業用定期借地権ではこの請求権はない（借地借家22条、23条）。

(ウ)　**造作買取請求権**

　借家で、賃貸人の同意を得て建物に造作を付加していた場合には、期間満了または解約申入れによって賃貸借が終了するときに、賃借人は、賃貸人に対し造作を時価で買い取るよう請求することができる（借地借家33条1項）。この請求権もまた、請求により売買契約が成立したのと同一の効果を生ずると解されており（大判昭和2・12・27民集6巻743頁）、実体は形成権である。造作とは、畳、建具、棚、エアコン、システムキッチンなどであり、建物とは別物で、便益性はあるが収去しても賃借人には意味がないか価値が下がってしまうようなものである。時価とは請求時の時価である。しかし、大規模な造作については（たとえば造り付けの書架）、付合したとして費用の償還を請求することができる（民608条）ので、ここでの

造作は小規模なものに限られる。そこでこの規定は、任意規定とされており、特約で排除することが可能である（借地借家37条参照。なお、旧借家法6条では強行規定とされていた）。

判例は、賃借人の債務不履行による終了の場合にはこの請求権はないとする（最判昭和31・4・6民集10巻4号356頁）。また、代金支払いと建物明渡しとは対価関係にないとして同時履行の関係にはなく、留置権もないとしている（最判昭和29・1・14民集8巻1号16頁、最判昭和29・7・22民集8巻7号1425頁）。学説では、賃借人保護の観点から、債務不履行の場合にも買取請求権を認めるべきとし、同時履行ないし留置権も（有益費償還請求で認められる以上）認めるべきであるとする見解が多いが、最近では、任意規定となったこともあってこの請求が問題になること自体が少なくなった。

◆ 解 釈 ◆

(1) **賃料不減額特約・自動改訂特約の効力**

賃料の増額・減額に関して、一定期間増額しない旨の不増額特約は有効である（借地借家11条1項ただし書、32条1項ただし書）。逆に不減額特約については、判例は特約があっても減額請求できるとする（大判昭和13・11・1民集17巻2087頁）。賃料の自動改定特約についても、特約は有効であるが、減額請求権を排除することはできないとする（最判平成15・6・12民集57巻6号595頁）。したがって、賃料減額請求権の規定は、強行法規であるとする（最判昭和56・4・20民集35巻3号656頁〔11条〕、最判平成15・10・21民集57巻9号1213頁〔32条〕）。しかし、強行法規であるが特約は有効であるという構成は理解しにくい。特約は無効であるとしたうえで、減額の金額を総合判断する際に、契約締結時にそのような特約が結ばれた事情を考慮すると構成するほうが妥当ではなかろうか（ただし、上記の最判平成15・10・21はサブ・リースに関するものであり、事情の変化は事業者である賃借人がリスク負担すべきであるとして判例に対する批判も多い。サブ・リースについては7◆解釈◆(3)で扱う）。

(2) **増改築禁止特約違反の効力**

増改築禁止特約に違反して増改築をした場合、賃貸人は契約を解除する

ことができるか。借家の場合には、無断で増改築をすればそれ自体が用法遵守義務違反となるので、当然解除できる。したがって特約がなされるのは、借地における借地上の建物(借地人所有)について、賃貸人の承諾がなければ増改築を禁止するという場合である。これには、長期にわたる借地人の居座りや契約終了時における高価での建物買取りを予防しようとの意図があるといわれている。

　判例は、特約違反があってもそれだけでは解除を認めず、増改築が賃貸人と借地人間の信頼関係を破壊すると認めるに足りない事情があることを借地人が立証した場合には、解除権の行使は信義則に違反するものとして認められないとしている(最判昭和41・4・21民集20巻4号720頁〔建物の2階部分を総2階にして賃貸アパートに改造した事案〕)。これを信頼関係破壊の法理という。この法理は、後に取り上げる賃借権の無断譲渡・転貸において展開されたものであり、判例はそれをここでも援用している。

　しかし現在では、この法理は、用法遵守義務違反に関して、増改築禁止特約の有無にかかわらず、解除を阻止しようとする借地人の抗弁としてだけでなく、賃貸人が解除を主張する際の請求原因としても用いられており、広く借地条件の変更が当該賃貸借契約上認められるべきか否かという、契約内容確定の判断要素として機能しているといえよう。また、前述のように、増改築について裁判所が賃貸人の承諾に代わる許可を与える規定が設けられており(借地借家17条2項)、解除の効力を争うよりもこの手続きによるほうが実際的になっている。信頼関係破壊の法理には、当事者の交渉促進機能もあるといわれてきたが、この手続きはその機能も継受しているといえよう。

◆ 発 展 問 題 ◆

　賃料と用法遵守義務について、改正では、従来の判例・学説をふまえた以外では、大きな変更がなされなかった。しかし、すでにみたように、これらに関する条文や解釈は、民法と借地借家法が交錯してかなり複雑であり、一見して分かりやすいものではない。これには、賃料支払義務や用法遵守義務の具体的内容は賃貸借契約の解釈に依存するところが多いことにもよるが、一定の理念に基づいて任意規定と強行規定の住み分けなどを整理する必要があるのではなかろうか。

7　賃借権の譲渡・転貸

- 民法では、賃貸人の承諾を得なければ賃借権を譲渡・転貸することができない。
- 借地においては、譲渡・転貸があっても賃貸人に不利となるおそれがないにもかかわらず承諾をしないときは、借地人は、承諾に代わる許可を裁判所に請求することができる。
- 有効に譲渡がなされると、譲渡後のすべての債権債務関係は譲受人に帰属し、譲渡人は賃貸借関係から離脱する。
- 有効に転貸がなされると、賃貸借関係とともに転貸借関係が生じ、転借人は賃貸人に対して直接義務を負う。
- 無断譲渡・転貸であっても、それが賃貸人との信頼関係を破壊すると認められない特段の事情があることを賃借人が立証したときは、解除権は生じないと解されている。
- 転貸借がある場合には、賃貸借が合意解除されても、賃貸借の終了を転借人に対抗できないと解されている。しかし、賃貸借が賃借人の債務不履行により解除されたときは、転貸借は賃貸人から明渡請求があった時に消滅すると解されている。
- サブ・リースは、当初から転貸借を予定した賃貸借であり、通常の賃貸借とは異なる効果があると解されている。

◆ 条　文 ◆

(1) **民法の原則**

(a) **譲渡・転貸の意義と賃貸人の承諾**

　賃借権の譲渡は、権利の譲渡だけでなく、賃借人としての地位の譲渡であり、原則として、譲渡後の債権債務関係のすべてが譲渡人から譲受人に移転し、譲渡人は賃貸借関係から離脱する。これに対して転貸は、賃貸借関係を残したままで、目的物をまた貸しすることであり、当事者が増えるので複雑な法律関係が発生する。

　民法は、賃貸人の承諾を得なければ賃借権を譲渡・転貸することができないとしている（民612条1項）。無断譲渡・転貸をすると、賃貸人は賃貸

借契約を解除することができる（同条2項）。改正でもこの規定に変更はない。したがって、従来の解釈もまた維持されることになる。

このように賃借権の自由な譲渡・転貸が許されないのは、物権である地上権との大きな違いであり、賃貸人と賃借人との人間関係に配慮し、賃貸人にとって不都合な賃借人・転借人を排除しようとするものである。しかし、賃借権を一つの財産として見れば、譲渡・転貸は財産権の処分であり原則として自由に認めるべきだということになる。このような要請はとくに後述の借地にあてはまるであろう。また、人間関係を壊さないのであれば、たとえ承諾がなくともできるだけ譲渡・転貸を認めるべきではないかという解釈も現れることになる（◆解釈◆参照）。

承諾は、譲渡・転貸の前でも後でもかまわない。単独行為であり、譲渡人・転貸人（賃借人）に対してしてもよいし、譲受人・転借人に対してしてもよい（最判昭和31・10・5民集10巻10号1239頁）。いったん承諾したときは、たとえ譲渡・転貸の前であろうとも撤回できない（最判昭和30・5・13民集9巻6号698頁）。賃借人に不測の損害をもたらすからである。承諾がない場合には、たとえその後、譲渡・転貸が終了していたとしても、解除できる（大判昭和10・4・22民集14巻571頁、最判昭和32・12・10民集11巻13号2103頁）。

(b) 有効な譲渡・転貸の法律関係

承諾を得て賃借権が譲渡されると、特別な合意がなければ、譲渡後の債権債務関係のすべては譲受人に帰属し、譲渡人は賃貸借関係から離脱すると解するのが多数説である。また、既存の未払賃料債務や損害賠償債務は、特別の合意（債務引受）がなければ譲受人に移転しない。後述のように、無断譲渡でも解除できないことがあるが、そのような場合には賃貸人と譲受人間で賃貸借関係が生じ、譲渡人は離脱する（最判昭和45・12・11民集24巻13号2015頁）。しかしこの場合には、承諾を与えていないのであるから譲渡人も譲受人と併存的な責任を負い続けると解すべきとする見解もある。

他方、承諾を得てなされた転貸では、賃貸借関係とともに転貸借関係が生じる。転貸借契約の当事者は転貸人（賃借人）と転借人であるが、転借人は、賃借人の債務の範囲を限度として、賃貸人に対して直接履行する義

務を負うとされている（新613条1項前段）。したがって賃貸人は、賃料を賃借人に請求できるほか（同条2項）、賃借人が転借料を受領しながら賃貸人に賃料を支払わないような事態に備えて、転借人に対しても、賃借人との間の賃料を限度として転借料を支払うよう請求できる。この場合、転借人は支払いをした限度で転貸人への転借料の支払いを免れる。賃借人に転借料を前払いしていても、それを賃貸人に対抗することはできない（同条1項後段）。前払いとは、弁済期より前という意味であり、賃貸人からの支払請求前という意味ではない（大判昭和7・10・8民集11巻1901頁）。他方、転借人は賃貸人に対して直接権利を有しない。転借人を含めた三者関係が形成されているという見方をすれば、一方的な感があることは否めないように思われる。ただし目的物に費用を支出したときは、占有者として償還請求できる（民196条）。なお、賃借人は、転借人が目的物を滅失・損傷した場合、賃借人に帰責事由があると評価されれば賃貸人に対して債務不履行責任を負う（第5章2 ◆解釈◆(3)第三者の行為による不履行参照）。

(c) **無断譲渡・転貸の法律関係**

賃貸人の承諾がなくても、賃借人と譲受人間の譲渡契約や賃借人と転借人間の転貸借契約自体は有効である。しかし賃貸人は、解除の有無を問わず、所有権に基づき譲受人・転借人に対して目的物の返還を請求できる。譲受人・転借人は、目的物を返還したときは、譲渡人・賃借人に対して契約不適合に対する責任を追及できる（民559条）。たとえば、代金や転借料の支払いを拒絶できる（新576条）。また、債務不履行として、契約の解除や損害賠償請求をすることができる（新451条、新542条）。

(2) **借地・借家**

借地借家法には、借地について民法の原則に対する特別の措置がある。第1に、承諾が得られない場合には、譲渡・転貸により借地上の建物を取得した者は、建物買取請求権があり、その建物を時価で買い取るよう賃貸人に請求することができる（借地借家14条）。これは承諾を間接的に強制する趣旨である。第2に、譲渡・転貸があっても賃貸人に不利となるおそれがないにもかかわらず、これらを承諾しないときは、借地人は、承諾に代わる許可を裁判所に請求することができる（借地借家19条、20条）。これは

建物所有を目的とする土地の賃貸借（借地）では、通常、借地を利用する者が誰かによって利用方法が異なるわけではないことに基づく。

他方、借家については特別の規定はなく、民法の原則に従うことになる。なお、高齢者のための建物の終身賃貸借では、賃借権の譲渡・転貸をすることはできない（高齢者の居住の安定確保に関する法律64条）。

◆ 解　釈 ◆
(1)　**信頼関係破壊の法理**
(a)　**意　義**
　民法の原則をそのまま適用したのでは、借地の例外を除き、賃貸人は、自己に不利にならない場合でも、承諾しなければ賃貸借契約を解除できてしまうことになり、賃借人に酷なことがある。このため今日では、解釈によって解除が制限されている。すなわち、無断譲渡・転貸であっても、それが賃貸人との信頼関係を破壊すると認められない特段の事情がある場合には、民法612条の解除権は生じないと解されており、これは「信頼関係破壊の法理」と呼ばれている（最判昭和28・9・25民集7巻9号979頁〔ただしこの判決は信頼関係破壊ではなく背信行為という表現をしていた〕）。特段の事情の立証責任は賃借人にある（最判昭和41・1・27民集20巻1号136頁）。この信頼関係破壊の法理は、無断譲渡・転貸における解除権の制限から始まった法理であるが、今日では、すでに述べた増改築禁止特約違反による解除の場合や、後述の著しい用法違反があるときの無催告解除の可否の場合などを含めて広く適用されており、さらには、債務不履行がない場合でも解除の請求原因として認められるようになっており（最判昭和40・8・2民集19巻6号1368頁〔建物賃借人が賃借していない部分を不法占拠していた事例〕）、賃貸借関係全体の基盤となる法理になっている。したがってまた、今日では、この法理は、解除を制限するという機能（無断譲渡・転貸による解除、増改築禁止特約違反による解除）とともに、解除を容易にする（無催告解除、賃料不払いがない場合の解除）という機能も併せ有しているといえよう（解除の請求原因として利用する場合には、信頼関係が破壊されたことの主張・立証責任が賃貸人にあることになる）。

(b) **具体例**

　信頼関係破壊の法理は、理論としては幅広いが、判例上、無断譲渡・転貸の場合に解除が制限される事例は実際にはかなり限定的である。①無断譲渡・転貸が軽微な場合：前掲の最判昭和28・9・25は、適法に土地賃借権の譲渡を受けたが、その土地から少し離れたところに建物を建てたために、その敷地部分が無断譲渡になってしまったという事例である。その他に、一時的ないし一部の間貸しの場合がある（最判昭和31・5・8民集10巻5号475頁）。②賃借人と転借人が実質的に同一人の場合：賃借人が共同経営者とともに賃借家屋で事業をしていた場合（最判昭和36・4・28民集15巻4号1211頁）、内縁の妻が夫の死亡後にその相続人から土地賃借権の譲渡を受けた場合（最判昭和39・6・30民集18巻5号991頁）、個人の賃借人が個人企業を会社組織に変更してその会社に賃借建物を使用させていた場合（最判昭和39・11・19民集18巻9号1900頁）、土地賃借権の譲渡人と譲受人が実質的に同じ会社である場合（最判平成8・10・14民集50巻9号2431頁・百選Ⅱ-60）などがある。③実質的に譲渡といえない場合：担保目的で借地上の建物を譲渡し（買戻特約付売買）譲渡後も借地人が建物の使用を継続している場合（最判昭和40・12・17民集19巻9号2159頁）などがある。

　以上のように、判例上は譲受人・転借人が誰であるかが重視されている傾向がある。これは特別の事情の存在の立証責任が賃借人にあることに関係していると思われる（まさに特別の事情をあげなければならない）。しかし、信頼関係破壊の法理は賃貸借全体の基礎にある法理であると捉えるならば、人的な関連性がないまったくの第三者への譲渡・転貸であっても、賃貸人にとって何も不利になることがないことが立証できれば、解除を制限してもよいように思われる。

(c) **人的属性**

　譲受人・転借人の人的な属性（職業など）は信頼関係破壊の要素として考慮されるべきか。たとえば、暴力団員、売春婦などの場合にどうかが争われている。学説の中には、近代的な賃貸借関係は物に即した関係であり、対価が支払えるか否かだけが問題であって、封建的ないし身分的な要素を持ち込むべきではないとする見解がある。しかし、判例（最判昭和33・1・14民集12巻1号41頁）・多数説は、信頼関係破壊の判断は諸要素の

総合判断であるというべきであり、人的な要素についても不合理でないもの（暴力団事務所や売春宿の排除など）については考慮すべきであるとしている。そもそも賃貸借に限らず、契約関係は即物的なだけの存在というべきではなく、判例・多数説が妥当である。

(2) 賃貸借関係の消滅と転貸借

賃貸借契約が期間満了や解除によって消滅した場合に転貸借関係がどうなるかについては、終了原因で分けて以下のような議論がある。

(a) 期間満了

賃貸借関係が期間満了により終了した場合、転貸借関係もその時に消滅する。ただし、借家では、賃貸人が賃貸借の終了を転借人に通知しなければ対抗できず、通知してもその後6か月を経過しないと転貸借は終了しない（借地借家34条）。なお、転貸借ではないが、借地上の建物の賃貸借においては、建物賃借人が土地賃貸借の期間満了を1年前に知らなかった場合に限り、裁判所は、建物賃借人の請求により、満了を知った日から1年以内の明渡猶予期間を付与できる（借地借家35条1項）。

(b) 合意解除

賃貸借が合意解除（合意解約）された場合には、特段の事情がない限り、賃貸借の終了を転借人に対抗できないというのが従来の判例であった（大判昭和9・3・7民集13巻278頁）。権利の放棄をしても他人の権利を害することはできないこと、民法398条（抵当権の目的である用益物権を放棄しても抵当権者に対抗できない）と類似性があること、転貸借を承諾していながらそれと矛盾する行為をすることは許されないこと（矛盾行為の禁止）によると解されていた。特段の事情の立証責任は解除を主張する者にある。具体的には、あらかじめ賃貸借の終了を了解して転貸借をしていた場合、賃借人と転借人が一体と見られる場合などである。改正により、新法では、賃貸借の合意解除をもって転借人に対抗できないと明文化された（新613条3項本文）。特段の事情の例外は規定されていないが、従来の解釈を維持してよいであろう。

なお、借地上の建物の賃貸借でも、借地契約の合意解除は、特段の事情

がない限り、借地上の建物の賃借人に対抗できないと解されている（最判昭和38・2・21民集17巻1号219頁）。この場合の特段の事情としては、法定解除事由もあったこと（最判昭和41・5・19民集20巻5号989頁）、借地人と建物賃借人を同視できること（最判昭和49・4・26民集28巻3号527頁）などである。転貸借でも参考になるであろう。

　合意解除が転借人に対抗できない場合、その後の法律関係はどうなるか。改正でもこの点の立法化は見送られた。従来の学説では、原賃貸借も存続するとする説もあるが、賃貸借関係は合意解除されているのに契約関係に強制的に引き留めることは妥当でなく、賃貸人と転借人間の賃貸借関係になると解するのが多数説である。また、この場合の賃貸借契約については、原賃貸借を基準とする説と、転貸借契約を基準とする説とに分かれているが、合意解除を転借人に対抗できない以上、問題を転借人の側から見るべきであり、後者が妥当である（転借料が賃料よりも高くても転借人に不利だとはいえない）。

(c) **債務不履行解除**

　賃貸借契約が賃借人の債務不履行により解除された場合には、転貸借も終了すると解されている（最判昭和36・12・21民集15巻12号3243頁）。改正により、新法でも、合意解除であってもその解除の当時債務不履行による解除権が発生している場合には、転貸借が終了するというかたちで規定された（新613条3項ただし書）。これは、債務不履行解除では転貸借も終了することを前提にしている。

　転貸借の終了時は、賃貸人から転借人に対して目的物の返還請求があった時である（最判平成9・2・25民集51巻2号398頁）。賃貸借の解除時ではない。これは、賃貸人が返還請求をすると、その時に社会通念上、転貸人（賃借人）の転借人に対する履行不能になると解されるからである。したがって、賃貸借終了から転借人に対する返還請求までの間の転借料は支払わなければならない。

　賃借人の賃料不払いを理由に賃貸借を解除する場合、賃借人に対してのみ支払いの催告をすればよいか、それとも転借人にも催告しなければならないと解すべきか。従来の判例は、転借人に支払いの機会を与える必要はなく催告は不要であるとしている（最判昭和37・3・29民集16巻3号662頁、

最判平成6・7・28判時1540号38頁)。また、前述のように、借家では賃貸借関係が期間満了により終了する場合には、それを転借人に通知しなければ対抗できないが(借地借家34条)、この規定は債務不履行解除の場合には適用がないと解されている(最判昭和39・3・31判タ164号70頁)。学説では、催告は明文にない新たな義務を設定することになるし、賃貸借の信頼関係が破壊されている以上やむをえないとして判例に賛成する説もあるが、多数説は、むしろ転借人に不払賃料の第三者弁済(新474条)の機会を与えるべきだとして判例に反対している。改正作業の初期段階では、この問題についても明文化することが検討されたが、結局は見送られた。したがってこの点に関する議論は今後も継続する。

(3) **サブ・リース**

　サブ・リースとは、建物(ビルなど)の所有者が不動産事業者(ディベロッパー)に一括して建物を賃貸し、事業者が各フロアや各部屋を第三者に転貸する契約である。安定収入確保、賃貸に伴う煩わしさの回避の点で所有者にメリットがあるといわれており、ここでは転貸が当初から予定されている。このようなサブ・リースは、訳語そのままに転貸借であるといってよいのか否かが議論されている。

　判例は、賃貸借が期間満了により終了しても、信義則上、転借人に対抗できないとしており(最判平成14・3・28民集56巻3号662頁)、転貸借としながら通常の転貸借とは異なる解釈を展開している(なお、この場合には賃貸人が賃借人の地位を受け継ぐと解されている)。また、賃貸借について賃料の自動増額特約があったが、バブル経済の崩壊でオフィスビルへの需要が減少し、収益が減少した事業者が借地借家法32条に基づき賃料の減額を請求したという事例では、特約は有効だが、サブ・リース契約の特殊性など諸般の事情を総合して、減額請求を認めた(最判平成15・10・21民集57巻9号1213頁。自動改訂特約一般の効力については、**6 ◆解釈◆**(1)参照)。これも転貸借と認めたうえで特殊性を考慮する結果となっている。学説は、通常の転貸借であると解する説、サブ・リースの実体は共同事業であって転貸借ではないと解する説、転貸借ではあるが賃料については事業者が賃料相場の変動リスクを負担するという合意をしているのであるから減額請求は認められないと解する説などがある。当事者が転貸借という契約によっ

ており、また所有者と事業者が共同事業をしているとまでは言い切れないと思われるので、当事者の合意の解釈を優先すべきであり、最後の説が妥当であろう。

◆ **発展問題** ◆

適法転貸借は、賃貸人・賃借人・転借人の三当事者で行われる取引であり、それぞれの独立した利益に応じて、三者間の権利義務関係を明確化すべきである。しかし民法の規定は、転貸借をあくまで賃貸借のエクステンションとして位置づけ、賃貸人の側から転貸借を許容できるか、また転借人に対して何を請求できるかという観点からの規定を置くにとどまっている。改正作業の初期段階では、転借人の権利を明記することや、賃借人が脱落した場合の法律関係、サブ・リースなどについても検討がなされたが、これらはいずれも明文化が見送られた。したがってこれらは今後も解釈に委ねられることになった。しかし従来の解釈論を繰り返すのではなく、転貸借について、より根本的な観点からの検討が必要になるであろう。

8　賃借権の対抗

- ・民法では、不動産賃借権を登記していれば、第三者に対して賃借権を対抗できるとされているが、賃借人は賃貸人に対して登記手続きに協力するよう請求する権利はないと解されているため、実際にはほとんどの場合無登記のままとなっている。
- ・借地では、借地上に借地権者が登記した建物を所有しているときは、借地権を第三者に対抗できる。
- ・借家では、建物の引渡しがあれば借家権を第三者に対抗できる。
- ・賃借人が目的不動産の新所有者に賃借権を対抗できるときは、賃貸人の地位が移転する。
- ・不動産の新所有者が賃借人に対して賃貸人の地位が移転したことを主張するには、賃借人を保護するために、登記を備えていなければならない。
- ・対抗要件を備えた不動産の賃借人は、不動産の占有を妨害する第三

者に対して妨害の停止を請求することができ、不動産を占有する第三者に対して返還を請求することができる。
・賃借人は、占有者として占有訴権を行使したり、賃貸人に対する債権者として賃貸人の有する所有権に基づく妨害排除請求権を代位行使したりすることもできると解されている。

◆ 条 文 ◆

(1) 民法の原則

　不動産賃貸借の目的物が譲渡された場合、賃借権が登記されていれば、賃借人は、新しい所有者に対しても賃借権を対抗できる（新605条）。新しい所有者だけでなく、不動産の二重賃借人や差押債権者も含まれる。改正により、物権を取得した者（旧605条）に、その他の第三者という文言が追加された。新しい所有者との関係では、賃貸借関係が新所有者との関係に継受されることになる（新605条の2第1項）。これは「売買は賃貸借を破る」という原則を「売買は賃貸借を破らず」へ転換したものである。すなわち、物権の原則からすれば、同一物について所有権を有する者と債権を有する者がある場合には、物権の優先的効力により所有権が優先する。したがって、売買により賃貸借の目的物の所有権が移転した場合には、その物の賃借人は新所有者に対して賃借権を主張できなくなる。しかし、賃貸借の場合には、賃借権は債権でありながら登記することが認められ、登記をすれば目的物について物権を取得した者に対しても賃借権を主張できるとされているのである。

　しかし実際には、このような登記はほとんどなされることがない。賃借人には賃貸人に対して登記請求権（登記手続協力請求権）を有しないと解されており（大判大正10・9・11民録27輯1378頁）、賃借人だけでは、賃借権という賃貸人と賃借人の関係を登記するために共同申請である登記手続を取ることができないからである。賃貸人にしてみれば、義務がない以上、わざわざ登記に応じることはない。このため、民法の下では、賃貸人と賃借人の力関係の違いを反映して、無登記であることが一般的な状態になる。

　しかし、日露戦争後の地価高騰に伴い、賃借人を追い出すために土地を

譲渡して、新所有者のもとで賃借人を追い出すことが横行した。これは、土地が譲渡されると借地上の建物を取り壊して明け渡さなければならなくなることから、「地震売買」と呼ばれた。そこで、「売買は賃貸借を破らず」の実質を確保するために、借地については建物保護法（明治42年）が、借家については借家法（大正10年）が制定された。これはその後借地借家法に受け継がれ、現在では、以下に述べるような保護が認められている。なお、農地については、とくに引渡しによって対抗力があるものとされている（農地18条1項）。

(2) 借地
(a) 借地上の建物登記による保護

　借地借家法では、借地上に借地権者が登記した建物を所有しているときは、これをもって借地権を第三者に対抗できるとされている（借地借家10条1項）。借地上の建物は借地権者の所有であるから、賃借権の登記ができない場合でも建物の登記を単独ですることができる。これにより借地権の対抗力を付与するというのである。理論的にはなぜそうなるのか説明が難しいが、その趣旨は、第三者は現地を見れば土地の所有者のものでない登記された建物があることが分かるので、そこから借地権の存在を理解すべきだというところにある。ただし、そもそもの立法趣旨は、建物の保護にあった。しかし現在では、借地権の存続保障にあるというべきである。

(b) 建物が滅失した場合の保護

　借地上の建物が滅失すれば、上記の対抗力は失われる。しかし、滅失後2年間は、建物を特定するのに必要な事項その他の一定事項を現地の見やすい場所に掲示すれば、対抗力は維持される（借地借家10条2項本文）。ただし、2年以内に再築して登記しなければ対抗力は失われる（同条2項ただし書）。これは、建物がなくても対抗力を認めようとするものであり、現在の借地借家法が建物保護から借地人保護へと転換した証であるともいえる制度である。一定の事項とは、借地権者の住所氏名、滅失した建物の表示（所在、家屋番号、種類、構造、床面積）、滅失した日、滅失から2年以内に新たに築造する旨である。しかし、滅失後掲示をする前に土地について新所有者が現れると借地権を対抗できなくなるので、滅失後間髪入れ

ずに掲示をする必要がある。なお、大規模な火災、震災その他の特定大規模災害の被災地の借地については、建物が滅失しても政令施行の日から6か月間は借地借家法10条の効力があるとされ、上記のような掲示をしたときも新たな建物の建築・登記までの期間が3年に延長されている（大規模な災害の被災地における借地借家に関する特別措置法4条）。

(3) 借家

建物賃貸借では、建物の引渡しで借家権の対抗力があるとされている（借地借家31条1項）。占有改定（民183条）は、引渡しの方法の一つではあるが、代理占有者として占有するという合意にすぎず、実際には賃貸人が依然として占有しており、目的物を賃借人が実際には使用していない。このような賃借権を保護する必要はなく、占有改定はここでの引渡しにはあたらないというべきであろう。

(4) 動産賃借権

動産の賃借権については、民法上規定がなく、特別法もない。多数説は、賃借人が占有する動産を譲り受けた者は、賃借人に対する指図による占有移転（民184条）で自らの所有権の対抗力を取得するが、それは賃貸借を承認していることになるとして、引渡し（占有）で対抗力を取得すると解する。また、引渡しに対抗力はないが、新所有者の引渡請求は場合によって権利濫用になるとする説もある。しかし、動産の賃借権は不動産の場合と異なり、特別法によって強化されて物権化しているわけではなく、原則どおり債権としての効力しかなく、新所有者に対する対抗要件を備える方法はないと解するほかないのではなかろうか。ただし通常は、目的物の譲渡に際して賃貸人の地位の移転も合意されているといえることが多いであろう。

(5) 賃借権の妨害等

すでに第三者による債権侵害について述べたが（第6章6◆解釈◆(3)）、妨害排除請求の問題を留保してきた。それは利用を伴う債権である賃借権で、かつ不動産の場合に問題になるからである。すなわち、賃貸借の目的物である不動産について第三者が占有を妨害または占拠している場合、

賃借権者はこれを排除することができるかが問題になる。

　従来の判例は、賃借権が排他性を備えている場合に、賃借権に基づく妨害排除請求権を認めており（最判昭和28・12・18民集7巻12号1515頁）、それ以外の場合には、占有権に基づく占有訴権（民197条以下）または賃貸人の所有権に基づく妨害排除請求権を債権者として債権者代位権（新423条）を行使すれば足りるとしている（大判昭和4・12・16民集8巻944頁）。賃借権に基づく妨害排除請求を認めた事例は、対抗力のある土地の賃貸借で二重賃貸がなされ、第二賃借人が建物を建ててしまったという事例であり、第一賃借人が占有しておらず、また賃貸人が第二賃借人に対して妨害排除請求権を有しないので、占有訴権も債権者代位権も使えないという事情があった。これに対して学説では、かつては妨害排除請求権の否定説から肯定説までが種々の理由づけのもとで議論されたが、近年では、判例法理の定着をふまえて判例に賛成する見解、または、不法占拠者に対しては対抗要件をもって対抗しなければならない第三者に当たらないとして対抗要件がなくても妨害排除請求を認め、二重譲渡型では登記が必要であるとする見解が展開されていた。改正により、新法では、明文規定が設けられ、対抗要件を備えた不動産賃借人は、①不動産の占有を妨害する第三者に対して妨害の停止を請求でき、②不動産を占有する第三者に対して返還を請求できることとされた（新605条の4）。これは従来の判例・学説の共通項を明文化したものであり、対抗力がない賃借人と不法占拠者との関係は今後も解釈に委ねられることになった。

(6)　賃貸人の地位の移転
(a)　旧法の下での判例・学説

　旧法では、賃貸人の地位の移転について明文の規定がなかった。従来の判例は、賃借人が賃借権の存在を目的物の新しい所有者に対抗できる場合には、賃貸人の地位がその新所有者に移転することになるとし（大判大正10・5・30民録27輯1013頁、最判昭和39・8・28民集18巻7号1354頁）、賃貸人の地位を旧所有者に留保するという合意をしても、新所有者に移転する（最判平成11・3・25判時1674号61頁）としていた。賃借人に不測の損害が生じるからである。また、賃貸人の地位の移転について賃借人が承諾することは不要であるとしていた（最判昭和46・4・23民集25巻3号388頁）。地

位の移転には賃貸人の義務の移転を伴うが、その義務は賃貸人が誰かによって異ならないと解するからである。学説では、これを目的物の所有権と結合した状態にある債務（状態債務）であるとして説明する見解があるほか、対抗力の法的効果であるとする見解や、承諾がなければ賃貸人としての債務を負わないとする見解などがあり、議論が分かれていた。ただし最後の見解によっても、通常は賃借人が新所有者に対して賃借権を主張すれば、賃貸人の地位の移転を承認したといえるであろうから、結論的に大きな違いがあるわけではない。

　逆に新所有者が賃借人に対して賃貸人としての地位を主張するためには、登記を備える必要があると解されていた（大判昭和8・5・9民集12巻1123頁〔賃料請求〕、最判昭和49・3・19民集28巻2号325頁〔債務不履行解除〕）。これは、新所有者が所有権の取得を第三者に対抗するために登記を要する（民177条）という趣旨に解すべきではなく、物権の対抗問題ではないが賃借人を賃料の二重払いの危険などから保護しようとの趣旨であると解される。

(b)　改正法の立場

　改正法では、賃貸人の地位の移転について、(ｱ)賃借権が対抗要件を備えている場合の地位の当然移転（新605条の2）と、(ｲ)合意による地位の移転（新605条の3）という二つの規定が新設された。

(ｱ)　賃借権が対抗要件を備えている場合の地位の移転

①原則

　賃借権が対抗要件を備えている場合には、不動産が譲渡されたときは、賃貸人の地位は譲受人に移転する（新605条の2第1項）。すなわち、賃借人の承諾を要せず、当然移転する。しかし、不動産の移転登記をしなければ、賃貸人たる地位を賃借人に対抗できない（同条第3項）。これらは従来の判例を明文化したものである。

②賃貸人の地位を留保する合意の効力

　不動産の譲渡に際して、賃貸人の地位を譲渡人に留保する合意をし、かつ、譲受人が譲渡人に賃貸する合意をしたときは、賃貸人の地位は譲受人

に移転しない（新605条の2第2項前段）。これは分かりにくいが、たとえば、AがBに賃貸している不動産をCに譲渡し、上記の留保と合意をした場合には、CがAに賃貸し、AがBに賃貸するという、一種の転貸借関係が成立するとするものである。また、この場合、譲渡人と譲受人ないしその承継人との間の賃貸借契約が終了したときは、譲渡人に留保されていた賃貸人の地位は、譲受人ないしその承継人に移転する（同条同項後段）。これは、上記の関係からAが脱落した場合には、CにAの地位が移転し、CとBとの間で賃貸借が存続するというものである。地位の留保の合意も一定の場合に有効とする点では、一見すると従来の判例と異なるように見えるが、実質的に賃借人に不利益が及ばないかたちで問題を処理する点では同じである。

(イ) 合意による地位の移転

不動産の譲渡人が賃貸人であるときは、賃貸人の地位は、賃借人の承諾を要しないで、譲渡人と譲受人の合意により、譲受人に移転させることもできる（新605条の3前段）。賃借人に対抗するためには移転登記をする必要があるのは(ア)と同様である（同条後段）。この場合の地位の移転は、賃貸人が賃借権の存在を認めるものであり、不動産賃借権が対抗要件を備えていなくても認められる。この規定もまた従来の判例を明文化したものである。

(ウ) 敷金返還・費用償還

賃貸人の地位が移転した場合、敷金返還義務および費用償還義務は、譲受人に移転する（新605条の2第4項、605条の3後段）。これらについては、すでに敷金と有益費の箇所で解説したとおり、従来の判例と解釈を明文化したにすぎない。

◆ 解 釈 ◆
借地借家法10条の建物登記の意義
改正により、従来、明文規定がなく、解釈上の大きな問題であった、賃借権に基づく妨害排除・返還請求権、賃貸人の地位の移転が明文化された。それでもなお、賃借権の対抗についてすべての問題が解決したわけで

はない。とくに、借地借家法10条にいう建物の登記の意義については、民法の規定でないことから、従来の解釈がそのまま維持される。

(1) **借地借家法10条1項の理解**

借地上の建物の登記により借地権の対抗力が認められるのはなぜかについて、理解の違いがある。この違いが解釈の違いを生じさせている。

(a) **現地主義的理解**

土地の譲渡を受けようとする者ならば、現地を見に行くのが当然であり、その際土地所有者の所有でない建物がそこにあれば、簡単に調査して借地権があることを容易に理解することができる（現地公示）。また、そもそも建物の登記で借地権の対抗力を認めること自体、借地権の公示という原則はすでに崩れている（土地の登記簿と建物の登記簿は別のもの）。このように考えるならば、借地借家法で建物の登記が要求されているのは建物があることを公示するためにすぎず、登記の要件はできるだけ緩やかに解釈すべきである。

(b) **公示主義的理解**

借地借家法による保護は、本来ならば対抗力がない借地権について、法がとくに認めた特別の保護であり、その保護を受けようとする者はそのために必要な努力をするのが当然である。建物登記を備えることを通じて借地権を公示することが、法が定めた保護の要件であり、これによりはじめて保護を受けることができる。このように考えるならば、登記の要件は厳格に解すべきである。

学説上、以前は(b)説も有力であったが、近年では(a)説によるものがほとんどであり、それが妥当である。そこで以下では、この立場から議論を整理することにする。ただし判例は、以下で見るように一定していないところがある。

(2) **実体と異なる登記**

登記に軽微な誤りがあっても対抗力は維持される（最大判昭和40・3・17民集19巻2号453頁）。これは、実際には79番地上に建物があるのに、登

記上80番地になっていたという事例であったが、土地を買おうとする者は現地を検分するのが通例であり、建物の同一性は認識できるとされた。また、甲・乙という二筆の土地にまたがる建物が登記上は乙地にあることになっていたとしてもよいとした例もある（最判昭和44・11・13判時579号58頁、最判昭和63・1・26判時1320号35頁）。

他方、一括して借地に供された甲・乙地の乙地上にのみ建物があるにもかかわらず、登記上は甲地上にあることになっていたという事例では、一括借地についての対抗力は否定されている（最判昭和44・12・23民集23巻12号2577頁）。番地違いの事例と同様に解すべきか否かは、基本的には現地こそが公示していると考えるか否かによるが、判例は更正登記が可能・容易か否かを考慮しているとも考えられる。

(3) 登記名義人

建物の登記名義人については、判例は厳格に借地人本人でなければならないとして、息子名義（最大判昭和41・4・27民集20巻4号870頁・百選Ⅱ-58）、妻名義（最判昭和47・6・22民集26巻5号1951頁）、譲渡担保権者名義（最判平成元・2・7判時1319号102頁）のいずれについても、他人名義では借地権者が誰かが分からないとして対抗力を否定している。しかし学説では、現地主義の立場から判例に反対する見解が多い。また、実質的な借地権者は家族全体であるとして同居の家族ならば対抗力を認めてよいとする家団論的な発想を持ち込む見解もある。

(4) 表示の登記

判例は表示の登記（不登27条以下）もここでの登記にあたるとしており（最判昭和50・2・13民集29巻2号83頁）、学説もこれに賛成している。表示の登記とは、登記簿の表題部のことであり、建物の所在地や現況が記載されている。これは昭和35年の土地台帳・家屋台帳制度と登記の一本化によって設けられたものであり、わが国では登記につき強制主義が採られていない（民177条）ことから、未登記不動産が出現して課税に困ることを避けるという目的がある。このため、表示の登記には強制主義が採られており（不登47条）、登記官が職権ですることもできる（不登28条）。したがって、表示の登記は民法177条にいう登記ではないと解されており、物

権変動の対抗要件ではない。しかし、ここでの問題は借地権の存在をいかに公示するかであり、現地主義、公示主義のいずれによろうとも、建物の存在が公示されており、しかも権利の登記がなされるまでは備考欄に所有者名が記載されているので、ここでの登記としては十分だといえる。

(5) 未登記建物

　判例には、建物が未登記の場合であっても、新所有者からの明渡請求を権利濫用だとしたものがある（最判昭和38・5・24民集17巻5号639頁〔借地権の存在を知りつつ追い出すために譲り受けた事例〕、最判昭和43・9・3民集22巻9号1817頁〔借地権があることを前提に著しく安価で購入した事例〕）。学説では、権利濫用では明渡請求を阻止できてもその後の権利関係が不明確になるとして、民法177条における背信的悪意者論（登記がなくても対抗できる）によるべきだとする見解もある。しかし、ここでの問題は177条の対抗問題ではない。権利濫用によりつつ、新所有者との間での賃貸借関係になると解すべきであろう

◆ 発 展 問 題 ◆

「対抗」概念の不明確性

　「対抗」という概念は、民法領域のいたるところで用いられている。しかしその意味は、条文によって異なっている。たとえば、上記の民法177条では、不動産の二重譲渡があった場合に、所有権取得の優劣を決定する趣旨であり、二重売買を無効とするものではない。これに対して、民法94条2項は、無効な虚偽表示が善意の第三者との関係では有効になることを認める。また、新605条は、不動産賃借権につき登記している場合には不動産の譲受人との関係で賃貸借関係が維持されることを意味する。このように、対抗という概念は、一見すると相対的な法律関係を処理するために便利な概念であるようにみえるが、同時に、当該条文の解釈をしなければその意味が明らかとならないあいまいさを有する概念であることを否めない。元々、訴訟を意識した概念で、フランス法に由来するが、わが国では、明治期の民法起草以来、場当たり的に用いられてきたきらいがある。いちいち解釈しなければ実体法上の意味が分からないというのでは不都合きわまりないが、他方では、訴訟での要件事実を意識すると分かりやすい

ところもある。近年では研究も進んできたが、実体法と訴訟との関係に配慮しながら、いくつかの意味を類型化できないであろうか。

9 賃貸借の終了

> ・賃借物の全部が滅失したときは、賃貸借は終了する。
> ・賃借人の債務不履行により賃貸借を解除する場合には、あらかじめ催告をする必要があると解されている。
> ・ただし、信頼関係を破壊する著しい用法違反の場合には、無催告で解除することも認められている。
> ・賃貸借では、解除の効果は将来に向かってのみ生じる（解約告知）。
> ・賃借人が死亡した場合には、賃借権は相続の対象となるが、借家で相続人がいないときは、借家人と同居していた内縁の配偶者等が借家権を承継することができる。
> ・相続人がいる場合に、相続人がこれらの同居人に建物の明渡しを請求することは、権利濫用になることがあると解されている。

◆ 条 文 ◆

(1) その他の終了原因

賃貸借の終了に関して、期間満了・解約申入れによる終了、無断増改築禁止特約違反による解除、無断譲渡・転貸による解除についてはすでに述べた。以下では、それ以外の終了原因を扱う。具体的には、使用不能による終了、賃料不払いや用法遵守義務違反による解除、賃借人の死亡である。しかしこれらについて、民法では、使用不能の場合を除き、とくに賃貸借に限った規定は設けられておらず、その内容は解釈に委ねられている。

(2) 賃借物の滅失等による終了

賃貸借の目的物が滅失その他の事由により使用・収益することができなくなった場合には、賃貸借は終了する（新616条の2）。改正により明文規定が設けられたが、従来から異論のないところである。賃料債務について

は、帰責事由の有無により区別する見解もあるが、目的物を使用できない以上賃料債務も当然に消滅すると解すべきである（旧法下での判例として、最判昭和32・12・3民集11巻13号2018頁）。ただし、減失について当事者のいずれかに帰責事由があるときは、債務不履行または不法行為による損害賠償請求が問題になる。すでに述べたように、賃貸借関係そのものは、建物が再築されれば維持される場合が例外的にあるが、そうでなければ結局賃貸借も終了する。なお一部減失の場合の賃料減額等についてはすでに述べた（6◆条文◆(2)）。

(3) **解除の効果**

賃貸借を解除するとその効果は将来に向かってのみ生じ、遡及効がない（新620条前段）。学説上、このような解除はとくに解約告知と呼ばれている。継続的契約の特徴であり、過去に遡ってみても使用収益していたという事実が消えるわけではないので、当然のことである。なお、債務不履行により損害が生じれば、その賠償を請求できるのも当然である（同条後段）。

◆ **解 釈** ◆

(1) **債務不履行解除の要件**

賃料不払いや用法遵守義務違反のような債務不履行があった場合、賃貸人は賃貸借を解除することができるが、解除権の行使方法については、履行遅滞に関する新541条によるべきとする多数説と、継続的契約である雇用の解除に関する民法628条を類推適用すべきとする少数説との争いがある。前者によれば、催告が必要となり、後者であれば、催告は不要だがやむを得ない事由があることが必要になる。前述のように今日では、無断譲渡・転貸の場合だけでなく、賃貸借の解除全般について信頼関係破壊の法理が浸透しており、債務不履行の場合も解除がやむを得ないか否かはそこで判断されるので（最判昭和39・7・28民集18巻6号1220頁〔賃料不払いでも半額以上が供託され、これまで一度も遅滞したことがなかった事例で解除否定〕）、賃借人に不履行状態解消の余地を与えるために、新541条によって催告を要すると解するのが妥当であろう。

(2) 無催告解除

　上記にもかかわらず、従来の判例・学説は、信頼関係を破壊する著しい用法違反や賃料不払いの場合には、無催告で解除することができると解している（最判昭和27・4・25民集6巻4号451頁〔建具等破壊〕、最判昭和31・6・26民集10巻6号730頁〔無断増改築〕、最判昭和38・9・27民集17巻8号1069頁〔無断増改築〕、最判昭和49・4・26民集28巻3号467頁〔9年10か月間賃料不払い〕）。催告していたのでは債務不履行が増長されてしまうか催告しても無駄であるような場合である。

　これに関連して、債務不履行があれば無催告で解除するとの無催告解除特約が結ばれている場合には、そのような特約も有効と解してよい（最判昭和43・11・21民集22巻12号2741頁）。ただし、特約があっても、解除が認められるためには無催告であっても不合理でないという事情が必要であると解されているので（最判昭和50・2・20民集29巻2号99頁〔ショッピングセンター内の区画の賃貸借で、賃貸人が再三注意していたにもかかわらず、賃借人の粗暴な言動や他の賃借人とのトラブルが絶えなかった事例〕）、実際には、特約があってもなくても同じことになる。これに対して、催告だけでなく解除の意思表示も不要とする特約（失権約款）は、賃借人にとって一方的で著しく不利な特約であり、公序良俗違反（新90条）として無効であると解すべきである。

(3) 賃借人の死亡

　賃借人が死亡しても賃貸借関係は消滅せず、賃借権は相続の対象となる。使用貸借（新597条3項）と異なる点であり（新622条では、同項は準用されていない）、賃借権の財産的性格の現れである。ただし、高齢者の終身賃貸借では特例があり、死亡によって借家権が相続されないことはすでに述べた（3◆条文◆(4)）。

　借家については、借家人が死亡したが相続人がいない場合、借家人と同居していた内縁の配偶者または事実上の養子は、借家権を承継する（借地借家36条1項本文）。原則として承継し、承継を望まないときは、相続人なく死亡したことを知った後1か月以内に賃貸人にその意思を表示しなければならない（同ただし書）。

　しかし、この規定は、相続人がいない場合の規定であり、相続人がいる

場合には、たとえ内縁の配偶者等がいても相続人が相続する。これでは内縁の配偶者等の保護に欠けることになりかねないが、判例は、賃貸人が内縁の配偶者等に明渡しを請求したときは、これらの者は家族共同体の一員として被相続人の賃借権を援用できるとしている（最判昭和37・12・25民集16巻2号2455頁〔事実上の養子の事例〕）。また、相続人が内縁の妻に対して明渡しを請求したときは、権利濫用であるとした事例がある（最判昭和39・10・13民集18巻8号1578頁）。学説では、援用や権利濫用ではこれらの者にとって最終的な保護にならないとして、同居人全体が借家権者であるとする見解もあるが（居住権論、家団論）、このような見解は現在の相続制度を前提にすると影響が大きく、また所有建物を相続する場合とのアンバランスがあり、解釈論としては困難であろう。たとえば、死亡後も同居人には無償で使用させるとの合意があったと推定することなどを考えるべきではなかろうか。

◆ 発 展 問 題 ◆
信頼関係破壊の法理の明文化

　これまで見てきたように、信頼関係破壊の法理は、賃貸借の解除に関する種々の場面で利用されている。賃貸借の法律関係の特徴を表わす法理といってもよいであろう。しかし、改正では、この法理が明文化されることはなかった。具体的な事案ごとに契約の解釈、解除事由の妥当性に即して判断すべきものであるということであろうが、最も利用されている法理について明文がないというのは、妥当とは思われない。原則的な規定を設けるなどが考えられてもよいのではなかろうか。

10　ファイナンス・リース

- ファイナンス・リースは、動産について賃貸借の形式を利用しつつ、動産の購入資金の融資を受けるという実質を有している非典型契約である。
- リース料不払いは実質的には融資金の返済を怠ったことになるので、リース業者は、ユーザーに対して残リース料全額ないしそれ相

当額の損害賠償をする。
・契約関係の実質は動産の売買であるため、動産の品質に契約不適合があっても、リース業者は責任を負わず、ユーザーは、供給業者に対して責任を追及する。

◆ 条 文 ◆

　ファイナンス・リースとは、高額医療機器などの動産の購入について、賃貸借の形式を利用した契約である。民法に規定はない非典型契約である。改正に当たって立法化が検討されたが、実現しなかった。

　法形式が賃貸借であるから賃貸借の規定が適用されるともいえなくないが、実際には約款が用いられるのが通常であり、いずれにしても民法の規定はあまり問題にならない。

◆ 解 釈 ◆

(1) 法形式と実質の齟齬

　ファイナンス・リースは、以下のような契約を組み合わせて行われる。すなわち、①リース業者（L）と供給業者（サプライヤーS）との間で、動産売買契約を締結し、②LとユーザーU）との間で、その動産の賃貸借契約を締結する。そして③Uが動産を選択し、SがUにその物を引き渡す。

　しかしこのような契約関係の実質は、SとUとの間での動産売買と、LがUに対してその購入資金を融資し、Uは、それをリース料というかたちでLに分割返済する、というものであり（最判昭和57・10・19民集36巻10号2130頁）、法形式と実質の間に齟齬がある。このため、少なくとも賃貸借の規定や解釈がファイナンス・リースにそのまま妥当することはないと解されている。しかし

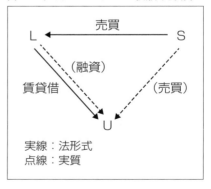

図4　ファイナンス・リースの法形式と実質

実線：法形式
点線：実質

立法論的には、賃貸借と区別するために民法に別に規定を設けるか、または取引実務（約款）に委ねておくかが問題となる。なお、ファイナンス・リースは、従来、税務上は賃貸借として処理されていたためにユーザーにメリットがあるといわれてきたが、現在では、企業会計基準上、売買として処理されることとなり、そのようなメリットはなくなった。ファイナンス・リースは税務処理のためだけに行われるものではないが、一つのインセンティブがなくなったことは事実であろう。

(2) リース料不払いの場合

リース料の支払いは、実質的には融資金の返済であるため、リース料不払いの場合には、約款により、LがUとの間の賃貸借契約を解除して残リース料相当額の損害賠償を請求するか、または解除しないままで残リース料全額の支払いを請求する。ただし、動産をLが引き揚げた場合には、残リース料の受領と合わせて二重利得になるので、借上げ時の動産価格と期間満了時の価値との差額をUに返還するものとされている。

(3) 動産の品質に契約不適合があった場合

契約関係の実質はSとU間の売買であるため、動産の品質に契約不適合があった場合でも、Lは責任を免れるものとされており、UはSに対して責任を追及できることとされている。

◆ 発展問題 ◆

ファイナンス・リースの立法化

改正作業の初期段階では、ファイナンス・リースについて、その社会的重要性と、信用供与と賃貸借の両側面を有するという法的独自性から、新たな典型契約として規定することが検討された。それによれば、ファイナンス・リースとは、リース提供者が目的物の所有権を第三者から取得し、これを利用者に引き渡し、利用者がその物を一定期間（リース期間）利用することを認容する義務を負い、他方、利用者がリース料を分割して支払う契約であると定義する。利用者は、目的物の引渡し後、ただちに検査を行い、その結果を提供者に通知しなければならない。提供者は、目的物の維持管理義務を負わず、契約不適合についても責任を負わないが、リース

期間の終了時には目的物の引取義務がある。利用者は、リース料の支払義務のほか、目的物の用法遵守義務を負う。リース料は、賃貸借のように目的物の使用収益の対価ではないので、目的物の損傷・滅失があっても、それが提供者の義務違反によるものでないかぎりリース料の支払義務を免れない。また、ファイナンス・リースには信用供与の側面があるので、特段の合意がなければ、中途解約は認められない。

　しかし、以上のような検討は立法には結びつかなかった。規定を新設するといっても、内容的には、現在の実務における約款や判例・学説を踏襲したものであるならば、これをあえて規定する必要性はないともいえること、前述のように、ファイナンス・リースに対する今後の社会的需要そのものに疑問があることなどが影響したと思われる。少なくとも、ファイナンス・リースが今日の「典型」契約の一つとはいえないであろう。

第10章 使用貸借

1 使用貸借の意義と機能

- 使用貸借は、無償の貸借契約であり、個人的な信頼関係を前提にしていることが多い。
- 賃貸借に比べて当事者間の効力は弱く、終了も容易であるため、経済社会で大きな機能を果たすものではない。
- しかし、経済取引の一環として行われることがあるため、改正により、要物契約から諾成契約に変更された。
- 実際の紛争では、借主から貸主に交付される金銭が賃料と認定できるか否かが争われることがある。

◆ 条 文 ◆

(1) 使用貸借の意義

　使用貸借とは、貸主がある物を引き渡すことを約し、借主が受け取った物を無償で使用・収益し、契約が終了したときに返還することを約する契約である（新593条）。目的物そのものを返還する契約である点で賃貸借と共通するが、無償・片務（借主が目的物の返還義務を負うのみ）の契約である。旧法の下では、物を受け取ることによって成立する要物契約とされていたが（旧593条）、変更された。これは、使用貸借が、単に親族間や親しい者の間で行われるだけでなく、経済取引の一部として行われることもあるので、引渡し前においても法的拘束力を付与しておこうとの趣旨である。

(2) 使用貸借の機能

　しかし、以下に見るように、当事者間の法律関係は、賃貸借のように強固なものではなく、契約関係を終了させることも容易である。第三者に対抗する手段もない。これらはいずれも、貸主や借主の好意など、個人的な信頼関係を前提にした契約の特徴であり、使用貸借は実際の経済社会でさほど大きな機能を果たすものではない。ただし、無償契約であることから、ある者が他人の物を長期間にわたって使用・収益している場合に、実際上は、自己の物として占有しているのか、それとも所有者から借りて占有しているのかが分かりにくいことがある。このため、使用貸借は、贈与契約の有無や、取得時効（民162条）が成立するための要件である自主占有（所有の意思に基づく占有）であるか否かに関連して争われることがある。

◆ 解 釈 ◆

(1) 賃料の有無

　賃貸借と使用貸借を分ける最大のポイントは賃料の有無である。そのため、借主から貸主に対して金銭が交付されている場合には、それが賃料と認定できるか否かが争われることが多い。従来の判例は数多いが、たとえば、従業員の寮で使用料を徴収していた場合に賃貸借の賃料であるとされた事例（最判昭和31・11・16民集10巻11号1453頁）、親戚に対して通常よりかなり安い室代を徴収していた場合に使用貸借の謝礼にすぎないとされた事例（最判昭和35・4・12民集14巻5号817頁）などがある。

(2) 共同相続と同居相続人の権利

　共同相続で、共同相続人の一人が遺産である建物に被相続人と同居していた場合には、遺産分割によって建物の所有関係が最終的に確定するまでの間は、引き続き同居相続人に建物を無償で使用させるとの合意（使用貸借）があったものと推認されるとした判例がある（最判平成8・12・17民集50巻10号2778頁）。これは、被相続人の通常の意思の解釈によるとしているが、実質的には、相続をめぐる紛争において、同居相続人以外の者が建物を相続した場合、その効果は被相続人の死亡時に遡る（民909条本文）としても、それに伴う親族間での使用利益の不当利得返還請求は認めないとい

う点に力点が置かれたものであるといえよう。

2　貸主の義務

・貸主は、目的物の引渡義務を負うが、目的物は現状で引き渡せばよい。
・貸主は、使用収益させる義務を負うが、これは借主の使用収益を妨げないという消極的義務にすぎない。

◆ 条 文 ◆

(1)　**目的物引渡義務**

　使用貸借の貸主は、目的物を借主に引き渡す義務を負う（新593条）。この場合、目的物を使用貸借の目的として特定した時の状態で引き渡すことを約したものと推定される（新596条、新551条1項）。これは贈与における贈与者と同じであり、仮に目的物に欠陥があったとしても、現状で引き渡せばそれ以上契約不適合の責任を負わないということである。

　なお、貸主は、借主が目的物を受け取るまでは、契約を解除できる（新593条の2本文）。使用貸借が諾成契約となったことで設けられた規定である。ただし、書面による使用貸借では解除できない（同条ただし書）。軽率な使用貸借をするおそれが低いからであり、書面によらない贈与と同じ趣旨である。

(2)　**使用収益させる義務**

　貸主は、目的物を借主に使用収益させる義務を負う。しかし、これは、何かをなすべき積極的な義務ではなく、借主の使用収益を妨げないという消極的な義務（不作為義務）である。賃貸借では、使用収益に適した状態にしなければならないのと対照的である。

(3)　**費用償還義務**

　貸主は、目的物の通常の必要費以外で借主が負担した費用を借主に償還しなければならない（民595条、583条2項）。具体的には、非常の必要費

（災害によって生じた建物の損傷の修繕費など）、有益費のことである。この請求も目的物を返還してから1年以内にしなければならない（新600条1項）。

3 借主の義務

> ・借主は、用法遵守義務を負う。
> ・借主は、貸主の承諾を得なければ目的物を第三者に使用収益させることができない
> ・借主は、通常の必要費を負担しなければならない。
> ・借主は、目的物を返還する際には、損傷を原状に復する義務、借主が目的物に附属させた物を収去する義務を負う。

◆ 条文 ◆

(1) **用法遵守義務**

借主は、契約または目的物の性質によって定まった用法に従い使用収益する義務を負う（民594条1項）。この義務の性質は、賃貸借の場合と同様、他人の物を管理・保管する際の善良なる管理者の注意義務（善管注意義務）である（新400条）。また、借主は、貸主の承諾を得なければ、第三者に使用収益させることができない（民594条2項）。借主がこれらの義務に違反したときは、貸主は契約を解除することができる（同条3項）。この場合には催告は不要であると解されている。また、借主の債務不履行であるから、損害賠償も請求できる（新415条）。ただし、この損害賠償請求は、借主から目的物の返還を受けた時から1年以内にしなければならないが（新600条1項）、この請求権は、1年を経過するまでは時効が完成しない（同条2項）。

(2) **通常の必要費負担義務**

借主は、目的物の通常の必要費を負担しなければならない（民595条1項）。目的物の保管費用、目的物の使用に伴う通常の修繕費、公租公課などである。

(3) 目的物返還義務・収去義務・原状回復義務

　借主は、使用貸借が終了したときは、目的物を返還しなければならない（新593条）。

また、その際、目的物を受け取った後に生じた損傷がある場合には、その損傷を原状に復する義務（原状回復義務）を負う（新599条3項本文）。賃貸借の場合と異なり、通常の使用収益によって生じた瑕疵、経年変化を除くとは規定されていない（新621条参照）。しかしこれは、これらについても原状回復義務を負うという意味ではなく、使用貸借契約の解釈に委ねているという意味に理解すべきである。なお、損傷が借主の責めに帰することができない事由によることを借主が立証すれば、その損傷について原状回復義務を負わない（新599条3項ただし書）。

　さらに、借主は、目的物を返還するに際して、目的物を受け取った後にこれに附属させた物を収去しなければならない（新599条1項本文）。旧法では義務として規定されていなかったが、原状回復義務の一環であり、当然の義務である。ただし、目的物から分離できない物や、分離するのに過分の費用を要する物は、収去しなくてよい（同条1項ただし書）。

　他方、借主には、これらの物の収去権もある（同条2項）。これは旧法（旧598条）と同様である。貸主から収去するよう請求がなくても権利として収去できるという意味である（自分で取り付けたエアコンなど）。収去しても、あとは何もしないというのでなく、それによって目的物に損傷が生じれば原状回復義務があることはいうまでもない。また、収去しようとしても分離できなければ（造り付け本棚など）、費用償還の問題になる。

4　使用貸借の終了

・書面によらない使用貸借は、借主が目的物を受け取るまでは解除することができる。

・期間の定めのない使用貸借は、目的に従った使用収益を終えれば終了し、目的達成に足りる期間を経過すれば、貸主は契約を解除することができる。

・期間も目的の定めていないときは、貸主はいつでも契約を解除する

> ことができる。
> ・借主はいつでも契約を解除できる。
> ・借主が死亡したときは使用貸借は終了する。

◆ 条 文 ◆

(1) **期間満了・目的終了**

　期間の定めのある使用貸借は、その期間の満了によって終了する（新597条1項）。期間の定めのない使用貸借では、使用収益の目的を定めていれば、その目的に従い使用収益を終えた時に終了する（同条2項）。旧法では、契約の目的の終了前であっても使用・収益をするに足りる期間の経過後は目的物の返還を請求でき（旧597条2項ただし書）、期間及び目的を定めなかったときはいつでも返還を請求できると規定されていたが（旧同条3項）、新法では、これらは解除の問題として規定し直された。

(2) **解除**

(a) **貸主による解除**

　すでに述べたように、使用貸借が諾成契約となったことから、書面によらない使用貸借では、貸主は、借主が目的物を受け取る前であれば、契約を解除することができる（新593条の2）。また、貸主は、期間の定めのない使用貸借で、使用収益の目的を定めていたときは、目的に従って使用収益するに足りる期間を経過すれば、契約を解除することができる（新598条1項。旧法下の最判平成11・2・25判時1670号18頁は、建物所有目的での土地の使用貸借で38年経過はこれにあたるとしている）。期間も目的も定めていないときは、貸主は、いつでも契約を解除することができる（同条2項）。

(b) **借主による解除**

　借主は、いつでも契約を解除することができる（新598条3項）。
さらに借主が死亡した場合には、借主の権利は相続されず契約は終了する（民599条）。

⑶　**死亡**

　借主が死亡したときは、使用貸借は終了する（新597条3項）。旧599条と同様、使用貸借の個人的信頼関係性に基づくものである。他方、貸主が死亡しても、それだけで使用貸借が終了することはない（相続される）。

第11章 雇用

1 役務提供契約

- 役務提供契約とは、役務（サービス）を提供することを目的とする契約類型である。
- 役務提供契約には、典型契約として、雇用、請負、委任、寄託があるほか、さまざまな非典型契約がある。
- 雇用と委任は、役務（労働、法律行為・事務処理）の提供そのものを目的とする契約であり、寄託は、役務そのものを提供する契約ではあるが、役務の内容が物の保管に限定されている。
- これに対して請負は、役務の提供そのものではなく、役務提供の結果（仕事の完成）を目的とする契約である点に特徴がある。
- 役務提供契約については、多くの特別法が定められ、また取引約款が機能しており、民法の規定がそのまま適用されることは少ないが、民法にはデフォルト・ルールとしての意義がある。

◆ 条 文 ◆
(1) 役務提供契約の意義

　民法典の典型契約には、売買や賃貸借のように所有権などの財産権や利用権の取得を目的とするのではなく、役務（サービス）を提供することを目的とする契約類型が規定されている。これを一般に、役務提供契約（ないし役務提供型契約）と総称しているが、具体的には、雇用（民623条以下）、請負（民632条以下）、委任（民643条以下）、寄託（民657条以下）がこれに当たる。これらの契約における役務提供者の債務は、なす債務（第1

章 3 ◆**解釈**◆(2)参照）の典型である。

(2) **各役務提供契約の特徴**
(a) **契約の目的**
　提供する役務の内容の点から見ると、雇用は労働を提供する契約であり、また、委任は法律行為・事務処理を行う契約であり、これらでは役務の提供そのものが契約の目的である。寄託は物を保管する契約であり、役務の提供が目的ではあるが、役務の内容が物の保管に限定されている点が特徴的である。これに対して、請負は、仕事を完成させる契約であり、役務の提供そのものではなく、役務提供の結果が契約の目的である（**表6**）。このように、役務提供契約の中でも、とくに雇用と委任とは、役務の提供を目的とする点で共通しており、実際上その区別が問題になることがある（◆**解釈**◆参照）。

(b) **有償・無償**
　雇用、請負は役務の提供に対して対価（報酬）が支払われる有償契約である（民623条、632条）。これに対して委任、寄託は、無償であることを原則としているが、有償であってもよい（新648条1項、新665条）。無償を原則としていることには歴史的な理由があるが（第13章　委任で扱う）、今日の実際の取引では、有償であることがほとんどであり、この点で各契約を区別することはできない。

(c) **役務の内容**
　雇用、請負、寄託における役務の内容は、本来、事実行為である（労働、仕事完成、物の保管）。これに対して委任における役務の内容は、法律行為をすることである（民643条）。しかし、法律行為でない事務の委託が準委任とされ、委任の規定がそのまま準用されている（民656条）。また、雇用や請負などでも、従業員や請負人に一定の行為の代理権を与えることがあり（たとえば、一定の営業行為、材料購入に際してなど）、これも契約内容に含まれると解すれば、事務処理だけが目的であるとはいえなくなる（代理権と事務処理契約との関係については、民法総則での議論参照。私見によれば、これらの代理権は、別途、委任契約を締結したものと解すべきである）。

表6 役務提供契約の特徴

	雇用	請負	委任	寄託
契約の目的	役務の提供	役務提供の結果	役務の提供	役務の提供（物の保管に限定）
有償・無償	有償	有償	無償（原則）・有償（特約）	無償（原則）・有償（特約）
役務の内容	事実行為（労働）	事実行為（仕事完成）	法律行為・事実行為（準委任）	事実行為（物の保管）

このように、今日では、役務の内容が法律行為をすることか否かで各契約を区別することも困難である。

(3) 特別法・約款

役務提供契約については、今日、多くの特別法や取引約款が存在しており、民法の規定の重要度は相対的に低くなっている。とくに雇用については、労働法という独自の法分野が確立しており、また請負では、公共工事や大規模な建築工事で取引約款が一般的に用いられており、民法の規定がそのまま適用されることは少ない。しかし、民法の規定は、これらの契約についても、最低限のデフォルト・ルールとしての意義を有するというべきであり、特別法や取引約款の制定・改訂に際しては、民法との関係を十分考慮すべきである。

◆ 解 釈 ◆

雇用と委任の区別

雇用と委任とは、実際上区別が困難な場合がある。具体的には、会社からある業務の委託を受けた者が雇用における被用者ないし労働法上の労働者であるか否かで問題になる。労働者にあたるとすれば、労働契約法、労働基準法、労働組合法など各種の労働者保護立法の適用を受けるので、その違いは大きい。

民法上、雇用と委任（準委任を含む）を区別するメルクマールは、契約に定められた行為について役務受領者の指揮・命令に服するか、それとも役務提供者の裁量に委ねられているかという点に求めざるを得ない。しか

しそれは、実際には程度問題であることが多く、明確な区別基準であるとは言い難い。これに対して労働法分野では、より詳細な基準が設定されており、労働者といえるための判断について、①事業組織への組み入れ、②労務内容の一方的・定型的決定、③報酬の労務対価性が基本的要素とされ、④個々の業務依頼に応ずべき関係にあるか否か、⑤指揮・命令に服するか否かが補充的要素とされている。しかし業務委託といっても実際にはさまざまな場合があり、労働法上の基準によっても、事案ごとに個別的判断をせざるを得ない。

◆ 発 展 問 題 ◆

　改正作業の初期段階では、役務提供契約について総論規定を設けることが検討された。これは、雇用、請負、委任、寄託に共通する総論であるとともに、典型契約のいずれにも当てはまらない契約の受け皿とすることをねらったものであった。それによれば、①契約で定めた目的または結果を実現することを約した場合には、役務提供者はその実現義務を負い、②そうでない場合には、善良な提供者としての注意義務を負うが、③無償の場合には、自己のためにするのと同一の注意義務に軽減される。報酬については、①成果完成型（成果に対して報酬を支払う契約）では、成果を完成しなければ報酬を請求できないが、②履行割合型（①のような合意がない場合）では、提供した役務の割合に応じた報酬を請求できる。また、役務提供が中途で終了した場合でも、①成果完成型では、成果が可分で、かつ役務受領者が利益を有するときは、既履行部分につき報酬を請求でき、②履行割合型では、履行した割合に応じて報酬を請求できる。さらに、役務提供が不可能な場合でも、①受領者に生じた事由により不可能となったときは、成果完成型を含めて、履行した割合に応じた報酬を請求でき。②受領者の義務違反により不可能となったときは、債務を免れることによって得た利益を控除して報酬を請求できる。

　以上のような提案は、個々の内容としては目新しいものではないが、役務提供契約を成果完成型と履行割合型に分類しつつ、それぞれの共通項を規定して役務提供契約の特色を明確にするとともに、多様化する役務提供契約の規律に漏れが生じないようにするものとしての意義があったように思われる。このような提案が明文化されることはなかったが、個々の契約

の改正で生かされているところもある（新648条、新648条の2など）。

2 雇 用

- 雇用は、労働者が労働に従事することを約し、使用者がこれに対して報酬を支払うことを約する契約である。
- 報酬は、特約がなければ後払いである。
- 使用者には、報酬の支払義務のほかに、労働者の安全に配慮すべき義務（安全配慮義務）があると解されている。
- 安全配慮義務違反は、不法行為（使用者責任）と構成することも可能である。
- 安全配慮義務の履行請求を認めれば、安全配慮義務には独自の存在意義がある。

◆ 条 文 ◆

(1) **雇用の意義**

　雇用は、労働者が労働に従事することを約束し、使用者がこれに対して報酬を支払うことを約する契約であり（民623条）、有償・双務・諾成・無方式の契約である。実際には、労働法により民法の原則は広汎に補完ないし修正されている。すなわち、①使用者と労働者との経済格差を考慮して、使用者の指揮・命令権に対して対等な交渉力を付与するために、労働組合法、労働関係調整法などがあり、②多数の労働者に対する画一的な契約（附合契約）であることを考慮して、契約内容が不当にならないために、また、最低限の労働条件を保障するために、労働契約法、労働基準法などがある。

(2) **雇用の効果**

(a) **労働者の義務**

　労働者は、使用者の指揮・命令に従って契約に定められた労働に従事する義務を負う。その他の義務は、労働協約、就業規則、個別合意による。たとえば、競業避止義務、秘密保持義務などがありうる。

(b) **使用者の義務**

使用者は、労働の対価として報酬を支払う義務を負う。報酬は、特約がなければ後払いであるが（民624条1項）、期間によって報酬を定めた報酬については、その期間経過後である（同条2項）。改正により、①使用者の責めに帰することができない事由によって労働に従事できなくなったとき、②雇用が途中で終了したときは、労働者は、すでにした履行の割合に応じて報酬を請求できるとの規定が新設された（新624条の2。これに関連して、交通スト、ロックアウトなどにより労働することができなかった場合の報酬支払義務については、第4章3◆**解釈**◆(3)参照）。使用者は、その他にも契約に付随する義務を負うが、今日その最も代表的なものとして解釈上認められているのが安全配慮義務である（◆**解釈**◆参照）。

(3) **当事者の交代**

(a) **使用者の交代**

労働者は、使用者の資力・信用・経済的安定性・将来性などを考慮して契約を結んでいる。そこで、使用者は、労働者の承諾なく契約上の地位を第三者に譲渡することができない（民625条1項）。

(b) **労働者の交代**

使用者は、労働者の個人的能力・資質などを考慮して契約を結んでいる。そこで、労働者は、使用者の承諾なく自己に代わって第三者を労働に従事させることができない（民625条2項）。無断でした場合には、使用者は契約を解除できる（同条3項）。

以上のほか、使用者について実際に問題になるのは、合併、事業譲渡の場合であるが、これらについては直接の規定がない（◆**解釈**◆参照）。

(4) **雇用の終了**

雇用は、①期間満了、②解釈申入れ、③特殊な解除、④当事者の死亡によって終了する。その他に、契約一般の終了事由として、合意解除、債務不履行による解除がある。なお、雇用の解除には遡及効はない（民630条、新620条）。民法の規定は、全体として使用者の解雇の自由、労働者の離職の自由を保障する内容となっており、労働法では、とくに使用者の解雇の

自由につき多くの規制がなされている（労基19条、20条、労契16条、17条）。

①雇用期間が満了すれば、雇用は終了する。ただし、期間満了後も労働者が引き続きその労働に従事している場合、使用者がこれを知りながら異議を述べないときは、従前と同一の条件で契約が更新されたものと推定される（民629条1項前段）。更新されると期間の定めのない雇用となり、使用者から解約申入れをすることができる（同条1項後段、新627条）。

②期間の定めのない雇用では、当事者はいつでも解約申入れができ、そこから2週間経過で雇用は終了する（新627条1項）。ただし、期間によって報酬を定めた場合には、使用者からの解約申入れは、次期の前半にしなければならず（同条2項）、さらに、6か月以上の期間によって報酬を定めた場合（年棒など）には、使用者からの解約申入れは3か月前にしなければならない（同条3項）。また、使用者について破産手続開始決定があった場合には、期間の定めのある雇用であるときを含めて、労働者は、解約申入れができる（民631条、627条）。

③期間の定めのある雇用では、一定期間（通常は5年）経過後は、当事者は契約を解除することができる（新626条1項前段）。雇用は、解約申入れの日から2週間経過後に終了する（同項後段）。使用者が解除するときは3か月前、労働者が解除するときは2週間前に予告をしなければならない（同条2項）。期間が違うのは、労働者の離職の自由に配慮したものである。また、期間の定めがあっても、やむを得ない事由があるときは、当事者は直ちに契約を解除することができる（民628条）。この場合、過失ある当事者は相手方に対して損害賠償責任を負う。

④当事者が死亡した場合について規定はないが、労働者が死亡した場合には、雇用は当然に終了し、使用者が死亡した場合には、使用者の権利義務が一身専属であるとき、または指揮・命令に重大な差異が生じるときを除き、雇用は継続する（相続の対象となる）と解されている。

◆ 解　釈 ◆
(1)　**使用者の合併・事業譲渡**
(a)　**合　併**
　使用者である会社について合併があった場合には、存続会社（または新設会社）が消滅会社の権利義務を包括的に承継するので（会社750条1項、

754条1項)、雇用契約も当然に承継されると解してよい。

(b) 事業譲渡

　事業譲渡は、個別的な権利義務の承継であるから、この点を重視すれば、雇用についても、譲渡人と譲受人間で個別の合意をするとともに、労働者の承諾を得る必要がある（民625条1項）と解することになる。しかし、事業譲渡があれば、それと有機的に一体化している雇用も原則として承継されると解すれば、個別の承諾は不要であるとも考えられる。労働法では前者の見解が多いようであるが、民法では、企業活動においては使用者が代わっても労働内容は異ならないという実体、および、会社分割では、特別法（会社の分割に伴う労働契約の承継等に関する法律2 ～ 4条）により労働者の同意は不要とされていることを考慮して、後者の見解が多い。

(2) 安全配慮義務
(a) 意義・根拠

　安全配慮義務とは、労働に従事する場所・施設・器具等の設置・管理、労務の管理にあたって、労働者の安全に配慮すべき義務である。民法上に明文規定はないが、一般的には雇用契約上の使用者の付随的義務として位置づけられている（第5章2 ◆条文◆(1)参照）。しかし、契約上の本質的義務であると解する見解や（労働法学者に多い）、生命・身体・財産などに対する保護義務であるとする見解もある。なお、契約によっては、安全に配慮することが本来の給付義務になる場合もある（医療契約、介護契約など）。

　安全配慮義務は、昭和50年代以降、判例によって認められ（最判昭和50・2・25民集29巻2号143頁〔自衛隊員が隊内の車両整備工場内で、同僚が運転する車両に轢かれて死亡した事例〕など多数）、今日では判例・学説上定着している。

(b) 機能・効果

　安全配慮義務が問題となるような事例は、通常、不法行為（民715条の使用者責任）として構成することもできる。そこで、これを債務不履行と構

成することとの異同が問題になる。

(ア) 不法行為よりも労働者に有利な点
　安全配慮義務を使用者の債務不履行と構成することにより、以下の点では労働者が有利になる。
　①使用者の帰責事由の立証責任が転換される。
　②賠償責任は請求を受けた時から遅滞となる（時効はその時から進行する。不法行為では損害および加害者を知った時〔新724条1号〕）。

(イ) 不法行為よりも労働者に不利な点
　他方では、以下の点は不法行為と構成するよりも労働者にとって不利になる。
　①遅延損害金の起算日は不法行為時ではなく、債務の履行請求時になり遅くなる。
　②労働者が死亡した場合、遺族は固有の慰謝料を請求することができない（不法行為では認められる〔民711条〕）。
　③原告が義務の内容を特定しなければならない。
　④契約外の通常の一般人に課せられる注意義務は安全配慮義務の内容にならない（最判昭和58・5・27民集37巻4号477頁〔自衛隊員が運転する車に部下として同乗し、運転者の道路交通法違反事故で死亡した事例〕）。
　ただし、④については、不法行為構成ならば業務中の事故として民法715条の責任が認められる可能性が高く、債務不履行構成でも、自動車の安全操縦そのものが債務であり、第三者を用いた場合の債務不履行といえるとして、判例に批判的な見解が多い。

(c) 安全配慮義務概念への批判
　不法行為法の側からは、従来から、不法行為に基づく損害賠償請求権の時効の起算点をずらす（旧法下では時効期間に違いがあった）、立証責任を転換するなどによって、安全配慮義務概念のメリットとされる点は不法行為の解釈においても解決可能であり、債務不履行と構成することでかえって被害者に不利なこともあるとして、そのような概念そのものに対する批判がある。たしかに最近では、とくにメリットとされてきた点である時効

について、その起算点を事故時ではなく損害の発生時とする事例が現れ（じん肺訴訟〔加害行為終了後、相当期間経過後に損害発生・拡大〕。ただし民724条後段の除斥期間）、例外的ではあるが、構成にこだわらない解決が見られるようになっていた（最判平成6・2・22民集48巻2号441頁〔疾病の程度につき行政決定がなされた後に、より重い決定がなされた場合には、最後の決定時〕、最判平成16・4・27民集58巻4号1032頁〔退職後20年経過後にじん肺と判明した場合には、損害発生時〕、最判平成16・4・27判時1860号152頁〔最終の行政決定後死亡した場合には、死亡時〕）。また、改正により、新法の下では、人の生命または身体の侵害による損害賠償債権については、不法行為（新724条の2、新724条1号）と債務不履行（新166条1項1号、新167条）とで時効期間に差異がなくなった（主観的起算点から5年、客観的起算点から20年）。

(d) 履行請求の可否

　上記のような批判にもかかわらず、安全配慮義務違反に対して債務の履行請求を肯定するならば、この概念を認めるメリットはなお存在するといえる。学説上は、①付随義務をどのように履行するかは債務者に委ねられているとして履行請求権を否定する見解、②義務の履行方法が複数存在するのは当たり前であり、義務である以上否定する理由はないとして履行請求権を肯定する見解、③付随義務であるか否かにかかわらず、当該行為の履行請求を認めることが当該契約上妥当か否かの解釈によるとする見解がある。③の見解が実質的であり妥当であろう。

◆ 発 展 問 題 ◆

　雇用については、民法と労働契約法をどのように統合・調整するかという課題がある。民法改正でもこれに踏み込むことはできなかったため、雇用に関する改正は小規模なものにとどまった。安全配慮義務についても明文化は見送られた。いずれも今後の課題である。

第12章 請負

1 請負の意義・効果

- 請負は、請負人が仕事の完成を約し、注文者がその結果に対して報酬を支払うことを約する契約である。
- 請負人は、仕事完成義務、目的物引渡義務（引渡しを要する場合）、目的物の契約不適合に対する担保責任を負う。
- 特約がなければ、仕事を完成しないと報酬は支払われない。仕事の完成前に目的物が滅失・損傷した場合でも完成が可能な限り、仕事完成義務は存続する。
- 仕事の完成が不可能なときは、仕事完成義務は消滅するが、一定の場合には割合に応じて報酬請求権がある。ただし、目的物の滅失・損傷につき注文者に帰責事由があるときは、報酬請求権は存続する。

◆ 条 文 ◆

(1) 請負の意義

　請負は、請負人が仕事の完成を約束し、注文者がその結果に対して報酬を支払うことを約束する契約であり（民632条）、有償・双務・諾成・無方式の契約である。建設工事請負などでは、契約内容の明確化と証拠を残すために契約の書面化が要求されているが（建設業19条1項など）、それは契約の成立要件ではない。請負では、実際上、大規模工事や公共工事で請負契約約款が用いられており、民法の規定は、一般の居住用の建物の建築請負や、運送契約、クリーニング契約などで機能するにすぎない。

(2) 請負の効果
(a) 請負人の義務
　請負人は、仕事完成義務、目的物引渡義務（引渡しを要する場合）のほか、目的物の契約不適合に対して責任を負う。

(ア) 仕事完成（引渡）義務
　請負では、仕事の完成が目的であることが雇用など他の契約との決定的な違いであり、特約がなければ、仕事を完成しないと報酬は支払われない。したがって、仕事の完成前に目的物が滅失・損傷した場合でも、①仕事の完成が可能であるときは、滅失・損傷につき請負人または注文者に帰責事由があれば、それぞれの債務不履行として損害賠償責任を負うが、仕事完成義務はそのまま存続する。増加費用については、実務では、たとえ双方当事者に帰責事由がないときでも、費用の一部を注文者負担とする特約が用いられている。また、②仕事の完成が不可能なときは、仕事完成義務は消滅するが、請負人がすでにした仕事の結果のうち可分な部分の給付によって注文者が利益を受けるときは、その部分を仕事の完成とみなし、その利益の割合に応じて報酬を請求できる（新634条1号）。これは旧法の下での判例が上記のような場合には、注文者は完成した部分については契約を解除できないとしていた（最判昭和56・2・17金法967号36頁）ことを受けたものである。滅失・損傷につき注文者に帰責事由があるときは、報酬請求権は存続し、請負人が債務を免れたことによって得た利益（支出しなくてよくなった費用など）については償還しなければならない（民536条2項）。これらは請負人保護のための規定である。

(イ) 契約不適合に対する責任
　旧法の下では、請負人の瑕疵担保責任について、売買における売主の担保責任（旧561条以下）と比べて、以下のような特色がある規定が置かれていた（旧634条以下）。①担保すべき瑕疵は、隠れたものである必要がない。②瑕疵修補請求権が認められる。③土地の工作物については、瑕疵があって契約の目的を達することができないときでも、注文者に契約解除権がない。④瑕疵が注文者の提供した材料または注文者の与えた指図によって生じたときは、請負人は原則として担保責任を負わない。⑤土地の工作物に

ついての責任期間は、通常よりも長い。

このうち③については、注文者に無理を強いるものとして学説上の批判が強く、従来の判例は、建物に重大な瑕疵があるために建て替えざるを得ない場合について、建て替えに要する費用相当額を損害として請求することを認め、解除権のない注文者を実質的に保護していた（最判平成14・9・24判時1801号77頁）。

これに対して新法では、売買における担保責任が契約責任説に基づき契約不適合に対する責任と構成されたことに合わせて、請負の規定は全面的に見直された。その内容は以下のとおりである。

(i) **注文者の修補請求権・報酬減額請求権・損害賠償請求権・解除権**

修補請求権（追完請求権：新562条）、報酬減額請求権（代金減額請求権：新563条）損害賠償請求権（新564条）、解除権（同条）については、売買の規定が準用される（民559条）。特約の効力（新572条）についても準用される。旧法では目的物の瑕疵が重要でなく、かつ、修補に過分の費用を要するときは修補請求できないとされていたが（旧634条1項ただし書）、新法では、履行不能（追完不能）の規定が適用されるので（新412条の2）、その解釈によることになる（契約不適合の程度、費用は当然考慮要素となる）。

なお、契約不適合が注文者の提供した材料の性質または注文者の与えた指示によって生じた場合には、請負人が材料または指示が不適当であることを知りながら注文者に告げなかったときを除き、注文者は、修補請求、報酬減額請求、損害賠償請求、契約解除をすることができない（新636条）。これは旧636条を受けたものである。

注文者の権利は、契約不適合を知った時から1年以内にその旨を請負人に通知しないときは、失権する（新637条1項）。請負人が契約不適合について悪意または重過失があるときは失権しない（同条2項）。なお、旧法では、土地工作物の瑕疵担保責任の期間に関して特則が設けられていたが（旧638条）、土地工作物のみに例外を設ける必要はないとして削除された。しかし住宅の新築では請負人の責任期間が伸長されており、住宅の重要部分については引渡しから10年とされている（住宅の品質確保の促進等に関する法律94条1項）。

(ii) **損害賠償と報酬支払いの同時履行**

契約不適合に対する責任としての損害賠償債務と報酬支払いは同時履行

になる（新533条）。

　この同時履行については、双方の額が均衡しているときはよいが、そうでないときは不合理なことが生じうる。このため旧法（旧634条2項後段）の下での判例では、差額が大きい場合には、信義則により報酬全額についての同時履行は認められないことがあるとされていた（最判平成9・2・14民集51巻2号337頁）。しかしこの同時履行は、修補に代わる損害賠償をしなければ報酬を支払わないという意味、すなわち報酬減額の趣旨に解すべきものであった。このような特殊な同時履行であるため、判例では、同時履行の抗弁権が付着した債権であるにもかかわらず、両債権を相殺することができると解され（最判昭和53・9・21判時907号54頁）、相殺の意思表示の相殺適状時への遡及効（民506条2項）にもかかわらず、残債務の履行遅滞は相殺の意思表示の翌日から生じる（相殺時説）と解されていた（最判平成9・7・15民集51巻6号2581頁）。

　これに対して新法では、そもそも契約不適合による代金減額請求が認められるので（新563条）、このような解釈をすることの実質的な意義はなくなった。

(iii) **注文者による解除**

　旧法では、目的物が建物その他の土地の工作物については、目的物に瑕疵があるために契約目的を達成できないときでも、注文者は契約を解除することができないと規定されていた（旧635条ただし書）。請負人にとって過酷な結果になること、および社会経済上の損失が大きいことを理由としている。しかし、今日ではこのような理由づけに合理性はなく、むしろ欠陥建物を注文者に押し付ける結果になりかねないとして、立法論的に批判が強かった。また、判例は、解除を認めない代わりに、修補に代わる損害賠償として、建て替え費用の請求を認めていた（前掲、最判平成14・9・24）。しかし新法では、この規定は削除されたので、目的物が建物その他の土地の工作物であっても、契約不適合を理由に契約を解除することができることになった。

(b) **注文者の義務**

　注文者は、報酬支払義務のほか、その他の付随義務（仕事の完成に協力する義務など）を負う。報酬は、特約がなければ目的物の引渡しと同時に

支払わなければならないが（後払い）、引渡しを要しないときは雇用の規定による（民633条、民624条1項〔仕事完成後の後払いになる〕）。請負契約は諾成契約であるから、報酬請求権は契約成立時に発生するが、その履行期が目的物の引渡時または仕事完成時であるということになる（大判明治44・2・21民録17輯62頁、大判昭和5・10・28民集9巻1055頁）。したがって、仕事の完成前でも報酬請求権を差押えることが可能であり、また請負人がこの債権を担保に供することも可能である。学説上、完成によってはじめて報酬請求権が発生すると解する見解もあるが、実務上は契約成立時に発生することが定着している。

　前述のように、仕事の完成が不可能なときでも請負人がすでにした仕事の結果のうち可分な部分の給付によって注文者が利益を受けるときは、その部分を仕事の完成とみなし、その利益の割合に応じて報酬を請求できる（新634条1号）。完成が不可能な場合だけでなく、仕事の完成前に解除された場合（民641条）も同様である（同条2号）。

◆ 解 釈 ◆

(1) 目的物の所有権の帰属

　請負人が完成させた目的物の所有権は誰に帰属するか。特に問題になるのは建物の建築請負契約である。わが国の不動産法制では、土地と建物は別個の不動産であって（新86条1項）、注文者の土地上に請負人が建物を建築しても土地に付合せず（民242条）、当然に注文者の所有とはならない。実際には、注文者が報酬の支払いを拒絶した場合や、請負人や注文者の債権者が建物を差し押えた場合に問題が顕在化する。この問題は、本来、物権法の問題であり、改正でも規定が設けられなかったので、従来の議論が継続する。

(a) 請負人帰属説

　判例は古くから請負人帰属説に立っており（大判明治37・6・22民録10輯861頁）、多数説もこれを支持している。それによれば、①注文者が主要部分の材料を提供した場合には、建物は注文者に原始的に帰属するが（大判昭和7・5・9民集11巻824頁）、②請負人が主要部分の材料を提供した場合には、原則として建物所有権は請負人に帰属し、引渡しによって注文者に

移転する（大判大正3・12・26民録20輯1208頁）。もっとも②の場合には、当事者間で特約すれば、建物の竣工と同時に注文者に所有権が帰属する（大判大正5・12・13民録22輯2417頁）。また、そのような特約は緩やかに認定されており、たとえば、請負代金の全部または大部分をすでに支払っている場合には、特約の存在が推定される（最判昭和44・9・12判時572号25頁）。さらに、このような特約は下請人にも効力が及ぶと解されている（最判平成5・10・19民集47巻8号5061頁）。

このように、原則として材料の提供者が誰かによって所有権の帰属を判断するのは、物権法の法理に忠実な考え方であるといえる。

(b) 注文者帰属説

これに対して学説では、注文者帰属説も少数ながら有力である。それによれば、①請負人に建物所有権が帰属するとしても、敷地利用権がない以上建物を収去せざるを得ないので意味がない。また、②請負契約はそもそも注文者のために工事を完成させる契約であるから、材料の提供や特約の有無にかかわらず、注文者に所有権が帰属すると解すべきであるとする。請負人の保護が問題になるが、それは不動産工事の先取特権（民327条）、引渡しと報酬支払いの同時履行の抗弁権（新533条）や留置権（民295条）によって対応できるという。

しかし、先取特権については、請負人があらかじめ費用の予算額を登記しなければならず（民338条1項）、実際上、そのような登記を共同申請することは困難である。また同時履行や留置権は、注文者が引渡しを求めなければ機能しない。さらに留置権については、敷地まで留置できるか疑問がある。こうしてみると、判例・多数説によりつつ契約解釈で補充するのが妥当であろう。

(2) 下請負

下請負とは、請負人の仕事の全部または一部を下請人に負わせる場合である。民法に規定はないが、元請負人自身が履行することを契約上義務づけられていなければ認められる。しかし、元請負人の指揮・監督を完全に離れて、仕事全部を一括して下請負に出すことは、通常は契約上予定されていないと解すべきであろう。下請人には、元請負人が注文者に対して有

する権利の範囲内で、注文者に対して報酬の直接請求権があると解されている。

下請人の立場は、伝統的な理解の下では、元請負人の債務の履行補助者となる。伝統的な履行補助者論では、下請人の故意・過失により請負契約が履行されなかった場合に元請負人が責任を負うと解することになるが、新法の債務不履行論によれば、債務者以外の第三者の行為による債務不履行の問題であり、契約解釈によってそれが債務不履行であるか否かが判断されることになるので、請負では仕事の完成がない限り元請負人の債務不履行になると解することになろう。

(3) 製作物供給契約

注文に合った服や機械などを製作して引き渡す契約を製作物供給契約という。製作の点で請負の要素があるが、目的物の供給の点では売買の要素もあり、民法には適切な規定がない。具体的には、注文者の任意解除権（民641条）が認められるか（売買にはない）などが問題になる。定説がないが、いずれにせよ請負と売買の混合契約ないし両者の要素を有する非典型契約であると解さざるを得ず、問題ごとに、契約解釈を基本としつつ請負と売買の規定を使い分けるほかない。

2 請負の終了

・請負は、仕事が完成して目的物を引き渡し、報酬が支払われれば終了する。
・注文者は、仕事が完成するまでの間は任意に、請負人が被る損害を賠償して請負を解除することができる。

◆ 条 文 ◆

請負は、仕事が完成し（完成物の引渡しを要する場合には引き渡して）、報酬が支払われれば終了する。また一般原則に従い、合意解除、債務不履行解除も認められる。そのほかに、請負には特殊な解除権が認められている。すなわち、①注文者は、仕事が完成するまでの間は任意に、請負人が

被る損害を賠償して請負を解除することができる（民641条〔任意解除権〕）。要らなくなった物を完成させても無意味だからである。ただし、仕事が可分であるときは、完成部分が注文者の利益となる限り、未完成部分のみを解除できると解されている（大判昭和7・4・30民集11巻780頁〔ただし、校舎の建築請負で、竣工した建物について注文者の所有となるとの特約があった事例〕）。また、②注文者について破産手続開始決定があったときは、請負人、破産管財人は請負を解除することができる（新642条1項本文）。ただし、請負人による解除は仕事が完成する前に限られる（同項ただし書）。なお、請負の解除には、雇用と異なり遡及効がある。

◆ 発 展 問 題 ◆

改正により、請負に関する規定はかなり整序された。しかし、内容的には、売買の規定との調整など、最小限の改正となっており、全体的に新法は抑制的であるといえよう。また、下請負についても、下請人の注文者に対する報酬の直接請求権が検討されたが、実現しなかった。前述したように、請負では、主として建築請負契約が問題になり、そこでは約款が利用されている。この建築請負約款と民法との統合ないし整序をはからなければ、請負に関する問題は根本的には解決しない。

第13章 委任

1 委任の意義

> ・委任は、法律行為をすることを委任する契約であるが、法律行為でない事務の委託にも委任の規定が準用されるので（準委任）、広義の委任は、広く事務処理を委託する場合の典型的な契約となっている。

◆ 条 文 ◆

(1) **委任・準委任**

　委任は、法律行為をすることを委任し、受任者がこれを承諾することによって成立する諾成・無方式の契約である（民643条）。委任状が作成されることが多いが、成立要件ではない。弁護士に対する訴訟行為の委託が委任の典型である。しかし、法律行為でない事務の委託（準委任という）にも委任の規定がそのまま準用されるので（民656条）、結局のところ、広義の委任は、広く事務処理を委託する契約となっている。そうであれば、はじめから委任をそのように定義しておけばよいとも思えるが、これには明治期の立法過程上のいきさつがあり、フランス民法の委任（法律行為の委託に限るが、代理の規定はない）と、ドイツ民法の委任（事務処理一般の委託だが、無償に限る）とが混同された結果、代理制度を有しながら同時に法律行為をすることを目的とする委任も存在するという二重構造になってしまったのである。今日では、代理権は委任以外に雇用や請負でもありうるし（ただし私見では、他の契約に委任が結合していると解する）、委任でも代理権を伴わない準委任があるとして、委任と代理の概念上のずれを認め

るとともに、委任は当事者間の内部関係の問題であり、代理は対外的効力の問題であるとして両者の適用場面を区別するのが一般的な理解となっている。

(2) 無償・有償

委任は原則として無償であるが、特約により有償としてもよい（新648条1項）。これにも歴史的な理由があり、ローマ法では、古くは他人の代わりをすること自体が認められておらず、その後認められるようになってからも、高度な知的作業には対価は馴染まないと考えられていたことによる。しかし現代では、社会的・経済的に重要な委任は有償であり、原則と例外が逆転している。特約がない場合であっても、報酬を認めた判例があり（最判昭和37・2・1民集16巻2号157頁〔訴訟委任〕）、商法には、商人は相当な報酬を請求できるとの規定がある（商512条）。

2 委任の効果

・受任者は、善管注意義務を負い、委任者は、有償委任では報酬支払義務を負う。
・受任者には、自己執行義務があるが、一定の場合には復委任も認められる。
・履行割合型委任と成果完成型委任とでは、報酬の支払時期が異なる。

◆ 条 文 ◆
(1) 受任者の義務
(a) 善管注意義務

受任者は、委任の本旨（契約の趣旨）にしたがって、善良な管理者の注意をもって事務を処理する義務（善管注意義務）を負う（民644条）。無償委任では注意義務が軽減されると解する説もあるが、多数説は、委任では高度な信頼関係に基づき他人に代わって行為するので、注意義務の程度は有償・無償で異ならないと解している。

(b) **自己執行義務**

　また、受任者に対する個人的信頼が基礎であるから、受任者は、自ら事務処理を執行する義務（自己執行義務）を負い（新644条の2第1項）、受任者はその地位を第三者に譲渡することはできないと解されている（大判大正6・9・22民録23輯1488頁）。しかし例外的に、受任者は、委任者の許諾を得たとき、またはやむを得ない事由があるときは、復受任者を選任することができる（新644条の2第1項）。旧法下でも、復代理に関する民法104条の類推適用によって認められていたが、改正によって明文化された。ただし、復代理人の権限に関する旧107条については、委任事務の内部処理の問題ではないので、復委任というだけでは類推適用されないというのが従来の判例であった（最判昭和31・10・12民集10巻10号1260頁）。新法はこれを受けて、代理権を有する受任者が代理権を有する復受任者を選任したときは、復受任者は、委任者に対し、その権限の範囲内で受任者と同一の権利を有し義務を負うと規定された（新644条の2第2項）。

(c) **付随義務**

　受任者は、付随義務として、①事務処理状況の報告義務（民645条）、②事務を処理するに当たって受け取った物、収取した果実の引渡義務（民646条1項）、③委任者のための自己の名で取得した権利の移転義務（民646条2項）を負う。また、④委任者に引き渡すべき金額または委任者の利益のために用いるべき金額を消費した場合には、損害賠償義務を負う（民647条）。

(2) **委任者の義務**
(a) **報酬支払義務**

　委任者は、有償委任では報酬支払義務を負う（新648条1項）。新法は、この報酬支払いについて、委任を①履行割合型委任（事務処理の労務に対して報酬が支払われる場合）と、②成果完成型委任（事務処理の成果に対して報酬が支払われる場合）とに分けて規定している。②では、成果をあげなければ報酬が支払われない。

　①履行割合型委任　履行割合型委任では、報酬は、別段の定めがない限り、原則として委任事務が履行された後の後払いであるが（同条2項）、

受任者の責めに帰することができない事由によって履行することができなくなったとき（同条3項1号）、または委任が履行の途中で終了したとき（同項2号）は、受任者は、すでに履行した割合に応じて報酬を請求できる（1号は旧648条3項と同様である）。

　②成果完成型委任　　成果完成型委任では、成果に対して報酬が支払われる点で請負に類似していることから、別段の定めがない限り、成果の引渡しを要するときは、報酬は成果の引渡しと同時支払いであり（新648条の2第1項）、引渡しを要しないときは、成果完成の後払いとなる（新648条2項）。

　委任者の責めに帰することができない事由によって成果を完成することができなかったとき、または委任が成果完成前に解除されたときは、請負の規定の準用により、すでにした事務の結果のうち可分で、かつ委任者がその給付によって利益を受けるならば、その部分を成果とみなして、委任者が受ける利益の割合に応じて報酬を請求することができる（新648条の2第2項、新634条）。これは、新設規定であり、請負の場合に合わせたものである。なお、委任者の責めに帰すべき事由による場合には、報酬全額を請求することができる（新536条2項）。

(b)　**付随義務**

　委任者はその他に、受任者の請求によって、①費用前払義務（民649条）、②費用償還義務（民650条1項）を負うほか、③受任者が事務処理に必要な債務を負担したときに、受任者に代わって債務を弁済する債務代弁済義務（同条2項）、④受任者が事務を処理するために過失なく受けた損害の賠償義務を負う（同条3項）。

◆　**解　釈**　◆

直接取引

　受任者が事務処理をしている途中で委任者が任意解除して、取引の相手方と直接取引してしまった場合、受任者は報酬を請求することができるか。不動産取引の仲介で、受任者から情報を得ておいて、報酬の支払いを回避するために解除したような場合に問題になる。判例は、旧130条（新130条1項）により、条件成就によって不利益を受ける者が故意に条件成

就を妨害したと構成して、報酬請求を認めている（最判昭和45・10・22民集24巻11号1599頁）。しかし学説では、これではオール・オワ・ナッシングの解決になり、受任者が事務処理に見合わない報酬を得ることにもなるとして、受任者の報酬を得る期待権の侵害であると構成して、事務処理と因果関係のある損害の賠償を認めるべきであるとする見解が有力であり、これが新法の報酬支払いの考え方にも適合的で、妥当である。なお、宅地建物取引業の媒介では、特約による処理がなされるようになっている。

3　委任の終了

- 委任は、強固な信頼関係に基づくので、原則として当事者がいつでも解除できる。
- しかし、受任者の利益をも目的とする委任は、原則として任意解除できず、やむを得ない事情があるとき、または損害賠償すれば解除できる。

◆ 条 文 ◆

(1)　委任の終了事由

　委任は、委任事務の終了と報酬支払いにより終了するほか、当事者の死亡、当事者についての破産手続開始決定、受任者の後見開始によって終了する（民653条）。また、契約一般の終了事由として、合意解除、債務不履行解除がある。しかし委任に特徴的なのは、任意解除権による解除である。なお、委任の解除には、他の継続的契約と同様、遡及効がない（民652条、新620条）。

(a)　任意解除権

　当事者は、いつでも委任を解除（解約告知）できる（新651条1項）。これは、委任が強固な信頼関係に基づくものであるため、それが崩れたときに委任を解消する自由を保障するものである。相手方に不利な時期に解除したときは、損害賠償をしなければならないが、やむを得ない事由があったときは、その必要はない（同条2項1号）。

任意解除権を放棄する特約は、古くは委任の本質から認められないとする説もあったが、現在の通説では、公序良俗に反しない限り有効であると解されている。ただし、特約があっても、やむを得ない事由があれば解除することができるとする（大判昭和14・4・12民集18巻397頁）。しかし、やむを得ない事由がなくても解除できるが、特約違反として損害賠償しなければならないと解する説もある。任意解除権をできるだけ保障する意味ではこの説のほうが妥当なように思われる。

(b)　**受任者の利益をも目的とする委任の解除**
　任意解除権が委任の拘束力を弱めるものであることは疑いなく、受任者の利益をも目的とする委任でも委任者に自由に認めてよいかは問題である。たとえば、債務者が債権者に対して、第三者に対する債権の取立てを委任し、取立てた金銭を自己の債務に充当することを認めるような場合には、委任は、委任者の利益のみならず、受任者の利益をも目的としている。このような場合にも委任者による任意解除を認めるならば、受任者の利益が不当に損なわれる。

(ア)　**旧法の下での判例・学説**
　旧法の下での従来の判例は、明文規定がないことを前提にしながら、①原則として、受任者の利益をも目的とする委任では、委任者は任意解除することができないと解してきた（大判大正9・4・24民録26輯562頁〔債権の取立委任〕）。しかし、②受任者が著しく不誠実な行為をしたなど、やむを得ない事情があるときは解除できる（最判昭和43・9・20判時536号51頁）。また、③やむを得ない事情がないときでも、解除権を放棄したと解されない事情があるときは解除できるが、この場合には損害賠償をしなければならない（最判昭和56・1・19民集35巻1号1頁〔賃貸建物の管理を委託して、無償とする代わりに賃貸借の保証金を自由に利用させていた事例〕）。このように解すると、受任者の利益の存在の認定が重要になるが、報酬の合意があるというだけでは、受任者の利益をも目的とするとはいえないとされ（最判昭和58・9・20判時1100号55頁）、受任者は、それ以上の特別の利益を主張・立証しなければならないとされてきた。
　学説では、以上の結論をどのように根拠づけるべきかが議論されてき

た。賃貸借のように継続的契約関係の信頼関係に基づくとする見解、そもそも旧651条は無償委任にのみ適用されると解する見解などがあったが、委任の類型に応じて解除の可否を判断するという見解が多数であったように思われる。

(イ)　改正法の立場

　新法では、従来の議論を受けて、受任者の利益をも目的とする委任の解除について規定が新設された（新651条2項第2号）。それによれば、①受任者の利益をも目的とする委任でも、委任者は任意に解除することができるが、受任者が被った損害を賠償しなければならない。ただし、②やむを得ない事由があるときは、損害賠償をする必要がない。たとえば、もはや委任を必要とする事情が消滅したような場合である。このように、新法は、従来の判例法理を明文化したものといえよう。しかし、新法の下でも、受任者の利益の認定が問題になることに変わりはない（◆解釈◆参照）。

(c)　死亡

　委任は当事者の死亡により終了する（民653条1号）。しかし、訴訟代理権は、当事者のいずれが死亡しても消滅しない（民訴58条1項1号）。また、委任者死亡後の事務処理を委任した場合には、死亡しても委任を終了させないとの合意があったと解されるので（最判平成4・9・22金法1358号55頁）、委任は終了しない。この場合には、相続人自身の任意解除権も行使しないとの特約があると解釈できるであろう。

(d)　終了後の効果

　委任終了後も、受任者は、①報告義務として、遅滞なく委任事務の処理の経過と結果を報告しなければならず（民645条）、②善処義務として、急迫の事情があるときは、委任者が委任事務を処理することができるまでの間、必要な処分をしなければならない（民654条）。また、委任の終了事由は、相手方に通知するか、相手方が知るまでは相手方に対抗することができない（民655条）。したがってその間になされた委任事務の処理は有効である。

◆ 解 釈 ◆
受任者の利益
　受任者の利益をも目的とする委任の規定が設けられたが、実際の紛争では、その利益の認定が問題になることに変わりはない。具体的には個々の契約ごとに解釈せざるを得ないが、一応は以下のような類型を立てることができよう。
　①債権の取立委任のように、債務者である委任者の債務の担保目的でなされる委任では、委任の解除は担保の解消を意味するので、原則として任意解除は認められないと解すべきである。②それ以外で受任者の利益のためにもなされた委任というのは、実際には委任にその他の契約が結合したものと捉えられるので、その趣旨にしたがって解除の可否を判断すればよい。たとえば、契約関係の維持に対して高い経済的依存度があるような場合や、受任者による対外的行為の継続性が求められるような場合には、解除は制限されると解することができる。③これらの以外では、委任の本質を崩す必要はなく、任意解除権を認めつつ、場合に応じて損害賠償で対応すればよい。

◆ 発 展 問 題 ◆
委任の多様性
　民法の規定は、法律行為の委任のみならず、事実行為の事務を委託する準委任をも取り込むため、雇用や請負などとの区別が不明確になっており、委任は、役務提供契約の基本契約として利用されている。しかし、委任には、このような側面のほかに、歴史的な理由に基づく固有の規定もある（任意解除権がその最たるものである）。これをすべての役務提供契約にそのまま適用することは妥当ではない。前述したように、改正の初期段階では、役務提供契約の一般原則を立法化することが検討されたが、それは実現しなかった。委任の名の下で締結される契約には、前述の受任者の利益をも目的とする委任のほか、媒介（第三者との法律関係が成立するように尽力する準委任）、取次（自己の名で委任者のために法律行為をなす委任）など種々のものがあり、これをいくつかの類型に分けて、それぞれの特性に応じた解釈をする必要があるのではなかろうか。

第14章 寄託・組合・終身定期金・和解

1 寄 託

・寄託は、寄託者がある物の保管をすることを受寄者に委託する契約であり、役務の内容が物の保管である点が特徴的である。
・混合寄託とは、複数の寄託者の種類・品質の同一な物を混合して保管する寄託である。
・消費寄託では、受寄者が受託物を消費することが認められ、寄託された物と種類、品質、数量の同じ物を返還する。
・寄託は、約款や特別法によることが多く、民法の規定が問題になることはほとんどない。

◆ 条 文 ◆

(1) **寄託の意義**

　寄託は、寄託者がある物の保管を委託し、受寄者がこれを承諾する契約である（新657条）。委任と類似しており、多くの規定が準用されているが（新665条）、契約の目的が物の保管に限定されている点で異なる。賃貸借や使用貸借と類似することもあるが、これらは場所や物を貸す契約であり（貸金庫、コインロッカー、貸駐車場など）、物の保管を目的としていない。旧法では、寄託は、歴史的な理由から、目的物を受け取ることによって成立する要物契約として規定されていたが（旧657条）、今日では、そうする合理性が見いだせず、実際にも諾成的な寄託契約が普及しているので、新法では諾成契約とするよう改められた。また、不要式の契約であり、無償を原則とするが、有償も認められる（新665条、新648条1項）。実際上、社

会的・経済的に重要な寄託は有償である。

　特殊な寄託として、混合寄託と消費寄託とがある。混合寄託（混蔵寄託）は、複数の寄託者の種類・品質の同一な物を混合して保管する寄託である（新665条の2第1項）。旧法では規定がなかったが、解釈上認められていた。これをするためには。各寄託者の承諾を得なければならない。寄託物の返還は、寄託した物と同じ数量の物になる（同条2項）。寄託物が一部滅失したときは、残った数量を各寄託者が寄託した割合に応じた数量の返還になる（同条3項前段）。受寄者に保管義務違反があれば、債務不履行による損害賠償を請求することができるのはもちろんである（同条3項後段）。

　消費寄託は、受寄者が受託物を消費することが認められ、寄託された物と種類、品質、数量の同じ物を返還する寄託である（新666条1項）。寄託物を消費するので、寄託者の引渡義務と受寄者の価格償還義務について、消費貸借の規定が準用される（新666条2項）。したがって金銭の消費貸借（貸付）と消費寄託（預金）はほぼ同様の内容になる。ただし、返還については、後述のように、預貯金についてのみ消費貸借の規定が準用される。

　寄託は、全体として、約款（預金規定など）や、特別法（商事寄託に関する商593条以下、倉庫に関する商617条以下など）によることが多く、民法の規定が問題になることはほとんどない。

(2)　寄託の効果
(a)　受寄者の義務

　受寄者は、契約の終了時に目的物を返還する義務を負う。明文はないが、新法で寄託が諾成契約とされたことから生じる当然の義務である。これに関連して、寄託者は、受寄者が寄託物を受け取るまで契約を解除することができるが、受寄者に損害が生じればそれを賠償しなければならない（新657条の2第1項）。これに対して、受寄者は、書面によらない寄託であれば、寄託物を受け取るまで契約を解除することができる（同条第2項）。軽率な契約締結から救済するために契約の拘束力を弱めている。また、書面によらない寄託または無償の書面による寄託では、受寄者は、寄託物を引き渡されない場合には、相当期間を定めて催告した上で、契約を解除することができる（同条3項）。これらはいずれも、寄託が諾成契約となっ

たことから必要になった規定である。

　受寄者は、物の保管義務を負い、自己執行義務を負うので、寄託者の承諾を得なければ、寄託物を使用することができず（新658条1項）、また、承諾を得るか、やむを得ない事由がなければ、第三者に保管させることもできない（同条2項）。復委任の場合にならって、やむを得ない事由が新法で追加された。再寄託について、旧法は復代理に関する規定を準用していたが（旧658条2項）、新法では、別途、再受寄者は、寄託者に対して、その権限の範囲内で、受寄者と同一の権利を有し、義務を負うと規定された（新658条3項）。

　受寄者の注意義務の程度は、無償寄託では、善管注意義務（新400条）が自己の物と同一の注意義務に軽減される（新659条）。また付随義務として、受寄者は、寄託物について権利を主張する第三者が現れた場合、寄託者に通知する義務を負うほか（新660条1項）、そのような場合でも原則として寄託者に返還すべき義務を負う（同条2項、3項）。

(b) **寄託者の義務**

　有償寄託の寄託者は、報酬支払義務を負う（新665条、新648条）。その他に付随義務として、受寄者による費用・債務負担の場合に委任に準ずる義務を負い（新665条、民649条、650条1項、2項）、寄託物の性質・瑕疵によって受寄者に生じた損害を賠償する義務を負う（民661条）。

(3) **寄託の終了**

　寄託は、目的物の受取り前の解除のほか、期間満了、合意解除、債務不履行解除によって終了する。また、両当事者に任意解除権があり、寄託者は、期間の定めの有無にかかわらず、いつでも目的物の返還を請求することができるが（新662条1項）、期限前に返還請求したために寄託者に生じた損害を賠償しなければならない（同条2項）。損害賠償については新設規定である。他方、受寄者は、期間の定めがないときは、いつでも返還することができ、期間の定めがあるときでも、やむを得ない事由があれば期間満了前に返還することができる（民663条）。目的物は、原則として契約による保管場所で返還しなければならないが、受寄者に正当な事由があって場所を変更したときは、現在の場所で返還すればよい（民664条）。

なお、寄託物が一部滅失・損傷した場合における寄託者の損害賠償請求権、受寄者の費用償還請求権は、寄託者が返還を受けた時から1年以内に行使しなければならず（新664条の2第1項）、損害賠償請求権は、寄託者が返還を受けた時から1年間は時効が完成しない（同条2項）。賃貸借、使用貸借（新600条、新622条）と同様の規定である。

　消費寄託における返還時期については、預貯金契約についてのみ消費貸借の規定（新591条2項、3項）が準用される（新666条3項）。したがって、預貯金者（寄託者）は、通常の寄託と同様にして返還請求できるが、金融機関（受寄者）は、返還時期の定めの有無にかかわらず（やむを得ない事由がなくても）、いつでも返還することができる（預貯金者に損害が生じれば賠償しなければならないことは同じ）。なお、金融機関が定期預金について期限前に貸付金と相殺するのは、預貯金者が期限の利益を喪失したことに基づく問題である。

◆ 発 展 問 題 ◆
預貯金取引の約定書
　消費寄託で最も重要なのは預貯金契約であるが、これについては、金融機関の用意した約款による実務が定着しており、新法の下でも返還時期に関する以外では特別の規定は設けられなかった。したがって、預貯金取引の内容を知るためには、各金融機関の取引約定書を見なければならない。またその各規定内容に合理性があるか否かは、今後とも約款の解釈に委ねられることになった。

2　組　合

- 組合は、各当事者が出資をして共同事業を営むことを約する契約である。
- 契約関係として構成されるが、共同事業を営むうえで団体性があり、契約の個人性と団体性との調整が問題になる。
- 組合財産は、組合員の共有となるが、組合の清算前は持分の分割請求、処分をすることができない。

- 組合の債務は、組合財産が引き当てとなるが、組合員も持分に応じて無限責任を負う。
- 組合の対外的行為は、組合員の過半数が決定し、業務執行者がいるときはその者が総組合員を代理して行う。
- 判例は、やむを得ない事由があるときに脱退を認める規定は強行規定であると解している。

◆ 条 文 ◆

(1) 組合の意義

　組合は、各当事者が出資をして共同事業を営むことを約する契約である（民667条1項）。当事者全員が出資する債務を負う有償・双務・諾成・不要式の契約である。出資するものは、財産的価値があればよく、とくに限定はない。労務であってもよい（同条2項）。また、事業についてもとくに限定はなく、期間が継続的または一時的か、目的が営利（建設企業共同体（JV）など）または非営利（レジャーのためのヨットクラブなど）かを問わない。しかし、ある物を共同で所有するだけでは単なる共有であり（民249条以下）、共同して何らかの事業を行い、その利益を享受しなければ組合ではない。なお、名称が組合となっていても、実際には特別法上の法人であることが多いので（農業協同組合、信用組合など）、注意が必要である。

　複数の当事者がいずれも同一内容の約束をして団体を作ることが最大の特徴であり、このため組合契約は、通常の契約とは異なり、法人の設立行為と同様、合同行為（同一方向の多数の意思表示による行為）であると解するのが通説である。組合員の一人がした意思表示について無効または取消原因があっても、他の組合員との間では、組合契約は効力を妨げられない（新667条の3）。これは、組合の団体的性格を示すものである。しかし、他方では、同一の方向などというのは比ゆ的であり、むしろ法人と異なり団体に権利主体性がないことからすれば、通常の契約（契約の複合）であると解する説も有力である。しかし、出来上がった状態に団体性があること、それは法人より団体性の弱いものであることが重要であり、組合は合意による法律行為であると解しておけば十分である。ただし、この中途半端な団体性のゆえに、組合の財産、債務について特殊な効力が生じること

になる。

(2) 組合の効果
(a) 組合員の義務
　組合契約の当事者は、出資する義務を負う（民667条１項）。この義務は、組合を維持するための基本的義務であり、他に未履行の者がいることを理由に拒めず、同時履行の抗弁権（新533条）、危険負担（新536条）の適用はない（新667条の２第１項）。また、他の組合員が組合に対する債務を履行しないことを理由に契約を解除することもできない（同条２項）。金銭の出資義務の不履行があると、利息の支払いおよび損害賠償をしなければならない（民669条）。これは、債務不履行責任の特則となる。

(b) 財産の共有
　組合財産は、総組合員の共有に属する（民668条）。組合員は持分権を有するが、組合の清算前には分割請求をすることができない（新676条３項）。たとえ持分を処分しても、その処分は組合および組合と取引した第三者に対抗することができない（同条１項）。また、組合の有する債権は、たとえ分割債権であっても組合員の分割債権とはならず、組合員は、全員で共同してのみ行使することができ、単独では行使できない（同条２項）。各組合員の債権者もまた、組合財産に対して権利を行使することができない（新677条）。これは、旧法が、組合の債務者が組合員に対して有する債権と組合に対する債務とを相殺することを禁止していた（旧667条）ものを一般化したものである（たとえば差押えの禁止）。なお、組合には法人のような法主体性はなく、組合財産として不動産を有していても、組合名義で登記することはできず、全員の共有名義か代表者の個人名義によるほかない。

　このように組合財産の共有は特殊であり、通説・判例（最判昭和33・7・22民集12巻12号1805頁）は、これを「合有」であるとしている。ただし、この判例は、同時に、民法上は共有として規定されており、特別の規定がない限り民法249条以下の適用があるとしている。そして、組合財産である不動産につき不実登記がある場合には、（総組合員の共同訴訟である必要はなく）一人の組合員が保存行為として（民252条ただし書）その抹消

を請求できるとしている（ただし保存行為とする点については、学説上、その組合員の持分権の侵害として構成すれば足りるとの批判が多い）。合有という用語にこだわる必要はなく、共有ではあるが、共同事業継続のために分割や対外的な関係において特殊性があると理解すれば分かりやすい。

(c) **組合の債務**

　組合の債権者は、組合財産に対して権利を行使できる（新675条1項）。組合財産は、共同事業という特定の目的のための特別な財産であり、各組合員個人の財産と離れて一団をなしているからである（大判昭和11・2・25民集15巻281頁）。組合の債務は分割債務とならず、債権者が組合員の一人であったとしても、債権者と債務者の混同（民520条）は生じない。

　しかし他方では、各組合員は、組合の債務に対し、持分に応じて無限責任を負う。その際の損失分担割合は、組合の債権者の選択に従い、各組合員の損失分担割合または均等となるが（新675条2項本文）、債権者が割合を知っていたときはその割合になる（同項ただし書）。各組合員の損失分担割合は、とくに定めがなければ出資額に応じて定められる（民674条1項）。

(d) **業務の執行**

(ア) **内部業務**

　組合の業務は、組合員の過半数で決定し、各組合員が執行する（新670条1項）。しかし、組合契約で委任した業務執行者がいるときはその者が決定し、執行する（同条2項、3項前段）。業務執行者が複数いるときはその過半数で決定し、各業務執行者が執行する（同条3項後段）。ただし、いずれの場合も、総組合員の同意で決定し、または総組合員が執行することは妨げられない（同条4項）。また、組合の常務（日常の軽微な業務）は、他の組合員からの異議がなければ、各組合員、各業務執行者が単独ですることができる（同条5項）。

　業務執行者は、委任の受任者であり、善管注意義務などにつき委任の規定が準用される（新671条）。ただし、辞任・解任については特別規定があり、正当な理由がなければ辞任できず、正当な理由と他の組合員の一致がなければ解任することができない（新672条1項、2項）。

(イ) 対外的行為

　旧法の下では、組合の対外的行為について明文規定がなく、判例は、組合の対外的行為も業務執行であるとし、学説は組合契約の解釈によるとしていたが、いずれにせよ対外的行為は代理によらざるを得ないと解されていた。新法では、これにつき代理であるとする明文規定が新設された（新670条の2）。それによれば、各組合員は、組合員の過半数の同意を得て他の組合員を代理することができる（同条1項）。業務執行者がいるときは、業務執行者のみが組合員を代理することができ、複数あるときはその過半数の同意を得た業務執行者が代理できる（同条2項）。しかし、いずれの場合でも、組合の常務に関しては、各組合員または各業務執行者が単独で組合員を代理することができる（同条3項）。

　代理であるから、民法総則の代理規定が適用され、代理権を逸脱すれば新110条の表見代理が問題となり、組合規約で業務執行者の代理権を制限していたとしても、善意・無過失の相手方に対抗できないとする判例（最判昭和38・5・31民集17巻4号600頁）も維持される。この判例は、一般法人法77条5項（善意の第三者に対抗できない）と同様の趣旨に基づくと考えられるが、組合では、相手方は内部制限があるとは思わないのが普通とまではいえないので、主観的要件は厳しくなると解されている。なお、訴訟行為は、組合の代表者の定めがあれば、民事訴訟法29条の類推適用により組合の名ですることができる（最判昭和37・12・18民集16巻12号2422頁）。

(e) 加入・脱退

(ア) 加入

　旧法には、組合員の地位の譲渡や組合への新規加入についてとくに規定はなかったが、全組合員の同意または組合契約の定めにより可能であると解されていた。新法では、加入についての規定が新設され、その責任も明記された（新677条の2）。すなわち、組合員の全員の同意または組合契約の定めにより、新たに組合員を加入させることができ（同条1項）、新たな組合員は、加入前に生じていた組合の債務について無限責任を負わない（同条2項）。

(イ)　任意脱退権

　各組合員は、①組合の存続期間の定めがないとき、または一部組合員の終身の間を組合の存続期間とする定めがあるときは、いつでも脱退することができる（民678条1項本文）。ただし、やむを得ない事由があるときを除き、組合に不利な時期に脱退することはできない（同条1項ただし書）。また、②存続期間の定めがあるときでも、各組合員は、やむを得ない事由があるときは脱退することができる（同条2項）。この規定の意味・性質をどのように理解するかは、組合の団体性と契約性の関係をどのように理解するかに関連している（◆解釈◆参照）。なお、脱退に遡及効はない。

(ウ)　非任意脱退

　組合員は以下の事由により脱退する（民679条）。①組合員の死亡、②破産手続開始の決定、③後見開始の審判、④除名。除名するには、正当な事由と他の組合員の一致が必要である（民680条）。

(エ)　脱退後の責任・脱退の事務処理

　組合員が脱退しても、脱退前に生じた組合の債務については弁済責任を負う（新680条の2第1項前段）。しかし、債権者が全部の弁済を受けない間は、脱退した組合員は、組合が担保を出すこと、または自己に免責を得させるよう組合に請求でき（同項後段）、組合債務を弁済したときは、組合に対して求償権を有する（同条2項）。これは、脱退した組合員は他人の債務を弁済したことになることから設けられた規定である。

　脱退すると持分の清算が行われる（民681条）。持分の払戻しは、出資の種類を問わず金銭ですることができ、脱退時に完了していない事業については完了後に計算することができる。

(f)　解散
(ア)　解散事由

　組合は以下の事由により解散する。①目的事業の成功または成功不能、②組合契約で定めた存続期間の満了、③組合契約で定めた解散事由の発生、④総組合員の同意（以上、新682条）、⑤やむをえない事由に基づく組合員からの解散請求（民683条）。⑥その他に、規定はないが、組合員が一

人になったことにより解散すると解されている。解散に遡及効はない（民684条、620条）。

(イ) 組合財産の清算

解散による組合財産の清算は、総組合員が共同して、または清算人（過半数で選任）が行う（新685条1項）。清算人は、組合の現務を結了させ、債権の取立て・債務の弁済を行い、残余財産を引き渡すなどの職務を行う（民688条1項、2項）。残余財産は、組合員の出資の価格に応じて分割される（同条3項）。

◆ 解 釈 ◆

脱退の自由と組合の団体性

判例は、民法678条のうち、やむを得ない事由があるときは存続期間の定めの有無にかかわらず任意に脱退することができるという部分は、強行規定であり、これに反する組合契約は公の秩序に反し無効であるとしている（最判平成11・2・23民集53巻2号193頁）。この事案は、7人でヨットを共同購入してレジャーなどに利用するというヨットクラブで、2人が脱退すると主張して持分の返還を請求したが、他の者が、会員の権利は「オーナー会議で承認された相手方に対して譲渡できる」旨の規約に基づき、任意脱退は禁止されていると主張したものであった。最高裁は、この規約は任意脱退を禁止するものであるとの契約解釈を基にしたうえで、規約は公序に反して無効であるとした。

しかし、678条の解釈としては、このほかに、①そもそも同条全体が強行規定であり、同条以上に脱退を制限できないという解釈、②同条は任意規定であり、規約で脱退を制限することは一般的に許されるという解釈も可能である。①のような解釈は、組合は契約によって構成される団体であり、同条は団体性と個人性の妥協点であるから、それ以上の団体的拘束を望むなら社団法人を設立すべきであるとの考え方を基礎にしている。これに対して②のような解釈は、民法の規定は組合の一つのモデルを示しているにすぎず、組合の多様性は最大限認められてよいとの考え方を基礎にしている。そうすると、最高裁は、これらの中間にあって、一方では組合の多様性を認めつつ、他方では組合が特殊な団体であることから、やむを得

ない事由があるときの脱退を最低限保障するとの考え方を基礎にしていると理解することができよう。これはまさに組合の中途半端性を示すものとなっているのである。しかしそうであるならば、組合に対する組合員の拘束をどの程度認めるかは、678条の性質（強行規定か任意規定か）によってではなく、共同事業の性質と当事者の目的によって定まるというべきであり、このような実質的判断をするためには、規約が公序良俗違反（新90条）か否かの判断によるべきではなかろうか。

◆ **発 展 問 題** ◆
組合と社団との関係

通説によれば、組合と社団（社団法人、権利能力のない社団）との違いは、団体性の強弱にある。団体性が強い社団では、その行為は機関によって行われ、法律効果は社団に帰属し、社団の財産（資産、債権、債務）は構成員から独立性を有している。これに対して団体性が弱い組合では、その行為は全組合員または全員から代理権を付与された者によって行われ、法律効果は組合員に帰属し、組合の財産は組合員の共有となる（債務についても無限責任を負う）。しかし、有力説は、強弱といった区別は不明確であり、また組合でも、その行為は業務執行者によって行われ、それがいなければ過半数で決められており、法律効果や財産についても、組合契約で別の定めをすればよいなど、実質的には社団とさほどの違いがないと批判している。そもそも、実際に存在する組合は多種多様であり、また、現代的な投資取引などで組合を積極的に活用する傾向もみられ、組合を固定的なイメージでとらえることはできない。組合に関する民法の規定は、契約による団体の一つのモデルであると理解した上で、団体の特性に応じて組合契約を解釈し、また民法規定の適用を判断すべきである。

3　終身定期金

・終身定期金は、たとえば、AがBに全財産を譲渡するかわりに、Aが死亡するまでBが毎月金銭を給付することを約する契約である。
・実際には年金制度、保険が利用され、この契約が利用されることは

ほとんどない。

◆ 条 文 ◆

(1) **終身定期金の意義**

終身定期金は、当事者の一方が自己、相手方または第三者の死亡まで、定期に金銭その他の物を相手方または第三者に給付することを約する契約である（民689条）。たとえば、AがBに全財産を譲渡するかわりに、Aが死亡するまでBが毎月金銭を給付することを約する場合である。このように有償のこともあれば、無償のこともあるが、この契約それ自体は、当事者の一方のみが債務を負う片務、諾成、不要式の契約である。民法は、終身定期金の計算方法、解除、債務不履行の特則などについて若干の規定を置いている（民690～694条）。

(2) **機能**

終身定期金は、近代になって個人主義が進むにつれて老後の生活を家族間の扶養に頼ることが困難になるとの予想の下で設けられた契約類型である。しかし、公的・私的年金制度や保険の発達により、実際に利用されることはまったくといってよいほどない。

4　和　解

- 和解は、当事者の互譲により、争いをやめる契約である。
- 和解後に和解の内容に反する確証が得られても、和解どおりの効果が生じる（和解の確定効）。
- しかし、和解の前提となる事実や、和解の対象物の性状に関して錯誤があった場合には、錯誤による取消しの主張が認められることがある。
- 交通事故の示談などでは、示談の際に予見できなかった人身損害が生じた場合には、示談とは別損害であるとして損害賠償を請求できる。

◆ 条 文 ◆

(1) 和解の意義

和解は、当事者が互いに譲歩し、当事者間に存する争いをやめることを約する契約である（民695条）。諾成・不要式の契約であり、当事者双方が争いをやめる債務を負い、その分の損失を負担する双務・有償契約である。何よりも、互いに譲歩をする「互譲」がポイントとなる。古い判例は当事者間に争いがある場合のみが和解であると解していたが（大判大正5・7・5民録22輯1325頁）、現在の通説は、権利関係が不明確なためこれを確定させるような場合も含まれると解している。

(2) 他の自主的紛争解決手段

和解は、実際には、裁判に絡んで裁判上の和解としてなされることが多い。それにも、簡易裁判所への申し立てによる起訴前の和解（民訴275条）と訴訟が始まってから裁判官から提示される裁判上の和解（民訴89条、264条以下）とがある。和解以外の自主的紛争解決手段としては、調停（民事調停〔民調24条の3第2項〕、家事調停〔家審21条1項〕など）、仲裁（仲裁14条1項）、あっせんや相談（労働紛争、交通事故など。まとまれば和解）がある。とくに、2004年にはADR法（裁判外紛争解決法）が成立し、認証を受けた紛争解決事業者（スポーツ選手の紛争を解決する日本スポーツ仲裁機構など）を利用した紛争解決への期待が高まっている。

(3) 和解の効果

民法は、和解の効果として、権利が争いの目的になっていたときは、たとえその後に一方が権利を有していなかったことまたは相手方が権利を有していたことの確証が得られたときでも、一方に権利が移転し、相手方の権利が消滅すると規定するのみである（民696条）。一般的には、この規定は、たとえ和解後に新証拠などにより和解の内容に反する確証が得られても、和解どおりの効果が生じるという「和解の確定効」を示すものと解されている。通説によれば、第三者関係を含めて実体的権利関係が確定すると解されているが、和解は当事者間の争いをやめることに尽きるので、当事者間で権利を主張するのを放棄するにとどまり、第三者に対しては権利主張できるとする少数説もある（この説が妥当なように思われる）。

◆ 解 釈 ◆

(1) 和解の錯誤

　和解の前提としていた事実等に錯誤があった場合、新95条により和解を取り消すと主張できるか。このような錯誤には、①和解事項の錯誤（和解金額の思い違いなど）、②和解の前提となる事実の錯誤（債務がそもそも不存在だったなど）、③和解の対象物の性状に関する錯誤（取引の目的物の性質が違っていたなど）がある。しかし、①については、和解がそもそも事実に反していても構わないという互譲をするものであることから、95条は排除されると解されている。問題は②③であるが、従来の判例では、②につき、転付命令を得た債権者と債務者間で債務の弁済方法に関する和解をしたが、転付命令が無効であったという事案で、そのような錯誤は和解条項それ自体についてのものではないとして、錯誤の主張を認めたもの（大判大正6・9・18民録23輯1342頁）、③につき、苺ジャム売買の代金支払いにつき裁判上の和解が成立したが、その後ジャムが半額以下の粗悪品であることが判明したという事案で、錯誤の主張を認めたものがある（最判昭和33・6・14民集12巻9号1492頁）。学説では、②③のいずれも動機の錯誤であるとしつつ、95条の解釈に委ねる見解が多いが（新95条2項によれば、動機が表示されていたことが必要となる）、②の錯誤は、そもそも当事者双方に共通する錯誤（共通錯誤）として取り消しうるというべきであろう（新95条3項2号参照）。

(2) 示談と後遺症

　交通事故などでなされる和解は示談と呼ばれる。示談で権利を放棄していても、示談時には予見できなかった後遺症が現れたような場合には、さらに損害賠償を請求できると解されている（最判昭和43・3・15民集22巻3号587頁）。その理由として、示談が錯誤や公序良俗違反（新90条）により一部取消しないし無効となるとする構成も示されているが、判例・通説は、示談の対象となった損害とは異なる別損害である（別損害説）と解しており、保険実務もそれに従っている。実際の示談では、あらかじめそのような損害は別途請求できる旨の条項を設けておくのが一般的である。

◆ 発展問題 ◆

継続的契約

　継続的契約という名の契約はなく、これは、賃貸借、委任など継続的な契約関係の総称である。これらの個別的な継続的契約についての解説の最後として、ここで触れておく。

　改正作業の途中までは、継続的契約について、とくにその終了に関する一般規定を設けるべきことが検討された。それによれば、期間の定めのない契約でも契約を存続させることに正当な事由があるときは申入れによっても終了しないこと、期間の定めのある契約では、更新の申し入れがあり、契約を存続させることに正当な事由があると認められるときは、同一条件で更新されたものとみなすこと、解除には遡及効がないことが提案されていた。これらは、現在の裁判例の共通項を明文化するものであったといえよう。結局、解除の非遡及効（解約告知）が個々の契約について明文化された以外、総論的な規定の立法化は見送られたが、このような検討の成果は、今後の解釈ないし将来の立法で生かされることになろう。

第15章 消費貸借・利息

1 消費貸借

- 消費貸借は、借りた物を借主が消費し、借りた物と同種・同等・同量の物を返す契約であり、金銭消費貸借が最も重要である。
- 消費貸借には、要物契約としての消費貸借と、諾成契約としての消費貸借とがある。
- 準消費貸借は、要物性を充たしていないが、複数の代金債務をまとめて一つの貸金債務にする場合や、貸金債務の利息を元本に組み入れて新たな元本とするような場合に利用されている。
- 消費者信用取引における金銭貸借では、特別法により、借主は、販売契約上の抗弁を貸主に対抗できる。

◆ 条 文 ◆

(1) **消費貸借の意義**

　民法は、貸借契約として、借りた物をそのまま返す契約（使用貸借、賃貸借）とともに、借りた物を借主が消費し、借りた物と同種・同等・同量の物を返す契約を規定しており、これが消費貸借である（民587条以下）。借りる物の限定はないが、最も重要なのは、資本主義経済を支える金融取引の核心をなす金銭消費貸借である。金銭消費貸借は、それによって生じた金銭債権の回収・保全・担保について、債権総論における弁済、相殺、債権者代位権、詐害行為取消権、多数当事者の債権債務関係、保証の規定と密接に連動している。そこで以下では、典型契約の最後として、とくに断らない限り金銭消費貸借を念頭に置いて消費貸借を解説し、その後、金

銭債権の回収、保全、担保のための制度を解説することにする。

(2) 消費貸借の成立

消費貸借には、要物契約としての消費貸借と、諾成契約としての消費貸借とがある。

(a) 要物契約としての消費貸借

要物契約としての消費貸借は、当事者の一方が種類、品等、数量の同じ物を返還することを約して相手方から金銭その他の物を受け取ることによって効力を生じる（民587条）。効力を生じると規定されているが、これは成立するという意味であり、成立には、①目的物の返還合意だけでなく、②目的物の受領が必要であると解されている。また、借主のみが返還義務を負う片務契約である。

要物性は、沿革的には、無償契約の特徴であるといわれている。すなわち、金銭の貸借が原則として認められず、親類や友人などの親しい者の間でのみ認められていた時代においては、貸借は当事者間の個人的な信頼関係を基礎にしており、無利息であるとともに、貸主から実際の金銭交付がない段階で、借主にその交付請求権を認めるのは妥当でないと考えられていた。しかし、金融取引が発達すると、消費貸借はむしろ利息付であることが通例となった。ところが民法は、従来から、利息付すなわち有償の消費貸借も認める一方（旧590条。新589条1項参照）、要物性については、民法典制定以来、長い間、無償契約と有償契約を区別することなく要求してきた。このため、学説では、諾成的消費貸借を認めるべきだとの主張がなされてきた（◆**解釈**◆参照）。

(b) 諾成契約としての消費貸借

新法は、諾成契約としての消費貸借を認めるが、それには、書面によることが必要である。すなわち、書面でする消費貸借は、当事者の一方が金銭その他の物を引き渡すことを約し、相手方がその受け取った物と種類、品等、数量の同じ物を返還することを約することによって効力を生じる（新587条の2第1項）。電磁的記録は書面によってなされたものとみなされる（同4項）。今後は、要物契約としての消費貸借と併存することになる

が、今日の金銭消費貸借では、通常、書面が作成されることがほとんどなので、これまで解釈によって補充してきたことを民法が正面から認めた意義は大きい。返還合意のみだけでなく書面が要求されるのは、軽率な契約締結を防止するためである。

諾成契約としての消費貸借には、解除と終了に関する特別の規定がある。まず、①目的物を受け取るまでは、借主は契約を解除することができる（新587条の2第2項前段）。これは、貸主の債務不履行に基づくものではない特別の解除権であるが、借主に目的物受領義務がないことの現れでもある。しかし、解除によって貸主が損害を受けたときは、借主は損害賠償義務を負う（同項後段）。利息の定めがあっても、それがそのまま損害になるわけではなく、目的物を他に運用できる利益を差し引かなければならない。このような損害の発生とその額の主張・立証責任は、貸主にある。また、②借主が目的物を受け取る前に、当事者の一方が破産手続開始決定を受けたときは、諾成契約としての消費貸借は効力を失う（同条3項）。これは、旧法の下では、消費貸借の予約について規定されていたものであるが（旧589条）、後述のように、諾成契約としての消費貸借が規定されたことに伴い、消費貸借の予約の規定が削除されたので、それと同様の内容が規定されたものである。当事者の一方が破産手続開始決定を受けたのに消費貸借を維持すると、貸主の目的物引渡義務、借主の目的物引渡請求権が残ってしまい、破産手続内でそれを処理するのが面倒になるからである。

(c) 準消費貸借

すでに金銭等を給付する義務を負う者がある場合に、その物を消費貸借の目的とすることを約したときは、これにより消費貸借が成立したものとみなされる（新588条）。これは準消費貸借と呼ばれている。旧588条では、「消費貸借によらないで」と規定されていたが、消費貸借による義務が生じている場合にこれを準消費貸借の目的とすることもできると解されてきた（大判大正2・1・24民録19輯11頁）。新法では、これを正面から認めるため、その文言が削除された。実際には、複数の代金債務をまとめて一つの貸金債務にする場合や、利息を元本に組み入れて新たな元本とする場合（重利）などで利用される。成立要件として書面は必要ない。合意だけで

よいのか、それとも既存債務の存在まで示すことが必要かという問題があるが、判例は、既存債務を証明する証書などが破棄されて残っていないことが多いという実情を考慮して、準消費貸借の成立を争う者が既存債務の不存在の主張・立証責任を負うとしており（最判昭和43・2・16民集22巻2号217頁）、これによれば、準消費貸借の効力を主張する者は、合意の存在を主張・立証すれば足りることになる。いずれにせよ準消費貸借が要物性を充たしていないことは明らかであるが、諾成契約としての消費貸借が認められる新法の下では、準消費貸借は、要物契約の特則というわけではなく、諾成的な消費貸借の一種という位置づけになった。

(3) 消費貸借の効力
(a) 借主の権利・義務

借主は、目的物の返還義務を負う（民587条、新587条の2第1項）。この点は、要物契約としての消費貸借でも諾成契約としての消費貸借でも変わらない。目的物を返還できなくなったときは、その時点での物の価値を返還しなければならないが（民592条本文）、金銭消費貸借で返還する通貨が特定されている場合で、その通貨が強制通用力を失っているときは、他の通貨で返還しなければならない（同条ただし書、民402条2項）。

利息付消費貸借では、利息の支払義務を負う（新589条1項参照）。なお、新法では、利息は借主が金銭その他の物を受け取った日から発生すると定められた（同条2項）。利息は元本の使用の対価であるから、これは当然のことであり、従来の判例（最判昭和33・6・6民集12巻9号1373頁）を明文化したものである。ただし、あまりないことであろうが、元本受領日以降に利息を発生させる特約をすれば、それは有効であると解される。

(b) 貸主の義務・責任

要物契約としての消費貸借では、貸主は債務を負わない。目的物の引渡しは、消費貸借の成立要件である。これに対して、諾成的消費貸借の貸主は、目的物の引渡義務を負う（新587条の2第1項）。しかし借主に、目的物を受領すべき義務があるわけではない。

貸主の目的物引渡しの内容は、有償か無償かに応じて異なる。すなわち、無利息の消費貸借では、贈与における贈与者と同様、目的物を現状の

まま引き渡せばよい（新590条1項、新551条1項）。これに対して、利息付消費貸借で引き渡された目的物が契約の内容に適合しないものであるときは、特別の規定はなく、有償契約の一般原則により、借主は、追完請求、損害賠償請求をすることができる（民559条、新562条、新564条）。また、借主は、利息付か否かにかかわらず、貸主から引き渡された目的物が契約の内容に適合しないときは、目的物の価格を返還することができる（新590条2項）。しかし、金銭消費貸借では、目的物の契約不適合は問題にならない。

(c) 返還時期

借主は、期限の定めの有無にかかわらず、いつでも目的物を返還することができる（新591条2項）。期限の定めがないときは、貸主は、相当の期間を定めて返還を催告することができる（同条1項）。期限の定めがあるときは、借主は、期限までは返還を要しないが（民135条1項、136条1項）、期限の利益は放棄することができるので（民136条2項本文）、期限前に返還することができるのは当然である。しかし、これによって貸主に損害が生じたときは、貸主は損害賠償を請求できる（新591条3項）。利息付であっても期限までの利息相当分がそのまま当然に損害になると規定されているわけではないので、損害の発生・損害額は貸主が主張・立証しなければならない。また、借主に信用を失墜するような一定の事由が生じたときには、期限の利益を喪失するが（民137条）、金融実務では、約款（銀行取引約定書など）によって、期限の利益喪失事由が拡大されている（詳しくは、後に第16章以下の金銭債権の回収で扱う）。

(4) 消費者信用
(a) 消費者信用取引の構造

消費者信用とは、消費者を借主とした金融取引である。今日では、割賦販売法などの特別法により事業者には各種の規制（取引条件の開示義務、書面交付義務など）があり、また消費者保護のための制度（クーリング・オフなど）が認められているが、以下では、消費者による金銭貸借の概略を述べておく。

最も典型的な金銭貸借は、消費者ローンであるが、これは法的には単な

る金銭消費貸借にすぎない。構造的に複雑なのは、割賦販売法上のローン提携販売（割販2条2項）と割賦購入あっせん（割販2条3項、4項）である。前者では、大型の商品（自動車など）を購入する際、販売業者が提携している金融機関との間で消費者がローン契約を締結し、販売業者が消費者の保証人となる。また後者では、クレジットカードなどを交付する場合（包括信用購入あっせん）と交付しない場合（個別信用購入あっせん）とがあるが、いずれにおいても、商品を購入する際、販売業者が提携している信販会社との間で消費者が立替払契約を締結し、信販会社が販売業者に一括して立替払いする。このように、これらの取引では、販売契約と金銭貸借契約が販売業者と金融業者との提携関係を媒体として結びつけられている点が特徴的である。

(b) 抗弁の接続

このような構造の取引では、販売契約と金銭貸借契約とは、経済的には密接に関連しているが、法的にはそれぞれ独立した契約であるため、販売契約上トラブルが生じた場合、消費者が金銭貸借契約上の支払いを拒むことができるか否かが問題になる。このため、割賦販売法では、政令で定める一定金額以上の指定商品等の取引であれば、消費者は、販売業者に対する抗弁を金融業者に対抗できることとされている（割販29条の4第2項、30条の4、35条の3の19）。

◆ 解 釈 ◆

(1) 判例による要物性緩和の歴史と今後

消費貸借の要物契約性は、現代における金融取引にはそぐわないことがある。このため、判例は古くから、金銭消費貸借について要物性を緩和してきた。すなわち、①交付する物については、現金と同一の価値ある物を交付すれば消費貸借が成立する（大判明治44・11・19民録17輯648頁〔国債〕）。手形や小切手では不渡りになる危険があるので、換金されることを停止条件として消費貸借が成立するというべきであろう。②現金交付の相手方については、借主ではなく、借主の債権者に直接交付してもよい（大判昭和11・6・16民集15巻1125頁）。以上のことは、諾成契約としての消費貸借が認められた現在でも、要物契約としての消費貸借の解釈に受け継が

れるものと思われる。

③消費貸借とともに作成される公正証書や担保としての抵当権の設定登記は、実際には現金の交付前に作成・登記され、これらが出揃ってはじめて現金が交付されるのが通例であるが、判例は、消費貸借と一連の行為であることを考慮して、いずれも有効であるとしている（大判昭和8・3・6民集12巻325頁、大判昭和11・6・16民集15巻1125頁〔以上、公正証書〕、大判大正2・5・8民録19輯312頁〔抵当権〕）。しかし、諾成契約としての消費貸借が認められた現在では、契約成立のために書面が作成されれば要物性は不要であり、公正証書や抵当権設定の前提として作成される契約書がその書面に当たるのは当然である。したがってこれらの判例は、もはや意義を失ったといえる。

(2) **諾成的消費貸借契約の議論**

学説ではさらに、消費貸借が要物契約として規定されていること自体を問題視し、諾成的消費貸借を認めるための議論が展開されてきた。それには大別して4つの方向での見解があった。

第1は、民法上すでに消費貸借の予約というかたちで、合意による消費貸借が認められている（旧589条）という見解である。第2は、契約自由の観点から、民法が規定するのは、要物契約としての消費貸借についてのみであって、それ以外に非典型契約として諾成的消費貸借も認められるという見解である。第3は、有償性・無償性の観点から、民法の定める要物性は、無利息の消費貸借にのみあてはまるものであり、それとは別に、利息付消費貸借では諾成的消費貸借が認められるという見解である。第4は、意思の明確性の観点から、要物性が要求されるのは、貸主の意思がそれによって明確となるからであり、書面による場合には、諾成的消費貸借が認められるとする見解である。

学説上、第2以下の見解が有力であったが、金銭が交付されてはじめて返還義務が生じるとする点では、第1の見解も常識に適うものであった。新法は、諾成契約としての消費貸借を認めたが、書面を要件とし、消費貸借の予約の規定を削除した。これには、上記の第1の見解と第4の見解の影響を看て取れるであろう。ただし、金融実務では、合意により融資義務が発生することに対する貸主の抵抗感からか、要物契約としての消費貸借

を維持する傾向が強いのではないかと思われる。

(3) 準消費貸借と既存債務との関係

　準消費貸借は、既存債務の存在を前提にしているので、両者の関係が問題になるが、民法にはとくに規定がない。このため、判例・学説上、以下のように解釈されており、これは今後も維持されるものと思われる。

　①準消費貸借上の債務は、反対の意思によらなければ、既存債務と同一性を維持している（最判昭和50・7・17民集29巻6号1119頁）。したがって、既存債務が無効であれば、準消費貸借上の債務も消滅する。逆に、準消費貸借が無効であれば、既存債務は消滅せずそのまま存続する。②既存債務の担保も、反対の意思によらなければ、準消費貸借上の債務について存続する。③既存債務に同時履行の抗弁権（新533条）が付着していたときは、これも原則として存続する（最判昭和62・2・13判時1228号84頁）。ただし、準消費貸借が既存債務の支払いを猶予するために締結されることもあり、そのように解釈できるときは同時履行の抗弁権は存続しないと解することになろう。以上は、合意の解釈を基本とし、準消費貸借が既存債務と切り離す趣旨か、それとも債権管理上の便宜かによるという点で共通するが、それ以外に、④既存債務が短期の消滅時効に係る債務であった場合、消滅時効期間がどうなるかという問題がある。これは当事者の意思によって選択できる問題ではないので、準消費貸借の性質によって決まると解すべきであろう。

　なお、このような解釈は、更改（新513条以下）との違いを意識したものである。更改は、債務の消滅原因の一つであり、既存の債務を消滅させ、新たな債務を発生させる。準消費貸借に類似しているが、更改では給付の内容について重要な変更があるので、既存債務と新債務とには同一性がなくなり、担保や抗弁権も消滅してしまう（例外は新518条）。このため、今日では更改はあまり利用されることがない。

(4) 消費者信用における抗弁の接続

　前述のように、割賦販売法では、消費者信用における消費者保護のために、消費者は、販売契約上の抗弁を金融業者に対抗できるとされているが、これを理論上どのように説明するかが問題になる。基礎理論の支えが

なければ、割賦販売法の対象取引以外では問題を解決できなくなるおそれがあるからである。実際、判例は、同法の規定は特別の保護の創設的規定であり、他の場合に類推適用できないとしている（最判平成2・2・20判時1354号76頁）。しかし学説では、判例に反対し、同法の規定は確認規定であると解して、同一の法的構造を有する場合も同じように解することができるとする見解が多数である。ただし、その法的構造をどのように理解するかについては、販売業者と金融業者の一体性を強調して二当事者関係と同じように解する見解、各契約における給付の関連性を理由に販売契約上の抗弁権が金銭貸借契約でも作用すると解する見解、三当事者による基本契約が成立し、各当事者間における個別契約はその契約条項になると解する見解（私見）などが主張されており、いまだ定説を見ない状況にある。新法の立法過程では、民法に新たに規定を設けることも検討されたが、結局は見送られた。したがって、この問題は今後も継続して議論されることになる。

◆ 発 展 問 題 ◆
消費貸借の予約は認められるか

　旧法では、消費貸借の予約が認められることを前提として、当事者の一方が破産手続開始決定を受けたときは、消費貸借に予約は効力を失うという規定が置かれていた（旧589条）。しかし、諾成契約による消費貸借を認める新法の下では、そのような場合は、諾成契約としての消費貸借において借主が目的物を受け取る前の規定（新587条の2第3項）に吸収されてしまう。そこで、上記の規定は削除された。

　しかし、これによって、消費貸借の予約はまったく認められなくなったのであろうか。たしかに、予約では予約完結の意思表示をする必要がある点ではまったく同じとはいえないものの、実質的には、目的物の引渡前に金銭貸借の合意により諾成的な消費貸借が成立したことを認めるのと同様の結果になる。また、旧法下では、消費貸借の予約は、諾成的消費貸借を認めるために引用されてきた側面もある。しかし、新法の下でも、なお消費貸借の予約を認める実益はあるのではなかろうか。たとえば、金融取引では、当座勘定取引に併せて、当座貸越契約が締結されることが通常である。これは、当座預金の残高がなくなって取引先が振り出した手形・小切

手が決済できない状態になったときは、一定の限度額までは、金融機関が融資するという契約であり、条件付の諾成契約としての消費貸借であるといえなくはないが、むしろ消費貸借の予約というのが実体に合っている（ただし、予約完結の意思表示をしてはじめて本契約が成立するということにはなる）。新法が削除したのは、当事者が破産手続開始決定を受けたときの規定であって、これによって予約それ自体が否定されたとはいえないのではなかろうか。これは今後の解釈に残された課題である。

2　利　息

- 利息は元本使用の対価であり、利率は当事者の合意による。
- 利息制限法による高利の制限があり、上限利率を超える超過利息分は無効となる。
- 当事者の合意がないときは、法定利率による。
- 法定利率は、年3％であるが、3年ごとに見直される。
- 生命侵害による逸失利益の損害賠償額の算定における中間利息の控除についても、法定利率による。

◆ 条　文 ◆

(1)　金銭債権

今日の金銭消費貸借では、利息付が一般的である。そこで以下では、金銭債権の特徴と利息について解説しておく（なお、金銭債務の債務不履行による損害賠償の特則〔新419条〕についてはすでに取り上げた）。

金銭債権とは金銭の支払いを目的とする債権であり、物としての通貨ではなく、価値が問題になる。ただし、エラー紙幣などの売買では、通常の特定物債権であり、一定種類の古銭や記念通貨などの売買では、種類債権である。これに対して、特定の種類の通貨で支払う（たとえば一万円札のみで）という債権は金銭債権である（民402条1項ただし書参照）。金銭の価値は国家が存続している限りなくならないので、金銭債務に不能ということはなく、不可抗力を理由にして免責されることはない（新419条3項）。履行期を徒過すれば履行遅滞になるだけである。一定の債権額が定まって

いれば、たとえその後に通貨の価値が変動した場合でも、額面額による（名目主義）。実際の価値による（実価主義）とすると、予見可能性を欠き混乱を招くからである（ただし、戦争による超インフレなど極めて例外的には、事情変更の適用がありうる）。

　金銭消費貸借に基づき返済する場合には、原則としてどの通貨によってもよい（民402条1項本文）。外国通貨でという指定がある場合でも、日本通貨で支払ってよい（民403条。これを通貨高権という）。ただし、補助通貨である貨幣（コイン）の強制通用力は、貨幣額の20倍（20枚）までであり（通貨7条）、それ以上は受取りを拒否できる。

(2) 利息債権と法定利率

　利息は、元本たる金銭の使用の対価である。詳しく言えば、元本から利息が生じるための基本的な権利としての利息債権（基本権たる利息債権）と、現実に発生した一定期間内の具体的な権利としての利息債権（支分権たる利息債権）とがあり、前者は元本と運命を共にするが、後者は元本とは別個の債権であると説明するのが一般的である（基本権たる利息債権は、個々の利息債権の総体にすぎないという説もある）。なお、遅延利息（遅延損害金）は、債務不履行責任としての損害賠償金であり、元本使用の対価ではない。

　利息の利率は、当事者の合意によるが、合意がないときは法定利率による（新404条1項）。従来は、これとは別に商事法定利率（商514条）があったが、この商法の規定は削除された。法定利率については、緩やかな変動制が採用されている。それによれば、新法施行時は3％であり（新404条2項）、その後、3年ごとに法務省令で見直しをする（同条3項）。この見直しの方法は条文を読んでも簡単ではないが、概観すれば、①まず、過去5年間の平均利率を基にして「基準割合」を導き、それとそれまでの「基準割合」を比較して、②この差が1％を超えたときは、小数点以下を切り捨てた上で、その差をそれまでの法定利率に加・減算する、というものである（同条4項、5項）。

　旧法下での法定利率には、固定制が採られており、しかも年5％というものであったが、このような市場金利に左右されない高率の法定利率は妥当でないとして、立法論的には固定制ではなく、基準貸付利率（従来の公

定歩合）などに連動させた変動制へ移行すべきだとの主張が有力であった。新法はこれに応えたものである。なお、利息の支払いを1年以上延滞し、催告しても支払わないときは、貸主はこれを元本に組み入れる（複利）ことができる（民405条）。

(3) 高利の規制

健全な金銭貸借を確保するために、利息制限法によって高利が規制されている。①上限利率は、元本10万円未満では年20パーセント、元本10万円以上100万円未満では年18パーセント、元本100万円以上では年15パーセントであり、これを超える利息は超過部分について無効である（利息制限1条）。したがって借主は、超過部分を過払金として返還請求できる。②利息を天引きした残額を借り受けたときは、実際の受領額を元本として利率計算をし、それが上限利率を超えるときは元本の支払いに充てたものとみなされる（利息制限2条）。③貸主が元本以外で受け取る金銭は、その文言（調査費、礼金、手数料など）にかかわらず、利息とみなされる（利息制限3条）。以上のように、現在の利息制限法では高利規制の実効性が整然と確保されているが、ここに至るまでには、紆余曲折があった（◆解釈◆参照）。

◆ 解 釈 ◆

(1) 利息制限法と超過利息

戦後制定された利息制限法（1954年）は、上限利率を超える利息分は無効であると規定する一方（旧利息制限1条1項）、任意に支払った超過利息の返還を請求できないと規定していた（同条2項）。他方、高利に関する刑事罰を規定する当時の出資法では、年109.5％（日歩0.3％）という超高利までは処罰されず、民事上は無効だが刑事上処罰されないというグレーゾーンが存在していた。このため、高利の金融業者は、任意による超過利息の支払いを演出して、超過利息を支払っても返還に応じないことを日常化させていたのである。

しかし判例は、すでに戦後間もなく、高利に対する借主保護の姿勢を鮮明に打ち出して、この規定を順次骨抜きにし、学説もそれを支持していた。すなわち、元本が残存している場合には、すでに支払った超過利息は

元本に充当され（最判昭和39・11・18民集18巻9号1868頁）、元本に充当してもなお余りが生じる場合には、不当利得として返還請求できるとした（最大判昭和43・11・13民集22巻12号2526頁）。また、このことは元本と利息を一括して返済した場合でも同様であるとした（最判昭和44・11・25民集23巻11号2137頁）。これは、解釈としては明らかに明文に反するものであったが、それ以上に借主を保護しようとする意図に出たものであった。たとえ超過利息を任意に支払った場合でも、判例を知っていれば、その返還を請求できたのである。

(2) **貸金業規制法の改正**

ところが、1983年の貸金業規制法は、貸金業者の業務規制を強化する一方、債務者が利息制限法の上限を超える超過利息を任意に支払った場合に（任意要件）、貸金業者が法定の書類を交付していれば（書面要件）、有効な利息の弁済とみなすという規定を置いた（貸金業規制43条1項）。しかし、これは超過利息に関する判例法理を実質的に覆すものであったため、その後の判例では、まず書面要件を厳格に解して弁済を無効とするものが相次いだ（最判平成11・1・21民集53巻1号98頁、最判平成16・2・20民集58巻2号475頁）。またその後、超過利息を含む約定利息の支払いを怠った場合には借主は期限の利益を失うという特約は、借主に超過利息の支払いを余儀なくさせるものであり、超過利息分について無効であるとするなど（最判平成18・1・13民集60巻1号1頁、最判平成18・1・19判時1926号23頁、最判平成18・1・24民集60巻1号319頁）、任意要件についても厳格に解する判例が登場した。

(3) **利息制限法等の根本的改正**

このような流れを経たうえで、2006年に利息制限法、貸金業法（名称も変更）、出資法が根本的に改正され、2010年6月18日から全面的に施行された。それによれば、①超過利息の任意支払いに関する規定（旧利息制限1条2項および貸金業規制法の規定）は削除されるとともに、②貸金業者が年20％を超える利率で貸付けをした場合には処罰対象とされ（出資5条2項）、③年109.5％という超高利を超える利率による場合には、処罰されるとともに（出資5条1項、3項）、貸金業者が貸主となる消費貸借では貸借

契約自体が無効とされる（貸金業42条）。貸借契約が無効とされる場合には、すでに元本を受け取っていても、それは民法708条の不法原因給付にあたり（最判平成20・6・10民集62巻6号1488頁）、借主は元本を返還する必要はないと解すべきである。

◆ 発 展 問 題 ◆

中間利息の控除

　法定利率は、消費貸借だけでなく、金銭債務の不履行による損害賠償（新419条1項）や、損害賠償請求における中間利息の控除においても重要な意味を持っている（新417条の2第1項、新722条1項）。とくに、中間利息の控除は、新設規定であるが、例えば、人身事故によって後遺症を負った場合に、逸失利益（事故がなければ将来得られたであろう収入）の賠償を請求するような場合には、将来に及ぶ賠償額を現時点で請求するため、それを現在の価値に換算して計算することが不可欠であり、これまでも判例は、生命侵害による損害賠償額の算定において中間利息を控除する際には、法的安定性、統一的処理を理由に、法定利率によるとしてきた（最判平成17・6・14民集59巻5号983頁）。新法はこれを明文化したものである。法定利率が変動制になったので、いつの時点の法定利率によるかが問題になるが、それは損害賠償請求権の発生時であることに問題はない。

　しかし、他方では、中間利息控除を変動制にしたのであれば、そもそも逸失利益の算定の基礎となる被害者の収入額（基礎収入という）もまた、現在の収入額で固定するのではなく、変動制にすべきではないかという問題があろう。これは、従来から議論があるところではあったが、残された課題となった。

第16章 弁 済

1 弁 済

・弁済は、裁判によらないもっとも基本的な債権回収方法である。
・契約の趣旨にしたがい債務の履行として給付をすると、それにより債務が消滅する。
・弁済の時期、場所、費用は、契約で定められることが多いが、定めがないときは民法の規定が補充的に適用される。

◆ 条 文 ◆

(1) **債権の消滅**

(a) **債権の消滅と回収**

　債務者は、契約によって生じた債権債務関係に基づいて、債務を履行しなければならない。これは、債権者からすれば債権の回収であり、債権それ自体からすれば債権が目的を達して消滅することである。民法は、債権の消滅原因を規定するという方法を採っているが（債権編第1章総則の第6節）、本書では、ほとんどの場合これらが金銭債権について問題になることから、主として債権者による金銭債権の回収という観点から説明することにする。

(b) **金銭債権回収の全体像**

　債権の回収に関する制度は、①任意的回収、②強制的回収、③回収によらない消滅の3つに分かれる。しかし、新473条以下でそのすべてが規定されているわけではない。

①任意的回収とは、裁判を経由しない回収のことである。これには、弁済（新473条以下）、相殺（新505条以下）、更改（新513条以下）のほか、債権譲渡（新466条以下）、免責的債務引受け（新472条以下）がある。後2者では債権は消滅しないが、債権者の交代（債権譲渡）または債務者の交代（債務引受）によって債権の実質的な回収をはかるものである。

②強制的回収とは、民事執行法による強制執行のことである。金銭債権の強制執行では、債務者の財産の差押え、その換価（競売または取立て・転付）、代金の配当がなされる。

③回収によらない消滅とは、債権が履行されないまま消滅することであり、債権の免除（民519条）、債権・債務の混同（民520条）のほか、債権の消滅時効（新166条以下）がこれにあたる。

(2) 弁済の意義

弁済を定義する条文はないが、一般的には、債務の履行として給付をすることであるとされている。改正では、弁済の効果を条文上明確にするため、弁済により債務が消滅する（新473条）との規定が新設された。したがって、債権者からすれば、弁済は、裁判所によらずに取引の正常な経過により債権を回収するもっとも基本的な方法である。弁済といえば金銭の返済を想起しがちであるが、弁済の内容は、債務の内容に従い多様である。たとえば肖像画を描く債務では、絵を描くことが弁済である。

弁済をめぐっては、①何時（弁済の時期）、②どこで（弁済の場所と時間帯）、③誰が（弁済者）、④誰に対して（弁済受領者）、⑤何を（弁済の目的物）、⑥どのように（弁済の方法）弁済するかが問題になる。このうち③と④は問題点が多いので、後にあらためて取り上げることとし、以下では、それ以外について解説する。それほど大きな問題はないので、制度や手続きの説明が中心となる。

(3) 弁済の時期

弁済の時期（弁済期）とは、債務の履行期のことであり、すでに債務不履行の解説で取り上げた（第5章2◆**条文**◆(1)）。確認しておけば以下のとおりである。まず、弁済期の合意があればそれによる。民法の規定は合意がない場合の補充的な機能しかない（任意規定）。合意がないときは、①

確定期限付債務では、期限の到来時である（新412条1項）。ただし、取立債務では、期限が到来しても債権者が取立てないかぎり遅滞にならない。②不確定期限付債務では、期限が到来し、かつ、履行の請求を受けた時または債務者が期限の到来を知った時のいずれか早い時である（同条2項）。③期限の定めのない債務では、履行の催告を受けた時である（同条3項）。ただし、金銭消費貸借では、債権者は相当の期間を定めて催告しなければならない（新591条1項）。また、不法行為による損害賠償債権は、被害者保護のために、催告がなくても不法行為時が弁済期であると解されている。

　債務の履行期が定められていても、債務者が期限の利益を放棄または喪失したときは、履行期前に弁済すべき時期が到来することになる（民136条、137条）。また、債権者から期限の猶予を得たときまたは債務者が同時履行の抗弁権（新533条）を有するときは、履行期よりも後に弁済すべき時期が到来することになる。

(4)　弁済の場所・時間

(a)　弁済の場所

　弁済の場所もまた、契約当事者間の合意によることがほとんどであり、民法の規定には補充的な機能しかない。民法によれば、①特定物の引渡債務では、債権の発生当時（契約時）その物が存在した場所であり、②それ以外の債務では、弁済時の債権者の住所地である（新484条1項）。金銭債務は②に当たり、約定がなければ持参債務であることになる。ただし、売買で目的物の引渡しと代金支払いとが同時履行の関係にあるときは、物の引渡場所が代金支払場所となる（民574条）。なお、弁済の場所は裁判管轄地となる（民訴5条1号）。

(b)　弁済の時間

　弁済の時間も当事者が自由に定めればよいが（「○月○日○時まで」など）、法令または慣習により取引時間の定めがあるときは、その取引時間内に限って弁済し、または弁済の請求をすることができる（新484条2項）。これは商法520条の規定を民法で一般化したものである（商法の規定は削除）。しかし、取引時間外の弁済であっても、債権者がこれに応じて受領

することはかまわない。

(5) 弁済の内容
(a) 債務の本旨

弁済は、債務の本旨に従ったものでなければならない（新415条1項参照）。その具体的内容は契約の解釈による。したがって、民法は、弁済の目的物と費用につき規定しているが、これもまた合意がない場合の補充的なものである。

(b) 弁済の目的物

金銭債務において支払うべき通貨については、前述した（第15章2◆条文◆(1)）。物の引渡債務に関する民法の規定は以下のとおりである。①他人の物を引き渡したときは、更に有効な弁済をしなければ、その物を取り戻すことができない（新475条）。②この場合において、債権者が受領した物を善意で消費または譲渡したときは、弁済は有効となるが、債権者が第三者から賠償請求を受けたときは、債権者は弁済をした者に対して求償することができる（新476条）。旧法では、制限行為能力者が物の引渡しをしたが、その後弁済を取り消したときにも、更に有効な弁済をしなければそのものを取り戻せないとする規定があったが（旧476条）、これでは、制限行為の能力者がそもそも契約自体を取り消した場合と均衡を失し、制限行為能力者保護にならないので、削除された。その他、③特定物債務の引渡しについては、契約その他の債権の発生原因および取引上の社会通念に照らして定まる品質で引き渡さなければなららないが、これらによって品質を定めることができないときは、引渡しをすべき時（弁済期）の現状で引き渡さなければならない（新483条〔現状引渡義務〕）。しかし、債務が契約によって発生している場合には、契約等で定まる品質を備えていないときは、品質に関する契約不適合の責任を負うので（新566条）、この規定にはほとんど意味がない。なお、売買において契約後に生じた果実、利息に関する規定（民575条）は、法律関係を単純化するための引渡しについての特則である（第7章2◆条文◆(2)）。

(c) **預貯金口座への振込み**

債権者の預金または貯金口座への振込みによる弁済では、債権者がその払戻しを請求できる権利を取得した時に、弁済の効力が生じる（新477条）。改正による新設規定である。銀行実務では、預金口座に入金が記録された時（入金記帳）に債権者の預金となるとされており、判例（最判平成8・4・26民集50巻2号1267頁）もそれを前提にしているので、改正の議論の過程では、入金記帳時に弁済の効力が生じるとすることも検討されたが、銀行の内部的手続過程である入金記帳を弁済の基準時として一律に確定することに異論があり、払戻請求できる時とされた。それがいつかは、個々の預貯金契約の解釈による。

(d) **代物弁済**

債務者は、債権者の承諾を得て、本来の給付に代えて他の給付をして債務を消滅させることができる（新482条）。これを代物弁済という。代物弁済は諾成契約であり、合意によって成立し、それにしたがった履行がなされた時に債務が消滅する。したがって、代物弁済契約の締結後であっても、履行がなされない間は、債権者が本来の給付を請求してもかまわない。債務者が本来の給付をすることができるかは、契約解釈による。

旧法の下では、代物弁済契約の法的性質について、要物契約か諾成契約かで対立があった。要物契約説は、代物弁済の合意と代物の給付により契約が成立し、同時に債務が消滅するとする（かつての通説）。判例は、要物契約説によっているといわれているが、実際には、代物の所有権は合意時に移転するとしつつ（最判昭和40・3・11判タ175号110頁、最判昭和57・6・4判時1048号97頁、最判昭和60・12・20判時1207号53頁）、債権者が対抗要件を具備しなければ債務は消滅しないとしており（最判昭和43・11・19民集22巻12号2712頁〔ただし、対抗要件具備に必要な書類の交付で債務を消滅させる特約は有効とする〕）、合意と代物給付間のズレを認めていた。これは、理論上、物権変動の意思主義（民176条）と対抗要件主義（民177条、178条）との整合性を保つためであるが、このズレを要物契約説で説明することは困難である。しかし、民法改正で要物契約説は明確に否定された。

代物弁済は、本来の給付に代えるだけであり、既存債務が消滅して新たな債務が発生するわけではない（更改との違い）。有償契約であるから、代

物に契約不適合があるときは担保責任が問題になる（民559条、新566条）。代物弁済の予約は、貸金債権の返済がない場合に備えた不動産担保として利用されることが多く、貸主の権利は予約を仮登記することにより保全される（仮登記担保法による）。

(e) **弁済の費用**

弁済の費用は、約定がなければ債務者の負担となる（民485条本文）。振込手数料などがこれに当たる。ただし、債権者の住所移転など、債権者の行為により費用が増加したときは、増加費用は債権者負担となる（同条ただし書）。なお、売買では、売買に要する費用（契約費用）は、すでに述べたように（第7章1 ◆条文◆(5)）、約定がなければ売主と買主の平等負担となる（民558条）。契約書作成費、不動産鑑定料などがこれに当たる。不動産登記費用については、契約費用か弁済費用かで判例・学説上議論があるが、実際には買主負担と約定されるのが通例であることもすでに述べた（その分が代金に組み込まれないという側面もある）。

◆ **解 釈** ◆

弁済の法的性質

弁済の法的性質については、準法律行為説が伝統的な通説であった。しかし近年では、弁済の内容は法律行為であることもあれば事実行為であることもあるとして、性質決定不要説が多数説である。いずれにせよ、弁済の効力は債務の本旨に従ったものか否かによって決まるのであり、性質論にはあまり実益がない。

2　弁済の提供

- 弁済の提供をすれば、弁済をしていなくても債務不履行責任を負わない。
- 原則として、現実の提供をしなければならないが、それができない場合に口頭の提供でよいことがある。
- 口頭の提供では、弁済の準備をして、債権者に通知し、受領を催告

する。

◆ 条 文 ◆

(1) 弁済の提供の意義

　弁済するには債務者の受領が必要であり、受領がなければ、たとえ債務者としてなすべきことをしていても債務は履行されたことにならない。しかしこれは不合理である。そこで民法は、弁済の提供さえしていれば、債務は消滅していないが、債務を履行しないことから生じうる責任を負わないこととしている（新492条）。これによると、債務者は債務不履行による損害賠償責任を負わないだけでなく、債権者に解除権も発生しないことになる。

(2) 提供の方法

(a) 現実の提供

　弁済提供では、原則として、債務の本旨に従い現実の提供をしなければならない（民493条本文）。債務の本旨とは、契約の趣旨のことであり、現実とは、できるだけのことをするという意味である。また、提供とは、債権者が受領できる状態にするという意味である（大判大正10・7・8民録27輯1449頁）。実際には、契約および具体的事情によることになるが、一般的には以下のようにいえる。

(ア) 金銭債務

　金銭債務では、金銭（元本だけでなく、利息、遅延利息を含む）を債権者の現住所に持参することである。持参した金銭が不足していても、信義則上弁済の提供になると解されることがある（最判昭和35・12・15民集14巻14号3060頁〔15万円余に対して1360円不足〕など多数）。ただし不足額の支払義務があることは当然である。

　指定日に金銭を持参したが債権者が不在であった場合（最判昭和39・10・23民集18巻8号1773頁）、指定場所に債権者が来なかった場合（大判昭和5・4・9民集9巻327頁）、持参したが債権者が受領を拒否したので面前に提示せず持ち帰った場合（最判昭和23・12・14民集2巻13号438頁）などの場合も、信義則上現実の提供になると解されている。

金銭以外の物を提供した場合でも、現金化が確実かつ容易であれば、現実の提供になる（大判大正8・7・15民録25輯1331頁〔郵便為替〕、最判昭和35・11・22民集14巻13号2827頁参照〔銀行の支払保証付き小切手〕、最判昭和37・9・21民集16巻9号2041頁〔銀行の自己あて小切手〕）。しかし後2つについては、今日の銀行事情の下で疑問も示されている。通常の手形と同様、不渡りの危険がないとはいえないので、支払いないし取立て完了を停止条件として提供があったと解すべきであろう。預金通帳やキャッシュ・カードでは、支払いは不確実であり、金銭を提供したことにならないと解すべきである。

(イ)　**物の引渡債務**

　物の引渡債務では、現物の提供が原則となるが、貨物引換証の送付は現実の提供になると解されている（大判大正13・7・18民集3巻399頁）。不動産登記については、弁済期に弁済地の法務局へ登記できる準備をして出頭すれば現実の提供をしたことになるというのが判例である（大判大正7・8・14民録24輯1650頁）。現在の不動産登記法では、共同申請主義のみ採られて出頭主義が廃止されており（不登60条）、共同申請するための書類等を提供すれば現実の提供があったといえるのではなかろうか。

(b)　**口頭の提供**

　例外的に口頭の提供が許されることがある（民493条ただし書）。口頭の提供とは、弁済の準備をして、これを債権者に通知し、受領を催告することである。債権者が口頭の提供に応じれば、現実の提供をしなければならない（前掲、大判大正10・7・8）。

　口頭の提供は、①債権者があらかじめ受領を拒んだ場合、または②債務の履行について債権者の行為が必要な場合にのみ認められる。債権者の行為が必要な場合とは、受領のことではなく、それ以外で弁済に先立って債権者の行為が必要な場合（期日や場所の指定、取立てなど）である。不動産登記については、旧不動産登記法の出頭主義の下では、②の場合にあたるとする説と、前述のように債務者だけで現実の提供ができるので、口頭の提供は問題にならないとする説とに分かれていた。現在の不動産登記法の下では、出頭主義が廃止されたので口頭の提供もありうるとの見解が示されているが、共同申請の準備に債権者の協力は必要ないので、やはり口頭

の提供は問題にならないといえるのではなかろうか。

(3) 弁済提供の効果
(a) 債務不履行責任の免除
　弁済提供の効果は、債務を履行しないことから生じる責任を負わないことである。したがって、①債務不履行による損害賠償請求権（新415条）は発生しない。金銭債務では、遅延利息が発生せず、違約金の支払義務（新420条3項）も発生しない。約定利息は、提供後も生じるとすると遅延損害金を発生させたのと同じことになるので、これも停止すると解するのが通説である。また、②履行遅滞（新541条）にならないので、法定解除権も発生しない。

(b) その他の効果
　債権者の受領遅滞（新413条）になり、①特定物債務の場合、目的物に対する注意義務が善管注意義務（新400条）から、自己の物と同一の注意義務に軽減され、②履行費用の増加分は債権者の負担となる。また、③双務契約の場合、相手方の同時履行の抗弁権がなくなる（第4章2◆解釈◆(3)参照）。さらに、④受領遅滞になった後に、当事者双方の責めに帰することができない事由によって履行が不能となっても、その履行不能は債権者の責めに帰すべき事由によるものとみなされるので（新413条の2第2項）、債権者は、履行不能を理由として契約を解除できず（新543条）、反対給付の履行を拒絶できない（新536条2項）。以上のほか、⑤債務者には弁済供託権が認められる（新494条1項1号）。

◆ 解　釈 ◆
(1) 口頭の提供も不要な場合
　債権者が明らかに受領を拒否している場合でも口頭の提供をしなければならないか議論がある。判例では、債権者が契約の存在そのものを否定している場合（最大判昭和32・6・5民集11巻6号915頁）や、すでにいったん受領を拒絶された場合（最判昭和45・8・20民集24巻9号1243頁）に、口頭の提供も不要であるとした例がある。しかし学説では、これらの事案は、いずれも不動産賃貸借で、賃貸人が過去の賃料の受領を拒み続けていた場

合であり、賃貸借や労働契約のような継続的契約ではない場合にまで一般化することはできないと解されている。口頭の提供は、債務者にとってさほどの負担ではなく、無理を強いるものではないので、学説の理解が正当であろう。

(2) 弁済提供と受領遅滞の関係

旧法の下では、債務不履行責任の免除以外の効果は、弁済提供の効果なのか、それとも受領遅滞の効果なのかで議論があった。これは、債務の弁済には債務者と債権者という両当事者が存在するところ、民法上、一方では、提供の効果として旧492条が債務不履行責任の免除を規定するのみであり、他方では、受領遅滞の効果として旧413条が遅滞の責めを負うとのみ規定していたため、その他の効果がいずれによるものなのかが明確でなかったからである。弁済提供の趣旨を狭く解すれば、これらの効果は債権者の責任の加重であり、受領遅滞の効果であると解することとなり、逆に、広く解すれば、これらの効果は債務者の責任軽減として、弁済提供の効果であると解することになる。学説は多岐に分かれていたが、いずれといっても実際上の違いはなく（ただし、受領遅滞は債務不履行であるとする説によれば、受領遅滞では帰責事由の存在が必要になる）、両者の効果であると解する説もあった。

しかし、改正によって、新413条と新413条の2は、①債務者の注意義務の軽減、②増加費用の債権者負担、③受領遅滞後の、当事者双方の責めに帰することができない事由による履行不能についての債権者の責任を受領遅滞の効果として明記した。同時履行の抗弁権の喪失、弁済供託権（新494条1項1項）も同様に解してよいであろう。

3　弁済の効果・弁済の充当・弁済供託

・弁済と受取証書の交付は引換給付の関係にある。
・弁済が複数の債務のすべてを満足させるに足りない場合の弁済充当について、民法の規定では、債務者に有利な順となるが、実際には、債権者有利に特約されることが多い。

・弁済供託は、債権者が受領を拒絶している場合などに、供託所での目的物の保管により債務を消滅させる方法である。

◆ 条文 ◆

(1) **弁済の効果**

　弁済の効果は債務の消滅である（新473条）。旧法では、これを直接規定する条文はなかったが、当然のことと解されていた。改正により明文化された。また、弁済者には、受取証書（領収書）の交付請求権があり（新486条）、旧法下でも、特約がなければ、弁済と同時履行であると解されていたが（大判昭和16・3・1民集20巻163頁）、引換給付の関係にあることが明文化された。これは弁済と領収書とが対価関係にあるからではなく、債務者を二重払いの危険から保護する趣旨である。弁済者には、債権証書の返還請求権もあるが（民487条）、これは弁済と引換給付ではないと解されている。債権証書といっても証拠にすぎず、債務者保護のためには、領収書で十分だからである。

(2) **弁済の充当**

(a) **意義**

　弁済の充当とは、弁済がなされたが、複数の債務があり、そのすべてを満足させるに足りない場合、どの債務の弁済として扱うかという問題である。金銭債務で問題になる。継続的な金融取引の実務では、通常、誰が充当の指定をすることができるか、また、どのような順序で充当するかが特約されている。民法は、合意（特約）による充当（合意充当）を原則とし（新490条）、以下の規定は、合意がない場合に適用されるにすぎない。概括的にいえば、民法による充当では、債務者の有利な順に充当することとされているが、特約では、逆に債権者に有利な定めが置かれている。ただし、民法の充当規定は、競売手続による配当金の充当については、債権者の公平のために、たとえ特約があっても類推適用される（最判昭和62・12・18民集41巻8号1592頁）。

(b) **充当の方法**

弁済充当は、合意があればそれによる。合意がない場合には以下の①～③の順による。

①元本・利息・費用 元本、利息、費用がある場合には、費用、利息、元本の順で充当する（新489条1項）。費用は、債権者が立て替えたものであり、利息は、元本を先に減らすと債務者が必要以上に有利になるからである。利息には遅延利息も含まれる（大判明治37・2・2民録10輯70頁）。債務が複数あるときは、充当すべき債務の順で、かつ上記の順による（同条2項）。

②指定充当 債務が複数ある場合には、まず、弁済者の充当指定による（新488条1項）。弁済者による指定がなく、かつ異議が述べられなければ、弁済受領者が弁済受領時に指定することができる（同条2項）。

③法定充当 充当指定がない場合（新488条4項）または一個の債務の弁済として数個の給付をする場合（新491条）には、以下のように債務者にとって有利な順で充当する。(i)弁済期にあるもの。(ii)すべて弁済期にあるときまたは弁済期にないときは、債務者にとって利益が多いもの（たとえば、利息の有無、利率の差、物的担保の有無）。複数の要素が錯綜するときは、諸般の事情を考慮する（最判昭和29・7・16民集8巻7号1350頁）。(iii)利益が同じであるときは、弁済期が早い順。期限の定めのない債務間では、債権発生順になる（大判大正6・10・20民録23輯1668頁）。(iv)弁済期や利益が同じときは、債務額に応じて按分で充当する。

(3) **弁済供託**

(a) **意義**

弁済の提供をしても債務は消滅しないので、それだけでは強制執行の開始を阻止できない（大判明治38・12・25民録11輯1842頁）。また、債権者が不明であったり債権者と主張する者が複数いたりして提供できないこともある。そこで、債務者が国家機関を通じて一方的に債務を消滅させて負担を免れる方法として弁済供託がある（新494条以下）。弁済供託は、国家機関（供託所）との関係では、第三者（債権者）のためにする寄託契約である（新537条、新657条）。なお、弁済供託以外にもいくつかの供託制度があるが、執行供託（民執156条）は、金銭債権が第三者により差し押さえられ

た場合に債務者がする供託であり、弁済としての意味もある。

(b) **供託原因**

弁済供託の原因となるのは、①弁済の提供をした場合の債権者の受領拒絶、②債権者の受領不能（以上、新494条1項）、または、③過失なく債権者を確知することの不能である（同条2項）。①の受領拒絶については、旧法の下では、その前提として提供をしておく必要があるか否かで議論があり、多数説は、古い判例（大判大正10・4・30民録27輯832頁）と同様、債務を消滅させる以上、提供が必要であると解していたが、改正によってそれが明文化された。また②は、たとえば相続人が不明な場合、二重の債権譲渡で譲受人の対抗要件の先後が不明な場合などである。過失の立証責任は供託の効力を争う者にある。

(c) **供託の方法**

弁済供託は、弁済することができる者（債務者その他）が（新494条）債務の履行地の供託所で行う（民495条1項）。供託所とは、金銭、有価証券については法務局、地方法務局等であり（供託1条）、その他の物については法務大臣の指定する倉庫業者または銀行である（供託5条1項）。これらによって定まらない場合には、裁判所の指定する供託所または裁判所の選任する保管者である（民495条2項）。

(d) **自助売却権**

①供託に適しない物（爆薬など）、②滅失・損傷によって価格が低落するおそれがある物（果物や、価格変動が激しく放置しておくと暴落する物など）、③保存に過分の費用を要する物（動物など）、④その他、供託することが困難な事情がある場合（供託地にその物を保管できる供託所がない場合など）には、裁判所の許可を得て競売に付し、その代金を供託できる（新497条）。これを自助売却権という。

(e) **効果**

弁済供託の効果は債務の消滅である（新494条1項後段）。債権者は、自己の権利を証明する書面を付して供託物の還付（目的物の交付）を請求で

きる（新498条1項、供託8条1項）。しかし、債権者がすべき給付があり、債務者が債権者の給付に対して弁済することになっている場合には、債権者は、その給付をしなければ供託物を受け取ることができない（新498条2項）。

(f) 取戻し

債務者は、債権者による受諾または供託を有効と宣告した判決の確定までは、供託物を取り戻すことができる（民496条1項）。したがって、弁済供託は、取戻しを解除条件とする債務の消滅ということになる。ただし、供託によって質権または抵当権が消滅した場合には、もはや取り戻すことができない（同条2項）。また、判例によれば、取戻権は、供託時からではなく、供託者が供託による免責を受ける必要が消滅した時から消滅時効（5年。新166条1項）にかかる（最大判昭和45・7・15民集24巻7号771頁、最判平成13・11・27民集55巻6号1334頁）。たとえば、債務不存在が確定した時、債務の消滅時効が完成した時であり、それまでは取戻権の行使を期待できないからである。

4　第三者の弁済

・第三者も弁済をすることができるが、正当な利益を有しない第三者は、原則として、債務者または債権者の意思に反して弁済することができない。
・債務者のために弁済をした者は、債務者に対して求償権を取得する。

◆ 条 文 ◆

(1) 原則

弁済は、通常、債務者本人、法令または債務者によって弁済する権限を付与された者（代理人、財産管理人、破産管財人など）によってなされる。しかし給付の性質・内容によっては、これらの者以外でも弁済ができないわけではない。金銭債務はその典型である。そこで民法は、第三者もまた

弁済をすることができるとしている（新474条1項）。保証人は、当然、弁済をすることに正当な利益を有する者であるが、自己の債務（保証債務）として主債務を履行する債務を負っており（新446条1項）、ここでいう第三者ではない。これに対して、物上保証人（債務者のために自己の財産に担保権を設定した者）は、債務を履行する義務を負っておらず、第三者にあたる。

(2) **例外**

以下の場合には、第三者の弁済は許されない。

①債務の性質上、第三者の弁済が許されないとき（新474条4項前段） 債務者自身でないと履行できない一身専属の給付債務（出演する債務など）は、第三者が弁済できない。しかし、代物弁済と同じように、債権者の承諾があれば第三者が弁済してもかまわないと解されている。

②当事者が反対の意思を表示したとき（新474条4項後段） 債権者が反対の意思を表示したときは、第三者弁済はできない。ただし、意思表示は、第三者が弁済する前にしなければならない（大決昭和7・8・10新聞3456号9頁）。金銭債務では、債権者にとって不利になるだけなので、実際上ほとんど例がない。

③正当な利益を有しない第三者で、債務者の意思に反するとき（新474条2項本文） 弁済するにつき正当な利益を有しない第三者は、債務者の意思に反して弁済することができない。これは、債務者が予期していない者からの求償を阻止する機能を有している。正当な利益を有する者とは、弁済について法律上の利益を有する者という意味であり、弁済をしなければ債権者から強制執行を受ける者（物上保証人、担保目的物の第三取得者など）、および、弁済をしなければ債務者に対する自己の権利の価値がそこなわれる者（債権者よりも後順位の抵当権者、債務者の一般債権者など）である。正当な利益を有しない者とは、これらの利益がない者であり、事実上の利益を有するにすぎない者である（債務者の親戚、友人など）。

しかし、正当な利益を有しない第三者による弁済でも、債務者の意思に反することを債権者が知らなかったときは、弁済は有効である（同項ただし書）。また、第三者が、弁済ではなく、債権者に対価を支払って債権の

譲渡を受けることは、あらかじめ譲渡が禁止されていないかぎり、債務者の意思に関わりなく可能であり（新466条）、債権譲受人として債務者に請求できる。債務者から委託を受けないで保証人となることも可能であり（新462条）、保証債務を履行すれば保証人として求償できる。したがって、第三者の弁済を債務者の意思によって制限してみてもあまり意味がない（◆解釈◆参照）。

④ **正当な利益を有しない第三者で、債権者の意思に反するとき**（新474条3項本文）　改正により新設された規定である。債権者は、正当な利益を有しない第三者であれば、債務者の意思に反しない場合であっても、自己の都合によって弁済の受領を拒絶できることになる。債権者からすれば、予期しない者による代位（後述5）を阻止することができることになる。ただし、第三者が債務者の委託を受けて弁済をする場合には、債権者がそのことを知っていれば受領を拒絶できない（同項ただし書）。

(3)　求償権

　保証人が主債務を弁済したときは、債務者に対して求償権を取得する（新459条、新462条）。また、物上保証人の設定した担保権が実行されたときは、求償権が発生する（民351、372条）。このような規定があるのは、これらの者は自己の債務として弁済をし、または担保権の実行を受け入れているだけなので、なぜ主債務者に求償できるかについての根拠が必要になるからである。これに対して、これ以外で第三者が弁済したときは、債務者は第三者の損失によって利得している状態になるので、第三者は債務者に対して求償権を取得する。第三者弁済のところにはこれを認める明確な規定はないが、一般不当利得（民703条以下）によるまでもなく、債務者から弁済することを委任されたときは、委任事務の処理に必要な費用として求償権を取得し（民650条1項）、それ以外では、事務管理の規定により求償権を取得する（民702条1項、3項）。

　なお、債務者から委託を受けた保証人には、弁済をする以前に事前求償権がある（新460条）。この規定は第22章3で取り上げることにする。

◆ 解 釈 ◆

(1) 利害関係と正当な利益

　旧法の下では、「利害関係」を有しない第三者は、債務者の意思に反して弁済できないとされていた（旧474条2項）。従来の判例によれば、利害関係とは、当該債権に関する法律上の利害関係であり（最判昭和39・4・21民集18巻4号566頁）、事実上の利害関係は含まれないとされていた。たとえば、物上保証人、担保目的物の第三取得者（大判大正9・6・2民録26輯839頁）は利害関係がある。また、借地上の建物の賃借人は、借地について直接の法律関係がないが、地代の弁済について利害関係がある（最判昭和63・7・1判時1287号63頁）。他方、債務者の義理の兄弟（大判昭和14・10・13民集18巻1165頁）、債務会社の第2会社的立場にある別会社（最判昭和39・4・21民集18巻4号565頁）は、利害関係がないとされていた。しかし、学説は、このような判例は明確性を欠くとして、利害関係をより広く解釈すべきであると主張してきた。改正よって、利害関係を有しない者から正当な利益を有しない者へと変更され、かつ、ただし書が設けられて、第三者が弁済できる場合が緩和された背景には、このような事情がある。実質的にみれば、改正の前後で具体的な違いはないと思われるが、今後の解釈においても、正当な利益はできるだけ広く解し、かつ，正当な利益がないことの主張・立証責任は債務者にあると解すべきであろう。

(2) 債務者の意思

　債務者の意思について、従来の判例は、諸般の事情から認定できるとするが（大判大正6・10・18民録23輯1662頁）、学説は、明確な意思が必要であるとする。また、判例は、連帯債務で、債務者の一人の反対があればその者について弁済は無効であるとするが（前掲、大判昭和14・10・13）、学説は、全員の反対がなければ弁済は全体として有効であると解すべきだとする。連帯債務者は、そもそもそれぞれが自己の債務として全額弁済する債務を負っており、学説が正当である。なお、意思に反することの主張・立証責任については、判例もまた、弁済の無効を主張する者にあるとしているが（大判大正9・1・26民録26輯19頁）、学説には反対する見解もある。

◆ 発 展 問 題 ◆
債務者の意思と正当な利益
　正当な利益を有しない第三者の弁済を債務者の意思によって制限する理由が予期せぬ求償の阻止という点にあるとすれば、正当な利益の存否を判断基準にするのではなく、むしろ、第三者の弁済を拒む正当な理由があることを債務者が主張・立証した場合に限って第三者の弁済を阻止することができるとすべきではないかとも考えられる。これによれば、正当な利益がないとされることは実際上ほとんどなくなるであろう。このような考え方は改正では採り入れられなかったが、正当な利益の解釈において考慮すべき要素ではなかろうか。

5　弁済による代位

・債務者のために弁済した者は、求償権を確保するために、債権者が有していた一切の権利を行使できる。
・一部弁済による代位では、債権者の同意を得て、弁済額に応じて債権者とともに権利を行使する。
・債権者が故意・過失で担保を喪失・減少させたときは、弁済をするについて正当な利益を有する者は、償還を受けることができなくなる限度で免責される。
・代位することができる者が複数存在する場合には、求償の循環を回避するために、代位者相互間での代位の可否・程度を調整する規定がある。

◆ 条 文 ◆
(1) **意義**
　弁済による代位とは、求償権を確保するために、求償権の範囲で債権者が有していた一切の権利を行使することができるという制度である（新501条1項）。第三者が弁済すれば、原債権は消滅し、その担保もまた消滅するはずである。しかしそれでは、弁済をした者は、何の担保もないまま、求償に応じるよう請求するほかなくなる（裸の求償権）。他方、債務者

は、第三者が弁済してくれたために担保の負担を回避できてしまう。これでは公平でない。そこで民法は、弁済した者を保護するために、消滅するはずの原債権が存在しているものとし、それによりその担保もまた存続しているものとしてその行使を認めているのである。代位者が抵当権を行使するためには、登記簿の乙区欄の抵当権設定登記についての付記登記が必要である。また、代位の規定は、任意規定であると解されているので、特約によって排除できる（◆**解釈**◆参照）。

　代位では、原債権が代位者に移転し、それによって担保権を行使できるのか、それとも、原債権は消滅するが求償権を確保するためにとくに担保権が存続しているのかは規定上必ずしも明らかでない。しかし判例は、昭和59年に各小法廷が揃って弁済によって代位するのは原債権であるとの解釈を明確に表明し（最判昭和59・5・29民集38巻7号885頁、最判昭和59・10・4判時1140号74頁、最判昭和59・11・16判時1140号76頁）、現在では異論がない。改正後もこのような考え方が受け継がれる。これによれば、利息の利率の違いにより求償権のほうが原債権よりも大きい場合でも、担保権の実行により優先弁済を受けられるのは原債権の範囲内に限られる。

(2)　代位の要件

　代位するためには、①原債権が存在していたこと、②弁済等の債権消滅行為がなされたこと、③求償権を取得したことが必要である。それに加えて、弁済をするについて正当な利益を有する者か否かで手続が異なる。

(a)　正当な利益を有する者

　弁済をするについて正当な利益を有する者は、当然に代位する（新500条参照）。これを法定代位と呼ぶこともある。正当な利益を有する者の意義については、第三者の弁済で述べた。旧法では、第三者の弁済については「利害関係」、代位については「正当な利益」とされており、文言上両者にズレがあったが（旧474条2項、旧500条）、実際上は同様に解されていた。そこで、改正によって統一された。

(b)　利害関係を有しない者

　正当な利益を有しないが債務者のために弁済した者も代位できるが、債

権譲渡の債務者対抗要件、第三者対抗要件を備えなければ、代位の効果を債務者や第三者に対抗することができない（新500条、新467条）。これを任意代位と呼ぶこともある。具体的には、代位することを債務者に対抗するためには、それを債務者に通知するか債務者の承諾を得なければならず、第三者に対抗するためには、この通知・承諾を確定日付のある証書によってしなければならない。旧法では、さらに、弁済と同時に債権者の承諾を得る必要があることとされていたが（旧499条1項）、債権者が弁済を受領しておきながら代位を承諾しないのは不合理であり、改正によりその部分は削除された。

(3) 代位の効果
(a) 原債権と求償権の関係

全部の弁済を受けた債権者は、債権証書、自己の占有する担保物があればこれらを代位者に交付しなければならない（民503条1項）。

原債権は、求償権のために存続している。このため、代位者が原債権やその担保権を行使するのは求償権の範囲に限られるので（新501条2項）、これを裁判で行使するには求償権の範囲を示す必要がある（最判昭和61・2・20民集40巻1号43頁）。時効の更新については、求償権と原債権の両方について権利行使があったときは、両債権とも更新されるのは当然であるが（最判平成7・3・23民集49巻3号984頁）、原債権についてのみ権利行使があったときでも、それが求償権の行使でもあると評価できれば求償権の時効も更新される（最判昭和62・10・16民集41巻7号1497頁）。しかし求償権についてのみ権利行使したときは、原債権の時効は更新されない。

他方、原債権と求償権は別債権であって、原債権の契約解除権や取消権は、債権者としての地位に基づくものであり、代位者が行使することはできない（通説）。また、代位後に債務者が一部弁済をしたときは（内入弁済という）、弁済充当の規定にしたがい、求償権と原債権の両方に充当される（最判昭和60・1・22判時1148号111頁）。求償権にのみ充当すると、後順位の利害関係者の利益が害されるからである。

なお、債務者が倒産した場合、判例は、原債権は求償権のための一種の担保であり、代位者は原債権を倒産手続外で行使できるとしている（最判平成23・11・22民集65巻8号3165頁、最判平成23・11・24民集65巻8号3213

頁)。しかし、学説では、民法の規定はこのような効果まで予定しておらず、他の債権者との関係で代位者を優先すべきか否かをあらためて検討すべきであるとする見解が示されており、これが妥当であろう。

(b)　**一部弁済による代位**

　一部弁済があった場合には、代位者は、債権者の同意を得て、弁済額に応じて債権者とともに権利を行使することができる（新502条1項）。ただし契約解除権は除く（同条3項）。解除権は、全部弁済の場合と同様、債権者の地位に基づく権利だからである。

　以上にもかかわらず、債権者は、単独で自己の権利を行使することができる（同2項）。また、担保権が実行された場合の代金については、先ず債権者の残債権のために充てられ、代位者はその残金があれば求償権に充てることになる（同3項）。これらは、旧法における一部弁済による代位で争いがあったところであったが、改正によって明確化された（◆**解釈**◆参照)。

(c)　**債権者による担保の保存**

　債権者が故意または過失によって担保を喪失・減少させたときは、弁済をするについて正当な利益を有する者（代位権者）は、その喪失または減少によって求償を受けることができなくなった限度において責任を免れる（新504条1項前段）。責任が減免されるのは、担保の喪失・減少によって、その分だけ求償権確保が困難になるからである。たとえば、1000万円の債務で400万円の価値がある担保権を債権者が喪失した場合、代位権者は600万円についてのみ責任を負う。喪失の金銭評価は、喪失時を基準とするが、一部喪失の場合には、実際には残りの担保の実行時でないと明らかにならない。なお、金融実務では、このような責任の減免を排除する特約がなされており、その効力が問題になる（◆**解釈**◆参照）。

　①代位権者が物上保証人であるときは、その者から担保目的物を譲り受けた者およびその転得者も責任を減免される（同項後段）。代位権者の立場を受け継ぐからである。これは、改正前の判例（最判平成3・9・3民集45巻7号1121頁）が物上保証人の抵当不動産の譲受人にも減免の効果が生じるとしていたことを一般したものである。②債権者には、債権者に代

位した者も含まれる。連帯保証人が数人いる場合に、その一人が弁済をしたうえ、代位により行使できる担保権を放棄したような場合である。③故意・過失は、担保の喪失・減少についてあればよく、代位権者を害することについてではない。しかし担保が喪失・減少することの単なる認識では足りない。判例では、7年間抵当権を実行できるのに実行しない間に目的物が値下がりしてしまった場合に、信義則上不当な措置であるとして過失を認めた例があるが（大判昭和8・9・29民集12巻2443頁）、これは例外である。④担保には、抵当権などの物的担保だけでなく、保証人などの人的担保も含まれるが、一般財産は含まれない。⑤滅失・減少とは、事案によるが、典型的なのは、担保権の放棄・解除、担保目的物の損傷などである。⑥担保を喪失・減少させた場合でも、それに取引上の社会通念に照らして合理的な理由があると認められるときは、責任は減免されない（同条2項）。旧法にはなかった規定であるが、故意・過失の有無の判断で考慮されていたことを明文化したものである。

(4) 代位者相互間の関係

代位することができる者が複数存在する場合、たとえば、保証人と物上保証人がいて、保証人が主債務を弁済した場合、保証人は代位により担保権を行使することができる。しかし、その結果、自己の財産を失った物上保証人もまた代位する。この場合、物上保証人の求償権を確保するために、弁済によって消滅した保証が復活するとするならば、保証人と物上保証人間で求償の循環が延々と続いてしまう。そこで民法は、代位者相互間の利益を調整するために、これらの者の間での代位の可否および程度を定めている（新501条3項）。

(a) 保証人と保証人

保証人が複数存在する場合（共同保証）の保証人間の求償は、原則として頭割りで平等となる（民465条）。そこで、代位割合についても同様とされている（同条2項括弧書）。

(b) 第三取得者と第三取得者

債務者が設定した担保の目的物の第三取得者が複数存在する場合には、

各不動産の価格割合に応じて代位する（新501条3項2号）。第三取得者から目的物を譲り受けた者も第三取得者とみなされる（同項5号。以下同じ）。

(c) 物上保証人と物上保証人

　物上保証人が複数存在する場合には、各財産の価格割合に応じて代位する（同項3号）。物上保証人から目的物を譲り受けた者も物上保証人とみなされる（同項5号。以下同じ）。

(d) 保証人と物上保証人

　保証人と物上保証人との間では、①まず全員の頭数で負担額を計算する。②次に、保証人が複数いるときは、そのまま頭数での負担額となる。③また、物上保証人が複数いるときは、物上保証人間で各財産の価格に応じて負担額を計算する（以上、同項4号）。たとえば、1000万円の債権について保証人が2人、物上保証人が2人（不動産価格は900万円と600万円）の場合、保証人はそれぞれ250万円、物上保証人は300万円と200万円の負担になる。ただし、物上保証人の財産価格が計算額を下回る場合には、財産価格が限度となる。旧法では、物上保証人に対して代位するには、あらかじめ付記登記をしておく必要があるとされていたが（旧501条6号、1号）、登記しなければ代位しないとまでいう必要はなく、改正により削除された。ただし、担保権を実行する際には、債権者から担保権を承継したことを証明しなければならないので、付記登記やその他の公文書を提出する必要がある。

　なお、上記と異なり、保証人は物上保証人に全額代位できるとする特約は有効である（前掲、最判昭和59・5・29）。信用保証協会による保証ではこのような特約がある。

　物上保証人の一人について共同相続があり、物上保証人の人数が増えた場合、人数の計算は、当初の一人ではなく、弁済時における人数によるというのが判例である（最判平成9・12・18判時1629号50頁）。代位は弁済によって生ずるので弁済時を基準とするのが簡明だからであり、物上保証人以外でも同様に解すべきであろう。

(e) **保証人と第三取得者**

①保証人は、債務者から担保目的物を譲り受けた第三取得者に対して全額代位できる。新501条3項の例外に規定がない以上、1項の原則どおり代位できることになる。なお、旧法では目的物が不動産であるときはあらかじめ付記登記をする必要があるとされていたが（旧501条1号）、削除された（(d)参照）。これに対して、②第三取得者は、保証人に対して代位できない（新501条3項1号）。第三取得者は、担保権が設定されていることを承知の上で債務者の財産を承継する者であり、債務者と同様にして最終的にリスクを負担しなければならない立場にあるからである。

(f) **物上保証人と第三取得者**

①物上保証人は、債務者から担保目的物を譲り受けた第三取得者に対して全額代位できるが（(e)と同じ）、②第三取得者は、物上保証人に対して代位できない（同項1号）。

◆ **解 釈** ◆

(1) 一部弁済における「債権者とともに」の意義

一部弁済では、代位者は債権者とともに権利を行使するが（新502条1項）、旧502条の下では、2つの問題があった。第1は、代位者の権利行使は債権者と共同でしなければならないのか否かという問題であり、第2は、担保権の実行による配当金が債権者と代位者の求償権の全額に満たない場合、代位者は債権者と平等に配当を受けるのか、それとも債権者が優先するのかという問題である。

(a) 単独行使の可否

古い判例は、代位により行使する権利（たとえば抵当権）は、債権者または代位者が単独で行使できることは規定上明らかであるとしていた（大判昭和6・4・7民集10巻535頁）。しかし旧法下での通説は、規定の文理上はむしろ代位者は債権者と共同してのみ権利を行使できると解されること、および単独行使を認めると債権者が担保権実行時期を選択できなくなることから、債権者は単独で権利行使できるが、代位者は債権者と共同してのみ権利行使できると解していた（下級審では、東京高決昭和55・10・20

高民集33巻4号349頁は単独行使を認めていない)。

　改正により、代位者は、債権者の同意を得て、弁済額に応じて債権者とともに権利を行使することができるが（新502条1項）、債権者は、単独で自己の権利を行使することができる（同2項）とされた。これにより、代位者による権利行使は共同行使であることが明確になった。

　以上にもかかわらず、また、担保権が実行された場合の代金については、先ず債権者の残債権のために充てられ、代位者はその残金があれば求償権に充てることになる（同3項）。これらは、旧法における一部弁済による代位で争いがあったところであったが、改正によって明確化された

(b)　配当の優劣

　配当の優劣について、旧法下では、第1の問題についての判例から推測して、判例は債権額と求償額の按分によるという考え方（平等主義）を採るものと推測されていた。しかし通説は、第1の問題と同様、代位によって債権者が不利益を被るべきではないとして、債権者が優先的に配当を受け、代位者はその剰余金の配当を受けると解していた（優先主義）。その後、判例もまた、物上保証人の抵当権が実行され結果的に一部代位することになった場合に、債権者が有している他の抵当権が実行されたときは、債権者が優先するという立場を明らかにした（最判昭和60・5・23民集39巻4号940頁）。

　通説・判例に対しては、立法者意思や規定の文言にそぐわないといった批判もあったが、改正により、担保権が実行された場合の代金については、先ず債権者の残債権のために充てられ、代位者はその残金があれば求償権に充てることが明文化された（新502条3項）。

　なお、複数ある債権の1つについて保証人となっている者が、その債権を全部弁済した場合は、一部弁済ではなく、債権者と保証人は平等の立場になるので、抵当権実行による配当は按分によることになる（最判平成17・1・27民集59巻1号200頁）。

(c)　銀行取引における保証条項

　銀行取引における保証では、保証書（銀行と保証人の契約書）の中に、保証人は、取引継続中は、銀行の同意がなければ、代位によって取得した

権利を行使しないとの条項が定められている。物上保証人が担保権を設定する場合も同様の条項が盛り込まれる。これは、前述のように共同行使、優先主義が明確でなかったために銀行が防衛的に定めたものである。しかし、改正により、保証人や物上保証人に限らず、代位権者は、債権者の同意を得て権利を共同行使できること、および配当においては債権者が優先することが明文で定められたことからすれば、このような条項は、民法の規定を確認するものにとどまることになろう。

(2) 債権者による担保保存の免除特約の効力

　債権者による担保の喪失・減少による代位権者の責任の減免（新504条1項）は、債権者が担保を入れ替えたり、その一部を免除したりして弾力的な対応をすることの障害になる。そこで金融実務においては、そのような場合であっても代位権者は免責を主張しない旨の条項が盛り込まれている。

　旧法下での判例（最判昭和48・3・1金法679号34頁）・通説は、当事者間でその効力を認めることでは一致していたが、特約の及ぶ範囲と第三者に対する効力については議論があった。まず、前者について、判例は、特段の事情があるときは免除の主張が信義則違反ないし権利濫用になることがあることを認めていた（最判平成2・4・12金法1255号6頁〔抵当山林を別の山林に差し替えたところ10分の1程度の価値しかなかった〕、最判平成7・6・23民集49巻6号1737頁〔共同抵当権の一部を放棄した〕。いずれも特段の事情はないとした）。

　また、後者については、判例は、担保の喪失後に他の担保を取得した第三取得者について、特約に基づく法律関係を承継するとして、第三取得者は免責を主張できないとしていた（前掲、最判平成7・6・23）。これは特約の第三者効を問題にせず、当事者間の問題として処理したものである。しかし、これによれば、第三取得者の出現後に担保を喪失した場合には、第三取得者に特約の効力は及ばないことになろう。このため、学説では、問題の本質は、特約の効力以前に旧504条の合理性にあり、前者の問題を含めて、担保の喪失・減少が合理的であったか否かという問題として504条の解釈で一元化すべきであるとする見解が有力であった。

　改正では、債権者による担保の喪失・減少があっても、それが取引上の

社会通念に照らして合理的な理由があるときは代位権者の責任は減免されないと規定された（新504条2項）。これは、上記のような特約が原則として有効であること、例外的には信義則違反ないし権利濫用になることがあることを前提にしたものであり、従来の判例を実質化したものであるといえよう。したがって、今後は、特約の存否にかかわらず、合理的な理由による判断に一元化されることになる。ただし、立証責任の点では、特約がある場合には、責任の減免を主張する者が合理的な理由がないことを主張・立証する必要があることになるという違いがある。

◆ 発 展 問 題 ◆
保証人兼物上保証人の代位割合

　保証人であり物上保証人でもあるということは、債務者が会社である場合の個人経営者のように、実際には稀なことではない。しかしこのような者の代位割合については、従来から規定がなく、改正でも、共通認識が形成されていなこと、判例の評価も様々であることから、明文規定は設けられず、解釈に委ねられた。

　学説では、以下のような説がある。①二人と数える説：保証人兼物上保証人は、二重の責任を覚悟すべきであるとする。②一人と数える説：二重資格であっても責任が2倍になるわけではないとして、一人と数える。しかしこの説も、保証人一人説、保証人兼物上保証人として一人説、物上保証人一人説、代位者が自己にとって有利な資格を選択できるとする説に分かれる。各説による負担割合は、債権額600万円で、A保証人兼物上保証人（財産価格300万円）、B保証人兼物上保証人（財産価格200万円）、C保証人、D保証人という例でいえば、**表7**のようになる。

　判例は、この問題が民法の規定では解決できないことを前提に、二重資格を持つ者も一人と扱い、全員の頭数に応じた平等の割合であるとしており（最判昭和61・11・27民集40巻7号1205頁）、保証人兼物上保証人として一人説であると解されている。これによれば、代位の割合の計算では、二重資格者の割合は保証人一人説と同様になるが、二重資格者に対して代位する者は、あくまで代位の割合の範囲内でではあるが、いずれの資格をも選択できるという点で違いがあることになろう。また、二重資格者以外に物上保証人が複数いる場合、全員が平等割合になるのか、物上保証人間では

担保目的物の価格差が反映されるのかについて、学説上の理解に違いが見られるが、二重資格者について価格差を反映せず頭数で平等と計算する以上、他の物上保証人もそうでなければ不合理であろう。

この問題は、あちらを立てればこちらが立たないといったように、新501条によっても合理的な基準を見出すことは困難な問題であり、公平の理念に基づき、少なくとも平等割合分の負担を覚悟すべしとする判例が簡明であり妥当というべきであろう。

表7　保証人兼物上保証人の代位割合

	A	B	C	D
二人説	100+120	100+80	100	100
保証人一人説・二重資格一人説	150	150	150	150
物上保証人一人説	180	120	150	150
選択説	150 or 180	150 or 120	150	150

6　表見的債権者への弁済

・弁済受領権限がない者に対する弁済でも、取引上の社会通念に照らして受領権者としての外観を有する者に対する弁済は、弁済者が善意・無過失であれば有効となる。
・そのような外観を有する者には、詐称代理人や受取証書の持参人も含まれる。
・預金担保貸付・相殺には、新478条が類推適用される。

◆ 条 文 ◆

(1) 弁済受領権限のない者への弁済

弁済の受領権限は、債権者本人、法令によりまたは債権者から受領権限を付与された者（代理人、財産管理人、破産管財人、債権者に対する質権者〔民366条〕、債権者代位権を行使した者〔新423条〕）にある。債権者は、例外的に、①債権が差し押さえられたとき（新481条）、②破産したとき（破34条1項、78条1項）、③債権に質権が設定されたとき（新481条または民執145

条の類推)、④制限行為能力者であるとき（民5条1項、7条、9条、13条1項1号類推）は、受領権限を喪失または制限される。

　弁済受領権限がない者に対する弁済は、原則として無効である。この場合、①弁済者は、弁済を受領した者に対して不当利得の返還を請求できる（民703条以下）。ただし、その者に対して債務がないことを知っていたときは返還請求できない（民705条〔悪意の非債弁済〕）。他方、②債権者が弁済を受領する権限を有しない者に対する弁済によって利益を受けたときは（一部をもらったなど）、その限度で弁済は有効となる（新479条）。債務者が善意であったか否かは問わない（大判昭和18・11・13民集22巻1127頁）。なお、③債権が差し押さえられたにもかかわらず、債務者が債権者に弁済したときは、差押債権者は、受けた損害の限度で債務者に対して自己に更に弁済するよう請求できる（新481条1項）。

　弁済受領権限がない者に対する弁済であっても、例外的に、権限があると信じ、そのように信じたことにやむを得ない事情があるときは、弁済が有効となる場合がある。それが受領権者としての外観を有する者への弁済（新478条）である。改正前には、債権の準占有者に対する弁済の規定（旧478条）と、受領証書の持参人に対する弁済の規定（旧民480条）があり、前者はフランス法に由来し、後者はドイツ法に由来するものとして、民法は両者を継受していた。しかし、改正により、両者の内容が新478条に統合され、旧480条は削除された。

(2) 受領権者としての外観を有する者への弁済
(a) 意義

　債権の受領権者以外の者であっても、取引上の社会通念に照らして受領権者としての外観を有する者に対する弁済は、弁済者が善意・無過失であったときに限り有効である（新478条）。この規定の基になった旧478条の母法であるフランス法では、指名債権（債権者が特定している）でありながら、万人が見ても債権者であると誤信するのもやむを得ない特殊な事情がある場合に、債務者を保護する特別な規定であった。具体的には、債権者の表見相続人、債権譲渡が無効であった場合の債権譲受人などである。これらは、債権者をA、表見的債権者をBとすれば、Bが債権者であると誤信した場合（債権の帰属主体の誤認）であることに注意が必要で

ある。

　しかし、わが国の判例・通説は、今日では、預金取引のような大量・同種・反復の取引における預金者確認の困難性を背景事情として、表見的債権者Bを債権者A本人であると誤信した場合（債権者の同一性の誤認）や、債権者の代理人と称する者を誤信した場合（弁済受領権限の誤認）もまた旧478条に含まれると解してきた。このような場合は、旧478条がもともと予定したような場合と異なり、客観的には誰が債権者か明白であるが、債務者が主観的に誤認したにすぎず、本来は同条の範囲外の問題である。これを同条の範囲内の問題であると捉えるときは、同条は、債権の受領権限を有しないが、それを有するように見える者に対する弁済を広く救済する規定という意義を有するものとなる。そこで民法改正では、このような判例・通説の解釈の展開を規定の文言に反映するために、「債権の準占有者」から「取引上の社会通念に照らして受領権者としての外観を有するもの」と規定し直されたのである。

(b)　要件

　弁済が有効であることを主張する者は、①取引上の社会通念に照らして受領権者としての外観を有する者であること、②弁済をしたこと、③善意・無過失を主張・立証しなければならない。

　①取引上の社会通念に照らして受領権者としての外観を有する者　取引上の社会通念に照らして受領権者としての外観を有する者とは、従来の判例・通説によれば、債権の弁済を受ける正当な権限があるように見える者である。表見相続人（大判昭和15・5・29民集19巻903頁、最判昭和35・12・15民集14巻14号3060頁）、無効な債権譲渡における譲受人（大判大正7・12・7民録24輯2310頁）のように債権の帰属主体を誤認した場合だけでなく、債権証書や印鑑の持参人（大判昭和16・6・20民集20巻921頁、最判昭和41・10・4民集20巻8号1565頁）や偽造領収書の持参人が本人になりすました場合（大判昭和2・6・22民集6巻408頁）のように債権者の同一性を誤認した場合、詐称代理人（最判昭和37・8・21民集16巻9号1809頁）のように、弁済受領権限を誤認した場合のすべてが含まれる。債権が二重譲渡された場合の劣後譲受人も準占有者となりうると解されていた（最判昭和61・4・11民集40巻3号558頁）。

他方、改正前には、受取証書の持参人は受領権限があるとみなされ（旧480条本文）、権限がないことにつき弁済者が悪意または過失があるときは、この限りでないとされていた（同条ただし書）。これは表見代理（新109条、新110条、新112条）の特則であった。受取証書とは領収証などのことをいう。ただし、受取証書は真正なものに限られ（大判明治41・1・23新聞479号8頁）、偽造証書の持参人は旧478条の債権準占有者として取り扱われていた。しかし、上記のように受領権限を誤信した場合にも旧478条が適用されると、旧480条には独自の意義がなくなってしまう。そこで、改正により、真正な受取証書の持参人もまた、社会通念上受領権者としての外観を有する者として、新478条に統合して一元化された。旧480条との違いは、善意・無過失の立証責任が弁済者にあることになったが、受取証書を持参すれば、原則として弁済者は善意・無過失であることが事実上推定されるといえるので、実質的な違いはほとんどないであろう。

　②**弁済**　　弁済には、本来の弁済だけでなく、定期預金の期限前払戻しも本条にいう弁済にあたるというのが判例（前掲、最判昭和41・10・4）・通説である。定期預金の期限前払戻しは、その前提として預金契約の合意解約を伴い、それは厳密には払戻しとは別の法律行為である。しかし、定期預金では、契約時に弁済の具体的な内容が確定しており、解約と払戻しの全体を弁済と同一視してよいと解されている。

　③**善意・無過失**　　弁済者の善意・無過失は、条文の構造からみて、弁済が有効であると主張する弁済者が主張・立証しなければならない。預金取引における免責約款（印鑑照合による免責）を履践すればそれだけで無過失であるとはいえない。すなわち、免責約款は善意・無過失の具体化にすぎず、印鑑照合をしても、その他に預金者であることにつき不審を抱かせる特段の事情があるときは、免責されないと解されている。ただし、主張・立証責任については、裁判例では、金融機関が印鑑照合をしたことを主張・立証すると、特段の事情があることを預金者が主張・立証しなければならないと解されており、この限りで免責約款には意義があるとされているが、印鑑照合による預金者確認は、現代ではコンピューターによって印影の複製が容易に可能となるなど信頼性が低くなっており、特段の事情がないことも金融機関が主張・立証すべきではなかろうか。

(b) **効果**

弁済受領権限がない者への弁済にもかかわらず、有効となる。しかしその後の処理という問題がある。

(ア) **真の債権者との関係**

真の債権者は、弁済受領者に対して不当利得返還請求権を有する（大判大正7・12・7民録24輯2310頁、大判昭和12・10・18民集16巻1525頁）。これに対して受領者が、弁済者に過失があり弁済は無効であるから、債権はなお存在しているので債権者に損失はないと主張することは、信義則違反（矛盾行為の禁止）であり許されない（最判平成16・10・26判時1881号64頁、最判平成23・2・18判時2109号50頁〔ただし不法行為に基づく損害賠償請求に対して〕）。真の債権者の請求は、現に金銭を受領している者に対する請求であり、有体物であれば自己の所有物に対する物権的返還請求という実体を有するものであって、弁済が有効であろうと否とを問わず受領者が弁済の効力を抗弁とすることができないのは当然というべきである。

(イ) **弁済者との関係**

判例は、弁済者が弁済受領者に対して不当利得返還請求をすることもできるとしている（最判平成17・7・11判時1911号3頁）。弁済が無効であるときは、請求は当然認められるが、弁済が有効に確定すれば、認められない。したがって問題は、弁済が有効か無効か未確定の間、請求できるか否かになる。判例の態度は、上記の事案からは明らかでないが、学説には、本条の適用がないことの確定を待って請求を認める見解、本条を援用しないことを条件として請求を認める見解がある。後に弁済者が債権者に対して矛盾する主張をしなければ請求を認めて差し支えなく、弁済者が受領者に対して不当利得返還請求をしたときは、もはや本条を援用する権利を放棄したものと解すべきであろう。

(3) **偽造・盗難キャッシュカードによる払戻し**

偽造・盗難キャッシュカードによる無権利者への預金の払戻しに旧478条が適用されるか否かについて、かつて判例では、金融機関は免責約款（カード規定）によって免責されるとしたものがあった（最判平成5・7・19判時1489号111頁）。このため学説でも、機械払いの場合には、機械の善意・無過失を問題にする余地がなく同条の対象外であると解する見解が

あった。しかしその後、判例は、機械払いの場合にも同条の適用があるが、その際の善意・無過失の判断は、機械払システムの設置管理の全体について注意義務を尽くしたか否かによるとの判断を示すにいたった（最判平成15・4・8民集57巻4号337頁・百選Ⅱ-35）。

現在では、偽造・盗難カードに関する特別法（預貯金者保護法、2005年）が制定されており、預貯金の払戻しだけでなく、預貯金担保貸付も同様に処理される（預貯金4条2項。以下、払戻し等という）。したがって本条が適用される余地は狭くなった。

(a) 偽造カード

偽造カードによる払戻し等には、新478条は適用されない（預貯金3条）。金融機関は、原則として免責されず、払戻し等は無効となる（同4条1項）。預貯金者の故意、または弁済者が善意無過失で預貯金者に重過失（暗証番号を他人に教えていたなど）があることを立証した場合にのみ免責される。偽造カードについては、金融機関がシステムの設置管理に責任を持つべきであるという考え方が基礎にある。

(b) 盗難カード

盗難カードによる弁済等には新478条が適用されるが、それとは別に、一定の場合に預貯金者が被った損害を金融機関が補てんするという制度が採られている（同5条）。それによれば、①金融機関への通知と警察への被害届をすると、それよりも30日前の日以降の被害額は、全額金融機関が補てんする。したがって盗難後30日内に届出をしておけば、預貯金者は保護される。ただし、②金融機関が善意・無過失で、かつ、預貯金者に過失（安易なカード管理など）があることを立証したときは、被害額の4分の3に制限される。また、③預貯金者に故意があるか、または金融機関が善意・無過失で、かつ、預貯金者に重過失があることを立証したときは、全額補てんされない。このように、盗難カードに関しては預貯金者のカード管理責任が考慮される。

◆ 解 釈 ◆

(1) 詐称代理人

旧478条の下では、詐称代理人が債権の準占有者にあたるかという議論があった。かつては、詐称代理人には自己のためにする意思がないので、準占有者といえない（民205条）との見解があったが、判例・通説は、もはや205条との関係を問題にすることなく、債権者であると称した場合と代理人であると称した場合とで相手方保護に差異を設けるべきでないという実質判断を基礎に、詐称代理人も準占有者に含まれると解してきた（前掲、最判昭和37・8・21）。

改正により、「準占有者」という文言が「受領権者としての外観を有するもの」に変更されたのは、詐称代理人も本条の適用を受けることを明確にするためであり、上記の議論は意義を失った。

(2) 預金者の認定問題と本条の関係

本条が預金取引において問題になることが多い背景の一つに、預金者の認定問題との関連がある。たとえば、Ａが金銭を出捐してＢに預け、ＢがＢ名義でＣ銀行に預金した場合、預金者は誰であろうか。判例は、客観的にみればＡが金銭の出捐者であり、ＢはＡの使者または代理人であるとして、出捐者が預金者であるとしている（客観説。最判昭和32・12・19民集11巻13号2278頁〔無記名定期預金〕、最判昭和52・8・9民集31巻4号742頁〔他人名義〕、最判昭和53・5・1判時893号31頁〔架空名義〕）。これによれば、Ｂを預金者であると信じて払戻しをしたＣの保護が問題になる。判例は、ここで本条により善意・無過失のＣを保護しているのである。学説では、客観説は契約の一般理論に反するとして、Ｂを預金者というべきだとの主張も有力である（主観説）。しかし、判例は、客観説と本条とを切り離して捉えているのではなく、本条を利用して客観説による預金者認定の硬直性を修正しているのであり、客観説プラス本条でひとつの預金者認定の法律構成になっている。このような本条の利用は、前述したように、本条がもともと債権の帰属主体の誤認（債権者が誰であるか明確でない場合）を対象としていたことからすれば、さほど突飛なこととはいえない。

ただし、判例は、委託を受けた保険代理店や弁護士が委託事務処理のた

めに専用口座を開設した場合には、出捐者ではなく預金名義人が預金者であるとしている（最判平成15・2・21民集57巻2号95頁〔保険代理店〕、最判平成15・6・12民集57巻6号563頁〔弁護士〕）。これと客観説との関係が問題になるが、これらはいずれも、出捐者と名義人間で委託関係が継続している事例であり、客観説を捨てたのではなく、出捐者が名義人の預金であるとの取扱いを否定する主張ができないとしたものと解すべきであろう。

(3) 預金担保貸付に対する類推適用

　判例は、預金を担保に貸付をし（預金担保貸付）、その後貸付金と預金とを相殺したという場合についても、実質的には定期預金の期限前払戻しと同視できるとして、旧478条を類推適用してきた（最判昭和48・3・27民集27巻2号376頁）。また、その際の善意・無過失の判断時は、相殺時ではなく、貸付時であればよいとしている（最判昭和59・2・23民集23巻3号445頁）。これは、弁済と相殺の類似性ではなく、預金担保貸付という仕組み自体を預金の払戻しと同視できるという認識を基礎にしている。この問題は改正では処理されず解釈に委ねられたので、上記の判例は、今後も本条の下でも維持されることになる。

　ただしそのように解しても、その後実際に相殺がなされていることが必要か否かで議論が分かれる。預金を担保に貸付をしたことが保護されると捉えれば、相殺の有無は問題にならないが、貸付に本条を類推適用できるのかという問題がある。判例の態度は定かでないが、生命保険契約の契約者貸付の事例で、貸付行為自体に旧478条を類推適用したものがある（最判平成9・4・24民集51巻4号1991頁）。学説でも多数説は類推適用に賛成するが、貸付は弁済とは別の法律行為であり、表見代理や民法94条2項類推適用によって処理すべきであるとの少数説もある。少数説は、相殺か貸付かよりも、債権者の帰責性を考慮すべきだという実践的な考慮に基づいているが、判例の基礎には、法形式を問わず、実質的に預金の最終処分としての払戻しに至るまでの問題はすべて弁済と同様に処理できるという考え方があるように思われる。しかし、このように本条を預金取引に関する万能薬のように利用するのは、理論的にも具体的にも行き過ぎであろう。

(4) 債権二重譲渡の劣後譲受人

債権が二重に譲渡され、対抗要件で劣後する譲受人も旧478条の準占有者になりうるというのが判例である（前掲、最判昭和61・4・11）。ただし、優先譲受人の譲渡行為または対抗要件に瑕疵があるためその効力が生じないと誤信してもやむをえない事情があるなど相当な理由が必要であるとし、当該事案では債務者に過失があったとした。多数説は、債権譲渡の優劣決定と、無権限者に対する弁済の保護とは別次元の問題であるとして判例に賛成するが、判例自身による限定を重視し、対抗要件制度を損なうとして反対する少数説もある。

この場合には、優先譲受人が対抗要件を備えることによって、債務者に対しても債権者であることが確定している。そのような場合に、劣後譲受人を本条によって保護することは、次元の異なる問題ではなく、債権譲渡の対抗要件制度を弁済の場面で覆すに等しい。したがって、少数説によるべきである。

◆ 発 展 問 題 ◆

債権者の帰責性

本条が適用されるために、債権者に安易な通帳・印鑑管理をしていたなど帰責性があることを要求すべきか否かという問題がある。通説は、弁済などのようにすでに義務づけられた行為については、債務者保護を重視してよいので帰責性は必要ないとする。また、通説によっても、場合に応じて善意・無過失の判断を厳格に行えば実質的に差はないとする見解もある。しかし他方では、預金担保貸付のように義務付けられていない行為については帰責性を要求すべきだとする説や、本条を権利外観保護規定であると位置づける以上、債権者にも不利益を受けることを正当化する要素があることが必要であり、帰責性を要求すべきである説も主張されている。

本条において債権者の帰責性が要件として規定されていないのは、元々は、本条が本人の帰責性を根拠とする近代的な権利外観保護規定ではなく、債権が目に見えない権利であり、指名債権でありながら債権者不明の事態が生じうるという、債権特有の特殊な場合に債務者を保護する限定的な規定であったからである。ここに債権者の帰責の要素はなかった。

しかし改正により、本条が広く、表見的な受領権者に対する弁済者の保

護規定として定位されたことからすれば、上記の議論は改正後においてこそ重要性を増すであろう。改正作業の過程では、債務者の善意・無過失ではなく、債務者に正当理由があることを要件とすることが提案されていた。これは、機械式の取引においては銀行の善意・無過失ではなくシステム管理責任を問題にすることができるようにする意図に基づくものであったが、これによれば、その存否の判断において債権者側の事情も考慮した柔軟な判断が可能となる可能性もあった。結局この提案は見送られたが、これによって議論が決着を見たとはいえないであろう。

第17章 更改・免除・混同

1 更改

- 更改は、もとの債務を消滅させ、新たな債務を成立させる行為である。
- 更改には、給付内容の重要な変更、債務者の交替、債権者の交替の場合がある。
- 更改では、債務の同一性が失われ、担保も原則として消滅するので、あまり利用されない。

◆ 条 文 ◆

(1) **更改の意義**

　更改とは、もとの債務を消滅させ、新たな債務を成立させる行為である（新513条）。ポイントは、新旧債務に同一性がないことである。したがって、もとの債務の担保や抗弁権は原則として消滅する。更改には、給付の内容の重要な変更、債務者の変更、債権者の変更の場合がある。

　更改は、債権関係が対人関係であることを重視して債権譲渡や債務引受が認められていなかった時代に、当事者の交替を可能にする制度として利用された。しかしその後、債権が没個性化し、これらが認められるようになり、また、給付内容の変更も変更契約をすればできるので、更改は、新旧債務に同一性がなく、担保も原則として消滅してしまうことが不都合とされ、あまり利用されなくなった。

(2) 要件

更改をするための要件は以下のとおりである。

(a) もとの債務の存在

もとの債務が不存在であるときは、新たな債務を負担するだけであり、更改ではない。

(b) 新たな債務の成立

改正前には、新債務に不成立・無効・取消原因があるときは、旧債務は消滅しないとする規定があり（旧517条）、この規定は、債権者がそのことを知っていれば適用されないと解されていた。しかし、新債務が成立しなければそもそも更改にはならないし、債権者がそれを知って更改をすれば、旧債務を免除したといえるので、いずれにしてもこのような規定は不要である。そこで改正で削除された。

(c) 給付内容の重要な変更による更改

給付内容の重要な変更になるか否かは、慎重に解釈すべきであり（大判昭和7・10・29新聞3483号17頁〔ただし旧規定の要素の変更について〕）、新旧債務を切り離す重要部分の変更が必要である。条件について変更があっても、それだけで当然に重要な変更になるとはいえない（これを要素の変更とする旧513条2項は削除された）。なお、給付内容の変更では、当事者は旧債務と同一である。

(d) 債務者の交替による更改

債務者の交替による更改は、債権者と新債務者間の契約でできるが、その効力は、債権者が旧債務者に対して更改契約をした旨を通知した時に生じる（新514条1項）。この場合、新債務者は旧債務者に対して求償権を取得しない（同2項）。旧債務を債務者の代わりに弁済したわけではないからである。

(e) 債権者の交替による更改

債権者の交替による更改は、新旧債権者と債務者の三者による契約に

よってすることができる（新515条1項）。債権譲渡（新466条）が譲渡人と譲受人間でできるのと異なる。しかし、債権者の交替は、第三者から見れば実質的には債権譲渡と同様の機能を有するので、確定日付ある証書によってしなければ第三者に対抗できない（新515条2項）。

(3) 効果

更改により、旧債務が消滅し、新債務が成立する。新債務が履行されない場合に更改契約を解除しても、旧債務は復活しない。旧債務の消滅に伴い、その担保や抗弁権も原則として消滅する。例外的に、債権者（債権者の交替の場合は旧債権者）は、質権、抵当権を新債務に移すことができるが、第三者が設定したものであるときは、その者の承諾が必要である（新518条1項）。また、この質権、抵当権の移転は、更改前か更改と同時に、更改の相手方（債権者の交替の場合は債務者）に対する意思表示によってしなければならない（同2項）。質権、抵当権以外の担保権は移転しないので、たとえば保証については必要であればあらためて保証契約を締結しなければならない。

◆ 発 展 問 題 ◆

(1) 更改・債務引受・債権譲渡

債務者の交替による更改、債権者の交替による更改は、それぞれ債務引受、債権譲渡と類似している。そこで、改正作業の過程では、これらの更改を廃止することも検討されたが、結局残された。しかし、改正前には明文がなかった債務引受も新たに規定された以上（新470条以下）、その必要性は今後あらためて問われることになる。

(2) 三面更改

改正作業の過程では、途中まで、三面更改として、三者間の契約により、旧債務との同一性を維持しつつ、旧債務を債権者の第三者に対する債権と、第三者の債務者に対する債権とに置き換えることができるとの提案がなされていた。これは、一人計算（いちにんけいさん）という、多数当事者間における新たな決済方法を更改という法律構成で具体化した提案であり、従来の更改とは根本的に異なる側面があった。改正では、結局取り上げられなかったが、

重要な問題なので、第18章1であらためて解説する。

2 免 除

・免除は、債務を免除する一方的な意思表示による単独行為である。

◆ 条 文 ◆

債務は、債務者に対する債務を免除する意思表示によって消滅する（民519条）。単独行為であり、債務者の意思に反してもできることになる。立法論的には契約とすべきだとの主張があるが、改正では採用されなかった（しかし当事者が免除契約を結ぶことは自由である）。免除では、多数当事者の債権債務関係において、債務者の一人について債務を免除した場合に、他の債務者に対してどのような効力が生じるかという問題が生じる（新429条〔不可分債務〕、新445条〔連帯債務〕。第22章7で扱う）。

3 混 同

・債権と債務が同一人に属したときは混同により債権が消滅するが、債権が第三者の権利の目的であるときは消滅しない。

◆ 条 文 ◆

混同には、物権の混同（民179条）と債権の混同がある。債権の混同では、債権と債務が同一人に属したときは、債権は消滅する（民520条本文）。ただし、以下の場合には、債権は消滅しない。

(a) **その債権が第三者の権利の目的であるとき**（同条ただし書）

第三者の権利を害することができないからであり、たとえば、債権に質権が設定されているとき、債権が差し押さえられているとき、停止条件付で債権が譲渡されたとき（最判昭和35・6・23民集14巻8号1507頁）などである。

(b) **特別法により証券化、電子化された債権**
　手形、小切手は債務者に対しても裏書譲渡できる（手11条3項、77条1項、小14条3項）。その他に、電子記録債権でも混同は生じない（電子債権22条1項本文）。

(c) **分離独立した債権**
　たとえば、相続における限定承認のときの被相続人に対する相続人の債権（民925条）。限定承認では、相続人は、被相続人の財産を管理するために相続し、自己の財産と相続人の財産とが分離されているからである。同様に、一定の場合の信託財産に対する債権（信託20条3項）、組合の債務引受により組合員が組合に対して有するにいたった債権（大判昭和11・2・25民集15巻281頁）も消滅しない。
　他方、交通事故の被害者が保険会社に対して有する直接請求権（自賠16条）については、加害者が被害者を相続すれば、被害者の損害賠償請求権が混同により消滅するので、それを前提とする直接請求権もまた消滅すると解されている（最判平成元・4・20民集43巻4号234頁）。

第18章 相殺

1 相殺の意義・機能

- 相殺とは、二当事者間に相対立する債務があるとき、双方の債務を対当額で消滅させることである。
- 相殺には、①二つの債務を弁済し合う手間を省くという簡易弁済機能、②相殺をする者と相手方の債権回収を同時にするという公平維持機能、③債権者が他の債権者に優先して自己の債権を回収できるという担保的機能がある。
- 担保的機能は、相殺予約によって、より発揮されるが、予約に公示性がないという問題がある。

◆ 条 文 ◆

(1) **相殺の意義**

　相殺とは、二当事者間に相対立する債務があるとき、双方の債務を対当額で消滅させることである（新505条1項）。相殺する側の債権を自働債権、相殺される側の反対債権を受働債権という。相殺には、民法の規定による法定相殺と、契約による相殺契約とがある。法定相殺は、単独行為であり、相手方の承諾は必要ないが、民法の規定は任意規定である。相殺契約には種々のものがあるが、商法では、商人間ないし商人との平時の取引における債権債務の相殺契約として、交互計算の規定がある（商529条以下）。

(2) **相殺の機能**

　相殺には、以下のような三つの機能がある。

①簡易弁済機能　相殺は、二つの債務を弁済し合う手間を省くという機能がある。これが相殺の本来的機能である。

②公平維持機能　相殺によって、相殺をする者は自己の債権を回収することができるが、相手方もまた同時に債権を回収することができる。このように、相殺には両当事者の公平を維持するという機能がある。

③担保的機能　債務者に対して複数の債権者がいる場合、債務者が債務を弁済しなければ、債権者は債務者の財産に対して強制執行をして、他の債権者と共に債権額に応じて按分で配当を受ける（債権者平等の原則）。しかし債権者の一人が相殺をすれば、自分だけ債権を回収できる結果になる。これは、実質的には、反対債権を債権質に取っていたのと異ならない（民366条2項参照）。このように、相殺には他の債権者に優先して債権の回収をはかることができるという機能があり、これを相殺の担保的機能という。

◆ 解 釈 ◆

相殺予約

相殺の担保的機能をより発揮させるには、一定の事由が発生したときに相殺できることを予約しておくことが効果的である。これには、①狭義の相殺予約（当事者の意思表示により相殺することを約する契約）、②停止条件付相殺契約（条件成就により当然に相殺の効果を発生させる契約）、③期限の利益喪失特約（当然にまたは意思表示により、自働債権の期限の利益を喪失させて相殺できる状況（後述の相殺適状）を作り出す特約）がある。

いずれも、受働債権を予め担保に取ったのと同様に機能するが、①担保であるとの合意がない、②目的物（受働債権）が予約時には特定していない、③合意に公示性がない、といった問題があるため、受働債権に利害関係を有する第三者（とくに差押債権者）との優先関係が問題になる（**2** ◆**解釈**◆参照）。

◆ 発 展 問 題 ◆

(1)　ネッティング

当事者間で多数存在する債権債務を一括清算するために、ネッティング（Netting）という方法が最近注目されている。これは、当事者間で基本契

約を締結しておき、一定事由が生じたときに当然に多数の債権債務を差引計算して残債権のみを残すという決済方法である。これを応用したマルチラテラル・ネッティングでは、あらかじめセントラル・カウンター・パーティ（CCP）と呼ばれる機関を設けて、一個の債権をこの機関に対する債権と、債務者に対するこの機関の債権とに置き換えることを参加当事者すべてが行うことによって、多数当事者間に存在する多数の債権債務を一括清算する。これらについて民法に規定はないが、実際に全国の銀行間決済などで利用されている。

(2) **一人計算**

民法改正作業の過程では、マルチラテラル・ネッティングのように、多数当事者間で平時から一括決済を行う取引の集中決済のための法的仕組みとして、一人計算という提案がなされていた。これは①法人である当事者の一人が将来負担する債務を法人である計算人の債権者に対する債務と、債務者の計算人に対する債務とに置き換えることを約し、②このような仕組みを多数の当事者間で複合的に形成すると、③計算人は、各当事者に対して債権を有し債務を負担することになるので、これらを相殺することにより、多数当事者間での一括決済が実現するというものであり、④当事者は登記で一覧公示される。また⑤置き換えられた債務につき不履行があっても置換えの効力は覆らず、⑥消滅する債権に付着していた抗弁事由は原則として受け継がれるが、相殺できるよう特約で排除できる。

その後この仕組みは三面更改として提案され、①三面更改は、債権者、債務者、第三者間での合意により、②従前の債務を消滅させ、債権者の第三者に対する債権と第三者の債務者に対する債権とを成立させ、また③当事者以外の者に対する対抗要件として、債権者の交替による更改の規定を準用するとされていた。これは当事者を追加する形で債権者と債務者を同時に交替するものとされ、更改とすることにより元の債権に付着する抗弁を承継しないことを容易に説明できるとされるが、実質的にはまったく新しい類型の更改であった。

これによれば、多数当事者間の問題が計算人と各当事者との二当事者間の問題に置き換えられ、後述の差押えと法定相殺に関する規定が適用されるので、各債権に利害関係を有する第三者よりもグループ内での決済の優

位性が一般的に認められることになる。このような強力な仕組みは、利用できる債権や当事者を限定すべきではないかと思われるが、結局、改正では採り入れられなかった。しかし、決済に関してまさに現代取引に対応するための斬新な提案であり、今後なお検討を続けていくべきであろう。

2 相殺の方法・効果・要件

・法定相殺は、相手方に対する意思表示によって行う単独行為であり、相殺により双方の債権は対当額で消滅する。
・相殺の効果は相殺に適した状態（相殺適状）の時に遡って生じる。
・相殺適状であるためには、①二つの債権が相対立していること、②両債権が有効に存在していること、③両債権が同種の目的を有すること、④両債権が弁済期にあることを主張・立証しなければならない。これに対して相手方が相殺を阻止するためには、相殺禁止にあたることを主張・立証しなければならない。
・抗弁権付の債権を自働債権とすることはできず、一定の不法行為債権や差押禁止債権を受働債権とすることはできない。
・受働債権が差し押さえられた場合には、その後に生じた原因に基づく債権を自働債権として相殺することはできない。

◆ 条 文 ◆

(1) **相殺の方法**

(a) **意思表示**

　法定相殺は、相手方に対する意思表示によって行う単独行為である（民506条1項前段）。意思表示は、債務者の破産手続きが開始しているときは破産管財人に対してしなければならず、受働債権が差し押さえられているときは差押債権者（最判昭和39・10・27民集18巻8号1801頁）または債務者（最判昭和40・7・20判タ179号187頁）のいずれに対してしてもよい。差押債権者が転付命令（民執159条）を取得しているときは、債権が移転するので、差押債権者に対してしなければならない。

(b) 受働債権の特定

どれが受働債権であるかは、債権を特定できる程度に示せばよく、債権の発生日時や発生原因を明示する必要はない（大判昭和7・5・6民集11巻887頁）。しかし、受働債権候補が複数あるときは、相殺の充当が問題になる（後述）。

(c) 条件・期限

相殺の意思表示には、条件・期限を付けることができない（民506条1項後段）。条件を付けると、一方的に相手方を不安定な状態にするからであり、期限については、後述のように相殺には遡及効があるので、付けても無意味だからである。なお、相殺契約では、約定により要件・方法が定められ、民法の適用はない。

(2) 相殺の効果

(a) 遡及効

相殺の意思表示をすると、相殺に適した状態（相殺適状という）の時に遡って債権が消滅する（民506条2項）。相殺適状になった以降の履行遅滞や遅延利息も遡及的に消滅する。しかし賃貸借契約が賃料不払いにより解除された後に、賃借人が賃貸人に対して有する債権と未払賃料を相殺しても、解除の効果は覆らない（最判昭和32・3・8民集11巻3号513頁）。賃料不払いの事実は覆らないからである。

(b) 対当額

相殺により双方の債権が対当額で消滅する（新505条1項）。したがって、債権の支払請求に対して、相殺を主張してもなお残額があるときは、請求は一部認容となる。また、債権者が一部請求をしたときに（たとえば500万円のうち200万円）、債務者が反対債権（400万円）による相殺を主張したときは、判例（最判平成6・11・22民集48巻7号1755頁）によれば、まず債権全額について相殺し（500万－400万）、請求はその残存額の範囲内で認容される（100万）。一部請求は、特定の債権の数量的な一部の請求にすぎないからである。

(c) **相殺充当**

　自働債権候補、受働債権候補が複数あるときは、相殺の充当が行われる（新512条、512条の2）。改正前は、弁済充当の規定が準用されていたが、改正により相殺独自の規定が新設された。それによれば、相殺充当は、合意があればそれによる。合意がない場合には以下の①～③の順による。

　①**相殺適状順**　複数の債権・債務間で、相殺に適した状態（相殺適状）になった時期の順による（新512条1項）。これは改正前の判例（最判昭和56・7・2民集35巻5号881頁）を明文化したものである。

　②**弁済充当の準用**　上記によっても自働債権が受働債権の全部を消滅させるのに足りない場合（同条2項）や受働債権が自働債権の全部を消滅させるのに足りない場合（同条3項）には、当事者間に合意がある場合は別として、指定充当は当事者の相殺についての期待に反することになりかねないので認められず、弁済充当の規定（新488条4項2号～4号、489条）が準用される。

　③**数個の給付**　1個の債権（自働債権）または1個の債務（受働債権）について数個の給付をすべき場合にも相殺充当の問題が生じるので、上記が準用される（新512条の2）。

(3) **相殺の要件（相殺適状）**

　相殺をするための要件を充たしている状態を「相殺適状」という。相殺適状にあるというためには、以下の要件を充たしていることを主張・立証しなければならない（新505条1項本文）。①二つの債権が相対立していること、②両債権が有効に存在していること、③両債権が同種の目的を有すること、④両債権が弁済期にあること。これに対して相手方が相殺を阻止するためには、相殺禁止にあたることを主張・立証しなければならない。

(a) **債権の相対立**

　Aが相殺する場合、AがBに対して債権（自働債権）を有し、BがAに対して債権（受働債権）を有することが必要である。しかし例外的には、債権が相対立していなくても相殺を理由にした履行拒絶権が認められる。

(i) 連帯債務者・保証人

　ACがBに対する連帯債務者（新439条2項）、またはAがCのBに対

する債務の保証人（新457条2項）である場合、Aは、Bからの履行請求に対して、Cが相殺できることを理由とする履行拒絶権がある。改正前は、Aが相殺できるとされていたが（旧436条2項、旧457条2項）、他人の財産を勝手に処分することまではできないというべきであり、履行拒絶で十分なため、改正された。

(ⅱ)**連帯債務者・保証人による求償**

ACがBに対する連帯債務者である場合に、AがBに対して債権を有するにもかかわらず、Cが、Aがいることを知りながら共同の免責を受けることをAに通知しないでBに弁済したときは、CがAに対して求償権を行使しても、AはBに対する債権による相殺を対抗することができる（新443条1項）。また、CがAのBに対する債務について委託された保証人である場合に、AがBに対して債権を有するにもかかわらず、Cが弁済することをあらかじめAに通知しないでBに弁済したときは、CがAに対して求償権を行使しても、AはBに対する債権による相殺を対抗することができる（新463条1項）。これらは、自己の債権を自働債権とするが、厳密には相対立関係にない債権を受働債権とすることになる。

(b) **有効存在**

相殺の対象となる債権は、意思表示の時に存在していればよい。意思表示前に一方の債権が消滅すれば相殺できない（最判昭和54・7・10民集33巻5号533頁）。

例外的に、消滅時効にかかった債権でも、その消滅以前に相殺適状になっていた場合には、それを自働債権として相殺することができる（民508条）。これは、相殺できたという期待権を保護する趣旨である。したがって、すでに時効消滅した債権を第三者から譲り受けても相殺できない（大判昭和15・9・28民集19巻1744頁、最判昭和36・4・14民集15巻4号765頁）。判例は、受働債権の期限の利益を放棄しうるというだけでは不十分であり、実際に期限の利益を放棄したか喪失したことにより現実に相殺適状となっていたことが必要であるとする（最判平成25・2・28民集67巻2号343頁）。

(c) **同種の目的**

たとえば、金銭債権対金銭債権ということであり、これ以外はほとんど問題にならない（後述の相殺禁止参照）。債権の発生原因、金額、履行期が同一である必要はない。ただし、履行地が異なっている場合には、相殺できるが、相手方に損害が生じたときは賠償しなければならない（民507条）。しかしこれも金銭債権ではほとんど問題にならない。

(d) **弁済期の到来**

両債権の弁済期が到来していなくても、自働債権の弁済期さえ到来すれば、受働債権の期限の利益を放棄して（民136条2項）相殺できる。そのような状態での相殺の意思表示には、通常、期限の利益を放棄する意思表示も含まれていると解することができよう。

(e) **相殺禁止**

以下の場合にあたることを相手方が主張・立証したときは、相殺することができない。

(ア) **性質上の禁止**

労務提供などのなす債務や不作為債務の多くは、たとえ両債権が同種の目的を有していても相殺になじまない（新505条1項ただし書）。

(イ) **抗弁権付債権**

自働債権に抗弁権が付着している場合には、相殺すると相手方の抗弁権を奪うことになるので相殺できない（同条）。たとえば、同時履行の抗弁権（新533条。大判昭和13・3・1民集17巻318頁）や保証人の催告・検索の抗弁権（民452・453条。最判昭和32・2・22民集11巻2号350頁）が自働債権に付着している場合である。受働債権に抗弁権が付着している場合には、自分が抗弁権を行使しなければよいだけなので相殺できる。

(ウ) **特約による禁止・制限**

当事者間の特約により相殺を禁止・制限した場合には、悪意または重過失がある第三者にはその効力を対抗できる（新505条2項）。債権の譲渡制限特約（新466条3項）と同様である。しかし実際上このような特約はほとんど見られない。

⑴　法律上の禁止
(ⅰ)　不法行為等により生じた債権
　悪意による不法行為に基づく損害賠償債務を受働債権とすることはできない（新509条1号）。これは、「目には目を」（不法行為に対して不法行為で報復する）を防止することに基づく。したがって、ここでいう悪意とは、単なる故意以上の積極的な害意を意味すると解される。また、人の生命または身体の侵害による損害賠償債務を受働債権とすることもできない（同2号）。単に損害賠償債務とされているのは、不法行為だけでなく債務不履行による場合（医療事故、安全配慮義務違反など）も含む趣旨である。これは、被害者に実際の履行を確保させることに基づく。
　以上からすれば、自働債権のみが上記の債権である場合には相殺できる（最判昭和42・11・30民集21巻9号2477頁）。また、悪意によらない不法行為での物的損害の賠償債務にも適用がないことになるので、同一の交通事故で相互に物損を被ったような場合についても相殺できると解される（旧509条では、不法行為に限定がなかったことから、判例はこのような場合にも相殺を否定していたが、学説により批判されていた）。ただし、保険制度の下では、たとえ相殺をしても、それによって保険会社の保険給付義務が消滅するというわけではない。
(ⅱ)　差押禁止債権
　差押禁止債権を受働債権とすることはできない（民510条）。たとえば、給与や退職手当の4分の3（民執152条1項）、労災給付（労基83条2項）、生活保護受給権（生保58条）や各種年金がこれにあたる。実際に受給させる趣旨である。給与でも、労働者の賃金は全額支払いが原則であり（労基24条1項本文）、使用者は、全額について労働者に対する債権との相殺を禁止されるというのが判例である（最判昭和31・11・2民集10巻11号1413頁、最大判昭和36・5・31民集15巻5号1482頁）。
(ⅲ)　差押えを受けた債権
　差押えを受けた債権を受働債権とし、その後に取得した債権を自働債権として相殺することはできない（新511条1項）。差押えには仮差押えも含まれると解される。差押え後に自働債権を取得した場合にまで、相殺に対する期待を保護する必要はないからである。しかし、それ以上にこの規定を制限的に解釈するか否かについては、旧511条の下で激しい議論があっ

たが、改正により、差押え前に取得した債権であれば、それだけで相殺が可能であることが明記された（◆**解釈**◆参照）。

さらに、差押え後に取得した債権であっても、それが差押え前の原因に基づいて生じたものであるときは、その債権を自働債権として差押えを受けた債権と相殺することもできる（新511条2項本文）。これは、破産法67条において破産者に対する債権を有する者が破産手続外で相殺できるかという問題に関する判例を差押えに一般化したものであって、旧511条以上に相殺に対する期待を保護したものである（◆**解釈**◆参照）。たとえば、差押え前に委託されて保証人となっていた者は、差押え後に保証債務を履行しても、主債務者に対する求償債権を自働債権として相殺できる。ただし、差押え以後に他人の債権を取得した場合には、それが差押え前の原因に基づいて生じた債権であっても、差押え時点で相殺に対する期待はないので、相殺できない（新511条2項ただし書）。これは相殺に対する期待の有無で区別する趣旨である。そうすると、委託を受けないで保証人となっていた者が差押え後に保証債務を履行した場合にどうなるかが問題になる。原因は差押え前にあるが、相殺に対する期待を保護する合理性はないともいえる。改正の議論の過程では、このような場合にも511条2項ただし書が類推適用されるという見解が示されたが、反対説も有力である。

(iv) **特別法**

その他に特別法（破産法、民事再生法、会社更生法、会社法、信託法など）により相殺が制限・禁止されている場合がある。

(4) **債権譲渡と相殺**

受働債権が第三者に譲渡された場合にも、差押えと相殺に類似の問題が生じる。受働債権が第三者に譲渡されても、譲渡前に相殺適状にあれば、債務者は、債権譲渡の対抗要件具備時までに譲渡人に対して生じた事由をもって譲受人に対抗できるので（新468条1項）相殺できることに問題はない（大判明治38・6・3民録11輯847頁、最判昭和32・7・19民集11巻7号1297頁）。しかし、譲渡時にはまだ相殺適状にないときでも、自働債権を取得していればなお相殺できるのかが問題になる。

改正前の判例は、差押えと同様、債権譲渡の通知前に自働債権を取得していれば相殺できるとしていた（最判昭和50・12・8民集29巻11号1864頁〔た

だし譲受人は譲渡人会社の取締役〕)。他方、学説では、事案の特殊性を説く見解のほか、債権譲渡では、差押えと異なり、譲受人は当該債権を行使するほかない地位にあるので譲渡を優先すべきであるとする見解が多かった。

しかし改正により、債権譲渡についても、差押えと相殺と同様の規定が新設された（新469条）。それによれば、債務者は、債権譲渡人に対する反対債権が次のいずれかである場合には、相殺をもって譲受人に対抗することができる。①債権譲渡が対抗要件を備える前に取得した債権（同条1項）、②債権譲渡が対抗要件を備えた後に取得した債権であっても、対抗要件を具備する前の原因に基づいて取得した債権（同条2項1号）、③債権譲渡が対抗要件を備えた後に取得した債権であっても、譲受人の取得した債権の発生原因である契約に基づいて生じた債権（同条2項2号）。ただし、②③については、対抗要件の具備より後に他人から取得した債権では相殺できない（同条2項ただし書。新511条2項ただし書と同趣旨）。

①は差押と相殺に関する新511条1項と同様、無制限説を採ることを規定したものである。②も差押えと相殺に関する新511条2項と同様にして相殺に対する期待を保護したものである。原因と譲渡された債権の関係は問わない。また、原因は契約に限られない（不当利得、不法行為でも構わない）。

③は債権譲渡の場合に特別の規定である。これは、差押えと相殺以上に相殺に対する期待を保護するものであり、債権の発生原因よりも対抗要件の具備が先になされている場合になるので、具体的には将来債権が譲渡された場合ということになる。将来債権の譲渡は譲渡人と債務者間の継続的な取引関係において譲渡人の資金調達を円滑にするためなどに認められるが（新466条の6参照）、そのような関係を継続させるために債務者の相殺に対する期待を保護しているのである。したがって、この場合には、自働債権と受働債権が同一の契約に基づいたものでなければならない。

なお、譲渡制限特約のある債権が譲渡された場合には、債務者が相殺を対抗できる基準時が債権譲渡の対抗要件具備時から他の時点に変更される（新469条3項）。

◆ 解 釈 ◆
(1) 第三者による相殺
(a) 物上保証人等による相殺

　ＡがＣのＢに対する債務の物上保証人（抵当権設定者など）や担保不動産の第三取得者である場合、Ａは、ＡがＢに対して有する債権とＢがＣに対して有する債権とを相殺できるか。古い判例はこれを否定する（大判昭和8・12・5民集12巻2818頁）。これに対して学説は、①判例を支持する説、②正当な利益を有する第三者として弁済ができる以上（新474条2項参照）相殺もできるとする説、③代物弁済（新482条）と同じように考えて債権者との合意でできるとする説に分かれている。債権の相対立を崩すことになり、事前の合意がなければ債権者にとって予期せぬ相殺となる以上、③説が妥当ではなかろうか。

(b) 多数当事者間相殺

　それでは事前に多数当事者間で相殺契約を締結しておけば、相対立関係にない債権間でも相殺できるだろうか。たとえば、ＡがＢに、ＢがＣに、ＣがＡにそれぞれ債権を有する場合に、これらをすべて差引計算するという契約や、ＡがＢに、ＢがＣに債権を有する場合に、両債権を相殺するという契約が問題になる。当事者間では、このような契約・予約の効力を否定する理由はない。問題は第三者、とくに受働債権の差押債権者に対する効果である。最判平成7・7・18判時1570号60頁は、後者の場合について、実質的にはＡからＣへの債権譲渡があったと見られるとして、差押え後に取得した自働債権によって相殺することはできないとした。しかし、そもそもこのような契約・予約は、相殺の名目で差し押えられた債権を他人に処分する（代物弁済、債務引受、債権譲渡など）に等しいので、第三者効はないと解すべきであろう（民執145条の潜脱）。多数当事者間での相殺を第三者に対抗するには、当事者が相互に他人の債務を保証し合うなどして、各当事者間に債権の相対立状況を作り出すべきである。

(2) 差押えと相殺
(a) 旧法下での議論

　たとえば、ＢのＡ銀行における預金をＢの債権者Ｃが差し押さえた場

合、ＡはＢに対する貸付債権と預金債権とを相殺することができるか。改正前の民法によれば、受働債権が差し押えられた場合、差押え前に取得した債権を受働債権として相殺することができないとだけ規定され（旧511条）、それ以外は制約なく相殺できるのか否かが明確でなかった。他方、差押命令に違反して第三債務者（Ａ）が弁済しても、差押債権者に対抗できない（旧481条）。また、民事執行法によれば、差押命令は第三債務者に送達された時に効力が生じ、それ以後、第三債務者が差押債務者に弁済することが禁止される（民執145条）。このため、これらの反対解釈として、第三債務者が「差押え前に自働債権を取得した」のであれば、受働債権について「弁済はできないが相殺はできる」と考えてよいであろうかが問題とされたのである。旧法下でも、差押え以前に相殺適状になっているのであれば（受働債権である預金債権について期限の利益を放棄した場合も同じ）、実際に相殺していなくても、相殺には遡及効があるので、相殺が優先することは異論なく承認されていた（最判昭和32・7・19民集11巻7号1297頁など）。問題は、差押えの時点で自働債権の弁済期が到来していない場合である。これは、相殺に対する期待と差押えの効力とをどのように調整するかという問題である。

(ア) **判例**

判例は、まず、そのような場合であっても、差押え後に自働債権の弁済期が受働債権の弁済期よりも先に到来するときは、相殺に対する期待を奪うことは公平の理念に反するとして、相殺できるとしていた（最大判昭和39・12・23民集18巻10号2217頁）。このような見解は、民法511条を制限的に解釈する（自働債権の弁済期が先に到来することが必要）ので、制限説と呼ばれていた。しかしその後、判例は、再度の大法廷判決で、差押え後に受働債権の弁済期が先に到来する場合であっても相殺への期待があることは同じであり、弁済期の先後で区別するのは妥当でないとし、民法は、差押え後に自働債権を取得した場合のみ相殺できないことをもって差押えとの利害調節をしたものと解すべきであるとした（最大判昭和45・6・24民集24巻6号587頁）。これは、511条を反対解釈したものであり、それ以外の制限をしないので、無制限説と呼ばれている。

さらにその後の判例は、委託を受けた保証人が債務者の破産後に保証債

務を履行したうえで、求償債権と債務者に対する債務とを相殺したという事案で、このような求償債権は破産手続き開始前の原因（保証委託契約）に基づく債権（破2条5項）であって、破産債権として破産手続によらず相殺できる（破67条）とした（最判平成24・5・28民集66巻7号3123頁）。この趣旨を差押えの場合にも一般化すると、差押え前に自働債権が発生していなくともその原因が発生していればよいことになる。

(イ) 学説

学説では、昭和45年判決以降、無制限説を支持する見解が多かったが、近年では、差押え後に受働債権の弁済期が到来し履行遅滞となっているにもかかわらず、その後相殺できるというのは、債務不履行を前提にした期待であって、正当な期待とはいえないとして制限説を支持する見解が多くなっており、議論は拮抗していた。

(ウ) 改正法の立場

前述のように、民法改正によって、新511条1項は、明文で、差押え前に取得した債権による相殺ができることを認めた。これは無制限説の立場を採用することを明らかにしたものであり、長年の議論に決着をつけた。また、新511条2項は、差押え後に取得した債権であっても、差押え前の原因に基づいて生じたものであれば相殺できるとして、破産法に関する判例を差押えと相殺の問題に一般化した。今後は、問題のポイントは、無制限説か制限説かから、差押え前の原因とは何か、新511条2項ただし書において差押え後に他人の債権を取得した場合とはいかなる場合かという点に移ることになった。

(3) **期限の利益喪失特約（相殺予約）**

差押えと相殺について無制限説によっても、差押え後に、実際に受働債権の取立てがあった場合には、その時点で相殺適状になっていなければ相殺の意思表示をすることができない。このような場合でも直ちに相殺を主張するためには、それまでに自働債権の弁済期を到来させておく必要がある。

期限の利益喪失特約（相殺予約）は、一定の事由が発生したときに当然にまたは意思表示により、自働債権の期限の利益を喪失させる特約であり、銀行取引では、受働債権（預金）に差押命令が「発せられた時」に、

当然に自働債権（貸付債権）の期限の利益が失われることが特約されている。差押えの効力は「送達時」に生じるので（民執145条4項）、その直前に自働債権の弁済期が到来したことになり、差押え前に受働債権につき期限の利益を放棄して相殺適状を作り出せたのと同じになるのである。このような特約には前述のように、公示性がないなどの問題があるが、前述の昭和45年大法廷判決は、契約自由の原則から有効であるとしていた。無制限説の下では、自働債権と受働債権の弁済期の先後が問題にならない以上、単に弁済期を早めるだけの特約にすぎないからである。

　学説では、以前から、制限説に立つ学説でもこのような特約については有効性を認める見解が多かったが、公示性がないこと、契約の相対効に反する（契約自由といっても第三者を害する）ことから第三者効を否定する見解も有力であった。

　改正では、この問題について立法化はなされなかったので、今後も解釈に委ねられることになった。当該取引において自働債権と受働債権の相殺に対する期待がどの程度保護に値するかによるべきであり（社会的に認められている特定の継続的取引など）、特約さえすればどのような取引であっても有効であるとはいえないであろう。

(4)　相殺権の制限・濫用

　相殺が相殺予約と結合すると、自働債権の債権者は受働債権について、事実上強力な拘束力を持つことになる。そこで学説は、あまりにも不合理な相殺には何らかの対応をすべきであると主張している。

(a)　相殺権の制限

　判例の中にも、受働債権を差し押さえて転付命令を取得した第三者がそれを自働債権とし、自己の反対債務を受働債権として逆に相殺した（金融機関から見て逆相殺という）という事案で、差押えに相殺が優先するといっても、それには受働債権の存在が必要であり、逆相殺により受働債権が消滅してしまえばもはや相殺を主張できないとしたものがある（最判昭和54・7・10民集33巻5号533頁）。これは、相殺権の行使に時間的制限を加えた結果となっている。

(b) **相殺権の濫用**

　下級審判決では、複数の請負代金債権が存するにもかかわらず、その債務者がとくに差し押さえられた債権を対象に相殺し、あとは弁済した場合に（狙い撃ち相殺）、相殺権の濫用であるとしたものがある（大阪地判昭和49・2・15金法729号33頁）。そのほか、預金者が信用不安状態になった場合に、預金者の債権者の一人が金融機関に駆け込んで、自己の手形債権を買い取ってもらい（手形割引）、金融機関が他の債権者に先んじて手形債権と預金とを相殺することも（駆け込み割引）、相殺権の濫用になりうるといわれている。何をもって濫用というかの基準は必ずしも明確でないが、債権の牽連性の有無、予期できる相殺か否か、他の回収方法の有無、主観的意図などが判断要素となるであろう。

◆ 発 展 問 題 ◆
相殺に対する期待の保護

　以上のように、民法改正では、差押えと相殺、債権譲渡と相殺の場面で、旧法以上に、相殺に対する期待の保護が認められた。その背景には、継続的な取引関係における当事者間で相互に多様な債権が発生することを認めつつ、そのような関係を決済の場面で後押ししようとする姿勢を見て取れる。期限の利益喪失特約の第三者に対する効力は解釈に委ねられたが、これもまた、特定の継続的取引によって生じるものである場合には肯定的な解釈がなされる可能性が高い。

　他方、相殺権の制限・濫用については、改正によって進展が見られなかった。たしかにその要件を具体的に設定することは現状では困難かもしれない。しかし、ここまで相殺権を保護する以上、その適正な運用は今後の大きな課題である。単に規定上認められるというような形式的解釈をすべきではなく、合理的な相殺と不合理な相殺を区別する解釈が要請される。

第19章 債権譲渡

1 当事者の変更

・債権債務関係における当事者の変更について、民法には、債権者の交替である債権譲渡、債務者の交替である債務引受、契約上の地位の譲渡について規定がある。
・契約上の地位の譲渡では、契約当事者の地位が包括的に譲渡人から譲受人に移転する。

◆ 条 文 ◆

(1) 当事者の変更の意義

　債権の成立後、債権債務の同一性を維持したまま、法律行為によってその当事者が変更されることがある。債権譲渡では、債権の同一性を維持したまま、債権者が交替する。免責的債務引受では、債務の同一性を維持したまま、債務者が交替するが、併存的債務引受では、それまでの債務者も残る。契約上の地位の譲渡では、契約当事者の地位が包括的に（すなわち、債権債務のすべてが）譲受人に移転する。以上のうち、改正前には、債権譲渡についてのみ規定があり、債務引受や契約上の地位の譲渡については規定がなかったが、改正により、すべてについて規定が整備された。

　当事者の変更は通常、契約によって生じるが、遺言や契約解除による原状回復によって生じることもある。また、法律行為以外に、賠償者の代位（民422条）や弁済による代位（新499条）など法律の規定によって生じることもある。相続では、被相続人の権利義務関係が包括的に相続人に移転する（民896条）。その他、強制執行における転付命令（民執159条）、譲渡命

令（民執161条）は、裁判所の命令による債権の移転である。

(2) **当事者の変更の許容性**

　古くローマでは、債権は債権者と債務者をつなぐ法鎖であるとされ、債権債務関係のような個人的な関係を変更することはできないとされていた。当事者を変更するためには、更改（旧債権を消滅させ新債権を成立させる）によるほかなかった。しかし、近代になるにつれて、債権が没個性化、財産化するに及んで、債権譲渡や債務引受が承認されるようになった。ドイツ法では、債権譲渡と債務引受が規定されている。

　わが国の民法制定時には、当事者の変更の個人的側面と財産的側面を反映した議論があり（高利貸しへの債権譲渡の懸念）、その妥協的産物として、債権譲渡は規定するが一定の制限を課すこととし（旧466条2項）、債務引受は規定されなかった。現代では、証券化した債権については手形・小切手法などの特別法が制定されており、さらには電子化された債権（電子記録債権）も認められているので、改正前の民法の規定は、原則として当事者の変更を承認しつつ、一定の場合に制限を残す中間的なものとなっていた。

　これに対して改正された民法では、債権譲渡を将来債権の譲渡を含めて、より自由に認めるとともに、債務引受と契約上の地位の譲渡を明文化し、さらには、これまで民法と商法に分かれて規定されていた有価証券についての規定を新設して、当事者の変更をより容易に認めるものとなった。

◆ **解 釈** ◆

　債権債務関係における当事者の変更の中心になるのは、債権譲渡である。現代における債権譲渡には、以下のような機能があると解されている。

(a) **債権回収機能**

　債権譲渡は、その債権者が負担している他の債務の弁済（代物弁済）として行われることがある。これは、債権譲渡が他の債権の回収手段として機能することになる。

(b)　換価機能

　金銭債権の債権者がその弁済期を待たずに現金化したい場合、弁済期前に債権を（金額を割り引いて）売却することがある。これは、債権を換価するために債権譲渡をすることになる。

(c)　取立て機能

　金銭債権を取り立てるために、他人に債権を譲渡することがある。これを取立てのための債権譲渡という。単に取立権限を付与するためだけの場合と、信託的譲渡（取立てという委託付で譲渡する）の場合があるといわれている。しかし、実際には、取立てを委任された者は、取立てた金銭を譲渡人に対する債権の弁済に充てることが多く、そのような場合には担保として機能することになる。

(d)　担保機能

　財産としての債権を担保に提供するために債権譲渡を利用することがある。これを債権譲渡担保という。譲渡を受けておき、譲渡人が譲受人に対する債務を弁済しない場合、譲受人が債権者として権利を行使する。債権譲渡担保は、有体物担保と異なり、担保設定、評価、管理、換価が簡便であり、現代における代表的な担保となっているが、対象となる債権の特定と第三者に対する公示が課題となる。

(e)　資金調達機能

　たとえば信販会社などにように多数の債権を有する債権者がこれをまとめて譲渡し、譲受人がこれを小口化して投資家に販売すると、譲渡人は資金を調達できる一方、投資家は、譲渡人が取立てを代行することにより、取立てられた債権から投資を回収することになる。これにより債権が市場に出て流通する（流動化）。(b)に似ているが、債権はそのまま投資家に譲渡されるのではなく、ワンクッション置くことによって、巨額の債権が小口化されて転売される。または譲り受けた債権を引当てにして有価証券が発行される（このほうが資金調達しやすくなる）。債権譲渡を受けて投資家に販売するだけの目的を有する会社を特別目的会社（SPC）という。これについても大量の債権譲渡を処理するための公示方法が課題となる。

2 債権の譲渡

> ・債権は、原則として自由に譲渡できる。
> ・債権譲渡は、譲渡人と譲受人の合意のみですることができ、債務者の承諾は不要であり、特別の方式も要しない。
> ・例外的に、債権の性質により譲渡が禁止・制限されることがある。
> ・債権者と債務者間の特約により譲渡を禁止・制限することができるが（譲渡制限特約）、それがあっても譲渡の効力が妨げられることはない。
> ・しかし譲渡制限特約があることにつき悪意・重過失の譲受人等に対しては、債務者は履行を拒絶することができる。
> ・悪意または重過失の譲受人が、相当の期間を定めて債務者に対して譲渡人に履行するよう催告したにもかかわらず、債務者が履行をしないときは、債務者は譲受人からの履行請求を拒むことができない。
> ・譲渡制限特約付債権であっても、その債権者の債権者は、善意・悪意を問わずそれを差し押さえることができる。
> ・預貯金債権について譲渡制限特約がある場合には、その債権が譲渡されても、譲受人が悪意または重過失であるときは、譲渡は無効となる。
> ・譲渡制限特約付の預貯金債権であっても、預貯金者の債権者は、善意・悪意を問わずそれを差し押さえることができる。

◆ 条 文 ◆

(1) 譲渡自由の原則

(a) 原則

債権は、原則として、譲渡人と譲受人の合意のみで自由に譲渡することができる（新466条1項本文）。債務者の承諾は不要であり、特別の方式も要しない。ただし、借用証書を徴収していたときは、債務者が弁済するとその返還請求権があるので（民487条）、実際上その譲渡も受けておく必要がある。

例外的に、電子記録債権は、その発生、譲渡につき電子記録をすることが必要である。具体的には電子債権記録機関（株式会社）が記録原簿に記録すると譲渡の効力が発生する（電子記録債権17条）。電子記録債権法（2007年）は、手形の電子化、債権流動化などでの利用が期待されており、民法以上にその流通を保護するための規定が設けられている。

　なお、将来債権も譲渡することができるが（新466条の6）、これについては、別途6で説明する。また、改正前の民法では、債権の譲渡方法について、指名債権（債権者が特定された債権）と証券的債権に分けて規定されていたが、改正により、このような区分はなくなり、証券的債権については有価証券の一つとして規定されることになった（新520条の2以下）。これについても別途7で説明する。

(b) 性質による禁止・制限

　債権の性質上譲渡が禁止・制限される場合がある（新466条1項ただし書）。どのような債権がこれに当たるかは、債権の発生原因、内容、権利行使方法、債務の履行などによって判断するほかない。たとえば、人によって給付内容がまったく変わってしまう債権（肖像を描く債権）や、人によって権利行使に著しい差異を生じる債権（賃借権）、特定の債権者との間で決済される必要がある特殊な事情がある債権（商529条の交互計算上の債権）などがこれに当たると解されている。不動産賃借権は、信頼関係を基礎とする継続的契約に基づく債権であり、民法612条の制限をめぐって議論が多いことはすでに述べた。

　以上のほか、法律上、特定の債権者に確実に給付を受けさせようとの趣旨から、譲渡が禁止されている債権がある。たとえば、扶養請求権（民881条）、年金受給権、労災補償給付請求権、各種の社会保険金請求権などがこれに当たる。退職金についても禁止されると解されている（最判昭和43・3・12民集22巻3号562頁）。その他に、譲渡の目的から譲渡が禁止される場合もある。たとえば、訴訟行為を目的とする信託による譲渡（信託10条）、業として他人の権利を譲り受けて実行する行為（弁護士73条）、貸金業者から暴力団等への債権譲渡（貸金業24条3項）などである。

⑵ 譲渡制限特約
⒜ 特約の効力

債権者と債務者間の特約によって、債権譲渡を禁止したり制限したりすることができるが、それがあっても債権譲渡の効力は妨げられない（新466条2項）。したがって、このような特約に違反しても譲渡は有効であり、譲受人が債権者になる。

改正前には、譲渡禁止特約（旧466条2項本文）に違反した債権譲渡は絶対的に無効であると解されていた（絶対的効力説＝物権的効力説。最判昭和52・3・17民集31巻2号308頁）。これによれば、譲渡は譲受人にとっても債務者にとっても無効となる。しかし、近年では、特約の効力を制限的に解すべきであるとの観点から、譲渡自体は有効であるが、譲渡人は債務者に対して特約違反による責任を負うとする説（相対的効力説＝債権的効力説）が有力になっていた。

譲渡制限特約は、本来、債務者保護の趣旨であるが、実際には、債権譲渡屋（取立屋）対策、新債権者確認手続きの煩雑回避、相殺利益の確保といった理由で用いられるといわれている。そうだとすれば、この特約は実際上、強い債務者のために用いられることになる。しかし、債務者には、債権譲渡されても相殺利益が確保されている以上（第18章2◆条文◆⑷）、債権譲渡の支障となるこの特約の効力は制限的に解すべきであろう。改正法は相対的効力説を採用して、このような態度を示したものである。

ただし、改正前にこのような特約がある場合として典型的に想定されていたのは預貯金債権であった。しかし改正後は、預貯金債権については後述のように別に特則が設けられたので（新466条の5）、ここで問題になる譲渡制限特約付債権は、売掛代金債権、請負代金債権、敷金返還請求権などになった。

⒝ 悪意・重過失の第三者との関係

譲渡制限特約があることについて悪意または重過失によって知らない第三者に対しては、債務者は、履行を拒絶することができ、かつ、譲渡人に対する弁済その他の債務消滅事由を対抗することができる（新466条3項）。第三者とは、譲受人、債権質権者のことであり、その債権を差し押さえた差押債権者は含まれない（新466条の4第1項）。悪意者だけでなく重過失

者も含まれるのは、旧466条2項ただし書で特約を善意の第三者に対抗することはできないと規定されていたことを判例（最判昭和48・7・19民集27巻7号823頁）が善意・無重過失と解していたことを受けたものである。しかし旧法と異なり、悪意または重過失の譲受人に対する債権譲渡も有効であることに注意すべきである。すなわち、譲受人が債権者となるので、譲渡人が履行請求できるわけではないが、債務者は、譲受人からの履行請求を拒絶できるだけでなく、債権譲渡後にすでに債権者でなくなった譲渡人に対してした弁済や相殺なども、譲受人との関係では有効であることになる（なお、債権譲渡前に譲渡人にした弁済などが対抗できるのは当然である。新468条1項）。

　債務者が譲受人からの履行請求を拒む場合の特約の主張・立証責任は以下のようになる。まず譲受人が債権譲渡の事実を主張・立証して履行を請求する。これに対して債務者が抗弁として、特約の存在と、譲受人の悪意または重過失（評価根拠事実）を主張・立証する。なお、譲受人は、後述の債務者の承諾があれば、これをさらに再抗弁として提出することになる（◆**解釈**◆参照）。

　悪意・重過失の譲受人が債務者に請求しても履行が拒絶され、他方で債務者が譲渡人に対しても履行しない場合には、いずれにも履行をしないというデッド・ロック状態が発生してしまう。そこで、①譲受人が相当の期間を定めて譲渡人への履行を催告し、②その期間内に債務者が履行をしないときは、債務者は、もはや譲受人からの履行請求を拒むことができない（新466条4項）。なお、これに関連して、譲渡人と悪意・重過失の譲受人間で、債権の取立権限を譲渡人に授与した場合には、債務者は譲渡人からの履行請求を拒むことができないのではないかが問題になる。これを肯定する解釈もあるが、譲受人には履行を拒絶できるのに、その代理人には拒絶できないというのは妥当でないと解すべきではなかろうか。譲受人は譲渡人への履行を催告し、あとは当事者の内部関係として処理すれば十分であろう。

(c) **供託**

(ア) **債務者による供託**

　譲渡制限特約付の金銭債権が譲渡されたときは、債務者は債権全額を債

務の履行地の供託所に供託することができる（新466条の2第1項）。特約があっても譲渡は有効なので、「債権者不確知」（新494条2項）ではないが、実際上は、譲渡人と譲受人のいずれに弁済すべきかを迷うことがあることに配慮したものである。全額であるのは、法律関係の複雑化を避けるためである。供託した債務者は、遅滞なく、譲渡人と譲受人に通知しなければならない（新466条の2第2項）。供託された金銭は、譲受人だけが還付請求できる（同条3項）。譲受人はたとえ悪意・重過失であっても債権者なのであるから、請求できて当然である。他方、譲渡人は還付請求できず、その債権者も差し押さえることができない。

(イ) 譲受人の供託請求権

譲渡制限特約付の金銭債権が譲渡された場合において、譲渡人について破産手続開始決定があったときは、譲受人が債権全額の譲渡を受けた者で、かつ、後述の第三者対抗要件を備えた者であるならば、善意・悪意・重過失の有無にかかわらず、債務者に対して債権全額を債務の履行地の供託所に供託するよう請求することができる（新466条の3）。供託した債務者の通知義務、還付請求権が譲受人にのみあることは(ア)と同様である。この規定により、譲受人は、譲渡人の破産手続外で譲渡された債権の回収をはかることができる。

(d) 差押え

譲渡制限付債権であっても、債権者の一般債権者は、強制執行としてその債権を差し押さえることができる（新466条の4第1項）。当事者の特約によって差押禁止債権を作り出すことはできないからである。差押債権者の善意・悪意・重過失の有無には関係ない。改正前の判例（最判昭和45・4・10民集24巻4号240頁）を明文化したものである。しかし、担保権の実行に際しての差押え、たとえば譲渡された債権の質権者による差押えについては、特約の存在について悪意・重過失であるときは新466条3項の譲受人その他の第三者となり、本条の適用はない。ただし、先取特権者については、そのような第三者とはいえないので、一般債権者による差押えと同視してよいであろう。

以上に対して、譲渡制限付債権の譲受人の債権者は、譲受人が悪意・重

過失であるときは、新466条3項の抗弁を対抗される（新466条の4第2項）。悪意・重過失の譲受人と同様の立場にあるからである。

(e) 預貯金債権の特則

預貯金債権に譲渡制限特約が付いている場合には、特則がある。すなわち、債務者は、悪意・重過失の譲受人に対しては、特約を対抗することができる（新466条の5第1項）。これは、譲渡が絶対的に無効であるという意味であり（物権的効力）、譲渡は有効だが抗弁を対抗されるという意味ではない。したがって譲受人が悪意・重過失であるときは、預貯金者は譲渡人であって、譲受人ではない。譲受人の債権者が預貯金債権を差し押さえても、効力はない。以上のことは、改正前に一般的に承認されていた物権的効力説と同じである。また、預貯金債権に譲渡制限特約があることは、周知のことであり、これを知らない者は重過失であるとみなされることも同様に解されることになろう。したがってまた、預貯金債権に対する強制執行としての差押えについても、改正前の判例と同様、特約をもってしても差押債権者に対抗することはできない（同条2項）。

このように、預貯金債権については、一般の債権よりも譲渡制限特約の効力が大きいことになるが、これは、預貯金債権について譲渡制限特約があることは周知のことであって、金融機関も譲渡を前提とした預貯金管理システムを構築しておらず、改正前からの取扱いを維持することが妥当であり、これを変更して預貯金債権の口座自体の流動化をはかる必要性もない（普通預金であれば自由に口座振替すればよい）と考えられたからである。

◆ 解 釈 ◆

(1) 債務者の承諾

譲渡制限特約について譲受人が悪意・重過失であっても、債務者が譲渡を承諾すれば、特約の効力の主張を放棄したと解される。特約はもっぱら債務者の利益をはかる目的に基づくものであるから当然のことである。改正前の譲渡禁止特約についても、承諾が有効であることは異論なく認められていた（最判昭和28・5・29民集7巻5号608頁）。

なお、改正前には、譲渡禁止特約が物権的効力を有することを前提に、悪意・重過失の譲受人に譲渡したが、その後に譲渡人の債権者が差し押さ

えたことを受けて、債務者が承諾した場合に、差押債権者に対して譲渡があったことを対抗できるのかという問題があり、判例は、民法116条（無権代理行為の追認）の法意により、承諾をする前の第三者（差押債権者）には譲渡があったことを対抗できないとしていた（最判平成9・6・5民集51巻5号2053頁）。これは、特約違反による譲渡は遡及的に無効であることを前提に追完の法理を援用したものであるが、改正後は、そもそも悪意・重過失の譲受人であっても譲渡自体は有効であり、差押え前になされた譲渡が優先する。

(2) 譲渡人による無効主張

譲渡制限特約に違反して債権を譲渡した譲渡人自身が特約の効力を主張することができるか。通常は考えられない事態であるが、改正前の判例は、譲渡人が譲渡後倒産して、特別清算人が選任された場合に、清算人（破産管財人と異なり、清算会社の執行者である）がその債権譲渡の無効を主張した事案において、特約は債務者の利益を保護するために付されるものであり、譲渡人には譲渡禁止による無効を主張する独自の利益がないとして、譲渡人自身は特約の効力を主張できないとしていた（最判平成21・3・27民集63巻3号449頁）。しかし改正後は、特約違反の効果は、債務者による譲受人に対する履行拒絶と抗弁の対抗という問題になったので、譲渡人が特約の効力を主張することが認められることはない。

(3) 転得者

譲受人からの転得者が善意・無重過失である場合には、債務者は、転得者に対しても譲渡制限特約を対抗できないというべきである（改正前の判例として、大判昭和13・5・14民集17巻932頁）。譲受人が善意・無重過失で転得者が悪意・重過失の場合にはどうか。

改正前には学説が分かれており、このような転得者にも対抗できないとする説（対抗不能説）と対抗できるとする説（対抗可能説）があった。これは特約の物権的効力を前提に、善意・無重過失の譲受人への譲渡で有効が確定していると考えるか否かの違いであった。しかし改正後は、譲受人の善意・悪意・重過失の有無にかかわらず、譲渡は有効であり、悪意・重過失の者に対しては履行を拒絶し抗弁を対抗できるという関係になるので、

悪意・重過失の転得者も新466条3項、4項にいう第三者に当たる（対抗できる）というべきであろう。

◆ 発 展 問 題 ◆

(1) 債権者確定の利益

以上みてきたように、債権譲渡の譲渡制限特約については、改正によってその効力が債権的効力説に基づいて大きく変更されるとともに、従来の物権的効力説の下で生じていた解釈上の問題についてもそのほとんどが解消された。改正前に比べて細かな規定が増えたが、今後はそれに慣れるほかない。また、特約の効力が弱められたことに伴い、債権の流動化が促進される一方、債権者確定の利益を確保するために、譲渡制限特約とは別の方策が今後新たに考案される可能性がないとはいえないであろう。

(2) 預貯金債権の債権としての特殊性

他方では、預貯金債権の譲渡制限特約については、改正前の解釈がそのまま維持された。したがって、改正前に債権一般について展開されていた解釈論は、預貯金債権については改正後も受け継がれることになる。預貯金債権に対するこのような特別扱いは、預貯金債権が一般の金銭債権とは異なる取り扱いがなされているという理解を前提にしているが、問題はそれを法的なレベルで一般の金銭債権とどのように区別するかによるのではなかろうか（たとえば、現金と実質的に異ならないとか、口座そのものが権利であるなど）。

3　債権譲渡の対抗要件

・債権譲渡を債務者に対抗するためには、譲渡人が、債権譲渡があったことを債務者に通知するか、債務者の承諾を得ることが必要である。
・債権譲渡を債務者以外の第三者に対抗するためには、上記の通知または承諾を確定日付ある証書で備えておかなければならない。
・両対抗要件は、債務者の認識を基点としており、債務者が債権譲渡

> のインフォメーション・センターとなっている。
> ・通知は、譲渡人からしなければならないが、譲受人は、譲渡人の使者または代理人として通知することができる。
> ・承諾は、債務者の認識に基づいているので、譲渡人、譲受人のいずれに対してしてもよい。

◆ 条 文 ◆

(1) 民法の対抗要件制度

　民法は、債権譲渡は合意のみでできるとし、譲渡を債務者および第三者に対抗するためには、それぞれ新467条に掲げる一定の要件を備えなければならないという制度を採用している（対抗要件主義）。第三者対抗要件に関する規定は強行規定と解されているが（大判大正10・2・9民録27輯244頁）、学説は、債務者対抗要件に関する規定も、債務者保護の観点から強行規定と解すべきだとしている。

(a) 債務者対抗要件

　債権譲渡を債務者に対抗するためには、譲渡人が債権の譲渡を債務者に通知するか、債務者の承諾を得ることが必要である（新467条1項）。債権は、物権と異なり、譲渡の目的財産について譲渡人・譲受人以外に債務者が存在する。しかも債権は目に見えず、譲渡があったか否かを債務者が確認することは困難である。そこで債務者保護の観点から、債権譲渡があったことを債務者に知らせなければ譲受人は債権を行使できないとしているのである。

　したがって、ここにいう対抗要件は、債権譲渡に特有のものであり、譲受人の権利行使要件である。権利行使のための法定手続きであり、たとえ債務者が事実上譲渡のあったことを知っていても必要である。また、譲受人は譲渡人の通知がないと権利行使できないので、譲渡人に対して通知をするよう請求できる。転々譲渡の場合の譲受人は、自己への譲渡人が最初の譲渡人に対して有する通知請求権を債権者代位権（新423条）により代位行使できる（大判大正8・6・26民録25輯1178頁）。

　通知は、譲渡という事実の通知なので、意思表示ではなく観念の通知で

あると解されているが、効力発生には新97条1項が類推適用される（到達主義）。承諾もまた観念の通知と解されている。

(b) 第三者対抗要件

　債権譲渡を債務者以外の第三者に対抗するためには、上記の通知または承諾を確定日付のある証書で備えておかなければならない（新467条2項）。このようなシステムは、債務者対抗要件と第三者対抗要件がともに債務者の認識を基点にしており、債務者を債権譲渡のインフォメーション・センターとするものである。これを合理的と捉えるかそれとも不十分と捉えるかによって、以下の解釈の方向性に違いが生じる。後述6(2)の対抗要件特例法は、譲渡を登記すれば、債務者の認識にかかわりなく、第三者対抗要件を備えたものとみなす制度を採用している。

　ここにいう対抗は、物権変動の第三者に対する対抗（民177条、178条）と同じ問題である。したがって、たとえ確定日付のある証書による通知よりも先に債務者への通知がなされていても、それが確定日付によらないものであったときは、後の通知が優先する。なお、通知は、通知があったことを確定日付のある証書で証明するのではなく、通知そのものを確定日付のある証書でしなければならないという意味である。

　第三者とは、債権の二重譲受人、譲渡人に対する差押債権者などである。しかし、譲渡人の一般債権者、譲渡債権の保証人などは、譲渡の効力を争う正当な利益がなく、第三者ではない。

　確定日付のある証書とは、変更されることのない日付のある証書という意味であり、具体的には、公正証書、公証人役場で押印した証書、内容証明郵便などである（民法施行法5条1項）。内容証明郵便では郵便の到達が証明されないので、配達証明を付けておくと到達主義との関係で意義がある。裁判所の差押命令、転付命令は、確定日付のある証書と同視される。

(2) 通知・承諾の方法
(a) 通知の方法

　通知は、譲渡人から債務者に対してしなければならない（新467条1項）。譲受人からの通知では、何とでも言えるのでだめである（最判昭和50・12・8民集29巻11号1864頁）。ただし、金融実務では、譲受人があらかじめ

譲渡人から日付空欄の通知書の交付を受けておき、自己の都合に応じて日付を入れて通知することが一般的に行われている。このような方法も、譲受人が譲渡人の使者または代理人としてするものであり、有効であると解されている（最判昭和46・3・25判時628号44頁〔代理人〕）。

通知は口頭でも書面でもよいが、第三者対抗要件の具備を兼ねて書面による場合が普通であろう。通知の相手方は、債務者であるが、債務者破産の場合は破産管財人である（最判昭和49・11・21民集28巻8号1654頁）。また連帯債務では、債務者全員に通知しなければならない（新441条）。保証では、主債務者に対して通知すれば附従性により保証人にも効力を生じるが、保証人に通知しても主債務者には対抗できない。

(b) 承諾の方法

承諾は、譲渡人、譲受人のいずれに対してしてもよい（大判大正6・10・2民録23輯1510頁）。債務者の認識に基づいており、利益を損なわないからである。

◆ 解 釈 ◆

(1) 契約以外による債権譲渡の対抗要件

(a) 特定遺贈

特定遺贈（遺言による財産の一部の処分。民964条）による債権譲渡にも新467条の適用がある（最判昭和49・4・26民集28巻3号540頁）。ただし、通知では、受遺者と相続人（被相続人の包括承継人）の利害が対立していても、相続人からの通知が必要となってしまう。このような場合には、債務者から承諾を得ればよい。

(b) 復帰的変動

債権譲渡契約が解除されたときは、債権は譲渡人に復帰する。判例によれば、この復帰についても通知しなければならない（大判明治45・1・25民録18輯25頁、大判大正2・3・8民録19輯120頁）。しかし、最初の債権譲渡の通知・承諾がないままの間に、譲渡契約が解除されたときは、債務者が不測の損害を被らないので通知は不要であると解されている（大判大正14・10・15民集4巻500頁）。学説では、債務者が自ら譲渡があったことを

主張することもありうるとして、通知を要求する見解もある。譲渡の撤回ではなく、譲渡と解除は別問題だとすれば後者の見解が妥当であろう。その他、詐害行為取消権（新424条）の行使により債権譲渡が取り消されたときにも、取消しがあったことを債務者に明確に認識させる必要性が高いので、新467条の適用があると解されている。

(2) 事前の通知・承諾

事前の通知は債務者の利益を損なうので無効である。債権者でない者が通知後に実際に債権を取得したときは有効になると解されているが（最判昭和43・8・2民集22巻8号1558頁）、将来の債権譲渡について事前の通知に確定日付があっても、それでは当該債権の帰属変更の可能性を示すだけであるから、第三者対抗要件にはならない（最判平成13・11・27民集55巻6号1090頁〔予約型債権譲渡担保〕）。これと異なり、将来債権の譲渡（新466条の6）では、譲渡自体は今現在の譲渡であり、その通知も有効である。改正前から解釈上認められていたが（最判平成19・2・15民集61巻1号243頁）、改正により新467条の括弧書きで明文化された。なお、債権譲渡に遅れた通知では、通知の効力は遡及しない。

以上に対して、承諾は、債務者自身がするものであり、利益を損なわないので、事前の承諾であっても、債権とその譲受人が特定していれば、有効であると解されている（最判昭和25・5・29民集7巻5号608頁）。

◆ 発 展 問 題 ◆

債務者対抗要件と第三者対抗要件の分離

民法の対抗要件制度は、債務者の認識を基点とするものであるため、公示として十分であるといえるかという問題と同時に、債権譲渡の当事者でない債務者を基点とすることが妥当なのかという問題もある。このため民法改正では、金銭債権については、対抗要件特例法のように（後述6(2)）、債務者に対する対抗要件と第三者に対する対抗要件を分離し、後者については、債権譲渡の登記を対抗要件として承諾を廃止することなどが検討された。しかし他方では、従来の制度の定着や制度自体に対する積極的評価もあり、制度改革についての合意が得られなかった。結局のところ、改正法は従来の制度を基本的に維持するものとなっているが、これによって議

論に決着がついたわけではない。

4 債権譲渡の効力

> ・債務者は、債権譲渡の対抗要件が具備されるまでに譲渡人に対して生じた事由を譲受人にも対抗できる。

◆ 条 文 ◆

(1) 通知・承諾のない譲渡

債務者への通知・承諾がない債権譲渡であっても、当事者間では有効であり、債務者および第三者にそれを対抗できないだけである（新467条1項、2項）。したがって、債務者が譲渡を認めてした弁済は有効になる（通常は承諾したことになろう）。

(2) 通知・承諾があった場合

債権譲渡の通知・承諾があったときは、債務者は、通知・承諾の時までに譲渡人に対して生じた事由を譲受人にも対抗できる（新468条1項）。譲渡人に対して生じた事由とは、債権の不成立、無効、取消し、解除、弁済、相殺、同時履行の抗弁権などである。取消しについては、取消事由が譲渡前に発生していれば、取消可能性があり、取消しが譲渡後であっても対抗できると解されている。また、心裡留保無効（新93条2項）、虚偽表示無効（民94条2項。大判大正3・11・20民録20輯963頁）、錯誤取消し（新95条4項）、詐欺取消し（新96条3項）は、善意または善意・無過失の譲受人に対抗できない。

解除については、解除前の第三者を害することができないこと（新545条1項ただし書）との関係で議論があり、①譲受人は第三者であるとして、解除前の譲受人には解除を対抗できないとする説、②通知・承諾前の解除は対抗でき、通知・承諾後の解除でも、解除の基礎（反対給付義務）が譲渡前に発生していれば対抗できるとする説、③通知・承諾前の解除は対抗でき、通知・承諾後の解除は、解除原因（債務不履行）が譲渡前に発生していれば対抗できるとする説がある。債権の譲受人は、民94条2項や新96

条3項などと異なり、新545条1項ただし書の第三者ではないと解されているので（そう解さないと譲渡されると解除そのものが意味を失ってしまう。大判明治42・5・14民録15輯490頁、大判大正7・9・25民録24輯1811頁）、それを前提にする限り①説によることはできない。また②説が有力説だが、これでは保護の範囲が広すぎる。取消しの場合と同様に考えれば、③説によるべきであろう。

相殺との関係については、すでに取り上げた（第18章**2 ◆条文◆(4)**）。結論を繰り返せば、改正により、債務者は、譲渡人に対する反対債権が次のいずれかである場合には、相殺をもって譲受人に対抗することができるとの規定が新設された（新469条1項、2項）。①債権譲渡が対抗要件を備える前に取得した債権、②債権譲渡が対抗要件を備えた後に取得した債権であっても、対抗要件を具備する前の原因に基づいて取得した債権、③債権譲渡が対抗要件を備えた後に取得した債権であっても、譲受人の取得した債権の発生原因である契約に基づいて生じた債権（将来債権の譲渡の場合）。ただし、②③については、対抗要件の具備より後に他人から取得した債権では相殺できない。なお、譲渡制限特約付債権が譲渡された場合には、債務者が相殺を対抗できる基準時が債権譲渡の対抗要件具備時から他の時点に変更される（同条3項）。

◆ 解 釈 ◆

(1) 旧法下における異議をとどめない承諾

改正前には、債務者が債権譲渡について異議をとどめないで承諾したときは、譲渡人に対抗することができた事由があっても、これを譲受人に対抗することができないとする規定があった（旧468条1項前段）。たとえば、すでに債務を弁済していても、それを譲受人に対抗できないというのである。

このような制度をめぐっては、種々の解釈上の問題があった。①まず、異議をとどめない承諾による抗弁の切断は、どのような根拠に基づくかが問題になる。通説・判例（大判昭和9・7・11民集13巻1516頁）は、譲受人の信頼を保護する公信力であると解していたが（公信力説）、近年では、譲受人がいったん異議をとどめず承諾しておきながらそれと矛盾する主張をすることを許すべきでないことに基づくとする説（禁反言説ないし自己

矛盾行為の禁止説）が有力であり、その他に、債務者の意思的な行為に対するサンクションと譲渡人の責任という二重の法定効果であるとする説（二重法定効果説）も主張されていた。しかし、これは解釈論としてのことであり、立法論的には、承諾のように債権譲渡の事実を承認したからといって、譲渡人に主張できた抗弁を主張できなくなるのは合理的ではないという批判が強かった。②このため、解釈論としても、旧468条1項前段の適用範囲は限定的に解され、譲受人は善意・無過失でなければならないとするのが従来の通説であった。③また、異議をとどめない承諾により、消滅していた債権は復活することになるが、その債権のために設定されていた抵当権も復活するかという問題についても、債務者以外の者（物上保証人、後順位抵当権者、連帯保証人、弁済前の抵当不動産の第三取得者など）との関係では、抵当権は復活しないと解されていた。④さらに、異議をとどめない承諾をしていても、債権が賭博の負け金であるために公序良俗違反により無効であるときは、特段の事情がない限り、譲受人にも無効を主張できるとする判例もあった（最判平成9・11・11民集51巻10号4077頁）。

(2) 制度の廃止と抗弁の放棄

改正に際しては、承諾は単に債権譲渡があったという事実を認める観念の通知であるにもかかわらず、それに抗弁権の放棄という重大な効果まで認めることは合理的でないとの学説の批判を受け入れて、異議をとどめない承諾という制度自体が廃止された。もっとも、その前提として、明文規定はないものの、債務者が抗弁の存在を認識した上で、それを放棄する意思表示をすることは認められてよいとされた。

そこで今後の問題は、どのような場合に放棄があったと認めてよいかであることになる。改正作業の過程では、書面による意思表示または抗弁を主張しないまま債務を弁済したことを要求することが検討されたが、明文化されることはなかった。しかし、異議をとどめない承諾を廃止した以上、放棄には相当明確な意思表示を要求すべきであろう。

5　債権の二重譲渡

・債権が二重に譲渡された場合の優劣は、確定日付のある証書による通知・承諾の有無によって決する。
・双方の譲受人がともに確定日付のある証書を備えている場合には、それが債務者に到達した先後で優劣を決する。
・確定日付のある証書が債務者に同時に到達した場合には、いずれの譲受人も債務者に対して債権者であることを対抗できる。
・債務者への到達の先後が不明な場合には、同時に到達したものとみなされる。

◆ 条 文 ◆

債権が二重に譲渡された場合の優劣判断は、確定日付のある証書による通知・承諾の有無によってなされる（新467条2項）。しかし、二重譲受人がともに確定日付のある通知・承諾を備えているときについては、その優劣を判断する基準に関する規定はない。改正でもその規定は設けられなかった。このため、判例・学説上、活発な議論が展開されており、そのような議論は今後も継続されることになった。

◆ 解 釈 ◆

(1)　二重譲渡における優劣決定基準

(a)　異時到達の場合

二重譲渡で双方の譲受人がともに第三者対抗要件を備えているときは、その優劣は、第三者対抗要件が債務者に到達した先後で決するというのが判例（最判昭和49・3・7民集28巻2号174頁）・通説である（到達時説）。かつての通説は、確定日付の先後で決すると解していた（確定日付説）。しかし、債権譲渡の対抗要件制度は、債務者を基点とした制度であり、債務者の認識こそが重要である。確定日付説では、同一日付の証書の優劣を判断できないだけでなく、二重に債権譲渡があったことを債務者が認識しておらず、先に通知が到達した者に弁済していても、先の日付の譲受人が優先することになって妥当でない。上記の判例では、同一日付で譲渡通知書

（公証人の押印付）と仮差押命令が競合したが、債務者への到達は、通知書を債務者に持参したほうが1時間ほど早かったので、優先するとされた。

(b) 同時到達の場合

しかし、到達時説では、確定日付ある証書が債務者に同時に到達した場合に優劣を決することができない。このため学説では、いずれの譲受人も債権者であることを主張できるとする説、確定日付の先後による判断に戻るとする説など多くの見解が示された。このような状況の中で、判例は、同時通達の場合には、各譲受人はいずれも債務者に対して債権者であることを対抗できるという判断を示した（最判昭和55・1・11民集34巻1号42頁）。実際には、郵便事情などにより、債務者への到達の先後が不明な場合が生じるが、そのような場合には、同時に到達したものとみなすとしている（最判平成5・3・30民集47巻4号3334頁）。

(c) 譲受人間の関係

同時到達の場合、いずれの譲受人も債権者であることを対抗できるとすると、一方の譲受人が債務者に履行請求したときは、債務者はこれを拒むことができないことになる。しかし、実際には債権は一つしかない。そこで、他の譲受人との関係をどう調整するかが問題になる。学説は、①先に弁済を受けた譲受人に分割のコストを負担させるべき理由はないとして、早い者勝ちとする説、②一人が全額弁済を受けたときは、他の譲受人は不当利得返還請求できるとする説、③多数当事者の債権関係（連帯債権ないし不真正連帯債権）となり、全額の弁済を受けた者に対して他の譲受人が求償できるとする説、④実際的解決として分割債権になるとする説などに分かれている。さらに、②～④説においては、譲受人間の割合につき、譲受債権額に応じて按分する説、民法427条を類推して頭割りとする説、債権譲渡の際の出捐額（買取り額）に応じて按分する説などがある。

このように学説が錯綜する中、判例は、債権の差押命令と譲渡通知書が同時に到達したため、債務者が債権者不確知を理由に供託したところ、差押債権者が債権譲受人に対して、自己に供託金の還付請求権があることの確認を請求したという事案において、このような場合には、公平の原則に照らし、被差押債権額と譲受債権額に応じて按分した額の還付請求権をそ

れぞれ分割取得するとした（前掲、最判平成 5・3・30）。しかし、これは、還付請求の事案であったため、はじめから分割債権となることを認めたものか、それとも、債務者に対しては全額請求できるが、譲受人相互間では按分額しか請求できないとしたものか明確でない。この判決は大法廷判決ではなく、前掲の最判昭和55・1・11を否定するものではないので、後者のように理解するほかないであろう。そうすると、学説上の対立は今なお議論の余地があることになる。

　①〜④の各説を比較すると、①説では弁済を受けられなかった譲受人に法律の不備を押し付けることとなって公平ではなく、他方、④説では、債務者に分割割合を明らかにするコストを負担させることになって妥当でない。また、②説のように全額の弁済を受けたことが不当利得であるともいえない。したがって、③説のように、譲受人間の関係は、連帯債権関係になると解すべきであろう。また、各譲受人の内部割合は、譲受債権額に応じて按分とするのが最も公平であろう。

(2)　劣後する譲受人に対する弁済

　債権の二重譲渡で劣後する譲受人に対して、債務者が善意無過失で弁済したときは、新478条の適用により有効な弁済になりうるとするのが判例（最判昭和61・4・11民集40巻 3 号558頁）・多数説であること、またそのように解することは、対抗要件制度を無意味にするものであり妥当でないことについては、すでに述べた（第16章 6 ◆**解釈**◆(4)）。

◆ 発 展 問 題 ◆

　改正作業の過程では、第三者対抗要件が競合した場合につき、対抗要件制度を登記中心のものとすることに併行して検討がなされたが、同時到達の場合の処理までは提案に至らなかった。しかし、確定日付のある証書による対抗要件具備を残す限り、その先後を決することができないという事態は必然的に発生する。債務者の認識を基点とした対抗要件制度を維持するか、それとも公示を重視した第三者対抗要件制度とするかが大きな分かれ目であり、それにどのように決着をつけるかが今後の課題となる。その課題にコンセンサスが得られないのであれば、実際上生じる問題の解決のために、理念的な対立とは切り離してでも、同時到達があることを前提と

した具体的な処理まで規定しておくべきであったのではなかろうか。

6 　将来債権・集合債権の譲渡と対抗要件特例法

- ・将来発生する債権（将来債権）も譲渡することができる。
- ・将来債権の集合（集合債権）は何らかの要素により特定されれば譲渡できると解されている。
- ・将来債権の譲渡は、担保目的で利用されることがある（将来債権譲渡担保）。
- ・動産・債権譲渡対抗要件特例法では、債権譲渡を債権譲渡登記ファイルに登記すれば、第三者対抗要件を備えたものとみなされる。
- ・登記できるのは、法人が金銭債権を譲渡、質入れする場合に限られる。
- ・債務者対抗要件については、民法が適用されるが、債務者への通知は、譲渡人または譲受人が登記事項証明書を交付してすることができる。

◆ 条 文 ◆

(1) **将来債権の譲渡**

(a) **従来の判例・学説**

　債権譲渡はしばしば担保目的で利用される（債権譲渡担保）。譲渡人の債権者が譲渡人の有する債権の譲渡を受けておき、譲渡人が譲受人に対する債務を弁済しない場合、譲受人が債権者として権利を行使し、それによって自己の債権の回収をはかる。従来これらに関する規定はなかったので、判例・学説上議論がなされてきた。

　判例は、将来発生する債権であっても、それを現時点で譲渡でき、対抗要件を備えることもできることを古くから認めてきた（大判昭和5・2・5新聞3093号9頁、大判昭和9・12・26民集13巻2261頁）。ただし、将来発生することの確実性をどの程度重視するかで議論があった。これには、債権譲渡担保が発達するに伴い、できるだけ多くの将来債権を担保化する必要が増してきたという背景がある。判例は、当初、譲渡時から1年分の将来

債権を目的とする債権譲渡担保の有効性を認め、対抗要件である通知も包括的に1回でよいとしていたが（最判昭和53・12・15判時916号25頁〔医師の社会保険基金や国民健康保険の基金に対する診療報酬債権〕）、そこでは、「それほど遠い将来でないこと」、「原因が確定していること」、「将来発生が確実に予測しうること」を要求していた。しかしその後、譲渡時から8年3か月分の将来債権譲渡担保でも、始期・終期などによって債権を特定していればよく、債権発生の可能性は問題にならない、ただし譲渡人に不当な不利益を与えるときは公序良俗違反として無効になる、という判例が現れた（最判平成11・1・29民集53巻1号151頁〔診療報酬債権〕）。

　学説もまた、債権発生の確実性は譲受人がリスク負担すればよい、債権を確実に回収できるか否かは既発生の債権でも同じことである、他人の債権の譲渡でも譲渡人がそれを確実に取得できるか否かにかかわらず有効である（最判昭和43・8・2民集22巻8号1558頁）などとして、近年では、譲渡人に対する経済的支配になるとか他の債権者の利益も害されるといった問題については公序良俗違反で対応し、それ以外では、将来債権の発生の確実性は問題にならないと解することでほぼ異論がなくなっていた。

(b)　**改正法の立場**

　以上のような判例・学説の動向を受けて、改正により、将来債権も譲渡できるとの原則的規定が新設された（新466条の6第1項）。債権の発生可能性の有無や期間制限はもはや問題にされていない。ただし、特定性がない場合や例外的に公序良俗違反となる場合に債権譲渡が無効となる可能性を否定するものではないと解される。

　将来債権譲渡では、債権が実際に発生したときに、譲受人がその債権を当然に取得する（同条2項）。従来の判例法理を明文化するものであり、取得のためにあらためて別の行為が必要ないことになる。細かくいえば、いったん譲渡人に発生した債権を譲受人が承継取得するのか、それとも譲受人のもとで債権が発生するのかといった問題は、解釈に委ねられているが、実際上の違いはあまりないであろう。

　将来債権譲渡であっても、譲渡の時点で対抗要件を備えることができる（新467条1項括弧書）。しかし、債務者対抗要件を備える前に、譲渡人と債務者間で譲渡制限特約が付されたときは、譲受人は悪意とみなされるの

で、債務者は、特約を譲受人に対抗することができる（新466条の6第3項）。したがって、対抗要件が具備されてしまえば、その後に譲渡制限特約を付しても、債務者はそれを譲受人に対抗することができない。これは、譲受人の利益と債務者の利益を対抗要件の具備の前後で調整した特別の規定である。これに対して、将来債権がそもそも譲渡制限特約付で成立する場合（預貯金債権など）には、特約付の債権が譲渡される場合と同様に扱われるだけのことである。

(2) 対抗要件特例法
(a) 民法の対抗要件制度の不都合

　将来債権やその集合（集合債権）を担保のために譲渡するときには、とくに対抗要件をどのようにして備えるかが問題になる。すなわち、債権譲渡担保では、将来債権を含めた多数の小口の債権を一括して担保化するため、一つひとつの債権について対抗要件を備えることは煩雑極まりなく、実際上困難である。また、譲渡人にとっては、担保のための譲渡にすぎないので、取引先である債務者に対して無用な信用不安を生じさせないよう、債務者対抗要件を備えないでおきたいが、他方、譲受人は、担保であるからこそ、第三者対抗要件を備えておきたい。しかし、民法の対抗要件制度は、債務者の認識を基点としているので、この相反する要請を同時に満たすことができない。このため、従来の実務では、債権を譲渡するが、対抗要件は備えないでおき、担保権を実行する時（債権取立て時）にはじめて対抗要件を備える方式（サイレント方式）が採られてきた。しかしこれでは、それ以前に利害関係ある第三者が出現すると、債権譲渡を対抗できないという問題を抱えていた。

(b) 動産・債権譲渡対抗要件特例法

　上記のような要請に応えるため、1998年、債権譲渡の対抗要件に関する民法の特例等に関する法律（債権譲渡対抗要件特例法）が制定された。その後2005年には、集合動産譲渡担保にも対応できるよう改正されるとともに、若干の法整備を行い、法律の名称も、動産及び債権の譲渡の対抗要件に関する民法の特例等に関する法律（動産・債権譲渡対抗要件特例法）と変更された。その概要は以下のとおりである（なお、その適用範囲は、将来債

権や集合債権の譲渡に限られない）。

　①債権譲渡登記ファイルに登記をすれば、第三者対抗要件を備えたものとみなされる（同法4条1項）。ただし、登記できるのは、法人が金銭債権を譲渡、質入れする場合に限られる。また、既発生の債権は、その額を記載しなければならない。将来債権については、当初は債務者の特定が必要であったが、改正時に、債権回収の確実性は譲受人が負うべきリスクであるという考え方から、始期と終期、範囲を特定すればよくなった。

　②債務者対抗要件については、この登記をしても依然として民法が適用される。したがって担保として譲渡が行われる場合には、実行時までに債務者への通知またはその承諾が必要になる。ただし、債務者への通知は、登記事項証明書を交付して通知してもよく、この場合には譲受人が通知してもよい（同法4条2項）。

　以上により、譲渡人が債権譲渡があったことを債務者に通知していなくとも、譲受人は第三者対抗要件を備えておくことが可能になった。

◆ 解　釈 ◆

集合債権の特定

　将来債権譲渡担保では、少額の債権をまとめて集合的に譲渡を受けることが多い。その際には、目的とする債権を特定しなければならない。しかし、集合債権の譲渡では、実際上、個々の債権は譲渡人と債務者との日常取引の中で日々発生し、消滅する。そこで個々の債権が入れ替わっても、全体としては譲渡人の債務者に対する債権を特定して譲渡を受けているといえるようにする必要がある。

　判例では、譲渡の効果が発生する時点で譲渡人の有する他の債権との識別が可能になるよう特定されていればよいとするもの（最判平成12・4・21民集54巻4号1562頁〔11社に対する現在および将来の一切の売掛代金債権の譲渡予約〕）、発生原因となる取引の種類、発生期間等で特定されていればよいとするもの（最判平成13・11・22民集55巻6号1056頁〔特定人に対する今後1年間の売掛代金債権〕）、現実に発生しなくとも対抗要件を備えたものが譲渡の対象になるとするもの（最判平成19・2・15民集61巻1号243頁）がある（なお、譲渡予約というタイプの譲渡担保もあったが、最判平成13・11・27民集55巻6号1090頁が予約完結時での対抗要件具備が必要であるとしたので、

今日では意味がなくなった)。

　学説では、債権の発生原因、債務者、発生期間、金額のすべてについて特定していることが必要であると主張された時期もあったが、現在では、これらのうち何らかの要素によって債権の範囲を明確にすることができればよいという見解が有力である。これによれば、何らかの要素で特定された債権が契約時に移転し、対抗要件具備でそれを対抗できることになる。

◆ 発 展 問 題 ◆
対抗要件の特例の取り扱い
　改正作業の過程では、債権譲渡登記を法人が譲渡人である場合に限定せず、金銭債権の譲渡一般に拡大して一元化することが検討されたが、結局、実現しなかった。これには前述のように、債務者の認識を基点とする対抗要件制度の評価がかかわっている。しかし、これは債権譲渡における債務者対抗要件と第三者対抗要件を分離する技術として巧妙であり、法技術的な観点からすれば、確定日付のある証書と併存させることがあってもよいのではなかろうか。

7　有価証券

・有価証券は、権利を表章する証券であり、証券自体に価値がある。
・有価証券のうち、手形などの指図証券の譲渡は、証券への裏書と証券の交付によって効力を生じる。
・小切手などの記名式所持人払証券の譲渡は、証券の交付によって効力を生じる。
・商品券などの無記名証券の譲渡も、証券の交付によって効力を生じる。

◆ 条 文 ◆
(1) **改正法の立場**
　改正前の民法には、証券的債権の譲渡と質入れに関する規定があり（旧469条～473条、旧363条、旧365条）、それとは別に、無記名債権を動産とみ

なす規定があった（旧86条3項）。また、商法にも、有価証券の譲渡、喪失に関する規定があった（商旧516条2項、旧517条～旧519条）。改正ではこれを統合して一本化することされ、新たに民法に有価証券に関する一般規定を新設してこれを債権総論の最後に規定し（第7節有価証券、新520条の2～520条の20）、上記の規定は削除された。ただし、内容的には、無記名債権（無記名証券）を動産とはみなさず、小切手意などと同様、所持人払の証券とした以外では、これまでどおりの至極当然の内容を規定しているにすぎない。

　有価証券を定義する規定はないが、一般に、権利が証券化されているものであり、権利を表彰する証券であると理解されている。したがって証券自体に価値があり、債権証書や預金通帳のように単に債権があることの証拠である証券（証拠証券）とは異なる。このため、有価証券の譲渡等について一般の債権と異なる方法等が定められている。

(2)　**指図証券**
(a)　**譲渡**

　指図証券とは、証券上で権利者が誰であるかが指図されている証券である。約束手形や為替手形が典型的なものである（手形要件などは手形法に規定されている）。指図証券の譲渡は意思表示のみでできるが、証券への裏書と譲受人への証券の交付が効力発生要件となる（新520条の2）。また、裏書は手形法の定める方法によって行われる（新520条の3）。裏書が連続している限り証券の現在の所持人は、適法に権利を有すると推定される（新520条の4）。ここでいう連続は、形式上の連続性であり（たとえば、AからB、BからCと連続していること）、実質的に権利を承継したことを証明する必要はない。債務者は、原則として、証券の署名、押印について調査する権利を有するが、義務を負わない（調査せずにした弁済も有効となる）（新520条の10）。また、真の権利者（たとえば証券を紛失した者）がある場合でも、所持人が悪意または重過失で証券を取得したのでない限り、所持人はその証券を善意取得する（新520条の5）。

(b)　**人的抗弁の切断**

　指図証券の債務者は、証券記載事項その他の証券の性質から生じる抗弁

(物的抗弁）を除き、債権者に対する抗弁をもって善意の譲受人に対抗できない（新520条の6）。人的抗弁の切断といわれるものである。

(c) **弁済場所など**

指図証券の弁済は、債務者の現住所においてしなければならない（新520条の8）。これは、一般の債務の弁済場所（新484条1項）の特則である。また、債務者は、所持人が証券を提示して履行を請求した時から履行遅滞となる（新520条の9）。これは、一般の履行遅滞（新412条1項）の特則である。その他、指図証券についての質権の設定にも規定が準用されること（新520条の7）、指図証券を喪失した場合にそれを無効とするための手続等（新520条の11、520条の12）についての規定がある。

(3) **記名式所持人払証券**

(a) **譲渡**

記名式所持人払証券とは、債権者の記載はあるが、支払いは所持人にする旨が付記された証券をいう。小切手が典型的である（小切手要件などは小切手法に規定されている）。この譲渡は意思表示のみででき、証券の交付が効力発生要件となる（新520条の13）。裏書がなく、所持人が適法な権利者と推定される（新520条の14）。指図証券と同様、善意取得の規定がある（新520条の15）。

(b) **人的抗弁の切断**

指図債権と同様、人的抗弁が切断される（新520条の17）。

(c) **弁済の場所など**

その他、多くの指図債権の規定が準用されている（新520条の17、新520条の18）。

(4) **その他の記名証券**

指図証券、記名式所持人払証券以外の記名証券（裏書禁止手形など）の譲渡・質入れは、一般の債権譲渡、債権質に関する規定に従うこと、証券の喪失については指図証券の喪失の手続によることとされている（新520

条の19）。

(5) 無記名証券

　無記名証券とは、証券に権利者名が記載されておらず、所持人に弁済すべきものとされる証券である。乗車券、入場券、商品券、無記名式社債券など、例が多い。旧法では無記名債権は、債権と証書が密着していることから動産とみなされていたが（旧86条3項）、改正により有価証券の規定を設ける以上、その一つとして規定し直し、記名式所持人払証券に準じた取り扱いをすることとされた（新520条の20）。したがって、その譲渡は証券の交付が効力発生要件となり、善意取得については悪意・重過失でなければよいこととなった。

　なお、以上とは別に、免責証券といわれるものがある。これは、たとえばホテルのクロークでの預かり証のように、証券の所持人が権利者でない場合でも、その所持人に弁済すれば免責されるという証券である。しかし債権としては、通常の債権であり、債権者は、証券がなくても他の方法で債権者であることを証明すれば権利を行使できる。

第20章 債務引受・契約上の地位の譲渡

- 改正により、債務引受、契約上の地位の移転について明文の規定が設けられた。
- 債務引受には、併存的債務引受と免責的債務引受けとがあり、前者では、引受人は債務者とともに債務者となり、後者では、引受人が債務者と交替する。
- 履行の引受では、引受人は債務ではなくその履行のみを引き受ける。
- 契約上の地位の移転は、契約上の当事者の有する権利義務関係のすべてを包括的に移転する合意である。

◆ 条 文 ◆

(1) 改正法の立場

 債権譲渡ができるならば、その裏返しである債務引受（債務の譲渡）もできるはずである。しかし改正前には、その存在を前提にした規定は存在するものの（旧398条の7）、これに関する直接の規定はなかった。これは、そもそも債権の譲渡性や第三者弁済に慎重であった立法当時の状況の一端を反映したものであるが（制約付の債権譲渡と更改という仕組みが採用されたこと、弁済できる第三者の範囲に制限を設けたことはすでに述べた）、今日の判例・学説は、債務引受を認めることで異論がなかった。そこで、改正により、新たに規定が設けられた。

 また、契約上の地位の移転は、契約当事者の地位を権利だけでなく義務も含めて包括的に譲渡する合意であるが、これについても民法には直接の規定がなかった。しかし判例・学説は、これを認めることについても異論

がなく、改正により新たに規定が1条だけ設けられた。

(2) 債務引受
(a) 債務引受の意義・種類

債務引受には、①併存的債務引受（重畳的債務引受ともいう）と②免責的債務引受とがある。このほかに、債務の引受ではないが、③履行の引受も解釈上認められている。

①併存的債務引受は、債務者はそのままで、引受人が債務者と連帯して債務を負担する場合である（新470条1項）。改正前には連帯保証となる類型もあるといわれていたが、新法では連帯債務となると規定された。他方、②免責的債務引受とは、引受人が債務を引き受け、債務者が債務を免れる場合である（新472条1項）。新債務の負担と免除に類似した機能を果たす。これに対して、③履行の引受は、債務を引き受けず、その履行だけを引き受ける場合である。これは、債務者と引受人との合意で行い、債権者との関係では、債権者は引受人に請求することはできないが、引受人の履行は第三者の弁済になる。

(b) 併存的債務引受の要件・効果
(ア) 要件

併存的債務引受（重畳的債務引受）は、①債権者・債務者・引受人の三面契約、②債権者と引受人の契約（新470条2項）、③債務者と引受人の契約（同条3項）ですることができる。

①について明文規定はないが、問題なく認められることが改正法の前提となっている。

②は、そもそも債務者の委託を受けない保証（新462条）が認められる以上、それと同様に、債務者の意思に反してもすることができる。また、③は、債権者にとっては債務者が増えて有利になるだけではあるが、債権者が関与していないまま効力を生じさせることは妥当ではないので、債権者が引受人に対して承諾した時に効力を生じる。これはこの場合が第三者のためにする契約であることを示しており、承諾は第三者のためにする契約における受益の意思表示に相当するので、その後の当事者間の関係は、第三者のための契約に関する規定（新537条以下）に従う（新470条4項）。

(イ) 効果

　併存的債務引受では、原債務が存続し、引受人は、債務者と連帯して、同一内容の債務を負担する（新470条1項）。改正前には、債務者と引受人間の関係について、学説上議論が分かれていたが、判例は連帯債務になるとしていた（最判昭和41・12・20民集20巻10号2139頁〔時効消滅の効果が引受人にも及ぶ〕）。新法はこれを受けたものである。また、担保権は、原債権がそのまま存続しているので、当然そのまま存続する。

　引受人は、併存的債務引受が効力を生じた時に債務者が主張することのできた抗弁を債権者に対抗できる（新471条1項）。引受人は債務者と同一内容の債務を負担するからである。他方、債務者が債権者に対して取消権、解除権を有するときは、引受人は、債権者から履行請求があっても、債務者が債務を免れる限度で履行を拒絶することができる（同条2項）。取消権や解除権は、元々の債務者としての地位に基づく権利であるから、引受人が行使することはできないが、履行拒絶権を認めれば十分だからである。なお、債務者が相殺権を有するときは、連帯債務の規定（新439条2項）により、引受人は債務者の負担部分の限度で履行拒絶権を有する。

　以上のほか、債務者と引受人間でなされる債務引受では、両者間に引受契約が存在するので、その契約上の抗弁を債権者に主張することができる（民539条）。これは、この場合の債務引受が第三者のための契約になるためである。

(c) **免責的債務引受の要件・効果**

(ア) 要件

　免責的債務引受は、①債権者・債務者・引受人の三面契約、②債権者と引受人の契約（新472条2項）、③債務者と引受人の契約（同条3項）ですることができる。

　①について明文規定はないが、問題なく認められることが改正法の前提となっている。

　②については、改正前の通説は、債務者にとって有利になるだけであることから、債務者の意思によって制限する必要はないと解していた。新法では、債務者の意思に反しても免責的債務引受をすることができるとされたが、しかしその効力は、引受人と契約した旨を債権者が債務者に通知し

た時に生ずることとされた（新472条2項）。これは、債務免除の効力発生（民519条）に合わせたものである。

③については、改正前の通説は、債権者が不利益を被るおそれがあるので、その承諾があれば認めてよいと解していたが、この債権者の承諾について、停止条件と解する説（遡及効がない）と、追認（民116条類推適用）と解する説（遡及効がある）とがあった（後者が通説）。しかし新法では、免責的債務引受は債権者が債務者に承諾することによって成立するので、債務者が債務を免れるのは債権者の承諾時になった。承諾がない場合には、免責的債務引受は成立しない一方、たとえ併存的債務引受になると解しても、債権者の承諾が効力発生要件なので（新470条3項）その効力も生じない。

(イ) 効果

改正前の通説は、免責的債務引受がなされると、債務が同一性を有したまま引受人に移転すると解していた。しかし新法は、このような構成を採用せず、①引受人による新たな債務の負担と、②債権者による債務者の債務の免除を組み合わせたものという構成を採った（新472条1項）。このような構成には改正作業時に批判も多く出されたので、改正後も議論が続く可能性がある。

引受人は、免責的債務引受が効力を生じた時に債務者が主張することのできた抗弁を債権者に対抗できる（新472条の2第1項）。引受人は債務者の負担していた債務と同一内容の債務を負担するからである。他方、債務者が債権者に対して取消権、解除権を有するときは、引受人は、債権者から履行請求があっても、免責的債務引受がなければ債務者が債務を免れることができたはずの限度で履行を拒絶することができる（同条2項）。併存的債務引受と同趣旨である。しかし、債務者が有していた相殺権は、併存的債務引受の場合と異なり、債務者は債務を免れているので、引受人がそれを理由に履行拒絶することはできない。

以上のほか、引受人は、引き受けた債務を履行しても、債務者に対して求償権を取得しない（新472条の3）。債務者は債務を免れており、引受人は自己の債務を履行するだけであるから、求償権が発生する基礎がないからである。もっとも免責的債務引受をする際に、両者間に委託関係があれ

ば、委任の規定が適用されることになる。

(ウ) 担保

担保が引受人に移転するか否かに関して、①保証や物上保証については、改正前の判例は、旧債務者との信頼関係を基礎にしているので、保証人や物上保証人の同意がなければ、消滅すると解していたが（大判大正11・3・1民集1巻80頁〔保証〕、最判昭和37・7・20民集16巻8号1605頁〔担保物権〕）、②旧債務者自身が設定した担保については、学説上議論が分かれていた。

新法は、この議論をいくつかの場合に分けて整理している。

①債権者は、設定されている担保権を引受人が負担する債務に移すことができる（新472条の4第1項本文）。これは、担保権が移転する原則を示したものである。担保権は内容や順位を維持したままで移転する。

②ただし、引受人以外の者が設定した担保については、その者の承諾を得なければならない（同項ただし書）。このような者が不利益を被る可能性に配慮したものである。引受人以外の者であるから、債務者が担保権を設定した場合も含まれる。

③債権者は、担保権を移転させる場合、免責的債務引受と同時またはそれより前に、引受人に対して担保権を移転する旨の意思表示をしなければならない（同条2項）。免責的債務引受では元の債務が消滅する構成が採られたため、何もしなければ附従性によって担保権も消滅してしまうからである。したがって事後的な意思表示では担保権は移転しない。

④以上のことは、保証についても準用されるが（同条3項）、保証人の承諾は書面によってしなければならない（同条4項）。保証契約の成立に書面が必要なこと（新446条2項）に合わせたものである。電磁的記録によってもよいこと（新472条の4第5項）も、同様である（新446条3項）。

(3) 契約上の地位の移転

(a) 意義

契約上の地位の移転は、契約上の当事者の立場を権利義務関係のすべてを含めて包括的に譲渡する合意である（新539条の2）。契約法に規定されているが、債権債務の引受であり、ここで解説しておく。契約上の地位の

移転は、債務引受と異なり、当事者の地位の移転であるため、取消権や解除権も移転する。

(b) 要件・効果

　契約上の地位の移転は、①譲渡人・譲受人・契約の相手方の三者の合意でできることに異論はない。②譲渡人と譲受人の合意による場合には、相手方の保護が問題になる。契約上の地位の移転には、債務引受の要素があるからである。改正前の判例（大判大正14・12・15民集4巻710頁、最判昭和30・9・29民集9巻10号1472頁）・通説は、相手方の承諾がない限り譲渡の効力は生じないとしていたが、新法では、契約上の地位は、相手方が承諾した時に譲受人に移転すると規定された（新539条の2）。譲渡人は、承諾があった時に契約関係から離脱することになる。承諾が得られない場合には、個々の債権・債務につき、債権譲渡、債務引受の規定によることになろう。

　なお、契約の目的物が譲渡されたことにより、契約上の地位も移転するかという問題がある。不動産賃貸借について問題になることが多いが、これについては、すでに説明した（第9章8◆**条文**◆(6)）。これとは逆に、賃借人の地位の譲渡は、賃借権の譲渡であり賃貸人の同意を要する（民612条）。

　債務引受・契約上の地位の移転の比較について**表8**参照。

◆ 解 釈 ◆

(1) 債務引受の法律構成

　すでに述べたように、免責的債務引受は、改正前の通説のように、債務が同一性を保持したまま引受人に移転すると構成するのではなく、原債務の免除と新債務の引受と構成された。これは、併存的債務引受に原債務者を免除する合意が付加されたものと捉えるUNIDROIT（国際商事契約原則）の立場とも異なる。しかし、内容的には、いずれの構成を採っても、従来の判例・通説を大きく逸脱するものではない。

　併存的債務引受については、債務者と引受人が連帯債務者となる類型のほか、引受人が保証人となる類型もあることなど、多様な類型がありうることが主張されていたが、新法の下では、連帯債務となることを基本と

し、あとは債務引受の契約の解釈問題となった。

(2) 契約上の地位の移転の詳細

契約上の地位の移転につき固有の対抗要件制度を設けることは、契約の多様性からして無理であるとして、二重譲渡などの問題は明文化されなかった。しかし、債権譲渡の第三者対抗要件に準じた制度（確定日付のある証書による承諾）であれば、採用できたようにも思われる。しかし、契約上の地位の移転は、それ自体、詳細がなお未確定なままであり、議論も尽くされているとは言い難い。現時点で詳細な規定を置くことは無理であったといえ、解釈上の問題は今後も受け継がれることになった。

表8　債務引受・契約上の地位の移転の要件・効果

		併存的債務引受	免責的債務引受	契約上の地位の移転
成立	三者間の合意	○	○	○
	債権者と引受人	○	債務者への通知	契約の相手方の承諾
	債務者と引受人	債権者の承諾	債権者の承諾	
抗弁		○	○	○
取消権・解除権		履行拒絶権	履行拒絶権	○
担保	引受人設定	○	引受人への意思表示	○
	以外の者設定	○	設定者の承諾	○

第21章 債権の保全

1 責任財産の保全

- 債権者代位権は、責任財産を維持するために、債権者が債務者の権利を債務者に代わって行使する制度である。
- 詐害行為取消権は、責任財産を回復するために、債務者がした財産減少行為を債権者が取り消す制度である。
- これらの制度には、本来、強制執行の準備・補完をするという機能があるが、実際には、債権者が自己の債権を優先的に回収できるという機能も認められている。
- 債権者代位権は、特定の債権を実現するためにも利用されている。

◆ 条 文 ◆

(1) 責任財産保全の意義

　債権は、債権者と債務者との関係であり、原則として第三者効がない。しかし債権の実現のためには、債務者の総資産（責任財産という）が頼りであり、最後の砦である。したがって責任財産の減少は、債権者にとって債権回収の危険を増大させる。そこで民法は、例外的に、債権者自らに責任財産の保全に関与させ、第三者に対して一定の手段を取ることを認めている。このような債権保全方法は、例外という意味を込めて、債権の対外的効力とも呼ばれている。

　責任財産は、本来、債務者自身に管理・処分の自由がある。したがって、民法の定める債権保全方法は、それとの調整が重要であり、債務者に対する不当な干渉にならないよう配慮する必要がある。しかし、この調整

点を実際どのあたりに設定するかは、制度趣旨の理解やその機能の評価に関わっており、それを反映して、解釈上多岐にわたる議論が展開されている。

(2) 保全の方法

民法上、債権を保全するために二つの方法がある。

(a) 債権者代位権（新423条〜423条の7）

債権者代位権は、責任財産を維持するための制度であり、典型的には、「怠慢な債務者」が自己の有する権利を行使しない場合に、債権者がその権利を債務者に代わって行使することを認める。実際に存在する権利を行使するだけなので、責任財産保全の必要があれば、仮差押えや仮処分よりも容易に認められやすい点に特徴がある。

(b) 詐害行為取消権（新424条〜426条）

詐害行為取消権（債権者取消権ともいう）は、責任財産を回復するための制度であり、典型的には、「悪質な債務者」が自己の責任財産を減少させる行為をした場合に、債権者がその行為を取り消すことを認める。本来は債務者自身の自由に委ねられている行為を他人が取り消すので、債権者代位権以上に債務者の処分の自由に干渉することになる。このため、何が詐害行為であるかについて適正な判断基準を設定することが重要になる。

◆ 解 釈 ◆

債権者代位権と詐害行為取消権には、以下のような機能があるといわれている。

(1) 強制執行の準備・補完機能

債務者に対する強制執行の準備段階として、自己だけでなく総債権者のために責任財産を保全するという機能がある。これが債権者代位権、詐害行為取消権の本来的機能である。本格的な保全手段には、民事保全法の仮差押え（民保20条）・仮処分（民保23条）や破産法の否認権（破160条以下）があるが、これらの要件を整えるには手間暇がかかるので、その準備段階

で、簡便かつ迅速な方法として補完的に利用される（たとえば債権者代位権は、裁判外で行使でき、債務名義は不要で、財産を差し押さえたのと同じような効果がある）。

(2) 債権の回収機能

　これらの権利には、債権者の債権を回収するための手段としての機能も認められている。典型的には、第三者のもとにある金銭を自己に支払うよう請求し、それを債務者に返還する債務と自己の債権とで相殺してしまえば、結果的に債権回収を実現できる。これはもはや総債権者のためではなく、自己のための保全手段の利用である。

　本来的機能を原則とし、債権回収機能は制限的に認めるのが多数説であるが、学説の中には、努力した債権者が報われるのは当然であるとして、債権回収機能を積極的に評価する見解もある。強制執行や債権保全の制度が未整備であった時代には、このような方法を利用して債権回収をはかることもあながち抜け道とはいえなかったが、現在では法整備が進んでおり、むしろ民法の認める簡便な方法との差が目立つようになっている。しかし他方では、実務上、これらの権利は簡便な債権回収方法としてひんぱんに利用されているという実体がある。今後は、一定程度の債権回収機能を認めつつ、全体的には執行法・保全法の門戸を拡げる方向性を採るべきであろう。

(3) 債権者代位権のみの特殊な機能

(a) 強制執行の対象とならない権利の代位行使

　債権者代位権では、履行の催告、取消し・解除の意思表示など、強制執行の対象とならない権利でも代位行使できる。しかも訴えによる必要がない。これは債権者代位権のみに認められるメリットである。

(b) 特定の債権の実現を準備するための代位行使

　債権者代位権は、特定の債権の実現を準備するためにも利用されている（3参照）。たとえば、不動産の売主が前主から登記移転を受けていないために、買主も売主から登記移転を受けられない場合に、買主の売主に対する登記請求権に基づき、売主の前主に対する登記請求権を代位行使するよ

うな場合である。このような債権者代位権の「転用」は、債務者の責任財産の維持が目的ではない。最近では、債権者代位権の転用というよりも、むしろ、債権者代位権には責任財産の維持を目的とする類型と、それ以外の目的を有する類型との2種類があると捉える見解が多くなっていた。そこで改正により、このような類型の債権者代位権が一部明文化された（新423条の7）。

◆ **発 展 問 題** ◆
民法の債権保全手段に対する改正法の立場

改正作業の初期の過程では、これらの権利の債権回収機能を制限ないし否定しようとの議論が盛んになされた。これは、民事執行法、破産法、民事保全法上の制度の整備に照らして、これらの権利が債権の保全という本来的機能を果たすための制度であることを強調したものであった。しかし、このような方向には反対も多く、最終的には、改正前に認められていた債権回収機能に配慮した制度として維持しつつ、要件と効果について議論が多かった点を明確化して整備するものとなった。したがって、破産法等との本格的な統一ないし統合は将来的な課題として残された。

2　債権者代位権

・債権者代位権を行使するためには、被保全債権の存在、債権保全の必要性、代位行使する権利を主張・立証しなければならない。
・債権保全の必要性とは、代位権を行使しなければ自己の債権の満足を受けられなくおそれがあることであり、具体的には、債務者の無資力のことである。
・債務者の行使上の一身専属権、差押禁止権利を代位権の対象とすることはできない。
・以上のほか、原則として被保全債権の弁済期が到来していなければならず、また、債務者自身が権利を行使していないことが必要である。
・債権者代位権が行使された結果、債務者に直接その効果が生じる

が、代位する権利の目的物が受領を要するものである場合には、代位債権者に引き渡すよう請求できる。
・債権者代位権が行使されても、債務者は自らその権利を行使することができる。
・代位債権者は、代位訴訟において、法定訴訟担当にあたり、判決は債務者に既判力が及ぶので、債務者に訴訟告知をしなければならない。

◆ 条 文 ◆

(1) 意義

債権者代位権は、債権者が自己の債権を保全するために債務者の権利を行使する制度である（新423条1項本文）。たとえば、債務者が第三者から不動産を取得していながら移転登記を受けていないために、その不動産を債務者の責任財産として強制執行できないときに、債権者が債務者の移転登記請求権を代位行使して債務者へ移転登記させる場合や、債務者が第三者に対して金銭債権を有しながら履行を請求していないために、その金銭を引当てにできないときに、債権者が債務者の履行請求権を代位行使して第三者に弁済させる場合などが典型的である。

(2) 要件

債権者代位権の要件は、①被保全債権が存在すること、②債権保全の必要性があること、③代位行使する権利を示すことである。非常に簡便であることが分かるであろう。これら以外に、④被保全債権の履行期が到来していること、⑤債務者自身が権利を行使していないことが必要であるが、訴訟では、これらは相手方の抗弁をまって提出する再抗弁事由であり、はじめから主張する必要はない。

(a) 被保全債権の存在

この制度は責任財産の保全を目的とするので、被保全債権は、原則として責任財産全体を対象とする債権である金銭債権である。代位権行使時（訴訟では口頭弁論終結時）に存在していなければならない。しかし、代位

行使する権利よりも先に成立している必要はない（詐害行為取消権とは異なる）。

(b) 債権保全の必要性

保全の必要性とは、権利を代位行使しないまま放置すると、自己の債権の満足を受けられなくなるおそれがあることであると解されている（最判昭和40・10・12民集19巻7号1777頁）。「無資力」要件といわれるものであるが、無一文という意味ではない。債務者の総資産額から代位債権者に優先する債権額を引き、さらに代位する権利を行使しないと、自己の債権について完全な満足を受けられなくなる状態であるといえよう。また、被保全債権が担保付債権であっても、上記の無資力にあたればよい。しかし、学説では、債権者代位権の意義・機能をどのように解するかによって、無資力を厳格に要求する見解からできるだけ緩和ないし不要とする見解まで多岐に分かれている（◆解釈◆参照）。

また、後述のように、特定の債権を実現するための代位権行使では、無資力であることは不要であると解されている。

(c) 代位行使する権利

原則として、債務者の有する権利すべてが代位行使の対象となりうる。前述の登記請求権や履行請求権だけでなく、相殺の意思表示（大判昭和8・5・30民集12巻1381頁）、取消権、契約解除権（大判大正8・2・8民録25輯75頁）なども含まれる。債権者代位権の代位行使もできる（大判昭和5・7・14民集9巻730頁、最判昭和39・4・17民集18巻4号529頁）。時効援用権も判例（最判昭和43・9・26民集22巻9号2002頁）・通説は認めるが、時効は本人の利益であり、援用するか否かは自由であると解する立場からの反対説もある。また、無効はそもそも誰からも主張できるので、代位行使を問題にする必要がないが、無効な行為に基づいて給付がなされている場合には、その給付を取り戻すためには、債務者に代位して返還請求権を行使しなければならない（その中で無効を主張する）。

例外的に、①一身専属権は代位行使できない（新423条1項ただし書）。ここでいう一身専属権は、行使上の一身専属権（その者だけが行使できる）であり、帰属上の一身専属権（その者だけに帰属する。終身定期金債権など）

のことではない。家族法上の権利（婚姻、親権、離婚、嫡出否認、扶養請求権、夫婦間の契約取消権など）のほか、名誉毀損による慰謝料請求権（最判昭和58・10・6民集37巻8号1041頁。ただし賠償額確定前）などがこれにあたる。また、契約の申込み、承諾、第三者のためにする契約の受益の意思表示（大判昭和16・9・30民集20巻1233頁は代位行使を肯定するが、今日の学説は否定している）も代位行使できないと解されている。これらでは、共同担保の維持以上に、権利を行使するか否かにつき債務者自身の意思決定を尊重する必要があるためである。ただし、相続法上の権利については議論がある（◆**解釈**◆参照）。なお、生命侵害による慰謝料請求権は、被害者の意思表示を待つことなく発生し、当然に相続されるので（最判昭和42・11・1民集21巻9号2249頁）、代位権の対象となりうる。

②差押えすることができない権利（差押禁止権利。民執152条）も代位権の対象とならない（新423条1項ただし書）。これは債権者の共同担保にならないからである。

(d)　履行期の到来

原則として、被保全債権の履行期が到来していることが必要である（新423条2項本文の反対解釈）。責任財産の維持について現実の危険があることを要求する趣旨である。

例外的に、保存行為を代位する場合には、履行期は未到来でもよい（新423条2項ただし書）。債務者が不利益を被るおそれがなく、また緊急を要することが多いからである。具体的には、時効中断〔新法では完成猶予〕（大判昭和15・3・15民集19巻586頁）、債務者の前主名義になっている登記の移転（大判明治43・7・6民録16輯537頁）、債務者に対する債務者（第三債務者）破産の場合の債権届出などである。

改正前には、裁判上の代位による場合にも履行期は未到来でよいとされていたが（旧423条2項）、実際には仮差押えや仮処分で対応でき、実例もないことから、新法では削除された。

(e)　債務者の権利不行使

明文はないが、債務者自身が権利行使をしている限り、たとえその方法がまずくとも、債権者が干渉することはできないと解されている（大判明

治41・2・27民録14輯150頁、大判大正7・4・16民集24巻694頁)。債務者の訴訟進行が稚拙なときは、訴訟に補助参加できる(民訴42条)。また、債務者と相手方が馴れ合いで不当に責任財産の維持を阻害しているようなときは、詐害行為取消権を行使すればよい(最判昭和28・12・14民集7巻12号1386頁)。

(3) **方法と範囲**
(a) **方法**

債権者が自己の名で債務者の権利を代位行使するのであり、代理ではない(大判昭和9・5・22民集13巻799頁)。このような関係は、法定委任であると解されており、代位債権者は善管注意義務(民644条)を負う。相手方は、債務者の権利の相手方である第三者であり、債務者ではない。また、裁判による必要はない。

相手方は、債務者に対して有する抗弁をすべて主張できるが(新423条の4)、代位債権者に対する抗弁があってもそれを主張することはできない。これは代位債権者自身が相手方に対して有する抗弁についても同じである(最判昭和54・3・16民集33巻2号270頁)。

(b) **範囲**

代位権行使の範囲は、債権の保全に必要な範囲に限られる。しかし責任財産の維持のためであるから、自己の債権額以上の権利でも代位行使できる(たとえば、金銭債権に基づき、それ以上の価値がある不動産の移転登記請求権を代位行使するなど)。

ただし、代位債権者の債権と代位する権利がいずれも金銭債権である場合には、自己の債権額の範囲内でのみ代位する権利を行使できる(新423条の2)。これは、改正前の判例法理(最判昭和44・6・24民集23巻7号1079頁)を明文化したものである。このことは、後述のように、金銭を代位債権者に支払うよう請求し、しかもその金銭を自己の債権の回収に充てることが認められているため、結果的に他の債権者に優先して弁済を受けることに連動している。

(c) **債務者による権利行使**

　債権者代位権が行使されていても、債務者自身の権利行使は妨げられない（新423条の5）。改正前には、債権者が代位権行使に着手したことを債務者に通知するか債務者がそれを了知すれば、債務者はその権利の処分権を失うというのが判例であった（大判昭和14・5・16民集18巻557頁、最判昭和48・4・24民集27巻3号596頁）。しかし学説では、裁判所の介入がない通知や了知に処分権を喪失させる効果を与えるのは妥当でないという見解が有力であった。そこで新法は、これを受け入れて、債務者は自ら取立てその他の処分ができ、相手方も債務者に履行することができるとされた。債権者が相手方の債務者に対する弁済を禁じたいのであれば、債務者の財産に対する保全処分、強制執行として、仮差押え、差押えをすればよい。また、代位権が行使されていても他の債権者がその権利を差し押さえて取り立てることが可能であり、債務者以外の者の行為を制限することはできない。

(d) **訴訟告知**

　債権者は、債権者代位訴訟を提起したときは、遅滞なく、債務者に対し訴訟告知をしなければならない（新423条の6）。代位した債権者は法定訴訟担当にあたるので、他人のために原告になった場合（民訴115条1項2号）として、債務者に判決の既判力が及ぶ（大判昭和15・3・15民集19巻586頁）。このように解さないと相手方にとって二重応訴の危険があるからである。告知を受けた債務者は、望むならば訴訟参加（共同訴訟参加〔民訴52条〕、独立当事者参加〔民訴47条〕、補助参加〔民訴42条〕）すればよい。改正前は、訴訟告知されていない場合について議論があり、そのような場合には既判力は及ばないと解する説もあったが、新法では訴訟告知が義務づけられたので、そのような問題はなくなった。

(4) **効果**

(a) **債務者への効果帰属**

　債権者代位権が行使されると、債務者に直接その効果が生じる。すなわち、代位行使された結果が債務者の責任財産に組み入れられる。代位債権者は、債務者に対して債務名義を取得して強制執行をすることになるの

で、他の債権者とともに債権者平等の原則にしたがう。また、代位債権者には、代位するにかかった費用の償還請求権がある（民650条）。これは各債権者の共益費用であり、一般先取特権により保護される（民306条、307条）。事務管理になる（民702条）と解する見解もあるが、法定委任事務による費用であり、委任の規定によるべきである。以上が原則である。

(b) **債権者への直接引渡し**

　代位債権者は、代位する権利の目的物が受領を要するものである場合には、それを自己に直接引き渡すよう請求することもできる（新423条の3）。これは、改正前に、債務者が受領を拒否することがあること、また債務者の受領意思にかかわらず、代位権には取立権や受領権も含まれると解されることから認められてきたことを明文化したものである。具体的には、金銭の交付（大判昭和10・3・12民集14巻482頁）、動産の引渡しである。不動産の明渡しについては、改正前の判例（最判昭和29・9・24民集8巻9号1658頁）は、後述の特定の債権の実現の準備としての代位権行使の場合に認めていた。本条には明文がないが、これを否定する趣旨ではないと解される。登記については、債務者名義に回復できればよいので、代位債権者に移転登記することは認められない。

　代位債権者は、受領したものについて善管注意義務を負うが（法定委任）、物について債務者から代物弁済を受ければ、結果的に優先弁済を受けたことになる。また金銭については、自己の金銭債権と債務者への受取物の引渡債務（民646条1項〔不当利得の返還と解する見解もあるが、法定委任として委任の規定によるべきである〕）とを相殺すれば、結果的に優先弁済を受けたことになる（前掲、大判昭和10・3・12）。このような結果は、民事執行のような手続を経ずに強制執行し、かつ優先弁済を受けるのと同様になる。

　改正作業の過程では、民事執行法や民事保全法との不整合を考慮し、かつ優先弁済を受けることの正当化根拠を見出しにくい（ただし後述の包括担保権説からは当然のことになる）ことから、債権の保全という本来的機能に立ち戻り、直接請求を認めない、または直接請求は認めるが、代位債権者のイニシアティブで行われる相殺は認めないとすることが検討され、激しい議論が交わされたが、債権者代位権が利用される大きな理由がこの事

実上の優先弁済機能にあることから、結局は判例法理を明文化することに落ち着いた。ただし、新法の下では、代位権が行使されても、債務者は自ら権利行使することができ、相手方も債務者に履行できるので（新423条の5）、相手方が動産や金銭を債務者に引き渡してしまえば、それによって代位した権利は消滅する。そのような限りでは優先弁済機能は減退した。

◆ 解 釈 ◆

(1) 債権保全の必要性

(a) 被保全債権

　離婚の際の財産分与請求権（民768条、771条）が被保全債権になるかについて争いがある。判例は否定説であり、協議・審判等により具体化されるまでは範囲・内容が不確定・不明確であるとして被保全債権にならないとしている（最判昭和55・7・11民集34巻4号628頁）。また、相続開始前の相続人の地位を保全するために債権者代位権を利用することも、同じように否定されている（最判昭和30・12・21民集9巻14号2082頁）。これに対して肯定説は、財産分与の内容が不確定でも一定程度の債権が発生することが見込まれれば、保存行為（新423条2項ただし書）として認めるべきであるとする。この見解が妥当であると思われる。

(b) 無資力

　債権者代位権の本来的機能を重視する見解によれば、債務者の無資力こそが、債務者の処分の自由と責任財産の維持とを調整し、他人の権利を代位行使できることを正当化する根拠である。したがって、この要件は厳格に要求され、例外的に転用の場合にのみ不要とされる。これに対して、債権回収機能・優先弁済機能を重視する見解によれば、債権回収において債務者が無資力であることは必要ないので、一般的に無資力要件を緩和ないし不要とする方向にベクトルが動くことになる。しかし他方では、債権回収機能・優先弁済機能を評価しながら、無資力は強制執行における債務名義に代替するものであるとして、無資力要件を維持する見解もある。これらの見解の違いは、いずれかによらなければならないというものではなく、債権者代位権の債権回収機能について限定的な評価をするか積極的な評価をするかの違いである。

なお、学説の中には、債権者代位権を債務者の財産に対する包括的な担保権であると解する見解もある（包括担保権説）。これによれば、被保全債権の履行期さえ到来していれば担保権を実行できるので、無資力要件はそもそも不要であることになる。しかし、債権者代位権が他の債権者に優先して債権を回収する機能を果たしているからといって、それが本来の趣旨であるとまではいえないであろう。

(2) 相続法上の権利の代位行使

相続法上の権利は、財産的な内容を有しているものが多いので、権利者の意思尊重との調整上、代位権の対象となるかにつき議論がある。相続の承認、放棄、相続回復請求権については否定説が多い。遺留分減殺請求権については、判例は否定するが（最判平成13・11・22民集55巻6号1033頁）、学説では、純粋な財産上の権利であるとして肯定説が有力であり、これによるべきであろう。

(3) 時効の完成猶予

裁判で代位権が行使されると、相手方に対する裁判上の請求があったとして、代位された権利の消滅時効の完成が猶予される（新147条1項1号）。被保全債権の消滅時効の完成猶予については、判例はないが、改正前の時効中断に関する学説では、当該権利を行使するわけではないとして中断を否定する見解、裁判上の代位許可の通知または債権者による通知があった場合に認める見解、代位訴訟の場合に限りかつ債務者に権利行使の手続的保障がなされた場合に認める見解があった。自己の債権を保全するために代位訴訟をしている以上、債権者が権利行使していないとはいえず（債権者代位権の要件として被保全債権の存在を主張・立証しなければならない）、かつ、新法の下では代位訴訟を提起したときは債務者に訴訟告知がなされるので（新423条の6）、被保全債権についても時効の完成が猶予されると解すべきであろう。

◆ 発 展 問 題 ◆

債権者代位権は、以上みてきたように多くの点で改正されたが、本質的な課題、すなわち、本来の債権保全機能に徹すべきか、それとも従来運用

されてきたように事実上の債権回収・優先弁済機能を尊重するかという対立については、債権者への直接請求と相殺を認める一方、債務者の権利行使は妨げられないとするあたりに、両者の対立を垣間見ることができるものの、結局はコンセンサスが得られないままとなった。◆解釈◆で述べたように、無資力要件を課すことの是非は、本来型か転用型かというだけの問題ではなく、本来型についてこそ、他の債権保全手段や強制執行手段との関係を考慮しながら突き詰められるべきであろう。

3　特定の債権の実現を準備するための債権者代位権

- 債権者代位権は、特定の債権の実現を準備するため、または特定の債権を実現するためにも利用されている。
- 明文では、登記・登録が対抗要件となる権利の譲受人は、譲渡人が第三者に対して有する登記・登録請求権を代位行使することが認められている。
- それ以外でも、解釈上、特定物債権や特定の金銭債権を実現するために債権者代位権を利用することが認められている。
- このような利用が認められるためには、代位の必要性、他に適当な方法がないという補充性、権利の性質に応じた相当性があることが重要な判断要素になる。

◆ 条 文 ◆

(1) 意義

　債権者代位権は、債務者の責任財産を保全するためではなく、債権者が有する特定の債権の実現を準備するためにも利用できる。たとえば、不動産がA→B→Cと転々売買されたが、登記がまだAの名義になっており、BがAから移転登記を受けようとしていない場合、この不動産は、「登記又は登録をしなければ権利の得喪及び変更を第三者に対抗することができない財産」であるから（民177条）、Cはこの「財産を譲り受けた者」であり、「その譲渡人」であるBが「第三者」であるAに対して有する「登記手続又は登録手続をすべきことを請求する権利」である登記請求

権を代位行使することができる（新423条の7）。Cは、Bに代位してAに対してBに移転登記するよう請求することができ、それが実現すれば、あらためてBに対して移転登記を請求することになるので、代位権は自己の債権の実現を準備するために利用されている。このような債権者代位権の利用は、改正前にも債権者代位権の「転用」として古くから認められてきた（大判明治43・7・6民録16輯537頁）。そこで新法は、このような転用を登記・登録請求権の代位行使に限って明文化したものである。この問題は、いわゆる中間省略登記請求（CからAに対する登記請求）の可否と関連しており、これを緩やかに認めるのであれば債権者代位権を利用する必要性は低くなる。しかし現在の不動産登記法では、登記が真実の物権変動の実体を表すことを確保することが前面に出されており（不登61条）、中間省略登記請求は認められないことになろう（最判平成22・12・16民集64巻8号2050頁）。そうだとすれば、ここで債権者代位権を利用する必要性は高いことになる。

　改正作業の過程では、所有権に基づく妨害排除請求権なども代位行使できるように、登記・登録請求権に限定しないことが検討されたが、要件や適用範囲が不明確になるといった事情を考慮して、そのような一般的な規定を置くことは見送られた。したがって、本条は、本条が規定する以外の権利の代位行使は一切認めないという趣旨ではなく、それらについては今後も解釈に委ねられている（◆**解釈**◆参照）。

(2) **要件**

　このような場合の債権者代位権の利用では、債権保全の必要性という文言がなく、債務者の無資力は要件とならない。また、代位の範囲に関する制限（新423条2）は適用がない反面、債権者への直接請求権（新423条の3）も適用されない。

◆ 解 釈 ◆

(1) **特定物債権を実現するための代位行使**

　判例・学説上、以下のような場合に、特定物債権を実現するために債務者の権利を代位行使することが認められている。

(a) 不動産賃貸人の妨害排除請求権の代位行使

AがBから不動産を賃借して利用していたところ、Cがこの不動産を不法占拠したという場合には、Aは賃貸人でありその不動産の所有者であるBが有する物権的妨害排除請求権を代位行使して、Cに対して不動産の明渡しを請求することができる（大判昭和4・12・16民集8巻944頁、最判昭和29・9・24民集8巻9号1658頁、最判昭和30・4・5民集9巻4号431頁）。この場合には、Aが自己への不動産の明渡しを請求することも認められているので、代位権はAの賃借権を実現するために利用されている。新法の下では、不動産賃借権そのものに基づいて妨害の停止や返還を請求することが認められたが（新605条の4）、そのためには不動産賃借権が対抗要件を備えていることが必要であり、代位権であれば、そのような制約外で賃借権を保全できる点にメリットがある（第9章5◆条文◆(2)(b)、8◆条文◆(5)参照）。

(b) 土地賃借人の建物買取請求権の代位行使

Aの土地をBが賃借し、その土地上に建てた建物をCが賃借していたが、AB間の土地賃貸借が解除されたときに、Cが建物賃借権に基づき、BがAに対して有する建物買取請求権（借地借家14条）を代位行使するような場合である。判例は、BのAに対する権利の行使によってCの賃借権が保全されるという関係がないとして、代位権の行使を否定しているが（最判昭和38・4・23民集17巻3号536頁、最判昭和55・10・28判時986号36頁）、学説では、Aが建物を買い取れば、CはAに建物賃借権を対抗でき、結果として建物賃借権が保全されるとして代位行使を認めるべきだと解するのが多数説である。

(c) 抵当権設定者の妨害排除請求権の代位行使

Aの不動産にBのために抵当権が設定されているところ、Cが不動産を不法に占拠している場合に、Aの所有権に基づく物権的妨害排除請求権をBが代位行使することが認められている（最大判平成11・11・24民集53巻8号1899頁）。しかし、この判決は、「民法423条の法意にしたがい」として、Cに占有権限がある場合には代位できないことを意識していたが、その後の判例はBの抵当権に基づく直接の妨害排除請求を肯定するに

至っており（最判平成17・3・10民集59巻2号356頁）、現在では、通常この方法が利用されるであろう。

(2) 特定の金銭債権を実現するための代位行使

以下のような場合には、債務者の責任財産の維持を目的とせず、特定の金銭債権を実現するために債権者代位権を行使することが認められている。

(a) 交通事故加害者の保険金請求権の代位行使

交通事故の被害者Aが、加害者Bが有する責任保険の保険金請求権を代位行使してC保険会社に支払いを請求することができるか。判例は、Bが無資力であることが必要であるとしてこれを認めないが（最判昭和49・11・29民集28巻8号1670頁）、学説は、被害者の救済に加害者の無資力は関係がないとして、代位行使を認めるべきであるとする。しかし実際には、保険約款が改定され（1976年）、一定の条件の下で、被害者が加害者の保険会社に直接請求できることとされたので、代位を認める必要性はなくなった（自賠責保険でも自賠16条1項により直接請求権がある）。

(b) 不動産買主の登記請求権の代位行使

AらがBと共有する不動産をCに売却したが、Bが登記手続きに協力しないので、Cも代金を支払わない場合に、Aらが有する代金支払請求権を実現するために、CがBに対して有する登記請求権をAらが代位行使することが認められている（最判昭和50・3・6民集29巻3号203頁）。ただし、この争いの実体は、Aらの金銭債権の実現ではなく、AらとBとの関係をどのように考えるかにあり、共有者は相互に登記手続に協力し合うべきだということを債権者代位権という方法で認めたものであるとの理解が学説により示されている。

◆ 発 展 問 題 ◆
特定の債権実現型における債権者代位権の要件

特定の債権を実現するために債権者代位権を利用する類型では、債務者の無資力は要件とされない。それに代わって、一般的には、①債務者が権

利を行使しないことにより債権者の権利の実現が妨げられていること（必要性）、②その権利を実現するために他に適当な方法がないこと（補充性）、③その権利の性質に応じて相当であること（相当性）が判断要素になると解されている。その上で、どの要素を重視するかで論者により差があり、近年では①と③でよいとする見解が有力である。この類型を債権者代位権の一つの独立した類型であると位置づけるのであれば、とくに②を重視する必要はないであろう。また、他方では、上記のような基準は明確性を欠くとして、代位される権利の行使により債務者が享受する利益によって被保全権利が保全される関係があること（前掲、最判昭和38・4・23）や、被保全権利と代位される権利との間に密接な関連性があること、被保全権利と代位される権利との連鎖・牽連性があることを要件とすべきとする見解もある。いずれにせよ要件について、学説上一致を見るには至っていない。

4　詐害行為取消権の意義・機能

・詐害行為取消権は、債務者が債権者を害することを知ってした行為を取り消すとともに、責任財産の取戻しを請求する権利である。
・債務者に対する強制執行の準備が本来的機能であるが、債権者の一人による抜け駆け的な債権回収を阻止するとともに、取消債権者自身が優先的に債権回収をはかるという機能もある。
・詐害行為取消権の要件・効果を考える際には、総債権者、取消債権者、債務者、受益者・転得者の立場を総合的に考慮しなければならないが、制度趣旨をどのように解するかによって、どこに力点を置くかが異なる。
・破産法上の否認権は、詐害行為取消権と類似の機能を果たすが、前者は破産手続開始後、後者は破産手続開始前に問題になる。

◆ 条 文 ◆

(1) **意義**

　詐害行為取消権（債権者取消権ともいう）は、債務者が債権者を害する

ことを知ってした行為を取り消し、責任財産を回復する制度である（新424条1項本文、新424条の6）。歴史は古く、ローマ法のパウリアナ訴権（actio pauliana）に由来し、フランス民法を経てボアソナードがわが国にも導入した。判例・通説によれば、この取消しは、取り消すこと（法律関係の形成）と財産を取り戻すこと（給付）という二つの内容を併せ有する（◆解釈◆参照）。

債権者代位権が怠慢な債務者に対処する制度であるのに対して、詐害行為取消権は、悪質な債務者による意図的な責任財産減少行為に対処する制度である。①債務者の責任財産を保全して、すべての債権者の共同担保を確保し（新425条）、債務者に対する強制執行の準備とすることを本来的機能とする。しかし実際には、②債権者の一人がした抜け駆け的な債権回収（偏頗行為という）を阻止するだけでなく、③取消債権者自身の優先的な債権回収をはかるために機能しており、これらの機能のうちいずれを重視するかによって、要件・効果の解釈に大きな違いが生じている。後述のように、現在の判例・多数説および改正による新法は、①と②を基本としながら、一定の場合に③も認めるという中間的なものとなっている。

しかし、いずれにせよ、本来有効な行為を他人が取り消すという強力な制度であるため、裁判所により慎重な判断をするために訴えによる必要があり（新424条1項本文）、また、債権者代位権のような「転用」は認められていない。

(2) **総合的判断**

詐害行為取消権の要件・効果を考える際には、責任財産の保全（総債権者の立場）、債権回収（取消債権者の立場）、財産処分・管理の自由（債務者の立場）、取引の安全（相手方＝受益者、転得者の立場）を総合的に考慮しなければならない。かつては、これらの要素は一つひとつ別の要件として捉えられていたが、現在の判例・多数説は、これらを相関的に考慮するという立場を採っている。改正では、これをより具体的に示すために、一定の行為類型ごとに、詐害行為となる場合の基準が明文化された（新424条の2〜424条の5）。

(3) 類似の制度との関係
(a) 虚偽表示

債務者が強制執行を免れるために財産を隠す行為をしたような場合には、債権者は、この行為を詐害行為として取り消すほかに、虚偽表示無効（民94条1項）であるという主張をして財産を取り戻すために債権者代位権によることが考えられる（ただし代位権では債権の履行期が到来していることが必要）。しかし、詐害行為は有効な行為を取り消すのに対して、虚偽表示では無効な行為である。そこで、債権者が一方を主張したのに対して、相手方がこの行為は他方であると抗弁して争うことは認められるかが問題になる。明治時代の古い判例には、無効な行為は取り消せないとしたものがあったが、これは形式論理であり不当である。無効も取消しも、ともにある行為の効力を否定するための手段と法的評価にほかならないのであり、有か無かに拘泥する必要はない。そこで今日では、一方の主張に対して他方で抗弁することは信義則に反して許されないと解されている。なお、債権者がまず虚偽表示無効を主張し、これが認められない場合に詐害行為取消しを主張することは当然認められる。

(b) 否認権

最近は、2004年の破産法改正に関連して、債務者の自立更正努力と債権者の平等性を重視する破産法の否認権との関係をどのように解するか（連動させるか、別物とするか）に関心が集まっている。否認権とは、債務者の破産手続開始決定前になされた行為の効力を否認し、財産を破産財団へ回復する制度である（破160条以下）。詐害行為取消権が特定の債権者による強制執行の準備に力点が置かれているのに対して、否認権は、総債権者の共同の利益（債権者平等）の確保に力点が置かれている。否認権を行使できるのは破産管財人に限られ、具体的には、①破産債権者を害する行為（破160条）、②相当の対価を得てした財産の処分行為（破161条）、③本旨弁済等の偏頗行為（破162条）、③権利変動の対抗要件（破164条）、④執行行為（破165条）が広く対象となる。しかし、2004年の改正で、②と③については、債務者の資金調達の努力を阻害しないよう、否認される場合が限定された。このため、このことを詐害行為取消権でも考慮する必要があるか否かが問題になると考えられているのである。

詐害行為取消権の趣旨・位置づけの理解に関わるが、改正では、破産法との連続性・同質性が重視され、相当の対価を得てした財産の処分行為（新424条の2）、特定の債権者に対する担保の供与等（新424条の3）について、原則として詐害行為にならないとして、詐害行為となる場合を限定する規定が新たに設けられた。

◆ 解 釈 ◆

詐害行為取消権の法的性質について、古くから議論がある。

(1) 従来の学説
(a) 形成権説

古くは、詐害行為取消権は、文字どおり詐害行為を取り消す形成権であるとする説があった。受益者または転得者だけでなく、債務者を共同被告とする形成訴訟であるとする。取消しの効果は被告全員に絶対的に生じる。しかし、これによると財産の取戻しのためには、さらに別訴で給付訴訟（債権者代位権による）を提起しなければならず、債務者・受益者（転得者）間の行為も無効となり、責任財産の回復という目的以上に取引の安全を害すると批判された。

(b) 請求権説

そこで、これとは逆に、詐害行為取消権は、財産の取戻しを請求する請求権であるとする説が登場した。財産を保有する受益者または転得者のみを被告とする給付訴訟であるとする。取消しの効果は取消債権者と被告との間でのみ相対的に生じ、他の者には影響しない。しかし、これは規定の文言（取消し）に反するだけでなく、詐害行為の履行が未履行である場合には、財産を取り戻す必要がなく、訴訟自体が無意味になってしまうと批判された。

(c) 折衷説

これらの難点を克服するために登場したのが折衷説であり、これが判例（大連判明治44・3・24民録17輯117頁）・通説である。それによれば、詐害行為取消権は、詐害行為を取り消すとともに、財産を取り戻すことを請求

する権利である（取消しと財産の回復を内容とする1個の権利）。また、被告は、詐害行為の相手方である受益者またはその転得者のみであり、債務者は含まれない。したがってまた、取消しの効果は原告である取消債権者と被告との間でのみ生じ、債務者には及ばない（相対的取消しという）。このように、①訴えの内容は取消し及び取戻し、②被告は相手方のみ、③取消しの効果は相対的という組み合わせが折衷説である。この相対的取消しは、責任財産の回復という目的を達成しつつ、その他への影響を最小限に抑えようとする解釈上の工夫であるが、実際には財産が債務者に戻るという絶対的効果が生じることを避けられないという問題がある。

(d) **責任説**

このため、学説では、債務者に財産を戻すという効果を導かずに責任財産であることを回復するという見解が主張された。すなわち、責任説によれば、詐害行為取消権は、債務者のした行為の効力を問題にせず、当該財産を受益者（転得者）のもとに置いたまま、それが強制執行の対象となることを認める制度であるとする（財産に責任を生じさせる）。取消しはそれを認める責任的取消しという特殊な取消しであり、判決は現在の状態のままで強制執行することを許容するもの（責任判決）になる。取消債権者以外の者も強制執行に参加できる。しかし、そもそも責任的取消しという概念がわが国にはなく、また、財産が受益者・転得者のもとにあるときには、取消訴訟とは別に給付判決を得る必要があるといった批判があり、学説では、その構成の簡明さに積極的な評価が示されつつ、解釈論としては少数にとどまっていた。

(e) **訴権説**

詐害行為取消訴訟と別に給付訴訟を提起する不都合を避けつつ、財産を債務者に戻さないまま強制執行できるとする説として、訴権説がある。それによれば詐害行為取消権は、実体法と訴訟法上の権利が未分化のまま融合している訴権であり、判決は執行認容判決であるから、取消債権者はそれにより直ちに強制執行が可能であるとする。しかし、これに対しては、訴権という概念が今日の民法体系では受け入れられないという批判があった。

(f) **優先弁済説（対抗不能説）**
　そこで、優先弁済説は、詐害行為を取消債権者に対抗できないことが詐害行為の効果であると構成し、詐害行為の効力が債務者には及ばず、判決は取消債権者に債権の優先的回収を認める執行認容判決であるとする。しかしこれに対しては、詐害行為取消権が総債権者のために責任財産を回復する制度趣旨を空文化し、あまりにも優先的債権回収機能を重視しすぎではないかという批判があった。

(2) **改正法の立場**
　新法は、従来の判例・通説、実務である折衷説を踏襲して、詐害行為取消権は、詐害行為を取り消すとともに、財産を取り戻すことを請求する権利である（取消しと財産の回復を内容とする1個の権利）とする（新424条の6第1項、2項）。また、被告は、詐害行為の相手方である受益者（新424条の7第1項1号）またはその転得者（同項2号）のみであり、債務者は含まれない（債務者に被告適格はない）。
　しかし他方で、取消しの効果は、原告である取消債権者と被告との間のみならず、債務者および債務者に対するすべての債権者に及ぶ（新425条）。これは、従来の判例・通説が採ってきた相対的取消しという法理にはよらないことを明らかにしたものである。ただし、転得者を被告にした場合には、受益者や、転得者の前の転得者（中間転得者）には効果は及ばないので、効果が絶対効である（すべての者に対して効果が生じる）というのではない。債務者に効果が及ぶことから、債務者に対する手続保障として、債権者は、詐害行為取消訴訟を提起したときは、遅滞なく、債務者に訴訟告知をしなければならないこととされている（新424条の7第2項）。
　以上のように、新法における詐害行為取消権は、①訴えの内容は取消し及び取戻し、②被告は相手方のみであるものの、③取消しの効果は債務者および債務者に対するすべての債権者に及ぶとしている。これは、理論上は相対的効果説を採りながら、実際上は、債務者のもとに財産が回復することから、それを正当化するためにはその限りでは絶対効があると解さざるを得ない側面があるという難点を克服しようとするものとなっている。

◆ 発 展 問 題 ◆
破産法との役割分担に対する評価
　新法は、従来の折衷説プラス相対的取消しという構成の中途半端さを理論的に克服することに力点が置かれているが、具体的な問題点、すなわち、すべての債権者のために責任財産を回復する制度か、それとも取消債権者が自己の債権を回収するための制度かという点については、中途半端さを残している。このような中途半端さにこそ破産法とは異なる独自の利用価値があると評価するか、それとも、現状はやむを得ないとしても将来的には破産法に統合されるべきであると評価するかついては、さらに議論が必要であろう。

5　詐害行為取消権の要件

- 受益者に対する詐害行為取消請求では、債権者は、被保全債権の存在、詐害行為、債務者の詐害の意思を主張・立証しなければならない。
- 転得者に対する詐害行為取消請求では、すべての転得者の悪意も主張・立証しなければならない。
- これに対して、受益者の善意、出訴期間の経過は、受益者・転得者の抗弁である。
- 詐害行為と詐害の意思の存否は、客観的事情と主観的な事情を相関的に考慮して判断される。
- 被保全債権は、金銭債権であること、詐害行為前の原因に基づいて発生していることが必要である。
- 対抗要件具備行為だけを独立して取消しの対象とすることはできない。
- 詐害行為は財産権を目的とする債務者の行為でなければならないが、不相当に過大で、当該行為に仮託した財産処分であると認めるに足りる特段の事情があるときは、家族法上の行為も対象となる。
- 詐害の意思とは債権者を害すること（無資力になること）を知っていることであり、害意のことではない。

・詐害行為取消権は訴えによって行使しなければならない。

◆ 条 文 ◆
(1) 要件の相関性
　改正により、受益者に対する詐害行為取消請求の要件（新424条）と、転得者に対する詐害行為取消請求の要件（新424条の5）は別に規定されたが、両者に共通する要件は、①被保全債権の存在、②詐害行為、③債務者の詐害の意思である。詐害行為が財産権を目的とする行為であること（新424条2項参照）については、②の中で主張・立証しなければならないと解されている。また、②とは別に、債権保全の必要性をあげることもあるが、以下では②の中で扱う。以上に加えて、転得者に対する詐害行為取消請求では、④すべての転得者の悪意（債務者の詐害行為に対する悪意）が要件となる。

　これに対して、⑤受益者の善意（新424条1項ただし書）、⑤出訴期間の経過（新426条）は、受益者・転得者が取消しを阻止するための抗弁である。

　これらの要件のうち、とくに②は詐害行為の客観的要件、③は主観的要件と呼ばれるが、従来は、実際には、行為の性質・態様・程度、行為の目的・動機、受益者・転得者との共謀の有無などの要素を相関的に考慮して総合的な判断が行われてきた（相関関係説）。したがって、客観的に債権者を害することが明白な場合には、主観的な事情はさほど問題にすることなく取消しが認められ、客観的には債権者を害することが明白でなくとも、主観的に、通謀があるような場合には取消しが認められやすい（たとえば一例として、最判昭和48・11・30民集27巻10号1491頁は、既存債務について代物弁済をしたが、それが当該債権者との通謀に基づくものであった場合に、詐害行為取消しを認めている）。ただし、詐害行為取消訴訟において、原告である取消債権者がこれをそれぞれ別個の要件として掲げるか否かは別問題であり、現在の実務では、要件上は別個のものとされている（学説には、実際の判断どおり、統一要件としての「詐害行為」でよいとする見解も有力である）。

　改正により、詐害行為の判断に関して、いくつかの典型的な行為類型に

ついて判断基準が規定されたが（新424条の2～424条の4）、基本的な考え方の点での変更をするものではないであろう（行為類型別の具体的な判断については、各要件を概説した後に解説する）。

(2) 債権者側の要件（被保全債権の存在）
(a) 債権の種類
(ア) 原則
　被保全債権は、強制執行できる債権でなければならない（新424条4項）。また、原則として金銭債権でなければならない。詐害行為取消権は、債務者の責任財産を回復し、それに対する強制執行に備える制度だからである。なお、債権者が債務者に対して複数の債権を有していても、それぞれにつき取消権があるわけではない。個々の債権の満足を目的とする制度ではないからである（最判平成22・10・19金判1355号16頁）。したがって、訴えの途中で被保全債権を変更しても、取消権の出訴期間（新426条）には影響しない。他方、受益者・転得者には、被保全債権の消滅時効について援用権がある（最判平成10・6・22民集52巻4号1195頁）。

　物的担保（抵当権など）が付いた債権の場合には、担保から優先的に債権を回収できるので、それで不足する限度でのみ取消しが可能となる（大判昭和7・6・3民集11巻1163頁）。ただし、債務者以外の者が物的担保を提供している場合（物上保証人という）には、債権全額につき取消しできる。これは、物的担保が実行された場合には物上保証人に求償権があり、債務者の財産がその引当てになるので、結局その分だけ責任財産が必要になるからである。また、人的担保（保証）があっても、債権全額につき取消しできる。これもまた保証人には求償権があるからである。

(イ) 特定物債権
　特定物債権それ自体を実現するために詐害行為取消権を利用することはできない。責任財産の回復ではないからである。たとえば、不動産が二重譲渡され、対抗要件で劣後する譲受人が他方の譲渡につき詐害行為取消権を行使することはできない（悪質な譲渡に対しては、物権法上、背信的悪意者論で対処できる）。

　しかし、判例は、特定物債権も債務者の債務不履行（履行不能）によっ

て損害賠償請求権に変じうるので、特定物債権に基づき取消権を行使できるとしている（最大判昭和36・7・19民集15巻7号1875頁）。ただし、いったん取消権を行使すれば、債務者のもとに回復された目的物につき、今度は特定物債権者であるという立場に戻ってその引渡しや移転登記を請求することはできない（最判昭和53・10・5民集32巻7号1332頁）。厳密には、①特定物債権のままで詐害行為取消権を行使できるのか、②詐害行為の時までに損害賠償請求権となっていることが必要か（36年判決の補足意見）、③詐害行為取消権の行使時までに損害賠償請求権になっていればよいかという問題があるが、従来の通説は③のように解している。

(b) 債権の発生時期

　被保全債権は、詐害行為よりも前の原因に基づいて生じたものでなければならない（新424条3項）。改正前の判例は、詐害行為以前に発生したものでなければならないとしていた（最判昭和33・2・21民集12巻2号341頁）。債権者を害するか否かは、債権発生時の責任財産が基準になるからである。しかし、詐害行為前に存在した債権について詐害行為後に遅延利息債権が発生した場合には、詐害行為前の原因に基づくものとして被保全債権となることが認められていた（最判昭和35・4・26民集14巻6号1046頁、最判平成元・4・13金法1228号34頁、最判平成8・2・8判時1563号112頁）。そこで新法では、このような考え方を利息債権に限定せず一般化されたのである。この結果、たとえば、詐害行為前に締結された保証契約に基づいて詐害行為後に求償権が発生した場合には、この求償権を被保全債権として詐害行為取消権を行使することができる。責任財産の回復が目的であるから、履行期が到来している必要はない（大判大正9・12・27民録26輯2096頁）。これらのことは、債権者代位権の場合とは異なるので注意が必要である。なお、特定物債権に基づく場合には、それが損害賠償請求権に変じただけであり、特定物債権自体が詐害行為以前に発生していればよい。

　被保全債権の発生前に詐害行為があったが、その対抗要件が具備されたのが債権発生後である場合につき、判例・通説は、対抗要件具備行為だけを取消権の対象とすることはできないとしている（大判明治40・3・11民録13輯253頁、最判昭和55・1・24民集34巻1号110頁〔以上、不動産登記〕、最判平成10・6・12民集52巻4号1121頁〔債権譲渡通知〕）。学説には、詐害行

為を隠すために対抗要件の具備をあえて遅らせていたような場合には対象とすべきだとする見解もあるが、そもそも権利変動自体の是非が問題であり、その時期を基準にすべきである。

(3) 債務者側の要件（詐害行為・詐害の意思）
(a) 詐害行為

詐害行為であるか否かは、実際には詐害の意思との相関により判断されるが、その前提として、取消しの対象となるためには、①財産権を目的とする行為であること（新424条2項参照）、②債務者の行為であること、③債権者を害する行為であること（以上、新424条1項本文）が必要である。

①財産権を目的とする行為　財産上の不利益を伴う行為であっても、直接には財産権自体を目的とするのでない行為、たとえば、家族法上の行為は、個人意思が尊重されるべきであり、原則として取消しの対象にならない（新424条2項）。たとえば、相続放棄（最判昭和49・9・20民集28巻6号1202頁）がそうである。しかし例外的に、①不相当に過大で、②当該行為に仮託した財産処分であると認めるに足りる特段の事情があるときは、家族法上の行為も対象となるというのが判例である（最判昭和58・12・19民集37巻10号1532頁〔財産分与〕、最判平成12・3・9民集54巻3号1013頁〔有責配偶者による慰謝料支払いの合意〕）。学説には、相続放棄についても、詐害性が強いときには対象となるとする見解もあるが、この場合には、責任財産が減少するのではなく、増えないだけなので、対象とならないといってよいであろう。他方、遺産分割協議は、相続財産の帰属を確定させるものであり、財産権を目的とする行為そのものなので、対象となる（最判平成11・6・11民集53巻5号898頁）。

②債務者の行為　債務者が債権者を害する行為をしたことが必要であり、第三者の行為は含まれない。法律行為でなくても、債権者を害する行為であればよい（新424条1項本文が「法律行為」から「行為」に改正された）。たとえば、準法律行為（弁済、債務の承認など）も含まれる。しかし、不作為や事実行為は、取り消すということがなく、含まれない。

③債権者を害する行為　債権者を害するとは、当該行為の結果、債権者が自己の債権について十分な満足を受けられなくなること、すなわち無資力になることである。特定の財産が減少する場合だけでなく、責任財産

全体の総額が減少する場合も含まれる。また例外的には、事案によっては、詐害行為の態様や主観的要件との相関において、プラス・マイナスの計算上は総額が減少しない場合でも、害すると判断されうる（たとえば、相当対価での不動産売買に関する新424条の2参照）。

　無資力の判断基準時は、当該行為時、かつ口頭弁論終結時である（大判大正15・11・13民集5巻798頁）。その時に無資力でなければ取り消せない。当該行為の取消し自体が問題ではなく、債権の保全が目的だからである。

(b) **詐害の意思**
(ア) **債務者**

　取消債権者は、債務者が債権者を害することを知っていることを主張・立証しなければならない（新424条1項本文）。これは悪意（詐害の認識）という意味であり、害意（詐害の意図）までは不要であると解されている（最判昭和35・4・26民集14巻6号1046頁）。過失の有無は問わない。なお、この要件について、実際には、客観的要件との相関判断がなされる。

(イ) **受益者**

　受益者に対して詐害行為取消請求をする場合には、債務者が悪意であっても、受益者がその行為の時に債権者を害することを知らなかったことを主張・立証したときは、取消しは認められない。これは、条文の構造、および立証負担の公平の観点から、詐害行為取消訴訟の被告である受益者の抗弁であると解されている（大判大正7・9・26民録24輯1730頁）。ただし、債務者と受益者との通謀があることを主張して詐害性を強めようとする場合には、債権者がそれを主張・立証しなければならない。

(ウ) **転得者**

　改正前には、転得者についても受益者と同様に扱われていたが、新法では、転得者に対して詐害行為取消請求をする場合について新たな規定が設けられ、以下のように取扱いが変更された。

　①転得者が受益者から転得した者である場合には、転得の当時、債務者の行為が債権者を害することを知っていたときに限り、転得者に対して詐害行為取消請求をすることができる（新424条の5第1号）。転得者の悪意

は、取消債権者が主張・立証しなければならない。受益者に対して詐害行為取消請求できることが前提であるから、受益者も悪意でなければならない。転得者であっても、「債務者」の行為についての悪意であることに注意すべきである。

②転得者が他の転得者から転得した者である場合には、その転得者およびそれより前のすべての転得者（中間転得者）が、それぞれの転得の当時、債務者の行為が債権者を害することを知っていたときに限り、その転得者に対して詐害取消請求をすることができる（同条2号）。この悪意についても取消債権者が主張・立証責任を負う。受益者に対して詐害行為取消請求できることが前提であるから、受益者も悪意でなければならないのは①と同様である。

　改正前には、以上と異なり、受益者と同様、転得者の善意が転得者の抗弁となると解されていたが、新法では、破産法の否認権の要件に合わせて、詐害行為取消請求の要件とされた。また、改正前には、転得者が悪意の場合には、受益者が善意であっても、取消しの効果は原告と被告間で相対的に生じるので（相対的取消し）、債権者は、転得者に対して詐害行為取消請求をすることができると解されてきた（最判昭和49・12・12金法743号31頁）。前述のように、新法では、相対的取消しという法理は採られないものの、転得者に対する詐害行為取消しの効果は、債務者と当該転得者に及ぶが（新425条）、受益者や中間転得者には及ばないこととされた。しかし、これに関しても、新法では、否認権の場合と同様にして、債務者と当該転得者の間に善意者が存在する場合には、法律関係の画一的処理の観点から（そうしないと、転得者から受益者や債務者に対して不当利得返還請求などができるかという厄介な問題が生じる）、そもそも受益者が悪意でなければならないとされたのである。

(4)　権利の行使方法・出訴期間

(a)　行使方法

　詐害行為取消権を行使するには、訴えによる必要がある（新424条1項本文）。債権者自身の名による訴えであり、前述のように、判例・通説によれば、形成訴訟（取消し）と給付訴訟（返還請求）が一体化した訴えである。訴えは反訴であってもよいが（最判昭和40・3・26民集19巻2号508

頁)、抗弁として行使することは認められないと解されている（最判昭和39・6・12民集18巻5号764頁）。当事者間の法律関係に重大な変更をもたらすのに、抗弁では判決の主文にそれが表れないからだとされている。

すでに述べたように、被告は、悪意の受益者または悪意の転得者であり、債務者は含まれない（新424条の7第1項）。しかし、新法の下では、債務者にも確定判決の効力が及ぶことから、債務者に対する手続保障として、債権者は、詐害行為取消訴訟を提起したときは、遅滞なく、債務者に訴訟告知をしなければならない（新424条の7第2項）。

(b) 期間の制限（出訴期間）

詐害行為取消請求の訴えは、①債権者が詐害行為をしたことを知った時から2年を経過したとき、または、②詐害行為の時から10年を経過したときは、提起することができない（新426条）。改正前は、詐害行為取消権の消滅時効として債権者が取消原因を知った時から2年、除斥期間として行為の時から20年という期間が定められていたが（旧425条）、新法では、短期の期間の起算点を明確にするとともに、いずれも出訴期間に変更し、長期の期間は10年に短縮された（破176条もこれに合わせて10年に短縮された）。したがって、時効の完成猶予や更新といった規定（新147条〜161条）の適用はない。①と②のいずれか早いほうの経過で取消訴訟を提起できなくなる。これらの期間制限の主張は被告の抗弁である。

その他に、債務者につき破産手続が開始した後は、取消訴訟を提起できない。財産の回復は破産管財人の専権事項となり、否認権行使によることになる（破160条以下）。取消訴訟継続中に破産手続が開始した場合には、訴訟は中断し、破産管財人または相手方の受継の申立てにより、破産管財人が訴訟を受け継ぐ（破45条1項、2項）。

6 詐害行為の判断基準

・詐害行為の客観的要件と主観的要件は相関的に判断されるが、一般的には、責任財産の増減を基本とし、それ以外の要素も考慮して判断する。

・相当の対価での財産処分行為は、原則として詐害行為にならないが、例外的に、債務者が財産を隠匿するおそれがあるときは詐害行為になる。
・特定の債権者に対する弁済は、正当な義務行為であり、原則として詐害行為にならないが、例外的に、債務者が支払不能であった時に受益者と通謀してなされたときは詐害行為になる。
・特定の債権者に対する期限前の弁済は、義務的な行為ではなく、債務者が支払不能になる前30日以内に受益者と通謀してなされたときには詐害行為になる。
・特定の債権者に対して担保を供与した場合についても、弁済と同じように処理される。
・特定の債権者に対する過大な代物弁済は、消滅した債務を超える部分について詐害行為になる。

◆ 条 文 ◆

(1) 詐害行為の一般的判断基準

　前述したように、詐害行為の客観的要件（詐害行為性）と主観的要件（詐害の意思）は、要件としては別であっても、実際には相関的に判断されている。しかしそれは、場当たり的な判断でよいということではない。債権者を害する（無資力となる）か否かが問題なのであるから、第一には、責任財産減少の有無（プラス・マイナス計算）を基本とし（贈与などが典型的）、第二に、それ以外の要素（当該行為の目的・動機の妥当性、手段の相当性、通謀の有無など）も考慮して判断する、というのが一般的な基準となる。ただし、主観的な悪質性が高い場合（通謀、抜け駆け）には債権者を害する行為であると判断されやすい。以下では、相関的判断の結果として取消しの対象となる行為を詐害行為と呼んでおく。

　いずれにせよ具体的には、問題になることが多い行為類型ごとに検討しなければならない（なお、家族法上の行為については前述した）。そこで改正では、詐害行為性が問題になりやすいいくつかの行為類型について、詐害行為の判断基準が明文化された（新424条の2 ～ 424条の4）。

(2) 相当の対価を得てした財産処分行為
(a) 相当価格での売買等

相当でない廉価での売買等が詐害行為であることに疑いはない。相当価格での売買等については、以前の学説では、債務者の財産処分の自由、経済的活動の自由からして、相当価格での売買は常に詐害行為にならないとする見解が多かったが、そのように画一的に考える必要はなく、最近では、相関関係説により、代金を有用の資（生活費、事業の運転資金、子女の教育費など）に充てれば、詐害行為にならないと解されていた（大判大正6・6・7民録23輯932頁、最判昭和41・5・27民集20巻5号1004頁）。

改正では、破産法の否認権（破161条）との連続性・同質性を考慮することとされ、それと同様の枠組みが採用された。すなわち、相当の対価を得てした財産処分行為は、原則として詐害行為にならないが、①当該行為が財産の種類の変更（不動産から金銭へなど）により、債務者が隠匿等をするおそれを現に生じさせるもので、②債務者が当該行為の当時、対価として取得した金銭等を隠匿等する意思を有しており、③受益者が債務者の意思を知っていたことのいずれをも債権者が主張・立証した場合には、詐害行為となる（新424条の2）。

①については、隠匿等が実際に行われたことまでは必要なく、そのおそれで足りるが、「現に」とされているので、一般的・抽象的な危険性ではなく、具体的な危険性があることを示さなければならない。③は、詐害行為取消権の一般的要件である受益者の悪意と重複するが、本条の場合には、取消債権者が主張・立証しなければならない点で異なる。

(b) 新規借入れに伴う担保の設定

新規に金銭を借り入れ、その債権者のために担保を設定することは、債務者の経済的自立のための努力であることが多く、またやむを得ない借入れであることもある。そこで改正前には、借入れの目的・目的物の価格等に照らして妥当であれば、詐害行為にならないと解されていた（最判昭和42・11・9民集21巻9号2323頁〔子女の教育費に充てるための借入れ〕）。

改正では、このような行為もまた、担保の設定によって責任財産が流出する反面、借入れによって金銭が責任財産に入ってくることから、(a)と同様に処理される（新424条の2は、「対価を得て財産を処分する行為」と規定し

ている)。

(3) 特定の債権者を利する行為（偏頗行為）
(a) 義務的な債務消滅行為

　既存債務の弁済は、プラス財産が減少するが、債務というマイナス財産も減少するので、責任財産全体は減少しない。また、債務者にとって義務的行為であり、債務者の資産状態を正常化しようとする正当な行為でもある。したがって、従来は、原則として詐害行為にならないが、例外的には、資産状態が悪化した債務者がとくに一人の債権者にだけ利益を得させようとする意図で共謀したというように、抜け駆け的な弁済（偏頗行為）は詐害行為になると解されてきた（最判昭和33・9・26民集12巻13号3022頁、最判昭和46・11・19民集25巻8号1321頁）。破産法の否認権についても、2004年の改正により、弁済が偏頗行為として否認される場合が限定されている（破162条）。

　改正では、このような事情から、破産法（破162条）との連続性・同質性を考慮することとされ、それと同様の枠組みが採用された。すなわち、特定の債権者に対する債務の消滅行為は、原則として詐害行為にならないが、①債務者の支払不能の時にされたもので、②債務者と受益者の通謀により他の債権者を害する意図でなされたことのいずれをも債権者が主張・立証した場合には、詐害行為となる（新424条の3第1項）。支払不能とは、債務者が支払能力を欠くために弁済期にある債務を弁済できない状態をいう。

　単に行為がなされたことだけでなく、他の債権者を害する意図で通謀された場合（ここでの害意は文字通り害する意図）でなければならない点では、破産法の否認権よりも要件が厳しい。

(b) 非義務的な債務消滅行為

　債務消滅行為が債務者の非義務的な行為である場合とは、たとえば代物弁済や期限前の弁済の場合である。改正前には、代物弁済は、責任財産全体の減少はないが、金銭よりも消費しにくい財産の流出になり、また当事者の合意が前提になるので通謀していることにもなるとして、原則として詐害行為であると解されてきた（大判大正8・7・11民録25輯1305頁、最判昭和39・11・17民集18巻9号1851頁、最判昭和48・11・30民集27巻10号1491頁

〔通謀もある事例〕）。

　改正では、非義務的な行為についても、破産法（破162条）との連続性・同質性を考慮しながら、義務的な行為の場合よりも緩やかな要件の下で詐害行為となることとされた。すなわち、特定の債権者に対する非義務的な債務消滅行為は、①債務者が支払不能になる前30日以内に行われ、②債務者と受益者の通謀により他の債権者を害する意図でなされたことのいずれをも債権者が主張・立証した場合には、詐害行為となる（新424条の3第2項）。

　期限前の弁済がこのような行為に当たりうることに問題はないが、代物弁済については、非義務的な行為として含まれると解するのか、それとも破産法との連続性・同質性を重視して含まれないと解するのか（破162条には期限前の代物弁済は含まれていない）、必ずしも明確でない。後者のように解すると、代物弁済については、(a)の場合のほか、後述するように、過大な代物弁済だけが規制の対象となってしまう。民法の解釈としては、非義務的な行為であることから本項の対象になると解すべきである。

(c)　既存の債務のための担保供与

　改正前には、既存の債権者の一人にだけ担保を供与することは、財産減少行為であるだけでなく、抜け駆け的債権回収を許すことになるので、詐害行為となると解されてきた（最判昭和32・11・1民集11巻12号1832頁、最判昭和44・12・19民集23巻12号2518頁）。改正後は、このような行為は、新424条の3にいう担保の供与にまさにあたるので、(a)または(b)によって規律されることになる。

(4)　**過大な代物弁済**

　代物弁済は、上記のように新424条の4の対象となるが、それとは別に、期限前であるか否かを問わず、受益者の受けた給付額が消滅した債務額よりも過大なものであるときは、過大な部分について詐害行為となる（新424条の4）。これも破産法（破160条2項）に合わせたものである。過大であることの主張・立証責任は取消債権者にある。

　この結果、債権者は、代物弁済については、(a)、(b)で代物弁済全体を取消しの対象とすることができ、それが認められない場合でも、本条によっ

て過大部分のみを取消しの対象とすることができることになった。

◆ 発展問題 ◆
否認権との連続性・同質性

　詐害行為の判断基準に関する新法は、部分的には従来の判例・学説の動向に配慮しつつ、全体としては、破産法の否認権との連続性・同質性を極めて重視したものである。したがって、否認権における否認の対象と詐害行為取消権における取消しの対象とはほぼ同じになっている。判断基準以外の問題については、それぞれの特殊性が認められているが（原告の違い、効果の違いなど）、それらと切り離して判断基準だけは統合するということをどのように評価すべきであろうか。今後、どのような行為が詐害行為となるかについて展開される解釈において、解釈の方向性に違いを生じる原因となるのではなかろうか（新424条の3第2項に期限前の代物弁済が含まれるかという問題には、すでにそれが現れている）。

7　詐害行為取消権の効果

> ・詐害行為取消権の効果は、詐害行為の取消しと財産の取戻しである。
> ・財産の取戻しは、現物返還を原則とするが、現物返還が困難なときは価格の償還を請求することができる。
> ・取消しの範囲は、取消債権者の債権額を限度とするが、目的物が不可分である場合には全部取り消すことができる。
> ・目的物の返還は、債務者にすることを原則とするが、金銭、動産については、取消債権者への直接請求が認められる。
> ・取消債権者は、直接請求によって金銭を受領した場合には、自己の債権と債務者への返還債務とで相殺することができる。
> ・確定判決の効果は、取消債権者と相手方である受益者または転得者間だけでなく、債務者および債務者に対するすべての債権者に及ぶ。
> ・目的物を返還した受益者・転得者は、債務者・受益者に対してした反対給付の返還または価格の償還を請求することができる。

◆ 条 文 ◆

(1) 取消しの効果

(a) 原則

　詐害行為取消請求の効果は、詐害行為の取消しと財産の取戻しである（新424条の6第1項前段、同条2項前段）。取戻しは、原則として現物返還による。責任財産の回復が目的だからである。改正前の判例もそのように解していた（大判昭和9・11・30民集13巻2191頁）。不動産の譲渡の場合には、登記の抹消請求であるが、転得者からの返還の場合には債務者への移転登記でよい（最判昭和40・9・17訟月11巻10号1457頁）。なお、受益者に交付された金銭の返還は現物請求であるが、転得者を被告とする詐害行為取消請求では、転得者に交付された金銭については、次の価格償還として捉えられている（新424条の9第1項が転得者に対する財産の返還として金銭の支払いを規定していないからである）。

(b) 例外

　例外的に、現物返還が困難なときは価格償還による（新424条の6第1項後段、同条2項後段）。目的物が受益者から転売された場合には、転得者に対して現物返還を請求するか、受益者に価格償還を請求するかを選択すればよいが、転得者が善意であるときは、受益者に対する価格償還請求をするほかない。目的物が受益者のもとにあっても、原状が変更され回復困難な場合にも価格償還によるほかない。無償譲渡の場合でも、目的物の価値を客観的に評価するのは当然である。

　また、目的不動産に抵当権が設定されていても、抵当権が付いたまま返還すればよいが（最判昭和54・1・25民集33巻1号12頁）、詐害行為を契機にその抵当権が消滅しているような場合（売却代金で弁済して抵当権を抹消したとか、抵当権者にその不動産を代物弁済したといった場合）には、詐害行為を取り消しても抵当権は復活しないので、不動産を取り戻すことによって取消債権者や債務者が不当に利益を得てしまうことになる。そこで、このような場合には価格償還のみ請求できると解されている（最判昭和63・7・19判時1290号70頁）。共同抵当の目的物が全部売却されて抵当権が消滅した場合でも、被担保債権はすべての不動産に按分で割り付けられるので、被担保債権額を超える範囲で一部の不動産の現物返還によるのではな

く、価格償還による（最判平成4・2・27民集46巻2号112頁）。

　価格償還の償還額算定の基準時は、原則として詐害行為取消訴訟の事実審の口頭弁論終結時である。現物返還であれば、現時点での価値が回復されるからである。詐害行為後に価格が高騰した場合でも、詐害行為がなくても債権者がその利益を得ることができなかったと認められるなどの特別の事情がない限り、原則による（最判昭和50・12・1民集29巻11号1847頁）。

(2) 取消しの範囲

　取消しの範囲は、目的物が可分であるときは、詐害行為時における取消債権者の債権額を限度とする（新424条の8第1項）。改正前の判例法理（大判明治36・12・7民録9輯1339頁）と同様である。金銭の処分が詐害行為とされる場合を考えると分かりやすい。価格償還を請求する場合でも同じである（同条2項）。被保全債権が担保付債権であるときは、担保で不足する額を限度とする。目的物が可分であれば、債権額相当部分を限度とする一部取消しになる。

　取消しは債務者に対するすべての債権者にも効力を生ずることからすれば（新425条）、全債権者の債権総額を限度としてもよいようにも思われるが、後述のように、取消債権者による事実上の優先的債権回収が認められるので、これと連動して範囲が限定されているのである。

　目的物が不可分である場合には、取消債権者の債権額を超えても全部取り消すことができる（新424条の8の反対解釈）。これも改正前の判例法理（最判昭和30・10・11民集9巻11号1626頁〔建物〕）と同様である。不動産の場合には通常これにあたることが多いであろう。

(3) 目的物返還の相手方

(a) 原則

　目的物は債務者に返還するのが原則である（前掲、最判昭和54・1・25など）。これは、取消しがすべての債権者に共通の責任財産とすることを目的とすること（新425条）からすれば、当然である。したがって、取消債権者が自己の債権の満足を得るためには、債務者に対して強制執行する必要があり、他の債権者もこれに配当加入できる。ただし、目的物が動産で受益者・転得者が提出を拒まない場合には、債務者に返還されるのを待つ

までもなく、これらの者が占有する動産について差押えをすることができる（民執124条）。

(b) **例外**

取消しの目的物が金銭、動産である場合には、取消債権者への直接請求（取消債権者への支払請求、引渡請求）が認められる（新424条の9第1項前段）。改正前の判例法理（大判大正10・6・18民録27輯1168頁、最判昭和39・1・23民集18巻1号76頁）を明文化したものである。ただし、転得者に対しては動産の引渡請求だけが規定されているのは、前述のように、転得者が金銭を取得した場合については価格償還であると捉えられているためである。しかし価格償還の場合にも直接請求が求められるので（同条2項）、具体的な違いはない。直接請求に応じた受益者、転得者は、債務者に対する返還義務を免れる（同条1項後段）。当然である。逆に言えば、取消しの効果は債務者にも及ぶので、受益者、転得者は、債務者に対して財産の返還ないし価格償還をしてもよく、その場合には直接請求はもはや認められない。

このような直接請求は、債務者が受取りを拒否した場合に受取りを強制する方法がないこと、受け取っても費消されてしまうおそれがあることによると説明されている。不動産の場合には債務者に登記が戻されれば強制執行でき、登記には受け取らないということがない（判決をもって登記申請できる）ので、直接請求は認められない（最判昭和53・10・5民集32巻7号1332頁参照）。

(c) **直接請求の効果**

直接請求を認めると、取消債権者がその後それをどのように扱うかという問題が生じる。改正前の判例法理では、取消債権者には、受領した物を他の債権者に分配する義務はないと解されてきた（最判昭和37・10・9民集16巻10号2070頁）。また、金銭を返還する受益者も債権者の一人である場合、受益者が按分により自己に配当される予定額をあらかじめ控除し、その分だけ返還に応じないということも認められないと解されてきた（前掲、最判昭和46・11・19）。事実上、受益者が優先弁済を受けてしまうことになるからである。

改正によっても、取消しの効果はすべての債権者に及ぶが、それによって取消債権者に分配義務を課すことはできないであろう。また、取消しによる現物返還、価格償還に応じた受益者が債務者に対して有していた債権は原状に復するが（新425条の3）、後述のように、原状回復のためには返還・償還することが先履行になるので（同条の文言上「したときは」とある）、あらかじめ原状に復する債権分を控除することも認められないと解すべきである。

取消債権者が直接請求によって金銭を受領した場合に、自己の債権と債務者への返還債務とで相殺することができるかという問題については後述する（◆**解釈**◆参照）。

(4) 取消しの効果が及ぶ人的範囲

詐害行為取消訴訟の判決は、原告・被告だけでなく、債務者および債務者に対するすべての債権者に対しても効力を生じる（新425条）。したがって、確定判決が勝訴であれ敗訴であれ、その既判力はこれらの者に及ぶ。債務者にも効果が生じるというのは、改正前の判例・通説からの大きな変更点である。改正前の判例・通説によれば、詐害行為取消権行使の効果は、原告である取消債権者と被告である受益者または転得者間でのみ効果を生じると解されてきた（相対的取消し。大連判明治44・3・24民録17輯117頁）。すなわち、債務者には判決の効果が及ばないので、たとえ取消しが認められても、債務者・受益者間では、なされた行為の効果には影響がなくそのまま有効である（たとえば、弁済が取り消されても、弁済していなかったことにならないし、不動産の譲渡が取り消されても、譲渡がなかったことにはならないので、債務者は再度弁済したり代金を返還したりする必要はない）と解されてきた。

しかし、実際には、債務者のもとに財産が回復され（たとえば不動産の登記が戻る）、受益者が債権者の一人であったときは詐害行為によって消滅した債権が回復すると解される（大判昭和16・2・10民集20巻79頁）というように、債務者にも効果が及んでいるとしか解されない状況が生まれ、他方では、たとえば受益者が売買によって財産を取得した場合にそれが取り消されても、債務者には取消しの効果が及ばないために代金返還請求ができないといった不合理な結果も招いていた。このような状況を克服する

ために、常に問題の中心にいる債務者を共同被告とするか、訴訟告知を義務づけ、受益者には強制執行への配当加入などを認めるべきではないかといった議論がなされていた。

そこで改正では、確定判決の効果は債務者にも及ぶとして、その後の処理を簡明にしようとしたのである。前述のように、債務者の知らないところで取消訴訟が提起されその効果が及ぶことを避けるために、債権者が取消訴訟を提起したときは、遅滞なく債務者に対して訴訟告知をしなければならない（新424条の7）。

ただし、新法で注意すべきは、転得者に対して訴訟を提起した場合に、その判決の効力は、その転得者の前の受益者や中間転得者には効果が及ばないということである。この意味では、判決の効果が相対効から絶対効に変更されたということではない。したがって、当該転得者が現物返還や価格償還をしても、受益者や中間転得者に対して有していた債権が回復されることはないし、反対給付をしていてもその返還を求めることもできない。しかしこれでは当該転得者は一方的に不利な立場に置かれることになる。そこで新法では、以下のように、このような転得者を保護するために特別の規定が設けられた（新425条の4）。

(5) **債務者・受益者間の関係**
(a) **反対給付の返還**

受益者に対する詐害行為取消請求が認められた場合には、受益者が詐害行為の目的物を取得するために債務者に対してした反対給付の返還を債務者に請求することができ、現物返還が困難であるときは価格の償還を請求することができる（新425条の2）。たとえば、不動産売買が詐害行為とされた場合には、受益者はその代金の返還を債務者に請求することができる。財産の交換契約をしたが、反対給付として債務者に引き渡した物が滅失していたときは、その価格の償還を請求する。

受益者による現物返還・価格償還が先履行であることは規定上は直接には明らかでないが、立法過程では、先履行であることが前提とされている。したがって、受益者が取消しの結果として価格償還する場合に、債務者に対しても反対給付の返還として金銭の返還または価格償還を請求するときでも、自己の反対給付分をはじめから控除して価格償還することはで

きないと解される。

　改正前は、詐害行為の取消しを認める判決があっても、相対的取消しを前提にする限り、債務者・受益者間の法律関係には影響がないと解されていたが、それでは受益者の負担で債務者が二重の利益を得てしまうことになるので、受益者の損失をどのように扱うかが問題とされていた。学説では、取消しにより返還された財産に対して強制執行がなされた場合には債務者は他人の財産で弁済したことになるので不当利得となると解する説や、債務者が返還をした段階で不当利得返還請求権が発生すると解する説などが主張されていたが、このような構成をすると、結果的に債務者にも取消しの効果が及ぶことを認めることになるという難点があった。新法は債務者にも効果が及ぶとしてこの問題を解決したのである。

(b)　**債権の回復**

　受益者に対する債務者の債務消滅行為（弁済など）が詐害行為と認められた場合に、受益者が債務者に対して現物返還ないし価格償還としたときは、受益者が有していた債権は原状に回復される（新425条の3）。これは、前述したように改正前の判例でも認められていたが（前掲、大判昭和16・2・10）、相対的取消しという構成には合わないところがあった。新法では債務者にも効果が及ぶのであるから、むしろ当然のこととなった。

　ただし、過大な代物弁済であることを理由にその過大な部分が取り消された場合には、債権は回復されない（新425条の3括弧書）。過大でない部分と債権とが釣り合いが取れて消滅しているのであるから、それ以上債権が回復するいわれはないからである。

(6)　**債務者・転得者間の関係**

　転得者に対する詐害行為取消請求では、取消しの効果が受益者や当該転得者の前の転得者（中間転得者）に及ばないので、債務者と転得者との法律関係は複雑になる。受益者や中間転得者と当該転得者間の行為はそのまま有効であるとすると、当該転得者が債務者または取消債権者に現物返還、価格償還をしても、自己の前者に対して反対給付の返還請求ができず、前者に対して有していた債権も回復されない。しかしこれでは、当該転得者に一方的に不利である。

そこで新法では、このような転得者を保護するために特別の規定が設けられた（新425条の4）。また、これに合わせて、破産法の否認権についても、破産者と転得者間の調整規定が設けられた（破170条の2、170条の3）。

(a) **財産処分行為が取り消された場合**

債務者の財産処分行為が取り消された場合に、転得者が前者から取得した財産を現物返還または価格償還をしたときは、転得者は、仮に受益者が現物返還または価格償還をしたとすれば債務者に対して行使できた権利（新425条の2による反対給付の返還請求権または価格償還請求権）を、自己が前者から財産を取得するためにした反対給付額を限度として、債務者に対して行使することができる（新425条の4第1号）。

たとえば、債務者が不動産を受益者に1000万円で売却し、受益者が転得者に800万円で転売していたときには、転得者は、受益者が債務者に対して有するはずの1000万円の返還請求権を、800万円を限度として債務者に対して行使できる。これによって、取消しの効果が及ばない受益者との関係をそのままにして、債務者と転得者間で利害に調整をすることができる。債務者または取消債権者への現物返還ないし価格償還が先履行であることは、受益者の場合と同様である。

(b) **債務消滅行為が取り消された場合**

債務者の既存債務の消滅行為が取り消された場合に、転得者が前者から取得した財産を現物返還または価格償還をしたときは、転得者は、仮に受益者が現物返還または価格償還をしたとすれば受益者が回復したであろう債権（新425条の3）を、自己が前者から財産を取得するためにした反対給付額または前者との関係で消滅した債権額を限度として、債務者に対して行使することができる（新425条の4第2号）。

たとえば、債務者が受益者に対する1000万円の債務を弁済し、受益者がこれを転得者に対する自己の債務1200万円の一部弁済に充てたときは、転得者は、受益者が債務者との関係で回復するはずの1000万円の債権を債務者に対して行使することができる。これにもまた、取消しの効果が及ばない受益者との関係をそのままにして、債務者と転得者間で利害に調整をすることができるとするものである。債務者または取消債権者への現物返還

ないし価格償還が先履行であることは、受益者の場合と同様である。

◆ 解 釈 ◆
(1) 現物返還と価格賠償の選択
　現物返還ができるときでも価格賠償を請求できるか。この点は新法でも必ずしも明らかでない。受益者・転得者がともに悪意である場合には、債権者は、受益者に対して価格償還を請求するか、転得者に対して現物返還を請求するかを選択することができると解されている（前掲、大連判明治44・3・24）。しかし、同一人に対する請求では、詐害行為取消権は責任財産の回復を目的とする制度であり、同様に解することはできない。取消債権者による優先的な債権回収機能を重視する立場からすれば、価格償還によれば事実上それがはかられるので、むしろ積極的に選択を認めるべきだということになろうが、価格賠償は例外にとどまるとする規定が設けられた新法の下では（新424条の6）、任意の選択は認められないと解すべきであろう。

(2) 直接請求後の相殺の可否
　取消債権者が受益者ないし転得者から直接金銭の支払いを受けた場合には、取消しの効果が債務者にも及ぶことから、受領した金銭を債務者に返還すべき債務を負う（不当利得返還債務）。しかし自己の債権を自働債権とし、この債務を受働債権として相殺すれば、事実上、他の債権者に優先して弁済を受けたことになる。このような結果は、改正前の判例でも認められていたが（大判大正9・12・24民録26輯2024頁）、厳密にいえば、相対的取消しという構成からすると債務者に取消しの効果は及ばないので、債務者が不当利得返還請求権を有するわけではないという問題があった。しかし、新法の下では、取消しの効果は債務者にも及ぶので、相殺をすることに法律構成上の問題はなくなった。

　以上の結果は、受益者も債権者の一人であった場合には、先に自己の債権を回収しようとした受益者の「早い者負け」、後で詐害行為取消しをした債権者の「遅い者勝ち」の結果となる。抜け駆けをしようとした受益者が不利益を被るのもやむを得ないとの評価も成り立ちうるが、後で登場した取消債権者の受ける利益との差は著しい。また、取消債権者以外の債権

者は、新425条によって取消の効果が及ぶにもかかわらず、取消しの利益を享受できないことになる（共同原告になるか、別訴を提起して併合審理してもらうほかない）。このため、改正作業の過程では、相殺を一切禁止することや、一定期間禁止して他の債権者に配慮することが検討されたが、結局はコンセンサスが得られず、相殺を認めるとする規定もこれを禁止する規定も設けられなかった。このような事情の下では、従来の取扱いがそのまま維持されることになろう。直接請求は、目的物の性質からするやむを得ない場合に認められるという新法の趣旨と、実際上の機能は大きく乖離したままとなった。

◆ 発 展 問 題 ◆

(1) 残された利害調整問題

取消権者の直接請求の内容が金銭の支払請求である場合には、相手方である受益者・転得者の債権者との優劣が問題になる。このような債権者は債務者の債権者ではないので、取消しの効果が及ばない。債務者への現物返還の場合には、それらの債権者からすれば、受益者・転得者の責任財産から財産が流失することを認めざるを得ないので、結局、取消債権者が優先することになる。このことからすれば、金銭の支払請求の場合にも取消債権者に優先権があってもよいとも思われるが、他方では、後から入ってきた取消債権者がなぜ優先するのか、解釈上それを正当化する構成をすることは困難であろう。したがって、取消債権者と受益者・転得者の債権者は対等な立場に立つと解するほかないであろう。

(2) 改正の理論的一貫性

改正によって、以上のような細かな問題のほかは、従来の判例法理を採用せず、法律構成をすっきりさせることにより、解釈上の問題のほとんどが解決された。しかし、一番大きな問題であった直接請求の可否とその後の相殺の可否については、従来の判例法理をそのまま維持するだけでなく、それにお墨付きを与える結果となった。その限りでは、改正は、実務的には実益が大きいが、理論的には、一方では破産法の否認権との連続性・同質性をはかりながら、他方ではそれに対する独自性を認めることになっており、はたして一貫したものといえるのか疑問がある。そもそも論

になってしまうが、詐害行為取消権という制度を保全処分、強制執行、破産法と別に認めることの意義について結論を出しておくべきではなかったか。今後の解釈に委ねるというのでは、制度の利用者にとってあまりにも不確定で負担が大きい。

第22章 債権の人的担保

1 多数当事者の債権債務

- 多数当事者の債権債務とは、一人の債務者に対して複数の債権者が同一内容の複数の債権を有する場合、および一人の債権者に対して複数の債務者が同一内容の複数の債務を負っている場合である。
- 民法では、分割債権・債務、不可分債権・債務、連帯債権・債務、保証債務について規定がある。
- 保証、連帯保証は、他人の債務の履行を担保するものであり、人的担保と呼ばれている。

◆ 条 文 ◆

(1) 意義

　民法427条～新465条の10は、多数当事者の債権債務について定めている。これは、一人の債務者に対して複数の債権者が同一内容の複数の債権を有する場合、および一人の債権者に対して複数の債務者が同一内容の複数の債務を負っている場合である。具体的には、複数の債権者が存在する場合として、分割債権（民427条）、不可分債権（新428条、新429条、民431条）、連帯債権（新432条～435条の2）が規定されており、複数の債務者が存在する場合として、分割債務（民427条）、不可分債務（新430条、民431条）、連帯債務（新436条～445条）、保証債務（新446条～465条の10）が規定されている。また、連帯保証は保証の一場合として規定されている（民454条、新458条）。

(2) 特徴

多数当事者の債権債務関係では、通常の一対一の債権債務関係と異なる特殊な問題が生じる。すなわち、①対外的には、どのように債権を行使しまたは債務を履行するか、また、複数の債権者・債務者の一人に生じた事由が他の債権者・債務者にどのように影響するかが問題になり、②内部的には、複数の債権者・債務者間の負担割合をどうするかが問題になる。とくに取引上重要なのは①の問題であり、民法はこれについて多くの規定を設けている。

◆ 解　釈 ◆

(1) 債権債務の共同帰属との関係

多数当事者の債権債務関係は、共同所有における債権または債務の共同帰属に似ている。たとえば、複数の者が共同所有している物を売却した場合、共同所有者は、買主に対して代金債権を有し、引渡債務を負う。しかし、このような場合には、債権または債務は1個であり、それが財産の共同所有のゆえに、債権者または債務者が複数存在するにすぎない。したがって、相手方に対する債権・債務のあり方は、その共同所有における人的結合関係に応じて決まるはずである。しかし、この共同所有形態が民法の定める狭義の共有であるときは、所有権以外の財産権を準共有する場合の「法令に特別の定めがあるとき」（民264条ただし書）として、多数当事者の債権債務の規定が適用されると解されている（代金債権のような可分債権は民427条により各共有者の分割債権になる）。しかし合有や総有ではそのようにいうことはできず、多数当事者の債権債務の規定が自動的に割り振られるのではなく、合有や総有の性質に従って、債権は構成員全員で、または共同所有の団体が行使でき、債務は構成員個人の財産ではなく、共同所有の基礎となっている団体財産を引当てとすると解されている。

このように、多数当事者の債権債務は、結果的に債権債務の共同帰属と一部で重なるが、共同所有における諸形態を反映したものではない。

(2) 債権の人的担保

多数当事者の債権債務の規定の多くは、連帯債務と保証にあてられている。これは、法律関係が複雑であることにもよるが、これらの人的担保と

しての機能が重要であることを示しているともいえよう。というのは、多数当事者の債務では、同一内容の給付について複数の債務者がそれぞれ独立して全部の給付をすべき義務を負うので、このような特性は、実際上、ある債務について責任を負う者を増やす効果をもたらすからである。たとえば、AがBに対して金銭債権を有している場合に、Cもまた同一内容の債務をAに対して負うとするのが連帯債務である。しかし、連帯債務は、Aにとっては強力な方法ではあっても、Cにとっては実際には借りてもいない金銭を借りていることになってしまう。そこで、Cは債務を負っているわけではないが、もしBが債務を返済しない場合にその代わりに返済するとするのが保証である。しかし、保証では、Cの責任は二次的であり、AはBのほうから先に取立てをしなければならず、不都合である。そこで、利用されるのが連帯保証である。これによれば、Cはあくまで保証人であり連帯債務者ではないが、債務の返済については、CはBと連帯してほぼ同様の責任を負い、AはCから先に取り立ててもよい。このように、連帯保証は、債権者およびその債権関係に組み入れられる者の双方にとって都合がよい制度であり、実際の取引において最も頻繁に利用されている。本書では、このような多数当事者の債務の機能を重視し、**2**以下では、保証を中心に解説し、その後にその他の多数当事者の債権債務について解説することにする。

　このような多数当事者の債務（とくに保証、連帯保証）の担保的な機能は、物を担保とする担保物権（抵当権など）と異なり、他人の資力を担保とするものであり、担保物権が物的担保と呼ばれるのに対して、人的担保と呼ばれている。

　なお、人的担保という観点からは、多数当事者の債務以外で同様の機能を果たしている制度・概念に注意しておくことが必要である。たとえば、前述した併存的債務引受は、債務者と併存して債務を引き受けるものであり、引受人と債務者の関係は連帯債務になる（第20章**1**◆**条文**◆(2)参照）。また、債権譲渡は、債務者が債務を返済しない場合に備えて債務者の債権の譲渡を受けておくように、債権譲渡担保として頻繁に利用される（第19章**6**参照）。

2 保 証

- 保証は、主たる債務者がその債務を履行しないときに、保証人がその履行をする責任を負う契約である。
- 保証は、主債務契約とは別の契約であり、債権者と保証人との間で締結される。
- 保証契約は書面でしなければ無効である。
- 保証債務には、主債務とは別個の独立した債務であると同時に、主債務の存在を前提にそれに附従した債務であるという二面性がある。
- 保証債務の附従性は、保証の成立、範囲、主債務者に生じた事由の影響などに現れる。
- 保証人は、催告と検索の抗弁権を有する。

◆ 条 文 ◆

(1) **保証の意義・種類**

(a) **意義**

　保証とは、主たる債務者がその債務を履行しないときに、保証人がその履行をする責任を負う契約である（新446条1項）。保証人も保証契約の債務者であるため、保証の対象となる元の債務・債務者は、保証債務・保証人と区別して主債務・主債務者と呼ばれる。

(b) **種類**

　保証は、保証人の属性によって、個人保証と法人保証とに分けられる。個人保証では、保証人が安易に苛酷な責任を負担しやすく、あまりに保証人の資力などに見合わない保証は、適合性の原則に反する契約として無効になる。また、錯誤による取消しや信義則による解約なども問題になりやすい。民法は、保証を類型化していなかったが、2004年改正で、貸金債務の個人根保証について特別の保護規定が設けられた。また、2017年改正でも、事業のための債務の個人保証について特別の保護規定が設けられた。しかし、会社の債務を事業主や役員が保証する個人保証で、主債務が実質

的に保証人自身の債務と同視できる場合には、保証人保護の要請は働かない。

　他方、法人保証は、法人が保証人になるものであり、保証人保護の要請はなく、逆に、保証人が用意した特約により民法の規定が排除されていることが多い（免責、求償特約など）。また、法人保証のうち、保証を業とする機関による保証を機関保証というが、信用保証協会による機関保証では、中小企業の融資を促進するという協会の公共性・公益性により、保証にはとくに公正性が求められる。これに対して、信用保証会社による機関保証は、通常の取引であり、そのような要請は働かない。

(c)　損害担保契約

　保証は主債務の存在を前提にしている。しかし、実際の取引では、主債務の存否にかかわらず、他人が被った損害を保証する契約が結ばれることがある。たとえば、身元保証は、雇用契約に際して労働者が将来負うことがある損害賠償をその身元を引き受けるように保証するために用いられる（過重負担になりやすいため、身元保証法で保護されている）。そのほか、商品の売主が契約どおりに納品されることを保証する納品保証、請負人が工事の完成を保証する工事完成保証などがある。これらでは保証という文言が用いられていても、その実体は、他人に生じうる未確定の損害を担保する契約であり、とくに損害担保契約と呼ばれている。

　また、経営指導念書は、子会社が金融機関から融資を受けるに際し、親会社が子会社の経営を指導し、金融機関に迷惑をかけないようにするという念書である。このような念書も保証に似ているが、下級審裁判例（東京地判平成11・9・30金法1584号85頁、東京地判平成12・12・20判タ1108号204頁など多数）は、保証としての効力を否定している。

(2)　保証の性質
(a)　保証取引の構造

　保証は、主債務契約とは別の契約であり、債権者と保証人との間で締結される。したがって、債権者を中心に、主債務契約と保証契約とが併存することになる。このように保証取引の全体は、債権者・主債務者・保証人からなる多数当事者の法律関係である。このため、保証債務には、①主債

務とは別個独立性のある債務であると同時に、②主債務の存在を前提に主債務に附従した債務であるという二面性がある。

なお、主債務者と保証人間には、実際上、保証委託契約が存在することが多い。しかし法的には、委託関係の存否は保証契約の成立に影響を及ぼさない（主債務者に対する求償に違いが出るだけである）。このため、保証委託関係の成否・存続などについて問題が生じても、保証契約の効力には直接影響がないと解されている（たとえば、最判昭和32・12・19民集11巻13号2299頁は、他にも連帯保証人があるといわれて保証人になったとしても、そのような錯誤は行為基礎事情の錯誤にすぎず保証の効力に影響がないとする）。債権者・主債務者・保証人が保証取引の前提となる事情（債務の内容、債務者の事情、担保の存否など）について共通の理解に基づいて保証取引を開始しているならば、その共通の基礎が崩れれば、保証は当然に効力を失うというべきである（私見）。しかし現段階では、このような理解に基づく法律構成は、判例・学説上確立しておらず、このような基礎の欠落は内容の錯誤でかつ重要な錯誤になりうると構成されざるをえない状況にある。

(b)　保証の性質

以上のような保証取引の構造から、保証について以下のような性質が導かれる。これらの詳しい内容は(3)以下で解説する。

(ア)　独立性

保証債務は、主債務とは別の独立した債務である。たとえば、主債務が民法上の債務であっても保証債務は商事債務となりうるし、消滅時効も別々に進行する。また、保証債務についてのみの違約金、損害賠償額の額を約定することができる（民447条2項）。

(イ)　附従性

保証債務は主債務の存在を前提にしている。これを附従性という。①成立における附従性（主債務が成立しなければ保証債務も成立しない）、②内容における附従性（保証債務は主債務よりも重くない〔新448条〕）、③消滅における附従性（主債務が消滅すれば保証債務も消滅する）がある。

(ウ) 随伴性

　保証債務は、主債務が移転するとそれに随伴して移転する。この場合、主債務について債権譲渡の対抗要件を備えれば、保証債務の移転についても対抗できる（大判明治39・3・3民録12輯435頁）。

(エ) 補充性

　保証債務は主債務が履行されない場合にはじめて補充的に責任を負う。このため保証債務の履行を求められた保証人には、主債務者に対する催告の抗弁権（民452条）と検索の抗弁権（民453条）が認められている。これは債権者にとって不都合な権利であり、これらのない連帯保証（民454条）が利用されることになる。

(3) 保証の成立
(a) 保証契約

　保証は、債権者と保証人間の契約である。明文で規定されているわけではないが、当然のことと解されている。保証と同様に人的担保の機能を果たす併存的債務引受は、債務者と引受人間ですることができ、債権者が引受人に対して承諾した時に効力を生じるので（新470条3項）、保証も主債務者と保証人間で締結し、債権者の承諾を得ることによって効力が生じるとする余地はある。そこで、改正作業の過程では、主債務者と保証人間の保証引受契約による保証の成立と債権者による同意に依る効力発生が提案された。しかし、併存的債務引受以外に、このような契約を認める必要性がないとして、結局は規定が設けられなかった。

　保証契約は書面でしなければ無効である（民446条2項）。電磁的記録によってなされたときは、書面によってなされたものとみなされる（同条3項）。したがって、保証契約は要式契約であることになる。以前は合意のみで成立するとされていたが、保証人が保証の成立を否認する事例が多く発生し、保証人の意思を明確にし、軽率な保証を防止するために、2004年の改正で書面契約とされた。しかし、連帯債務、併存的債務引受、損害担保契約は要式契約ではないので、書面のない保証がなされた場合、それは保証ではなくこれらの契約であると主張される可能性があり、人的担保としての一貫性がない。個々の契約解釈によらざるをえないが、保証で書面

(b) 保証の範囲

保証債務には、主債務のほか、主債務の利息、違約金、損害賠償その他主債務に従たるすべてのものが含まれる（民447条1項）。

また、保証債務は、その目的または態様において、主債務より重くてはならない（新448条1項）。たとえば、履行期限が主債務より長くなってはいけない。主債務より重いときは、主債務の限度まで減縮され、超過部分は無効となる。また、保証の成立後に主債務が増加しても保証債務が加重されることはないが（同条2項）、主債務が軽減されれば保証債務も減縮する。ただし、後述する根保証は、極度額を限度として主債務額が変動することを予定した保証であり、有効である。

(c) 保証人の資格

原則として、保証人の資格に制限はない。しかし、法律（民650条2項など）、裁判所（民29条1項など）または契約により、主債務者が保証人を立てる義務を負っている場合には、①行為能力および②弁済の資力を備えた者でなければならない（民450条1項）。保証人となった者が②の要件を欠くに至ったときは、債権者は代わりの保証人を請求できる（同条2項）。また、主債務者がこのような保証人を立てることができないときは、他の担保で代えることができる（民451条）。以上のいずれもできないときは、主債務者は債務の履行につき期限の利益を喪失し（民137条3号）、直ちに債務を履行しなければならなくなる。

以上のような義務がある場合でも、債権者が保証人を指名したときは、それによる（民450条3項）。この場合の資格に制限はない。

(4) 保証人の抗弁権

保証債務は、主債務に対する補充性があり、保証人は、保証債務の履行を請求された場合、催告の抗弁権と検索の抗弁権を有する。

催告の抗弁権とは、まず主債務者に催告すべきことを主張できる権利である（民452条本文）。ただし、主債務者が破産手続開始決定を受けたとき

または行方不明のときは、催告しても意味がないのでこの限りでない（同条ただし書）。この抗弁権を行使されても催告さえすればよいので、実際上はあまり重要でない。

検索の抗弁権とは、まず主債務者の財産から執行すべきことを主張できる権利である（民453条）。この場合、保証人は、①主債務者に弁済の資力があること、かつ②執行が容易なことを証明しなければならない。しかし資力は主債務全額の支払能力でなくてよく、また、容易とは執行のために格別の時間・費用を要しないことでよいと解されており（大判昭和8・6・13民集12巻1472頁）、実際上、証明は容易である（ただし不動産は執行容易とはいえない）。

以上の抗弁に対して債権者が催告または執行を怠ったときは、保証人は、それらが行われたならば債権者が弁済を受けられた限度で免責される（民455条）。これらの抗弁権は別個の権利であり、検索の抗弁権のみを行使してもよい（大判明治36・11・7民録9輯1213頁）。しかし、いずれも任意規定であり、特約により排除できると解されている。また、連帯保証ではそもそもこれらの抗弁権が排除されている（民454条）。

(5) 主債務者に生じた事由の影響

主債務者に生じた消滅時効の完成猶予および更新は、保証人にも効力を生じる（新457条1項）。これは、主債務より先に保証債務が消滅することはないことをとくに規定したものである。

しかし、改正前には、この規定に限らず、広く主債務の変更、消滅など主債務に関わる事由は、当然に保証債務に影響すると解されていた。そこで新法では、保証人は、主債務者が主張できる抗弁を債権者に対抗することができると規定された（新457条2項）。したがって、保証人は、主債務の同時履行の抗弁権や期限の利益も主張できる。なお、主債務の消滅時効については、保証人は援用権者（新145条）に含まれ（大判昭和8・10・13民集12巻2520頁が明文化された）、主債務者が時効の利益を放棄しても、放棄には相対的効力しかなく、保証人は主債務の消滅時効を援用できる（大判昭和6・6・4民集10巻401頁）。

また、保証人は、主債務者が債権者に対して相殺権、取消権、解除権を有するときは、これらの権利の行使によって主債務者が債務を免れる限度

で、債権者からの保証債務の履行請求を拒むことができる（新457条3項）。相殺について、改正前には、主債務者の有する債権による相殺をもって債権者に対抗できるという規定であったが（旧457条2項）、これは、文字どおり他人の債権で相殺できるという意味ではなく、履行拒絶の抗弁権があるという意味であると解されていた。改正ではそれが明文化された。また、取消し・解除については、改正前には、保証人が他人の取消権を行使することはできないが（大判昭和20・5・21民集24巻9頁）、主債務の効力が未確定の間は、保証人には履行拒絶の抗弁権が認められると解されていた。解除についても同様に解されていた。新法ではこれも明文化された。

　以上に対して、主債務者の相続人による限定承認（民922条）、破産による免責（破253条2項）では、保証債務は影響を受けず存続する（最判平成15・3・14民集57巻3号286頁〔破産免責〕）。これらでは主債務自体が消滅するわけではないからである。

　なお、保証人に生じた事由は、主債務を消滅させる事由（弁済など）以外は主債務に影響しない。たとえば、保証債務につき時効の完成猶予をしても、主債務の時効には影響がないので、主債務が時効消滅すれば、結果的に保証債務も消滅する。ただし連帯保証では、後述するように、保証人に生じた事由でも主債務者に影響を及ぼすことがある（新458条）。

(6)　債権者の情報提供義務
(a)　主債務の履行状況に関する情報提供義務

　債権者は、主債務者の委託を受けて保証人になった者に対して、保証人から請求があったときは、遅滞なく、主債務の元本、利息、違約金、損害賠償その他債務に附従するすべてのものについて、それらの不履行の有無ならびに残額と弁済期が到来している額に関する情報を提供しなければならない（新458条の2）。主債務の不履行の状況を保証人が知らないまま遅延損害金などが膨らんで、いきなり多額の請求を受けることを避けようとするもので、改正によって新設された規定である。委託による保証であれば、個人保証だけでなく法人保証にも適用される。債権者がこの義務に違反した場合の効果は規定されていないが、保証契約上の義務違反であるから、債務不履行責任を負うというべきである。

(b) 主債務者が期限の利益を喪失した場合の情報提供義務

　債権者は、主債務者が期限の利益を喪失したときは、保証人に対して、利益の喪失を知った時から2か月以内に、その旨を通知しなければならない（新458条の3第1項）。これに違反（通知をしないまたは遅れた）すると、債権者は、期限の利益を焼失した後から現実に通知をするまでに生じた遅延損害金の履行を保証人に請求することができない（同条2項）。これは、遅延損害金に関することであり、通知を怠ったからといって、主債務者の期限の利益喪失が覆るわけではない。したがって保証人もまた期限の利益（期限未到来）を主張できないことに変わりはない。なおこの規定は、個人保証人を保護するための規定であり、法人保証には適用されない（同条3項）。

◆ 解　釈 ◆
(1)　成立の附従性に関するその他の問題点
(a)　不確定な債務の保証

　主債務と保証債務は同時に存在している必要はない。将来債務の保証、条件付債務の保証も有効である（最判昭和33・6・19民集12巻10号1562頁など）。保証契約時に主債務の金額が不確定でもよく、主債務が存在していなくてもよい（後述の根保証）。

(b)　主債務の不成立・無効

　主債務が不成立・無効であるときは、保証債務も不成立・無効となる（保証債務の履行を請求しても、主債務の存在を立証できなければ認められない）。ただし、主債務が制限行為能力により取り消すことができる債務であることを知って保証した者は、主債務が取り消されても、主債務と同一内容の独立の債務を負担したものと推定される（民449条）。これは損害担保契約であると解されている。条文上は、主債務の不履行の場合も規定されているが、通説は、そのような場合に保証人が責任を負うのは当然であるとしてこれを無視する（不履行の場合に、主債務が取り消しうるものであることを理由に保証債務の履行を拒絶できないという意味に解する見解もある）。

(2) 内容の附従性に関するその他の問題点
(a) 内容の同一性

　主債務と保証債務の内容は同一でなければならない（内容の同一性）というのが伝統的な通説であった（金銭債務なら金銭、種類債務ならその種類物）。これは、保証は、主債務者が履行しないときに「その履行」をする責任を負う（新446条1項）と規定されていることを重視することによる。特定物債務の保証では、将来発生することがある損害賠償債務の保証であるならば可能であると解されてきた。しかし近年では、そもそも主債務と保証債務の内容が同一である必然性はなく、保証の内容は、保証契約の解釈によって決まると解する見解が有力であり、それが妥当である。ただし、実際上、なす債務の保証は、損害担保契約であると解されることが多いであろう。

　一部保証もまた可能であると解されている。一部保証は、通常、主債務全体に対する一部であるから、主債務が一部弁済された場合に残額があればなお存続する。たとえば、1000万円の主債務について600万円を保証していたところ、主債務者が600万円弁済した場合には、保証債務は消滅せず、残金400万円について存続していると解される（ただし契約解釈に従う）。

(b) 原状回復債務の保証

　主債務者が債権者から給付を受けていた場合には、主債務契約の無効・取消しにより原状回復義務（新121条の2第1項）を負うが、保証人はこの債務についても責任を負うか。判例（最判昭和41・4・26民集20巻8号849頁〔農協の員外貸付けの無効〕）および多数説は、保証人の意思に反すること、後述の解除の場合と異なり、債権者が負うべき危険を保証人に転嫁することになることから、責任を負わないとする。これに対して有力説は、保証契約の解釈により、このような場合にも損害担保契約として責任を負うことはありうるとする。

　他方、主債務契約が解除された場合における原状回復義務（新545条1項）については、判例（最大判昭和40・6・30民集19巻4号1143頁〔動産売買〕）・多数説もまた、保証をした通常の趣旨は、債務不履行によって負担する債務を保証するというものであり、反対の意思を表明していない限

り、保証人も責任を負うとしている。

　合意解除によって生じた債務については、保証人の関知しないところで責任を負わされることになるので、当然には保証は及ばないと解されている。しかし、合意解除でも、それが債務不履行に原因がある場合には保証人の責任が及ぶとされている（最判昭和47・3・23民集26巻2号274頁〔請負〕）。責任が過大とならず、保証人の意思にも反しないことを理由にするが、それは保証契約の解釈にほかならない。

　以上のように、無効・取消し・解除のいずれの場合も、保証人の責任がいかなるものであるかは、保証契約の解釈によるというべきである。

◆ 発展問題 ◆

(1) 保証契約の成立時における情報提供義務

　債権者の情報提供義務は、保証契約締結後の主債務の状況に関する情報の提供義務である。しかし、保証が要式契約となった現在でも、保証人が保証の成立に関して無効・取消しを主張して争う事例は少なくない。とくに、債権者が金融業者で保証人が個人であるような場合には、金融業者には主債務や担保などの状況について十分な説明義務（信義則に基づく付随義務）があるというべきであり、その違反は債務不履行となるだけでなく、保証人の錯誤の主張につながりやすいといえよう。従来の判例でも、主債務につき空クレジットが組まれていた事案で、主債務の内容がどのようなものであるかは保証契約について錯誤となることを認めた例がある（最判平成14・7・11判時1805号56頁）。改正では、後述のように、事業のための貸金債務についての委託による個人保証について、契約締結時に、主債務者の情報提供義務が規定された（新465条の10）。しかし、根本的には、このような限定された範囲だけで生じる問題ではなく、保証取引という取引自体の構造的な問題であるというべきである。改正作業の初期段階では、保証人の責任内容について情報を提供すべきことを債権者の努力義務とすることが検討されたが、実現しなかった。前述したように、委託による保証取引は、債権者・主債務者・保証人の三者からなる多数当事者による取引であるという観点から、その共通の基礎が欠如している場合には法律関係はどうなるかという視点に立って、主債務者・債権者が保証人に対してなすべき義務を考えることが必要ではなかろうか。

(2) 適時執行義務

　改正作業の初期段階では、検索の抗弁権に代わり、債権者には主債務者の財産に対する適時執行義務があり、その違反に対しては、適時に執行すれば弁済を得られた限度で保証人は義務を免れるとすることが検討された。検索をさせるそもそもの目的がそのようなところにあることを見据えた提案であったが、連帯保証がほとんどであることを考えると実効性はあまりないであろう。

3　求　償

- ・委託を受けた保証人は、主債務を弁済したときは、主債務者に対して、弁済額、その日以降の法定利息、費用、その他の損害賠償を求償できる。
- ・委託を受けた保証人には、事前求償権がある。
- ・委託を受けていない保証人は、保証が主債務者の意思に反しないか否かに応じて、弁済の当時主債務者が利益を受けた限度で、または求償の時点で主債務者が利益を受けている限度で求償できる。
- ・委託を受けた保証人が弁済するときは、事前および事後に、主債務者に通知しなければならず、委託を受けていない保証人が弁済したときは、事後に、主債務者に通知しなければならない。
- ・主債務者が弁済したときは、弁済後に、委託を受けた保証人に通知しなければならない。

◆ 条　文 ◆

(1) 保証人の求償権

　保証債務を履行した保証人は、主債務者に対する求償権を取得する（新459条、新462条）。当たり前のことのようにも思えるが、保証人は自己の債務（保証契約上の債務）を履行しただけなのになぜ求償できるのかという疑問に対応したものである。求償するためには、保証人は、主債務を履行したことを主張・立証しなければならないが、期限が未到来であることは主債務者の抗弁事由となる（大判大正3・6・15民録20輯476頁）。ただし、

後述のように、委託を受けた保証人は、期限前の弁済をした場合であっても一定の範囲で求償権を有する（新459条の2）。

　以下に見るように、求償の範囲、事前求償権の有無などは、委託を受けた保証人であるか否かによって異なる。しかし、いずれにせよ、求償に関する規定は任意規定であり、実際にも、法人保証では一般に求償特約が定められており、民法の規定がそのまま適用されることは多くない。

(a) **委託を受けた保証人**
(ｱ) **求償権の性質と範囲**
　委任契約における受任者は、委任事務を処理するについて費用を要するときは、委任者に対してその前払請求権があり（民649条）、また実際に委任事務を処理するに必要な費用を支出したときは、その費用と支出の日以後の利息の償還を請求することができる（民650条1項）。委託を受けた保証人の求償権は、このような費用償還請求権の性質を有する。保証の規定はその特則になる（新459条1項）。

　委託を受けた保証人には完全な求償が認められる。事後求償権の範囲については、連帯債務者間での求償に関する規定が準用され（新459条2項、新442条2項）、弁済額のほか、その日以降の法定利息、費用、その他の損害賠償が含まれる。

(ｲ) **期限前弁済をした場合の求償権**
　委託を受けた保証人が主債務の弁済期限前に弁済した場合には、主債務者の期限の利益を害するので、求償権の行使および範囲が限定される（新459条の2）。すなわち、①求償権を行使することができるのは、主債務の弁済期が到来後である（同条3項）。また、②求償権の範囲は、委託を受けていない保証人で、主債務者の意思に反しない場合の求償権と同様、主債務者が弁済当時利益を得た限度に限られる（同条1項前段）。③主債務者が保証人の弁済の日以前に相殺原因（反対債権）を有していたと主張するときは、反対債権が保証人に移転し、保証人が債権者に対して、相殺で消滅するはずであった債務の履行を請求することになる（同条1項後段）。④利息や費用・損害賠償についても、主債務の弁済期以後の法定利息、弁済期以降に弁済したとしても避けることができなかった費用その他の損害賠

償しか請求できない（同条2項）。

(ウ) 事前求償権
　委託を受けた保証人には、弁済などをした後で求償したのでは求償が期待できない状況の下では、弁済などをする前に事前求償権がある（新460条）。これは、事後求償権とは別の権利であり、消滅時効はそれぞれ進行する（最判昭和60・2・12民集39巻1号89頁）。しかし、事前求償権は、実際上、保証債務が拡大することを防止し、保証人を免責する機能を有する。このため、以下の場合にのみ認められ、委任の費用前払請求権（民649条）よりも限定されている。すなわち、①主債務者が破産手続開始決定を受けたが、債権者が破産財団に配当加入しないとき、②主債務が弁済期にあるとき（保証契約締結後に主債務につき許与された期限は保証人に対抗できない）、③保証人が過失なくして債権者に弁済をすべき旨の裁判の言渡し（確定判決）を受けたとき（以上、新460条1号～3号）、④保証委託契約において事前求償が特約されているとき。また、事前求償では、求償時（口頭弁論終結時）における主債務額、既発生の利息・遅延損害金、確定している損害の賠償や避けられない費用が含まれる（民447条）。
　①、②の場合に事前求償権を規定しなければならないのは、債権者が適時に債務者に強制執行しないためである。このため改正作業では、適時執行義務を規定し、①、②を削除することが検討されたが、そのような義務の設定は見送られた。また、③は、改正前は(ア)の事後求償権の中で規定されていたが、弁済前の求償になるので、ここに移動された。しかしいずれにせよ、④で対応できるので、できる場合を限定してもあまり意味はない。
　以上に対して、事前求償を請求された主債務者は、④のとき以外、以下の権利を行使することができる。①求償に応じる場合には、債権者が全額の弁済を受けない間は、保証人に対して担保を提供するよう請求し、または自己が免責されるよう（主債務者が債権者から責任を問われないことを了解するよう）請求することができる（新461条1項）。この請求権は、判例によれば、事前求償権と同時履行となる（大判昭和15・11・26民集19巻2088頁）。②求償に応じない場合には、供託をするか、担保を提供するか、または債権者から保証人の免責（免除など）を得させて償還義務を免れることができる（新461条2項）。また、このことから、とくに求償権を確保さ

せるための担保があらかじめ設定されている場合には（実際、信用保証協会保証などでは、通例そうする）、事前求償権はないと解されている。

(b) 委託を受けていない保証人
(ア) 求償権の性質と範囲
　委託を受けていなくとも保証人になることはでき、主債務者に代わって保証債務を履行すれば、求償権を取得する（新462条）。しかし、主債務者との間に委任関係はなく、この求償権は、事務管理による費用償還請求権（民702条）の性質を有する。このため、事前求償権は認められておらず、求償の範囲も以下のように限定されている。①保証が主債務者の意思に反しないときは、委託による保証人が期限前弁済をした場合と同様、保証人による弁済の当時、主債務者が利益を受けた限度で求償できる（新462条1項）。弁済後の利息や費用、損害賠償は含まれない。②保証が主債務者の意思に反するときは、求償の時点で、主債務者が現に利益を受けている限度で求償できる（同条2項前段）。これは、弁済から求償までの間に主債務者が利益を受ける事態が生じうることのリスクを保証人に負担させるものであり、事務管理の規定（民702条3項）に相応している。保証が主債務者の意思に反することは、主債務者が主張・立証責任を負うと解すべきである。また、主債務者が保証人による求償の日以前に相殺原因（反対債務）を有していたと主張するときは、反対債権が保証人に移転し、保証人が債権者に対して、相殺で消滅するはずであった債務の履行を請求することになる（同条2項後段）。③なお、委託を受けない保証人が主債務を期限前に弁済した場合には、求償権を行使することができるのは、主債務の弁済期が到来後である（新462条3項）。

(2) 通知義務
　主債務者と保証人の弁済が重複すると求償関係が錯綜する。そこで両者間には、弁済するに際して相互に通知義務が定められている（新463条）。ただし、これは任意規定であると解されており、実際にも、信用保証協会保証などでは、保証人である協会からの通知は不要である旨が特約されている。

(ア) 保証人の通知義務

①事前通知義務　委託を受けた保証人が弁済するときは、事前に主債務者に通知しなければならず、通知を怠った場合には、主債務者は、債権者に対して有していた抗弁事由を保証人に対抗できる。主債務者が相殺をもって対抗したときは、保証人は、主債務者の反対債権を取得し、債権者に対してその履行を請求することになる（新463条1項）。この通知義務は、委託を受けた保証人にのみ課せられる。旧法では、委託の有無にかかわらず保証人の義務であったが（旧463条1項）、委託受けていない保証人は求償の範囲が制限されているので、義務を課す意義が乏しいと考えられた。

②事後通知義務　保証人が弁済をしたときは、事後にそれを主債務者に通知しなければならず、通知を怠ったために、主債務者が善意で債務を弁済した場合には、主債務者は、自己の弁済を有効であったとみなすことができる（新463条2項）。これは、委託を受けた保証人と委託を受けないが主債務者の意思に反しない保証人のみの義務である。委託を受けない保証で主債務者の意思に反する保証人は、求償するまでに主債務者が善意で弁済をしていたときは、そもそも求償することができない（主債務者は何らの利益も得ていない）。

(イ) 主債務者の通知義務

主債務者は、委託を受けた保証人に対しては、弁済後に通知しなければならず、通知を怠った場合には、その後に善意で弁済した保証人は、自己の弁済を有効であったとみなすことができる（新463条3項）。事前の通知については、主債務者には求償権がないので、通知をさせる意味はなく不要である。

◈ **解　釈** ◈

物上保証人と事前求償権

委託を受けた保証人には事前求償権があるが、委託を受けて物上保証人となった者（他人の債務のために担保物権を設定した者）にもこれを認めるべきか否かが問題とされている。

担保物権が実行されれば、物上保証人は、保証債務に関する規定に従い求償権を取得すると規定されているので（民351条、372条）、事前求償権も

あるのではないかとも考えられる。しかし判例は、物上保証における委託の内容は、担保物権を設定すること自体であり、債務者に代わって弁済することを委託されているわけではないので、保証人と同様に解することはできないとして、物上保証人の事前求償権を否定している（最判平成2・12・18民集44巻9号1686頁）。実際に担保権が実行されないと求償権の範囲が確定しないという問題もあろう。しかし、事前求償権が保証人の求償権を確保させるための制度であるとすれば、物上保証人でも同じ事情ではないかとも考えられる。また、主債務契約、担保権設定契約、物上保証委託契約という3つの契約によって、債権者・主債務者・物上保証人間に1つの多数当事者による取引関係が形成されているという構造は、委託による保証人の場合と異ならないともいえる。ただし、いずれにせよ債務者と物上保証人との間で特約をすれば済むことであり、物上保証人はそれを活用すべきであろう。

◆ **発 展 問 題** ◆
求償特約

　保証人の求償に関する民法の規定は、複雑であり、一見して分かりやすいものとはいえない。また、改正によりいくつかの点で変更がなされた。しかし、実際に求償が問題となる法人保証では、求償に関する特約が定められるのが通常であり、民法の規定がそのまま適用されることはあまりない。民法の規定がそのまま問題になることがどれだけあるのか疑問にも思える。これを翻って考えれば、民法の規定は複雑すぎると考えるか、特約にも合理的な基準があるべきと考えるかによって、改正の評価にも方向性の違いが生じるようにも思われる。

4　連帯保証

> ・連帯保証は、主債務者と保証人が連帯する保証であり、連帯保証人には催告・検索の抗弁権がなく、分別の利益がない。また、連帯保証人について生じた事由が主債務者に影響することがある。
> ・連帯保証人が数人いる場合には、弁済をした連帯保証人は、主債務

者のほか、他の連帯保証人に求償することができる。
・連帯保証人が数人いる場合でも、連帯保証人の一人に生じた事由は、原則として他の連帯保証人に影響しないと解されている。
・保証連帯は、各共同保証人が全額弁済する責任を負う旨の特約であるが、一人の保証人に生じた事由が他の保証人にも影響を及ぼす点で債権者に不都合である。

◆ 条 文 ◆

(1) 意義

　連帯保証は、保証人が主債務者と連帯する保証であり、民法上は、保証の例外として規定されている（民454条、新458条参照）。主債務者と連帯している旨を保証契約書に入れるのが通例である。したがって、どちらか明確でないときは、原則どおり単純保証と解されよう。しかし実際の取引社会では、単純保証が利用されることはほとんどなく、もっぱら債権者にとって有利な連帯保証が利用されている。また、主債務または保証債務に商行為性があるときは（非商人であることもある）、特約がなくても連帯保証となる（商511条2項。ただし、保証人にとって商行為である場合に限るのが通説である）。

(2) 特色

　連帯保証も保証である以上、保証債務には主債務に対する附従性があり、主債務者と連帯保証人間の内部関係は単純保証と異ならない。しかし、主債務者と連帯しているので、それだけ債権者に対する責任が重くなる。

　①催告の抗弁権・検索の抗弁権　　連帯保証では、催告の抗弁権、検索の抗弁権がない（民454条）。連帯保証には補充性がないということである。しかし、信用保証協会保証では、債権者はまず主債務者から取り立てるべきこと、債権者の故意・過失で取り立てられなかったときは保証人が免責されることが約定されている。他の法人保証でもこのような例が多いであろう。

　②分別の利益　　連帯保証では分別の利益がない。単純保証では、保証

人の人数により保証債務が分割される（民456条、427条）。たとえば、900万円の主債務について保証人が3人いれば、各保証債務は300万円になる。しかし連帯保証では、保証人が何人増えようとも保証債務は900万円のままである。これを直接規定する明文はないが、連帯保証は、民法465条1項の「各保証人が全額を弁済すべき旨の特約がある」場合に含まれると解されている。

③**保証人に生じた事由**　単純保証では、主債務を消滅させる事由以外は、保証人に生じた事由は主債務に影響しない。しかし、連帯保証では、連帯保証人について生じた事由が連帯債務の場合と同様に、主債務者に影響することがある（新458条）。改正前には、実際上、履行請求（旧434条）、更改（旧435条）、相殺（旧436条1項）、混同（旧438条）が問題になると解されていたが（旧458条参照）、学説では、とくに、連帯保証人に対する請求が主債務の時効にも影響することについては、主債務者が知らない間に時効の利益を失うのは妥当でないとの疑問が提示されていた。改正では、後述の連帯債務について、更改（新438条）、相殺（新439条1項）、混同（新440条）以外は連帯債務者の一人に生じた事由が他の連帯債務者に影響を及ぼさないとされたので（新441条1項）、連帯保証でも同様の規定が置かれた（新458条）。

したがって、連帯保証人に対する保証債務の履行請求、連帯保証人による保証債務の承認は、主債務に影響しない。連帯保証人について免除がなされても主債務に影響しないのは当然である。なお、連帯保証人に対する強制執行・仮差押えは、主債務者に通知しなければ主債務の時効の完成を猶予または更新の効力を生じない（新154条）。

(3)　連帯保証人間での求償

連帯保証人が数人いる場合には、弁済をした連帯保証人は、あらかじめ定めた負担部分にしたがって他の連帯保証人に求償することができる（民465条1項、新442条〜444条）。特約がなければ平等となる（民427条）。これは、連帯保証では分別の利益がなく、債権者に対して主債務全額を弁済する債務を負うために必要な規定である。すなわち、ここでいう負担部分は、主債務者に対するものではなく、連帯保証人間のものである。

◆ 解 釈 ◆

(1) 連帯保証人が数人いる場合の一人について生じた事由の影響

　連帯保証人が数人いる場合、連帯保証人の一人について生じた事由が他の連帯保証人に影響するかについては、規定がない。各連帯保証人間でも連帯するとの特約（後述の保証連帯）があれば、保証債務が連帯関係になるので、連帯債務に関する規定が類推適用されると解されている（大判昭和15・9・21民集19巻1701頁）。また、商行為により連帯保証となる場合には（商511条2項）、各自連帯するとされているので、同様になる。

　これらに当たらない場合については、判例は、連帯関係は主債務者と保証人間で生じるのであり、連帯保証人間でではないとして影響を否定している（最判昭和43・11・15民集22巻12号2649頁〔免除の事例〕）。学説では、連帯保証人には分別の利益がなく、全員が全額弁済義務を負っており、この点で連帯債務と同様であるとして、連帯債務に関する規定を類推すべきだとする見解もある。しかし判例は、複数の連帯保証人をたてた債権者の利益を考慮しているものと思われる（影響があると、そのメリットが減少する）。

(2) 共同保証の諸類型

　共同保証とは、一つの主債務につき保証人を複数たてる場合である。単純保証の共同保証では、保証人間に分別の利益があるため、債権者にとっては保証人が増えれば増えるほど人的担保としての効力が弱まる（全額を請求できない）という矛盾があり、そもそも分別の利益の合理性には疑問がある。

　そこで、分別の利益をなくする方法として、保証連帯の特約を保証人間で結ばせることがある。これは各保証人が連帯して保証債務を負うという特約であり（民465条1項）、各保証人が全額弁済する責任を負う。

　しかし、保証連帯では、前述のように、一人の保証人に生じた事由が他の保証人にも影響を及ぼしてしまい、この点では債権者にとって不都合である。そこで、連帯保証の共同保証とすることが利用されることになる。これによれば、保証人間には分別の利益はなく、また、判例によれば一人の連帯保証人に生じた事由は他の連帯保証人に影響しないという効果を導くことができる。

◆ 発展問題 ◆
共同保証人間の連帯
　人的担保を強化するために共同保証にしても、とくに保証連帯しなければ分別の利益があるために担保の効力が弱められるというのは、矛盾である。改正作業では、共同保証では保証連帯となり、分別の利益がないとすることが検討されたが実現しなかった。連帯保証の共同保証にすればよいが、それは連帯保証人が主債務者と連帯するための間接的効果にすぎない。特約すれば済むことではあるが、そもそも共同保証になると分別の利益が生じるということ自体に問題はないのかを考える必要がある。

5　継続的保証

- 継続的な取引の保証のうち、一定の範囲に属する不特定の債務の保証を根保証という。
- 根保証には、長期にわたり、保証の範囲が広いという特徴があり、保証人の責任が過重なものになりやすい。
- 個人根保証については、保証人保護のための特別な規定が設けられている。
- 事業に係る債務についての個人保証についても、保証人保護のための特別な規定が設けられている。
- それらに該当しない保証や、規定のない事項については、判例・学説により形成されてきた保証人保護の法理が適用される。

◆ 条 文 ◆
(1)　意義
　金融機関による融資、不動産の賃貸借、雇用などの継続的な契約では、それに応じて継続的な保証が利用される。信用保証は、その代表的なものであり、継続的な貸付取引のために、一定の範囲に属する不特定の債務を保証するものである。このような一定の範囲に属する不特定の債務の保証を「根保証」という。根保証には、長期にわたり、保証の範囲が広いという特徴があり、保証人の責任が過重なものになりやすい。また、賃貸借の

保証や雇用における保証（身元保証）には、発生するか否かが未定な損害賠償の保証や責任を負うか否かが未定な損害を担保する契約（損害担保契約）も含まれており、保証人がどこまで責任を負うのかが不明確である点で根保証に似たところがある。

　しかしこのような継続的保証を規律する直接の規定は、長い間、雇用契約に関する身元保証法（1933年）以外存在しなかった。このため、判例や学説は、契約解釈や信義則によって、保証人保護のための解釈を展開してきた（その内容については◆解釈◆参照）。しかし、現在では、民法に個人保証による信用保証の一部を規律するための規定が設けられている。そこで以下では、まず、身元保証法と民法の規定について解説する。

(2)　身元保証

　身元保証とは、雇用契約において、被用者の行為により使用者が被った損害の賠償を保証する契約である。これは、法的には保証ではなく損害担保契約であるが、将来発生しうる損害の保証だけでなく、被用者に賠償義務があるか否かを問わず損害を填補する趣旨を含み、保証人の過重負担になりやすい。このため身元保証法では、保証人の責任が相当制限されており、これらの規定は片面的強行規定（保証人に不利な特約は無効）とされている（身元保証6条）。このため、身元保証法は、継続的保証における保証人保護の一つのモデルとなっている。

　①保証期間は、定めがなければ原則3年となり（同法1条）、期間を定める場合でも最長5年であり（同法2条1項）、更新も最長5年である（同法2条2項）。

　②使用者は、保証人の責任が生じるおそれがあることを知ったときは、保証人にあらかじめ通知しなければならない（同法3条1号）。保証人は、通知を受けたときまたは自ら事実を知ったときには、保証契約を将来に向けて解除することができる（同法4条）。

　③保証人の責任額は、裁判所が一切の事情を斟酌して定める（同法5条）。

　④身元保証は強い人的信頼関係を基礎にしているので、判例（大判昭和18・9・10民集22巻948頁）・学説上、保証人の地位は相続されないと解されている。しかし、既発生の保証債務は相続される。

(3) **個人根保証契約**

　2004年の民法改正により、保証契約は書面契約とされるとともに（旧446条2項）、貸金等根保証契約の規定が新設され（旧465条の2 〜 465条の5）、貸金等債務の個人保証で根保証は、以下の規定に服すべきこととされた。貸金等債務とは、金銭の貸渡しまたは手形割引を受けることによって負担する債務であり（旧465条の2第1項）、根保証の一部をカヴァーする限定的なものでしかなかった。

　そこで2017年の民法改正では、個人根保証の保護を貸金等債務の保証以外に拡大するとともに、事業に係る貸金等債務の個人保証についての特則が新たに設けられた。この拡大により、賃貸借契約における貸金債務の根保証および継続的売買における代金債務の根保証などが含まれることになった。また、身元保証についても適用されることになった。

(a) **意義**

　個人根保証契約とは、一定の範囲に属する不特定の債務を主債務とする個人の保証契約である（新465の2第1項）。個人根保証契約のうち、貸金債務等を主債務とするものを個人貸金等根保証契約という（新465条の3第1項）。

(b) **極度額の設定**

　主債務の元本、利息、違約金、損害賠償その他その債務に従たるものすべてを含む保証債務の極度額を書面で設定しなければならない（新465条の2第1項）。定めなければ保証契約は無効である（同条2項）。

(c) **個人貸金等根保証契約の元本確定期日**

　個人貸金等根保証契約では、元本の確定期日を書面で設定しなければならない（新465条の3第4項、新446条2項、3項）。最長期間は契約締結日から5年であり、更新も原則として5年以内である（新465条の3第1項、3項）。自動更新条項を定めても無効である。また、期日を定めなければ契約締結日から3年となり、5年を超える定めをしても定めがないものとなる（新465条第2項）。

(d) 個人根保証契約の元本確定事由
(ア) 共通の確定事由
　個人根保証契約に共通して、以下の事由により元本が確定する（新465条の4第1項）。①債権者が保証人の財産について強制執行または担保権の実行を申し立て、それらの手続の開始決定があったとき。②保証人が破産手続開始決定を受けたとき。③主債務者または保証人が死亡したとき。①、②では、主債務者が含まれていないのは、貸金等保証契約以外で想定される個人根保証契約が賃貸借契約における貸金債務の根保証および継続的売買における代金債務の根保証であり、主債務者である賃借人や買主の資産状況が悪化しても、それだけでは賃貸借契約や継続的売買契約はそのまま存続するので、その後の債務については保証人に負担させるべきだと考えられたことによる。これに対して、主債務者の死亡が含まれているのは、主債務者が死亡した場合には相続人が負う債務まで保証人に負担させることは妥当でないので確定事由とされたのである。

(イ) 個人貸金等根保証契約に特有の確定事由
　個人貸金等根保証契約では、(ア)の事由に加えて、以下の事由により元本が確定する（新465条の4第2項）。①債権者が主債務者に対して強制執行または担保権の実行を申し立て、それらの手続の開始決定があったとき。②主債務者が破産手続開始決定を受けたとき。

(e) 求償権保証の制限
　法人根保証では、法人が弁済した場合の求償権を確保するために、保証契約を締結する際に、求償債務について保証人を立てさせる場合があり、これを求償保証という。求償保証が個人保証でなされると、個人が直接根保証をしたのではないが、結果的には根保証をしたのと同様の内容の保証をしたことになるので、保証人には上記と同様の保護が必要となる。
　そこで、法人による根保証契約で、その求償権について個人保証がなされるときも、極度額の定めがなければ、求償権についての個人保証は無効となる（新465条の5第1項、3項）。これは、主債務が根保証ではないが、その求償債務は、実質的にそれと同じになるからである。この個人求償保証が根保証であるときが本条では除外されているのは、そもそも個人根

証では、極度額の定めがなければ無効だからである（新465条の2第2項）。

これに加えて、法人保証による貸金等債務の根保証契約で、その求償権について個人保証（根保証を含む）がなされるときは、元本確定期日の定めが上記の規制に従っていなければ、その求償権についての個人保証は無効となる（新民465条の5第2項、3項）。

(4) 事業に係る個人保証の特則

事業のために負担した貸金等債務の保証契約、および事業のために負担する貸金等債務が含まれている債務の根保証契約が個人保証である場合には、とくに保証人を保護する必要性が高いことから、以下のような制約がある（新465条の6～465条の9）。これは2017年の改正で新たに設けられたものである。法人保証には適用がない（新465条の6第3項）。

(a) 個人保証の制限

以下によれば、事業に係る個人保証は、基本的には禁止され、例外的に、公正証書による場合と経営者保証の場合に限り認められる。事業とは、一定の目的でなされる同種行為の反復的・継続的な遂行をいうと解されている。営利か否かは関係がない。

①保証契約の締結に先立ち、その締結の日より前1か月以内に作成された公正証書で、保証人になろうとする者が保証債務を履行する意思を表示しなければならず、それをしなければ保証契約は無効である（新465条の6第1項）。保証契約に伴うリスクを公証人の下で確認させようとの趣旨である。

②この公正証書は、公正証書遺言をする場合（民969条、969条の2）と同様の方式を備えたものでなければならない（同条2項、新456条の7）。上記の趣旨からすれば、これは厳格に運用されなければならない。

③以上の制限は、求償権保証についても適用される（新465条の8）。

④個人保証人が一定の範囲に属する者である場合（経営者保証といわれる保証）には、公正証書の作成を要しない（新465条の9）。一定の範囲に属する者とは、主債務者が法人である場合のその理事、取締役、執行役などである場合、主債務者が法人である場合の総株主の議決権の過半数を有する者である場合、主債務者と共同事業を行う者などである（同条1号～

3号)。

(b) 契約締結時における主債務者の情報提供義務

　主債務者が事業に係る個人保証を委託するときは、保証人となる者に対して以下の情報を提供しなければならない（新465条の10第1項、3項）。①主債務者の財産および収支の状況、②主債務以外に負担している債務の有無、額、履行状況、③主債務の担保として提供しまたは提供しようとしているものとその内容。

　主債務者がこれらの情報を提供せず、または誤った情報を提供したために保証人となる者がその事項を誤認し、それによって保証契約の申込みまたは承諾をした場合には、そのような事実について債権者が悪意または有過失であれば、保証人は、保証契約を取り消すことができる（同条2項）。債権者が善意・無過失であれば取り消せないというのは、第三者による詐欺の場合（新96条2項）と同様、債権者の利益に配慮したものである。

◆ 解 釈 ◆

(1) 根保証契約の制限解釈

　2007年や2017年に保証に関する規定が改正され、とくに個人根保証の保証人の保護が一定程度はかられるようになったが、それにいたるまでには、判例・学説により根保証契約を制限的に解釈する努力がなされてきた。

　かつては、根保証について、期限の定めがなく、保証限度額の定めもない包括根保証が頻繁に利用されてきた。このような保証も有効であると解されていたが（大判大正14・10・28民集4巻656頁、最判昭和33・6・19民集12巻10号1562頁など）、保証人の過重負担は甚大であり、判例・学説は、解釈によってその効力を制限してきた。これらの判例・学説によって形成された法理は、個人根保証契約に関する規定が設けられた現在でも、その適用を受けない保証や、民法に規定のない事項（たとえば解約権）については、そのまま生きていることに注意すべきである。また取引実務においても、民法の改正前から、ほとんどの場合、極度額または期限の定めのある保証（限定根保証）によっており、また個人保証は経営者保証以外には、できるだけ取らないようにしてきたといわれている。

(a) 期限

期限の定めがなくとも、一定の場合には保証人に解約権が認められる。

(ア) 任意解約権

保証契約の締結から相当期間（2〜3年）経過後であれば、解約権が認められる（前掲、大判大正14・10・28、大判昭和7・12・17民集11巻2334頁、大判昭和9・2・27民集13巻215頁など）。解約申入れ後、相当期間を経過すれば保証関係は将来に向けて消滅する。

(イ) 特別解約権

主債務者の資産状態の急激な悪化（前掲、大判昭和9・2・27）、主債務の異常な増加、主債務者と保証人の信頼関係の破壊（最判昭和39・12・18民集18巻10号2179頁）などの場合には、特別解約権が認められる。判例は、資産状態の急激な悪化の場合には、解約申入れで直ちに保証関係が消滅し、信頼関係破壊の場合には、解約申入れ後、相当期間を経過すれば消滅するとしている。事実関係によるであろう。

(b) 範囲

保証限度額の定めがなくても、契約解釈、信義則、取引慣行によるほか（大判大正15・12・2民集5巻769頁）、他に設定されている担保の極度額（最判平成6・12・6判時1519号78頁）などにより、一定限度に制限される。

(c) 相続

既存の主債務についての保証債務は相続されるが、保証人の地位自体は相続されない（最判昭和37・11・9民集16巻11号2270頁）。個人的な信頼関係によることを重視するからである。

(2) 根保証の性質

根保証では、①根保証契約を基本契約とし、保証期間中に発生する個々の債務ごとに具体的な保証債務が発生するのか（その分だけ極度額が縮減するとする説と、縮減しないとする説がある）、それとも、②根抵当と同じく継続的に発生する不確定な債務を担保する根担保であり、元本が確定してはじめて保証債務が生じるのかで議論がある。

元本が確定する前の保証債務の履行請求は、①説では認められるが、②説では認められないことになる。また、債権が譲渡された場合、①説では根保証が随伴するが、②説では随伴しない（新398条の7第1項参照）と解される。

　伝統的には①説が多かったが、近時では、2007年の民法改正により元本確定という制度が採られたこともあって②説が多数説となっている。これに対して最近の判例には、法人保証につき①説を採用したものがある（最判平成24・12・14民集66巻12号3559頁）。しかし、これは保証契約の解釈によるものであり、判旨のように①説が通常であるとまで言う必要はなかったというべきであろう。複数の債権者との間で主債務が存在する場合などを考えると、①説では法律関係が複雑になり、物的担保との不整合も生じうる。はたしてそこまで引き受けるのが保証人の通常の意思であるといえるのかは疑問である。

(3)　不動産賃貸借の保証の範囲

　賃貸借では賃料が定まっているので、保証人も主債務の予測が一定程度可能である。このため、従来の判例・学説による保証人保護の程度も信用保証の場合ほど高くなかった。すなわち、①保証は、特別の事情がない限り、賃貸借契約更新後の債務にも及ぶとするのが保証人の通常の意思に合致すると解され（最判平成9・11・13判時1633号81頁）、②無期限の賃貸借の保証であっても、相当期間経過後の保証人からの解約は認められない（大判昭和7・10・11新聞3487号7頁）。また、③保証人の地位は相続の対象となる（大判昭和9・1・30民集13巻103頁）。ただし、④賃借人との信頼関係が壊れれば解約できる（大判昭和8・4・6民集12巻791頁、大判昭和14・4・12民集18巻350頁）。

　しかし、2017年の改正により、賃貸借における個人根保証にも、重大な制限が加えられることになった（◆条文◆(3)）。今後は、①、④以外は維持されえないといえるであろう。ただし、近年増加している大規模な賃貸借における法人保証などには、まったく別の考慮が必要であろう。

◆ **発展問題** ◆
個人保証の将来

　2017年の改正の改正作業では、当初から、個人による根保証を基本的には認めないという姿勢が顕著であった。最終的には、例外的に認めるという結論に落ち着いたが、実際には、民法の定める厳しい規制の下では、少なくとも根保証で個人を保証人とすることは、今後ますます減少するのではないかと予想される。これは、個人保証と法人保証とをそもそも構造的・機能的に異なる法制度として規定したほうがよいのではないかという課題にも通じるであろう。

6　分割債権・債務および不可分債権・債務

- 一つの原因関係から複数の債務者が存在する場合で、債務の内容が可分給付であるときは、別段の合意がなければ、分割債務となる。
- 分割債務の債務者の一人に生じた事由は、他の債務者に影響を及ぼさない。
- 一つの原因関係から複数の債務者が存在する場合で、債務の内容が性質上不可分給付であるときは、不可分債務となる。
- 不可分債務の債権者は、各債務者に全部の履行を請求できる。
- 不可分債務の債務者の一人に生じた事由は、弁済、代物弁済、供託、更改、相殺以外は、他の債務者に影響を及ぼさない。
- 金銭債権・債務を共同相続した場合には、当然に、法定相続分にしたがって分割債権・債務となり、遺産分割の対象にならない。
- しかし、預貯金債権は、法定相続分にしたがって分割債権とはならず、遺産分割の対象になる。

◆ **条　文** ◆

(1)　**分割債権・債務**

　一つの原因関係から債権・債務が発生する場合でも、複数の債権者・債務者が存在することがある。これを概念的に分類すれば、①債権者が複数存在する場合として、分割債権・不可分債権・連帯債権があり、②債務者

が複数存在する場合として、分割債務・不可分債務・連帯債務がある。民法ではこれらすべてについて規定がある（民427条～新445条）。

しかし、これを債権の担保という機能の面から見ると、①には担保の要素はなく、②でも分割債務にはその要素はない。このような観点からは、不可分債務と連帯債務が重要である（民法の規定もほとんど連帯債務にあてられている）。ただし、以下では、便宜上、①②を合わせて、民法の規定順に解説することにする。

(a) 分割債権・債務の原則

一つの原因関係から複数の債権者・債務者が存在する場合、当事者間の債権・債務関係は、別段の合意がなければ、分割債権・分割債務となる（民427条。分割債権・債務の原則）。ただし、これは債権・債務の内容が性質上可分給付である場合にのみあてはまる。たとえば、土地を共有とするために3人で購入した場合、特約がなければ、代金債務は、それぞれ3分の1の分割債務（別々の債務）となる（最判昭和45・10・13判時614号46頁〔木材の共同購入による代金債務〕）。そのほか、共有不動産を賃貸した場合の賃料債権などがこれにあたる。

改正前の学説では、給付が可分なときは当然に分割債務になるとすると、債権者にとって担保的効力が弱まり、債務者の意思にも反することがあるとして、債務者の共同の利益のために債務を負担する場合には、不可分債務（各債務者が全額の債務を負う）と推定すべきだとする見解もあったが、新法では、後述の不可分債務について、当事者の意思表示により不可分債務とすることを認めないことになったので、そのような必要があるときは連帯債務の合意をすべきことになる。

(b) 効力

(ア) 対内的効力

債権・債務の分割割合は、別段の合意がなければ、平等であると推定される（民427条）。債権者の一人が自己の割合を超えて弁済を受けたときは、他の債権者から清算（不当利得または委任による）を請求されることになるが、割合を知らなかった債務者には新478条（受領権者としての外観を有する者に対する弁済）の適用がありうる。また債務者の一人が自己の割

合を超えて弁済した場合も、同様にして清算されることになる。

(イ) **対外的効力**

各債権者・債務者には、それぞれ分割された債権・債務が帰属する。債権者・債務者の一人に生じた事由（請求、履行遅滞、時効完成、免除、混同など）は、他の債権者・債務者に影響を及ぼさない（相対効）。別個の債権・債務であるから当然である（後述の連帯債務では事情が異なる）。なお、債権・債務が双務契約によって生じたものである場合には（たとえば共有物の売却による代金債権）、同時履行の抗弁権を伴う（新533条）。また、契約の解除は債権者・債務者の全員によってまた全員に対してのみ可能である（民544条1項）。しかしこれらは、契約の効力の問題である。

(2) **不可分債権・債務**
(a) **意義**

一つの原因関係から複数の債権者・債務者が存在する場合でも、債権・債務の内容が性質上不可分給付であるときは、当事者間の債権・債務関係は、不可分債権・不可分債務となる（新428条、新430条）。たとえば、不可分物（ヨット）を共同で購入した場合の引渡債権、不可分の共有物を売却した場合の引渡債務、不可分債権・債務を共同相続した場合（最判昭和42・8・25民集21巻7号1740頁〔不動産使用貸借の貸主の共同相続人による明渡請求権〕）などが典型である。改正前には、合意により不可分とすることも認められていたが（旧428条、旧430条）、給付内容が可分である以上、そのような合意は後述の連帯債権・債務の合意とすべきであり、不可分債権・債務からは削除された。古い判例では、共同賃借人の賃料債務が不可分債務となる（大判大正11・11・24民集1巻670頁）としたものがあるが、これは賃借人の意思の推定により連帯債務になると解すべきであろう。

また、不可分債権・不可分債務が可分債権・可分債務となったときは、分割債権・分割債務となる（民431条）。これによれば、不可分給付について債務不履行があると、その損賠賠償債務は分割債務になる。しかし学説では、それでは債権者にとって不利益が大きいとして、明示の合意がない限り連帯債務になると解する見解がある。共同不法行為による損害賠償債務は連帯債務である（民719条1項）こととの均衡を考えると、この見解が

妥当である。

(b) **効力**
(ア) **不可分債権**
　不可分債権の各債権者は、すべての債権者のために単独で履行を請求できる（新428条、新432条）。この履行請求は他の債権者にも効力が生じる（新435条の2）。
　不可分債権の債権者の一人に生じた事由は、相殺以外は、別段の意思表示（特約）をしなければ他の債権者に影響を及ぼさない（新428条、新435条の2〔相対効の原則〕）。弁済・代物弁済・供託については、規定がないが、弁済・代物弁済・供託は不可分債権の満足をもたらすので、当然に他の債権者に影響を及ぼす（絶対効）。また、相殺については、債務者が不可分債権者の一人に対して反対債権を有する場合に、その債務者が相殺を援用するとその効力は他の債権者にも及ぶ（債権が消滅する）というものである（新434条）。
　以上にかかわらず、更改と免除については特別の規定がある。すなわち、不可分債権の債権者の一人と債務者との間で更改、免除があっても、他の債権者は全部の履行を請求でき、全部の履行をした債務者は、更改、免除をした債権者に対して償還請求することになる（新429条1項）。他の債権者の請求を阻止することはできないからである。不可分債権の債権者の一人と債務者が混同した場合には、債務者は、他の債権者からの請求に対して全部履行しておいて後で償還請求してもよいし（新429条1項の類推適用。最判昭和36・3・2民集15巻3号337頁）、または債権者の一人としてはじめに他の債権者に自己の利益分を配分してもらってもよいと解されている。

(イ) **不可分債務**
　不可分債務の債権者は、各債務者に全部の履行を請求できる（新430条、新436条）。しかし、履行請求の効力は、請求した債務者以外の債務者には及ばない（新441条参照）。これは、後述の連帯債務について、新法では請求には相対的効力しかないこととされたことに連動している。他の不可分債務者が知らないところで不利益を被ることがありうるのを考慮したもの

である（詳しくは、**7**の連帯債務参照）。

　不可分債務の債務者の一人に生じた事由は、更改、相殺以外は、別段の意思表示（特約）をしなければ他の債権者に影響を及ぼさない（新430条、新441条〔相対効の原則〕）。ただし、弁済・代物弁済・供託については、規定がないが、当然に他の債権者に影響を及ぼすのは不可分債権と同じである（絶対効）。また、相殺については、不可分債務者の一人が債権者に対して反対債権を有する場合に、その債務者が相殺を援用すると債権は消滅するというものである（新439条1項）。

　免除に相対的効力しかないことについては、後述の連帯債務について、新法では免除には相対的効力しかないこととされたことに連動している。不可分債務者の一人に免除しても他の債務者に請求するつもりであるのが通常だからである（詳しくは、**7**の連帯債務参照）。これに対して、混同は、連帯債務では絶対的効力があるが（新440条）、不可分債務では相対的効力しかない（新430条括弧書）。したがって、他の債務者が債務を履行したうえで、その債務者（すなわち債権者）に求償すれば、応じなければならない。迂遠なようにみえるが、不可分債務の内容と求償の内容とが異なりうるので、やむをえない。

◆ 解　釈 ◆

(1) 金銭債権の共同相続

　判例によれば、金銭債権を共同相続した場合、相続によって、当然に、法定相続分にしたがって分割され、民法906条以下の遺産分割の対象とはならない（大判大正9・12・22民録23輯2062頁〔保険金債権〕）。たとえば、共同相続した賃料債権の分割帰属は、その後なされた遺産分割の影響を受けない。したがって、共同相続した賃貸不動産を相続人のうちの一人が相続することになっても、遺産分割協議が整うまでの賃料は、各共同相続人に帰属し、不当利得にはならない（最判平成17・9・8民集59巻7号1931頁）。

　しかし、相続で実際上問題となることが多い預貯金債権については、近年、重大な判例変更があった。すなわち、従来の判例は、上記と同様、預貯金債権は、相続によって、当然に、法定相続分にしたがって分割され、民法906条以下の遺産分割の対象とはならないと解してきた（最判昭和29・

4・8民集8巻4号819頁など多数）。これによれば、各相続人は、自己の法定相続分の履行を単独で請求できる。預貯金債権の共同相続人の一人が全額の支払いを受けてしまった場合には、他の共同相続人は、その相続人に対して不当利得返還請求権または不法行為による損害賠償請求権を取得する（最判平成16・4・20判時1859号61頁）。

　このような判例に対して、学説では、遺産共有の性質論（民898条）を反映して、合有説ないし準共有説（相続人全員による共同行使・遺産分割の対象となる）、不可分債権説（単独行使可・遺産分割の対象となる）なども主張されていた。また、家裁の実務では、相続人全員の合意があれば遺産分割の対象としてきたようである。さらに、預金取引の実務では、分割されると債務者である金融機関にとっては、相続人の確認などの面倒が生じるために、払戻しに際して相続人全員の払戻請求書を要求してきた（ただし、これはあくまでお願いにすぎないと解されてきた）。

　しかし、最大決平成28・12・19民集70巻8号2121頁は、共同相続された普通預金債権、通常貯金債権、定期貯金債権について、現金に近いものであること、普通預金・通常貯金は相続人全員でないと解約できず、定期預金は全員でないと払戻請求できないことなどから、相続開始と同時に当然に相続分に応じて分割されることはなく、遺産分割の対象となるという新判断を下した（その後、最判平成29・4・6判タ1437号67頁も定期預金、定期積金について同様の判断を示している）。これは、金融実務にとっては重大な判例変更であるが、預貯金債権の特殊性を理由にしていることから、この趣旨が債権一般にまで及ぶとは解されていない。

(2) 金銭債務の共同相続

　金銭債務を共同相続した場合も、判例は、相続によって、当然に、法定相続分にしたがって債務が分割され、遺産分割の対象とはならないと解している（大判昭和5・12・4民集9巻1118頁）。一般的に考えれば、債権者にとっては分割されないほうが有利であるが、金銭債務では、債務者が意図的に一人の債務者に債務を集中させ、債権回収を困難にすることがありうるので、当然に分割されるとしたほうが無難である。たとえ家裁の審判によって変更しようとしても、その結果を債権者に対抗することはできない。ただし、債権者が、債務者の合意によりある者のみを債務者とするこ

とを承認すれば、それによると解すべきであろう。

◆ 発 展 問 題 ◆
預金債権の特殊性
　預金債権が共同相続された場合に、相続開始と同時に当然に相続分に応じて分割されるか、また遺産分割の対象となるかという問題は、預金債権が可分か不可分かとか、遺産共有の法的性質はいかなるものかに関係がない問題ではなかろうか。預金に属する金銭は、大量のジャガイモと同じで可分であることはいうまでもない。しかし、預金は金銭を対象としており、金銭所有権の特殊性から、金銭所有権は金融機関にあり、預金者は金融機関に対して債権を有すると法律構成せざるを得ないのである。預金者が金融機関に払戻しを請求するのは、実体としては預けている動産の返還を請求しているのと異ならない。最高裁は、預金債権が「現金に近い」ということを挙げているが、その趣旨をもっと進めるならば、他人に預けている「動産に近い」ので遺産分割の対象となるというべきではなかろうか。

7　連帯債権・債務

- 連帯債務では、債務者の数に応じた複数の債務が存在し、各債務者が全額支払義務を負うので、債権者からすれば、担保的機能が非常に高い。
- 連帯債務は、債務者間では、自己の負担部分について固有の債務を負いつつ他の債務者の負担部分を相互に保証するという実質を有する。
- 連帯債務では、債務者の一人に生じた事由が他の債務者にも影響を及ぼす（絶対効）場合がある。
- 弁済などにより連帯債務を消滅させた債務者は、他の債務者の負担部分について求償できる。
- 従来の解釈では、共同不法行為における損害賠償債務などのように、債務者間に主観的な共同関係がなく、債務者の一人に生じた事

> 由が他の債務者に影響を及ぼすことがない連帯債務を不真正連帯債務と呼んで、連帯債務と区別していたが、改正により、連帯債務の絶対効が制限されたので、不真正連帯債務概念は必要なくなった。

◆ 条 文 ◆

(1) **連帯債権**

(a) **意義・成立**

　連帯債権とは、複数の債権者が同一内容・可分給付の債権を有する場合である（新432条）。以前は規定がなかったが、改正により明文化された。

　連帯債権は、法令の規定または当事者の合意によって成立する（同条）。ただし、これは給付が可分であるのに連名で債権者となる場合であるから、実際にはあまりない。

　各債権者は、すべての債権者のために、それぞれ独立して、全部の履行を請求することができる（同条）。したがって、債権者の一人がした請求は、他の債権者にも効力を生じる（絶対効）。債権者の一人に弁済・代物弁済・供託があったときは、そもそも連帯債権を満足させる行為であり、当然、すべての債権者に効力を生じる（新432条参照）。弁済等を受けた債権者は、他の債権者に対して利益を分配しなければならない。

(b) **対外的効力**

　債権者の一人に生じた事由のうち、更改、免除、相殺、混同以外の事由は、他の債権者に対して効力を生じない（新435条の2本文〔相対効〕）。ただし、そのような事由であっても、他の債権者の一人が債務者と別段の合意をしたときは、その債権者にどのような効力が生じるかはその合意に従う（同条ただし書）。

(ア) **更改・免除**

　債権者の一人と債務者間で更改または免除があったときは、他の債権者は、その分だけ除いて履行請求しなければならない（新433条）。不可分債権では、更改・免除があっても全部の請求ができるが（新429条前段）、連帯債権では給付は可分であるから、更改・免除分を除いて請求できるため

である。

(イ) 相殺

債務者が連帯債権者の一人に対して相殺をしたときは、他の債権者にも効力を生じる（新434条）。あとは連帯債権者間での利益分与請求の問題になる。債権の弁済をしたのと同様であるから当然である。したがって、連帯債権者の一人から相殺した場合については規定がないが、他の債権者の債権も消滅するのは当然である。

(ウ) 混同

債権者の一人と債務者との間で混同があったときは、債務者がその債権者に弁済をしたものとみなされる（新435条）。したがって連帯債権は消滅する。あとは連帯債権者間での利益分与請求の問題になる。

連帯債権は実際上あまり問題にならず、また担保的機能とは無縁なので、これ以上ふれない。

(2) **連帯債務**
(a) **連帯債務の意義・構造**
(ア) 意義

連帯債務とは、複数の債務者が同一内容・可分給付の債務を負担する場合である（新436条）。

連帯債務では、複数の債務者がそれぞれすべての給付義務（全額支払義務）を負うが（新436条）、債務者の一人が弁済・代物弁済・供託すれば、他の債務者の債務も消滅する。通説によれば、債務者の数に応じた複数の債務が存在するのであり（複数債務説）、債権者からすれば、担保的機能が非常に高い。たとえば、100万円の連帯債務では、各債務者が100万円の債務を負うことになる。ある債務者は100万円の債務、他の債務者は50万円の債務というように、一部のみ連帯する不等額連帯債務もありうる。債務者相互間では、弁済した債務者は他の債務者に求償できる（新442条1項）。

(イ) 連帯債務の根拠

各債務者がこのような厳しい債務を負うのは、各債務者間に主観的共同

関係があるからだと説明するのが従来の通説であったが（主観的共同関係説）、各債務者がそれぞれの負担部分につき固有の債務を負い、それを超える部分については他の債務者が負う債務を保証し合っていると捉える説もあった（相互保証説）。しかし、新法の下では、連帯債務は当事者の意思表示によるほか、法令の規定によっても成立するので、前者のような根拠づけでは狭いことになる。今後はより広く、債務者間に主観的または客観的に共同関係があり、合意または公平の観点から相互に債務を保証し合っている状態にある、と説明することになろうか。

(ウ) **別債務性**

各債務者の債務は別個の債務であるから、各債務者で条件、期限、利息の利率が異なっても構わない。一人の債務者のために保証や物上保証をすることもできるし、一人に対する債権のみを譲渡することもできる（大判大正8・12・15民録25輯2303頁）。債務者の一人について無効・取消原因があっても、他の債務者の債務の効力に影響しない（新437条）。なお、改正前には、債務者の数人について破産手続が開始しても、債権者はそれぞれについて全額配当加入できるという規定があったが（旧441条）、実際には、破産法で、一人の債務者から一部の配当を受けたときは、他の債務者には現存額についてのみ配当加入できるとされており、それで運用がなされているので（破104条）、民法の規定は削除された。

(b) **連帯債務の成立**

連帯債務は、法令の規定または当事者の意思表示によって成立する（新436条）。当事者間の合意によって成立するのが普通であるが、遺言のような場合もある。また、たとえば、夫婦の日常家事債務の連帯責任（民761条）や、共同不法行為による損害賠償債務（民719条1項）は法令による場合である。

合意による場合、連帯債務であることの主張・立証責任は、それを主張する者にある（大判大正4・12・21新聞1086号20頁）。共同事業を行うに伴って生じた債務などが典型である（最判平成10・4・14民集52巻3号813頁〔共同企業体による建築工事請負上の債務〕）。学説は、債務者間の関係や債務を負った状況によっては、黙示の合意が認定されうるとするが、判例

は、分割債務の原則からすれば、当事者の意思が明確でないときは連帯債務と認定すべきでないとしている（大判大正4・9・21民録21輯1486頁）。程度問題であろう。

各連帯債務者には内部的な負担部分がある。明文の規定はないが、合意がなければ平等と推定される（民427条参照）。平等でないことの主張・立証責任は、それを主張する者にある（大判大正5・6・3民録22輯1132頁）。しかし債務者間で受ける利益に差があるときは、利益に応じた負担部分であると推定されよう。

(c) 対外的効力

改正前には、連帯債務では、債務者の一人に生じた事由が他の債務者にも影響を及ぼさないことを原則としながら（旧440条）、実際には影響を及ぼす場合（絶対効）が多く存在するという逆転現象が存在した（旧434条～439条）。しかし、連帯債務には、債務者間に強い主観的な関係がある場合もあれば、出会い頭の車輌衝突事故で歩行者が負傷した場合のように（共同不法行為）、そのような主観的な関係がない場合もある。このような場合すべてについて、絶対効を一律に規定するのは妥当ではない。そこで改正では、文字どおり、債務者の一人に生じた事由は他の債務者にも響を及ぼさないこと（相対効）を原則とし（新441条本文）、絶対効は極限まで制限され、ただ、債権者とその他の連帯債務者間で別段の合意をしたときは、その合意によることとされたのである（同条ただし書）。

なお、不可分債権・債務、連帯債権を含めた絶対効の比較について**表9**参照。

(ア) 相対効

連帯債務は、債務者の数に応じた複数の債務であるから、相互に影響を及ぼさない（相対効）のが原則である（新441条）。相対効となる事由には、履行請求、免除、時効の完成、時効の利益の放棄（大判昭和6・6・4民集10巻401頁）、債権譲渡の通知（大判大正8・12・15民録25輯2303頁）、各債務者の過失・債務不履行、一人の債務者に対する確定判決、転付命令（民執159条。最判平成3・5・10判時1387号59頁）などがある。また、改正により、絶対効から相対効に変更されたのは、履行請求（旧434条）、免除（旧

437条)、時効完成(旧439条)である。絶対効としたいときは、債権者とその他の連帯債務者間でとくに合意すればよい。

　①**履行請求**　改正により、履行請求を受けていない債務者は、自己の知らないところで履行遅滞に陥ったり、時効の更新があったりすることはなくなった。改正前の判例で、借地借家法の家賃増額請求(借地借家12条)は、各賃借人(債務者)に対してしなければ、全員に対する効力はないと解したものがあったが(最判昭和54・1・19判時919号59頁)、これは新法の連帯債務の規律の下で維持されよう。

　②**免除**　免除は、通常は、債務額を減らすという趣旨ではなく、当該債務者以外の債務者から全額を回収しようという趣旨なので、他の債務者も免除する趣旨で免除した場合(最判平成10・9・10民集52巻6号1494頁)を除き、相対的効力しかないと改められた。全額を弁済した債務者が免除を受けた債務者に求償した場合には、応じなければならない(新445条)。この場合、免除を受けた債務者が債権者に対して償還請求できるかが問題になるが、免除の通常の趣旨は債務額を減らすことにあるわけではないので、債権者の受けた弁済は法律上の原因に基づくものであり、このような請求は認められない。したがって、免除を受けても大した効力はないということになる。改正により免除が相対効とされたことにより、旧法(旧437条)の下で生じていた求償をめぐり、判例・学説上争われていたややこしい計算問題(とくに一部免除があった場合の求償)はなくなった。

　③**時効完成**　債務者の一人について時効が完成しても、その者が債権者から履行請求されないだけで、他の債務者に影響しない。したがって、全額を弁済した債務者が、時効が完成した債務者に求償した場合には、応じなければならない(新445条)。この場合、時効が完成した債務者が債権者に対して償還請求できないのは免除と同様である。

(イ)　**絶対効**

　絶対効が生じる事由は、更改、相殺、混同である(新441条参照)。

　①**更改・混同**　債務者の一人と更改があったときは、もとの債務はすべての債務者のために消滅する(新438条)。また、債務者の一人に混同が生じれば、その債務者は弁済したものとみなされるので(新440条)、その結果として他の債務者にも効力が生じる。これらは、債務者間での求償を

簡略化する趣旨である。

　②相殺　債務者の一人が自己の有する反対債権で相殺した場合、債務はすべての債務者の利益のために消滅する（新439条1項）。相殺は弁済と同様、債権を満足させる行為だからである。

　これとは別に、債務者の一人が反対債権を有しているが相殺を援用しない場合は、他の債務者は、その債務者の負担部分を限度として履行拒絶権を有する（同条2項）。改正前は、他の債権者が相殺できると規定されていたが（旧436条2項）、学説では、他人の財産に対する過剰な介入であるとして、他の債務者には、履行拒絶権を認めれば十分であると解されていた。新法はこれに従ったものである。

表9　債権者・債務者の一人に生じた事由の絶対効

不可分債権	不可分債務	連帯債権	連帯債務
弁済・代物弁済・供託・相殺			
履行請求	更改	履行請求 更改 免除 混同	更改 混同

(d)　**求償**

(ｱ)　**求償権**

　弁済などにより連帯債務を消滅させた債務者は、他の債務者の負担部分に応じた額を求償することができる（新442条1項）。求償には、弁済などの日以後の法定利息および避けることができなかった費用その他の損害の賠償が含まれる（同2項）。自己の債務を弁済したのに求償できるのは、公平のためと説明されるが、実質的には、他人の負担部分まで弁済しているという連帯債務の相互保証的な側面が出るからである。改正前は、一部弁済でも負担部分の割合に応じて求償できるか否かが明確でなかったが（旧442項1項）、判例（大判大正6・5・3民録23輯863頁）・通説は、求償できるのは「額」ではなく「割合」であるとしてこれを肯定してきた。改正では、弁済額が自己の負担部分を超えるか否かにかかわらず、負担部分に応じた額を求償できることが明文化された。（新442条1項を「負担部分に応じて」と解釈する）。共同保証人間での求償（民465条2項。負担部分を超え

る額）と異なることになる。ただし、代物弁済などで自己の負担部分を超える支出をしても、求償できるのは、債務額に基づく負担部分を限度とする（新442条1項括弧書）。

なお、改正前には、不真正連帯債務についても、過失割合に応じて負担割合があると解することにより求償を認めるのが判例（最判昭和63・7・1民集42巻6号451頁、最判平成3・10・25民集45巻7号1173頁）・通説であったが、自己の負担割合を超える部分についてのみ求償できる（一部弁済では認めない）と解されていた。しかし、前述したように、新法の下では不真正連帯債務に相当するものも連帯債務の範ちゅうで扱うことになったので、求償についても本条が適用され、一部弁済でも割合による求償が認められることになる。

(イ) **通知義務**
　複数の債務者による弁済が重なると求償関係が錯綜する。そこで、弁済等をする債務者は、事前および事後に弁済等をすることを他の債務者に通知をしなければならず、通知を怠った場合には、求償権が制限される。

　①**事前の通知**　他に債務者がいることを知りながら、事前の通知を怠った場合には、他の債務者が債権者に対抗できる事由（たとえば同時履行の抗弁権）を有していたときは、求償を受けてもその事由を対抗できる（新443条1項前段）。とくに、相殺できたはずであることを対抗したときは、求償した債務者は、求償できなかった限度で反対債権を取得し、それを債権者に履行請求することができる（同項後段）。契約による連帯債務では、他に債務者がいることを知らないことは通常ないが、それ以外ではありうる（共同不法行為責任など）。

　②**事後の通知**　他の債務者がいることを知りながら、事後の通知を怠った場合には、その後に他の債務者が善意で弁済等の行為をして免責を受けたときは、その弁済等の行為を有効であったものとみなすことができる（同条2項）。この場合、先に弁済した債務者は、債権者に対して不当利得返還請求をすることになる。

　③**事前・事後の通知の懈怠**　他の債務者がこの規定の適用を受けるためには、自ら事前の通知をしていなければならないか否かは、明文化されず、解釈に委ねられている。新433条1項と2項の関係について、2項は

1項を前提にしている〔自ら通知を要する〕と解するか（最判昭和57・12・17民集36巻12号2399頁、通説）、別の趣旨であると解するかによるが、前者にしたがっておく。

(ウ) **資力がない債務者がいる場合の求償**
　債務者の中に求償に応じる資力がない者がいる場合には、残った債務者が負担部分に応じてその分を負担する（新444条1項）。たとえば、ABCが90万円の連帯債務を負担部分平等で負っている場合で、Aが全額弁済したがCに資力がないときは、Cの負担部分30万円をABで負担するので、AはBに30＋（30÷2）＝45万円求償できる。仮に残った債務者ABの負担部分がゼロであっても、ABで分担する（90÷2＝45万円）（同条2項）。改正前の判例（大判大正3・10・13民録20輯751頁）を明文化したものである。しかし、Bの負担部分のみゼロであるときは、（負担部分に応じて、なので）Aのみが負担する。
　ただし、求償する債務者に過失があるときは、分担を請求できない（同条3項）。過失とは、適時に求償していればCにまだ資力があり求償できたという場合である。

(エ) **連帯の免除**
　連帯の免除とは、債権者が債務者に対して、負担部分のみを請求することにするというものである。
　①**絶対的連帯免除**　すべての債務者に対して連帯の免除をする（全部給付義務を免除する）ことは、連帯債務の解体である。その結果、連帯債務は分割債務に変わる。
　②**相対的連帯免除**　一部の債務者に対してのみ連帯の免除をすると、債権者に対する関係では、免除を受けた債務者の債務が縮減されるが、全体としての債務額が減少したわけではない。したがって、他の債務者が全額を弁済すれば、免除を受けた債務者に対しても求償できるのは当然である。
　なお、改正前は、債務者の一人が連帯の免除を受けていて、他の債務者の中に資力がない者がいる場合には、連帯の免除を受けた者が負担すべき分は債権者が負担するという規定があったが（旧445条）、それは連帯の免

除をした債権者の通常の意思ではない（そのような資力のない者の分まで免除するつもりはない）。そこで、新法では削除された。このような場合には、(d)(ウ)のとおり、連帯債務者間で負担することになる（新444条）。

◆ **解 釈** ◆

(1) 連帯債務者の一人の死亡と共同相続

　債務者が死亡して、共同相続された場合には、前述のように、可分債務は相続によって当然に、法定相続分に応じて分割債務となるので、これをそのまま連帯債務者の一人が死亡した場合に当てはめれば、共同相続人間では分割債務となるが、他の連帯債務者との関係では、各相続人がそれぞれ不等額の連帯債務を負うということになる（最判昭和34・6・19民集13巻6号757頁）。これに対して学説では、債権者の利益が損なわれるとして、相続人間では不可分債務になるとする見解や、合有的に帰属するとする見解もある（これらによれば、各相続人が全額について連帯債務者となる）。しかしこれらの見解は、債務の共同相続では分割債務となるということ自体に批判的なものであり、分割債務の原則によるかぎり、判例のような理解になろう。

(2) 不真正連帯債務概念

(a) 改正前の議論

　不真正連帯債務という概念は、民法の規定上存在しない。しかし、複数債務者間に連帯債務が生じる場合であっても、一定の場合は、真正の連帯債務ではないという意味でこの概念が用いられてきた。具体的には、不法行為の場面で、複数の者が一つの損害に対して損害賠償債務を負う場合が典型的である（民714条の監督義務者と監督義務者に代わって監督する者、民715条の使用者と被用者、民718条の動物占有者と保管者、民719条の共同不法行為者など）。これらは、債務者（賠償義務者）を連帯させることにより、債権者（被害者）に対する賠償を確実にしようとするものである（その意味で履行の担保的機能がある）。

　不真正連帯債務の特徴は、伝統的には、①主観的共同関係がないので、②債権を満足させる以外の事由は他の債務者に影響せず（相対効）、③負担部分が存在せず求償は生じないことであると解されてきた。しかし最近

の学説では、①について、不真正連帯債務でも、故意による共同不法行為のように主観的共同関係がある場合があり、連帯債務の相互保証的側面は不真正連帯債務でも被害者保護のために同じようにいえるとし、効果の点では、とくに③について、過失割合に応じて負担割合があると解するのが判例・通説となっていた。

残る問題は、連帯債務では絶対効となる事由が多いという点であり、不真正連帯債務については、判例・通説は、債務者の一人に生じた事由は、債権を満足させる事由以外、他の債務者に影響しない（相対効）と解してきた（最判昭57・3・4判時1042号87頁〔請求〕、大判昭和12・6・30民集16巻1285頁〔時効完成〕、最判平成6・11・24判時1514号82頁、最判平成10・9・10民集52巻6号1494頁〔以上、免除〕、最判昭和48・1・30判時695号64頁〔混同〕）。これが連帯債務とは別に不真正連帯債務概念を観念する実際上の必要性を示す点となっていた。

(b) 改正法の立場

改正により、前述のように、連帯債務は当事者の合意による場合だけでなく、法令の規定によっても成立することとされ（新436条）、また債務者の一人に生じた事由の絶対効が大幅に制限された（新441条）。これにより不真正連帯債務と呼ばれてきたものは、連帯債務に吸収される（連帯債務概念が広義になった）というのが新法の立場であろう。

◆ 発 展 問 題 ◆
残された課題

新法の下でも、更改（新438条）、混同（新440条）は、絶対効があるとされており、不真正連帯債務とされてきた場合にも、これをそのまま適用してよいかという問題は残っている。逆に請求についての相対効は、被害者救済の観点からは妥当かということも問題になりうる。いずれも不真正連帯債務とされてきた場合には、契約による絶対効・相対効の変更ということはありえない（不法行為）からである。さらに、求償については、前述のように、改正前の判例は、連帯債務に関する当時の通説と異なり、条文（旧442条1項）の文言と同様に、自己の負担割合を超える部分についてのみ求償できると解していた（前掲、最判昭和63・7・1、前掲、最判平成

3・10・25)。改正により、連帯債務者間の求償では、一部弁済でも割合による求償が認められることが明記されたが（新442条1項）、これを不真正連帯債務とされてきた場合も、そのまま受け入れるのか否かも問題になりうる。債務者間の公平を考えればそれが妥当であろうが、被害者保護の観点からはそれでよいのか（たとえば、共同不法行為の加害者の一方とだけ負担割合に関わりなく示談したような場合どうなるのか）は検討する余地があろう。

◆事項索引

あ

与える債務 … 18
安全配慮義務 … 279

い

異議を留めない承諾 … 401
意思実現 … 46
一元説 … 89
一人計算 … 371
一部弁済 … 347
インフォメーション・センター … 397

う

請負人帰属説 … 286

え

役務提供契約 … 272

か

解除権の不可分性 … 133
買戻し … 193
解約告知 … 129
解約手付 … 163
隔地者 … 51
確定日付のある保証 … 397
過失責任主義 … 95
過失相殺 … 121
割賦購入あっせん … 318
間接強制 … 106

き

危険負担 … 70
期限の利益喪失特約 … 380
帰責事由 … 95
偽造・盗難キャッシュカード … 358
規範統合説 … 104
記名式所持人証券 … 412
求償特約 … 484
求償の循環 … 348
給付義務 … 14

給付保持力 … 6
共同保証 … 487
金銭債権 … 322

け

経営指導念書 … 470
形成権説 … 440
継続的保証 … 488
契約自由の原則 … 24
契約上の地位の移転 … 418
契約責任説 … 177
契約締結上の過失 … 35
契約の拘束力 … 96
契約不適合 … 181, 189
結果債務 … 18
原契約変容説 … 146
検索の抗弁権 … 474
現実の提供 … 333
現実売買 … 161
原始的不能 … 12
原状回復義務 … 142
懸賞広告 … 47
現地公示 … 255
権利金 … 213
権利失効の原則 … 154
権利保護要件 … 149

こ

交叉申込み … 48
行使効果説 … 67
更新料 … 214
合同行為 … 302
口頭の提供 … 334
抗弁の接続 … 318
抗弁の放棄 … 402
高利 … 324
高齢者の終身賃貸借 … 220
個人根保証契約 … 490
混合寄託 … 299

さ

債権者主義 … 71
債権侵害 … 158
債権の準占有者 … 355
債権の相対性 … 7
債権の平等性 … 7
債権の目的 … 11

催告 …………………………………… 134
催告の抗弁権 ……………………… 473
財産権移転義務 …………………… 169
再売買の予約 ……………………… 195
債務者主義 ………………………… 71
詐害の意思 ………………………… 448
差押えと相殺 ……………………… 380
指図証券 …………………………… 411
詐称代理人 ………………………… 356
サブ・リース ……………………… 247
三分説 ……………………………… 89
三面更改 ……………………… 366, 371

し

死因贈与 …………………………… 199
敷金 ………………………………… 210
敷引特約 …………………………… 212
自己執行義務 ……………………… 292
仕事完成義務 ……………………… 283
持参債務 …………………………… 21
事実的契約関係論 ………………… 27
事情変更 …………………………… 79
自助売却権 ………………………… 339
事前求償権 ………………………… 481
自然債務論 ………………………… 26
下請負 ……………………………… 287
示談 ………………………………… 306
指定充当 …………………………… 338
自動改訂特約 ……………………… 238
自働債権 …………………………… 369
支配移転説 ………………………… 72
借地 ………………………………… 207
借家 ………………………………… 207
修繕義務 …………………………… 228
修補請求権 ………………………… 284
受益の意思表示 …………………… 83
手段債務 …………………………… 18
出訴期間 …………………………… 450
受動債権 …………………………… 369
受任者の利益をも目的とする委任 … 295
受領義務 …………………………… 157
受領遅滞 …………………………… 156
種類債権 …………………………… 16
準委任 ……………………………… 290
準消費貸借 ………………………… 315
承諾 ………………………………… 46
譲渡自由の原則 …………………… 388
譲渡制限特約 ……………………… 390
譲渡担保 …………………………… 195

消費者信用 ………………………… 317
消費貸借の予約 …………………… 321
情報提供義務 ………………… 475, 478
将来債権 …………………………… 406
使用利益 …………………………… 143
書面によらない贈与 ……………… 198
人的抗弁の切断 ……………… 411, 412
人的属性 …………………………… 244
人的担保 …………………………… 467
信頼関係破壊の法理 ……………… 243
信頼利益 …………………………… 108

せ

成果完成型委任 …………………… 292
請求権 ……………………………… 9
請求権競合説 ……………………… 104
請求権説 …………………………… 440
制限種類債権 ………………… 16, 22
製作物提供契約 …………………… 287
正当事由 …………………………… 225
正当な利益 ………………………… 341
責任財産 …………………………… 421
絶対効 ……………………………… 507
折衷説 ……………………………… 440
善処義務 …………………………… 296
選択債権 …………………………… 16

そ

増改築禁止特約 …………………… 238
相互保証 …………………………… 505
相殺禁止 …………………………… 376
相殺権の制限・濫用 ……………… 383
相殺充当 …………………………… 374
相殺適状 …………………………… 374
相殺予約 ……………………… 370, 380
造作買取請求権 …………………… 237
相対効 ……………………………… 506
相対効の原則 ………………… 499, 500
相対的取消し ……………………… 459
相当因果関係論 …………………… 112
送付債務 …………………………… 21
双務契約 …………………………… 43
訴求力 ……………………………… 6
訴訟告知 …………………………… 429
その他の債務不履行 ……………… 93
損益相殺 …………………………… 125
損害軽減義務 ……………………… 125
損害担保契約 ……………………… 470

515

| 損害賠償額の予定 …………………… 122
 存在効果説 ……………………………… 67

た

代位 …………………………………… 344
対価性 …………………………………… 26
対価的牽連性 …………………………… 60
代金減額請求 ………………………… 183
対抗要件特例法 ……………………… 408
代償請求権 …………………………… 124
代替執行 ……………………………… 106
対話者 …………………………………… 50
多角取引 ………………………………… 48
諾成契約 ………………………………… 43
多数当事者間契約 ……………………… 48
多数当事者間相殺 …………………… 380
建物買取請求権 ……………………… 236
短期賃貸借 …………………………… 216
担保責任 ……………………………… 174
担保の保存 …………………………… 347
担保保存の免除特約 ………………… 352

ち

遅延賠償 ……………………………… 109
中間利息 ……………………………… 326
注文者帰属説 ………………………… 287
直接強制 ……………………………… 105
直接効果説 …………………………… 145
直接取引 ……………………………… 293
賃料不減額特約 ……………………… 238

つ

追完請求 ………………………… 102, 183
通常損害 ……………………………… 111
通知義務 ……………………………… 509

て

定期行為 ……………………………… 138
定期借地権 …………………………… 219
定期贈与 ……………………………… 199
定期建物賃貸借 ……………………… 220
提供の継続 ……………………………… 66
定型取引 ………………………………… 29
定型約款 ………………………………… 29
適時執行義務 ………………………… 479
手付 …………………………………… 163

手続保障 ……………………………… 215
典型契約 ………………………………… 43
電子記録債権 ………………………… 389
電信送金契約 …………………………… 85
填補賠償 ……………………………… 109

と

動産賃借権 …………………………… 251
同時到達 ……………………………… 404
同時履行の抗弁権 ……………………… 61
到達主義 ………………………………… 50
特定 ……………………………………… 20
特定商取引 …………………………… 194
特定物債権 ……………………………… 15
特別解約権 …………………………… 494
特別損害 ……………………………… 111
取立債務 ………………………………… 21

な

なす債務 ………………………………… 18

に

任意解除権 …………………………… 294
任意解約権 …………………………… 494
任意脱退権 …………………………… 306

ね

ネッティング ………………………… 370
根保証 ………………………………… 488

は

賠償による代位 ……………………… 123
売買の一方の予約 …………………… 162

ひ

引取義務 ……………………………… 157
否認権 ………………………………… 439
表示の登記 …………………………… 256

ふ

ファイナンス・リース ……………… 261
不安の抗弁権 …………………………… 65
複委任 ………………………………… 292

複数契約の解除················155
不真正連帯債務················511
付随義務······················14
付随義務違反····················93
負担付贈与···················199
不動産賃借権の物権化傾向········207
不特定物債権····················16
振込み·······················85

へ

併存的債務引受················415
弁済供託·····················338
弁済受領権限··················354
弁済の提供···················333
片務契約······················43
偏頗行為·····················453

ほ

忘恩行為·····················201
報酬減額請求権················284
法条競合説···················104
法定解除·····················129
法定債権······················14
法定充当·····················338
法定責任説···················177
法定利息·····················323
冒頭規定······················44
保護義務違反···················94
保証条項·····················351
保証人兼物上保証人············353

み

みなし合意····················29
身元保証·····················489

む

無記名証券···················413
無催告解除···················260
無催告解除特約················139
無償契約······················43

め

免責事由······················94
免責的債務引受················416
免責特約·····················175

も

申込み························46
申込みの誘引··················47
目的達成不能··················138

や

約定解除·····················128
約款·························28

ゆ

有償契約······················43
優先主義·····················351

よ

要式契約······················43
要物契約······················43
用法遵守義務··············235, 268
預金者の認定··················360
預金担保貸付··················361
予見可能性···················111
予見可能性ルール···············113

り

履行請求権····················57
履行遅滞······················92
履行に代わる損害賠償···········110
履行の着手···················165
履行不能······················93
履行補助者····················99
履行利益·····················108
履行割合型委任················292
利息債権·····················323
留置権·······················61

れ

連帯の免除···················510
連帯保証·····················485

ろ

ローン提携販売················318

わ

和解の錯誤···················306

◆判例索引

大審院判例

大判明治35・2・22民録8-2-93 …………… 230
大判明治36・11・7民録9-1213 …………… 474
大判明治36・12・7民録9-1339 …………… 457
大判明治37・2・2民録10-70 ……………… 338
大判明治37・6・22民録10-861 …………… 286
大判明治38・6・3民録11-847 ……………… 378
大判明治38・12・25民録11-1842 ………… 338
大判明治39・3・3民録12-435 ……………… 472
大判明治40・3・11民録13-253 …………… 446
大判明治41・1・23新聞479-8 ……………… 357
大判明治41・2・27民録14-150 …………… 427
大判明治42・2・15民録15-102 …………… 222
大判明治42・5・14民録15-490 …………… 401
大判明治43・4・5民録16-273 ……………… 116
大判明治43・7・6民録16-537 ………… 427, 434
大判明治43・10・10民録16-673 …………… 200
大判明治44・2・21民録17-62 ……………… 286
大連判明治44・3・24民録17-117 … 440, 459, 463
大判明治44・11・19民録17-648 …………… 318
大判明治44・12・11民録17-772 …………… 63
大判明治45・1・25民録18-25 ……………… 398
大連判明治45・3・23民録18-315 ………… 235
大判大正2・1・24民録19-11 ……………… 315
大判大正2・3・8民録19-120 ……………… 398
大判大正2・5・8民録19-312 ……………… 319
大判大正3・6・15民録20-476 ……………… 479
大判大正3・10・13民録20-751 …………… 510
大判大正3・11・20民録20-963 …………… 400
大判大正3・12・26民録20-1208 …………… 287
大判大正4・5・29民録21-858 ……………… 157
大判大正4・9・21民録21-1486 …………… 506
大判大正4・12・21新聞1086-20 …………… 505
大判大正5・6・3民録22-1132 ……………… 506
大判大正5・7・5民録22-1325 ……………… 310
大判大正5・7・5民録22-1336 ……………… 84
大判大正5・7・12民録22-1549 …………… 222
大判大正5・7・18民録22-1553 …………… 147
大判大正5・9・22民録22-1732 …………… 200
大判大正5・10・27民録22-1991 …………… 118
大判大正5・12・13民録22-2417 …………… 287
大判大正6・5・3民録23-863 ……………… 508
大判大正6・6・7民録23-932 ……………… 452
大判大正6・7・10民録23-1128 …………… 135
大判大正6・9・18民録23-1342 …………… 311
大判大正6・9・22民録23-1488 …………… 292
大判大正6・10・2民録23-1510 …………… 398
大判大正6・10・18民録23-1662 …………… 343
大判大正6・10・20民録23-1668 …………… 338
大判大正6・10・22民録23-1674 …………… 222
大判大正6・11・14民録23-1965 …………… 153
大判大正6・12・27民録23-2262 …………… 145
大判大正7・4・13民録24-669 …………… 153
大判大正7・4・16民集24-694 ………… 428
大判大正7・8・14民録24-1650 ……… 63, 334
大判大正7・8・27民集24-1658 …………… 111
大判大正7・9・25民録24-1811 …………… 401
大判大正7・9・26民録24-1730 …………… 448
大判大正7・11・1民録24-2103 …………… 164
大判大正7・11・14民録24-2169 …………… 118
大判大正7・12・7民録24-2310 ……… 356, 358
大判大正8・2・8民集25-75 ……………… 426
大判大正8・6・26民録25-1178 …………… 396
大判大正8・7・11民録25-1305 …………… 453
大判大正8・7・15民録25-1331 …………… 334
大判大正8・11・27民録25-2133 …………… 135
大判大正8・12・15民録25-2303 ……… 505, 506
大判大正8・12・25民録25-2400 …………… 21
大判大正9・1・26民録26-19 ……………… 343
大判大正9・4・7民録26-458 ……………… 145
大判大正9・4・24民録26-562 …………… 295
大判大正9・6・2民録26-839 ……………… 343
大判大正9・12・22民録23-2062 …………… 500
大判大正9・12・24民録26-2024 …………… 463
大判大正9・12・27民録26-2096 …………… 446
大判大正10・2・9民録27-244 …………… 396
大判大正10・2・19民録27-340 …………… 163
大判大正10・3・5民録27-493 …………… 163
大判大正10・4・30民録27-832 …………… 339
大判大正10・5・17民録27-928 …………… 149
大判大正10・5・27民録27-963 …………… 95
大判大正10・5・30民録27-1013 …………… 252
大判大正10・6・18民録27-1168 …………… 458
大判大正10・7・8民録27-1449 ……… 333, 334
大判大正10・9・11民録27-1378 …………… 249
大判大正10・9・26民録27-1627 …………… 231
大判大正10・12・15民録27-2160 …………… 187
大判大正11・3・1民集1-80 ……………… 418
大判大正11・7・26民集1-431 …………… 122
大判大正11・11・24民集1-670 …………… 498
大判大正11・11・25民集1-684 …………… 137
大判大正11・11・27民集15-2110 …………… 212
大判大正13・7・18民集3-399 …………… 334
大連判大正13・9・24民集3-440 …………… 168
大判大正14・3・13民集4-217 …………… 178

◆ 判例索引

大判大正14・10・15民集4-500 ……………… 398	大判昭和9・12・26民集13-2261 …………… 406
大判大正14・10・28民集4-656 ………… 493, 494	大判昭和10・3・12民集14-482 ……………… 430
大判大正14・12・15民集4-710 ……………… 419	大判昭和10・4・22民集14-571 ……………… 241
大判大正15・4・7新聞5-251 ………………… 200	大判昭和10・4・25新聞3835-5 ……………… 26
大連判大正15・5・22民集5-386 …………… 117	大判昭和10・5・13民集14-876 ……………… 230
大判大正15・7・12民集5-616 ……………… 211	大判昭和10・11・9民集14-1899 …………… 175
大判大正15・10・12民集5-726 …………… 223	大判昭和11・2・25民集15-281 ………… 304, 368
大判大正15・11・13民集5-798 …………… 448	大判昭和11・5・11民集15-808 ……………… 143
大判大正15・12・2民集5-769 ……………… 494	大判昭和11・6・16民集15-1125 ……… 318, 319
大判昭和2・2・2民集6-133 ………………… 135	大判昭和12・2・9民集16-33 ……………… 64
大判昭和2・6・22民集6-408 ……………… 356	大判昭和12・6・30民集16-1285 …………… 512
大判昭和2・12・27民集6-743 ……………… 237	大判昭和12・7・7民集16-1120 ……………… 22
大判昭和4・3・30民集8-363 ………………… 99	大判昭和12・10・18民集16-1525 ………… 358
大判昭和4・6・19民集8-675 ………………… 99	大判昭和13・3・1民集17-318 ………… 62, 376
大判昭和4・12・16民集8-944 …… 228, 252, 435	大判昭和13・5・14民集17-932 …………… 394
大判昭和5・2・5新聞3093-9 ……………… 406	大判昭和13・11・1民集17-2087 …………… 238
大判昭和5・3・10民集9-253 ……………… 211	大判昭和14・4・12民集18-350 …………… 495
大半昭和5・4・9民集9-327 ……………… 333	大判昭和14・4・12民集18-397 …………… 295
大判昭和5・7・14民集9-730 ……………… 426	大判昭和14・5・13民集18-557 …………… 429
大判昭和5・7・26新聞3169-10 …………… 125	大判昭和14・7・7民集18-748 …………… 149
大判昭和5・10・28民集9-1055 …………… 286	大判昭和14・10・13民集18-1165 ………… 343
大判昭和5・12・4民集9-1118 …………… 501	大連判昭和15・3・13民集19-530 ……… 110
大判昭和6・4・7民集10-535 ……………… 350	大判昭和15・3・15民集19-586 ……… 427, 429
大判昭和6・6・4民集10-401 ………… 474, 506	大判昭和15・5・29民集19-903 …………… 356
大判昭和7・3・3民集11-274 ……………… 168	大判昭和15・9・21民集19-1701 ………… 487
大判昭和7・4・30民集11-780 …………… 289	大判昭和15・9・28民集19-1744 ………… 375
大判昭和7・5・6民集11-887 ……………… 373	大判昭和15・11・26民集19-2088 ………… 481
大判昭和7・5・9民集11-824 ……………… 286	大判昭和16・2・10民集20-79 ……… 459, 461
大判昭和7・6・3民集11-1163 …………… 445	大判昭和16・3・1民集20-163 …………… 337
大判昭和7・7・7民集11-1510 …………… 139	大判昭和16・6・20民集20-921 …………… 356
大決昭和7・8・10新聞3456-9 …………… 341	大判昭和16・9・30民集20-1233 …………… 427
大判昭和7・10・8民集11-1901 …………… 242	大判昭和18・2・18民集22-91 …………… 237
大判昭和7・10・11新聞3487-7 …………… 495	大判昭和18・9・10民集22-948 …………… 489
大判昭和7・10・29新聞3483-17 ………… 365	大判昭和18・11・13民集22-1127 ………… 355
大判昭和7・12・17民集11-2334 ………… 494	大判昭和19・3・14民集23-147 …………… 123
大判昭和8・3・6民集12-325 ……………… 319	大判昭和19・12・6民集23-613 ……………… 79
大判昭和8・4・6民集12-791 ……………… 495	大判昭和20・5・21民集24-9 ……………… 475
大判昭和8・5・9民集12-1123 …………… 253	
大判昭和8・5・30民集12-1381 …………… 426	**最高裁判所判例**
大判昭和8・6・13民集12-1437 …………… 110	
大判昭和8・6・13民集12-1472 …………… 474	最判昭和23・12・14民集2-13-438 ……… 333
大判昭和8・9・29民集12-2443 …………… 348	最判平成24・5・28民集66-7-3123 ……… 382
大判昭和8・10・13民集12-2520 ………… 474	最判昭和24・5・31民集3-6-226 …………… 75
大判昭和8・12・5民集12-2818 …………… 380	最判昭和24・10・4民集3-10-437 ………… 163
大判昭和9・1・30民集13-103 …………… 495	最判昭和25・5・29民集7-5-608 ………… 399
大判昭和9・2・27民集13-215 …………… 494	最判昭和26・2・6民集5-3-36 ……………… 80
大判昭和9・3・7民集13-278 ……………… 245	最判昭和26・3・29民集5-5-177 ………… 204
大判昭和9・5・22民集13-799 …………… 428	最判昭和27・4・25民集6-4-451 …… 139, 260
大判昭和9・7・11民集13-1516 …………… 401	最判昭和28・1・20民集7-11-1229 ……… 116
大判昭和9・11・30民集13-2191 ………… 456	最判昭和28・5・29民集7-5-608 ………… 393

519

判例	頁
最判昭和28・6・16民集7-6-629	64
最判昭和28・9・25民集7-9-979	243, 244
最判昭和28・12・14民集7-12-1386	428
最判昭和28・12・18民集7-12-1446	118
最判昭和28・12・18民集7-12-1515	228, 252
最判昭和29・1・14民集8-1-16	238
最判昭和29・1・21民集8-1-64	163
最判昭和29・1・28民集8-1-234	80
最判昭和29・4・8民集8-4-819	500
最判昭和29・6・25民集8-6-1224	229
最判昭和29・7・16民集8-7-1350	338
最判昭和29・7・22民集8-7-1425	64, 238
最判昭和29・9・24民集8-9-1658	430, 435
最判昭和30・1・21民集9-1-22	118
最判昭和30・4・5民集9-4-431	435
最判昭和30・5・13民集9-6-698	241
最判昭和30・9・29民集9-10-1472	419
最判昭和30・10・11民集9-11-1626	457
最判昭和30・10・18民集9-11-1642	21, 22
最判昭和30・11・22民集9-12-1781	154
最判昭和30・12・21民集9-14-2082	431
最判昭和31・1・27民集10-1-1	200
最判昭和31・4・6民集10-4-342	81
最判昭和31・4・6民集10-4-356	238
最判昭和31・5・8民集10-5-475	244
最判昭和31・6・26民集10-6-730	260
最大判昭和31・7・4民集10-7-785	11, 106
最判昭和31・10・5民集10-10-1239	241
最判昭和31・10・12民集10-10-1260	292
最判昭和31・11・2民集10-11-1413	377
最判昭和31・11・16民集10-11-1453	208, 266
最判昭和31・12・6民集10-12-1527	135
最判昭和32・2・22民集11-2-350	376
最判昭和32・3・8民集11-3-513	373
最大判昭和32・6・5民集11-6-915	335
最判昭和32・7・19民集11-7-1297	378, 381
最判昭和32・9・3民集11-9-1467	235
最判昭和32・11・1民集11-12-1832	454
最判昭和32・12・3民集11-13-2018	259
最判昭和32・12・10民集11-13-2103	241
最判昭和32・12・19民集11-13-2278	360
最判昭和32・12・19民集11-13-2299	471
最判昭和33・1・14民集12-1-41	244
最判昭和33・2・21民集12-2-341	446
最判昭和33・6・6民集12-9-1373	316
最判昭和33・6・14民集12-9-1446	149
最判昭和33・6・14民集12-9-1492	187, 311
最判昭和33・6・19民集12-10-1562	476, 493
最判昭和33・7・22民集12-12-1805	303
最判昭和33・9・26民集12-13-3022	453
最判昭和34・5・14民集13-5-609	66
最判昭和34・6・19民集13-6-757	511
最判昭和34・6・25判時192-16	63
最判昭和34・8・28民集13-10-1301	135
最判昭和34・9・17民集13-11-1412	95
最判昭和34・9・22民集13-11-1451	135, 143
最判昭和35・2・9民集14-1-108	237
最判昭和35・4・12民集14-5-817	204, 266
最判昭和35・4・21民集14-6-930	93
最判昭和35・4・26民集14-6-1046	446, 448
最判昭和35・5・6民集14-7-1136	21
最判昭和35・6・23民集14-8-1507	367
最判昭和35・9・20民集14-11-2227	64, 237
最判昭和35・11・22民集14-13-2827	334
最判昭和35・11・24民集14-13-2853	163
最判昭和35・11・29民集14-13-2869	149
最判昭和35・12・15民集14-14-3060	333, 356
最判昭和35・12・20民集14-14-3130	237
最判昭和36・1・24民集15-1-35	124
最判昭和36・3・2民集15-3-337	499
最判昭和36・4・14民集15-4-765	375
最判昭和36・4・28民集15-4-1105	118
最判昭和36・4・28民集15-4-1211	244
最大判昭和36・5・31民集15-5-1482	377
最判昭和36・6・22民集15-6-1651	135
最大判昭和36・7・19民集15-7-1875	446
最判昭和36・11・21民集15-10-2507	136
最判昭和36・12・15民集15-11-2852	178
最判昭和36・12・21民集15-12-3243	246
最判昭和37・2・1民集16-2-157	291
最判昭和37・2・17判タ360-143	201
最判昭和37・3・29民集16-3-662	246
最判昭和37・4・26民集16-4-1002	200
最判昭和37・6・26民集16-7-1397	83
最判昭和37・7・20民集16-8-1656	76, 418
最判昭和37・8・21民集16-9-1809	356, 360
最判昭和37・9・4民集16-9-1834	92
最判昭和37・9・21民集16-9-2041	334
最判昭和37・10・9民集16-10-2070	458, 494
最判昭和37・11・16民集16-11-2280	118
最判昭和37・12・18民集16-12-2422	305
最判昭和37・12・25民集16-2-2455	261
最判昭和38・2・21民集17-1-219	246
最判昭和38・3・1民集17-2-290	63
最判昭和38・4・23民集17-3-536	435, 437
最判昭和38・5・24民集17-5-639	257
最判昭和38・5・31民集17-4-600	305
最判昭和38・9・27民集17-8-1069	139, 260
最判昭和38・11・5民集17-11-1510	104
最判昭和39・1・23民集18-1-76	458

最判昭和39・2・4民集18-2-233……………237
最判昭和39・2・25民集18-2-329……………133
最判昭和39・3・31判タ164-70………………247
最判昭和39・4・17民集18-4-529……………426
最判昭和39・4・21民集18-4-566……………343
最判昭和39・5・26民集18-4-667……………200
最判昭和39・6・12民集18-5-764……………450
最判昭和39・6・30民集18-5-991……………244
最判昭和39・7・28民集18-6-1220……………259
最判昭和39・8・28民集18-7-1354……………252
最判昭和39・10・13民集18-8-1578……………261
最判昭和39・10・23民集18-8-1773……………333
最判昭和39・10・27民集18-8-1801……………372
最判昭和39・11・17民集18-9-1851……………453
最判昭和39・11・18民集18-9-1868……………325
最判昭和39・11・19民集18-9-1900……………244
最判昭和39・12・18民集18-10-2179……………494
最大判昭和39・12・23民集18-10-2217……381
最判昭和40・3・11判タ175-110………………331
最大判昭和40・3・17民集19-2-453……………255
最判昭和40・3・26民集19-2-508……………449
最判昭和40・3・26民集19-2-526……………200
最大判昭和40・6・30民集19-4-1143……………477
最判昭和40・7・20判タ179-187………………372
最判昭和40・8・2民集19-6-1368……………243
最判昭和40・9・17訟月11-10-1457……………456
最判昭和40・10・12民集19-7-1777……………426
最大判昭和40・11・24民集19-8-2019……165
最判昭和40・12・3民集19-9-2090……………157
最判昭和40・12・17民集19-9-2159……………244
最判昭和41・1・21民集20-1-65……………165
最判昭和41・1・27民集20-1-136……………243
最判昭和41・3・22民集20-3-468……………67
最判昭和41・4・14民集20-4-649……………186
最判昭和41・4・21民集20-4-720……………239
最判昭和41・4・26民集20-8-849……………477
最大判昭和41・4・27民集20-4-870……………256
最判昭和41・5・19民集20-5-989……………246
最判昭和41・5・27民集20-5-1004……………452
最判昭和41・9・8民集20-7-1325……………93
最判昭和41・10・4民集20-8-1565……356, 357
最判昭和41・10・7民集20-8-1579……………201
最判昭和41・10・27民集20-8-1649……………204
最判昭和41・12・20民集20-10-2139……………416
最判昭和41・12・23民集20-10-2211……73, 124
最判昭和42・2・23民集21-1-189……………16
最判昭和42・7・20民集21-6-1601……………237
最判昭和42・8・25民集21-7-1740……………498
最判昭和42・9・14民集21-7-1791……………237
最判昭和42・11・1民集21-9-2249……………427
最判昭和42・11・9民集21-9-2323……………452
最判昭和42・11・30民集21-9-2477……………377
最判昭和43・2・16民集22-2-217……………316
最判昭和43・3・12民集22-3-562……………389
最判昭和43・9・20判時536-51………………295
最判昭和43・1・25判時513-33………………231
最判昭和43・2・23民集22-2-281……………136
最判昭和43・3・15民集22-3-587……………311
最判昭和43・6・27民集22-6-1427……………214
最判昭和43・8・2民集22-8-1558……399, 407
最判昭和43・8・20民集22-8-1692……………182
最判昭和43・9・3民集22-9-1817……………257
最判昭和43・9・26民集22-9-2002……………426
最大判昭和43・11・13民集22-12-2526……325
最判昭和43・11・15民集22-12-2649……………487
最判昭和43・11・19民集22-12-2712……………331
最判昭和43・11・21民集22-12-2741…139, 260
最判昭和43・12・5民集22-13-2876……………85
最判昭和43・12・17民集22-13-2998……………51
最判昭和43・12・24民集22-13-3454……………121
最判昭和44・4・15判時560-49………………135
最判昭和44・6・24民集23-7-1079……………428
最判昭和44・7・17民集23-8-1610……………212
最判昭和44・9・12判時572-25………………287
最判昭和44・10・17判時575-71………………104
最判昭和44・11・13判時579-58………………256
最判昭和44・11・25民集23-11-2137……………325
最判昭和44・12・19民集23-12-2518……………454
最判昭和44・12・23民集23-12-2577……………256
最判昭和45・4・10民集24-4-240……………392
最大判昭和45・6・24民集24-6-587……………381
最判昭和45・7・15民集24-7-771……………340
最判昭和45・8・20民集24-9-1243……………335
最判昭和45・10・13判時614-46………………497
最判昭和45・10・22民集24-11-1599……………294
最判昭和45・12・11民集24-13-2015……………241
最判昭和45・12・24民集24-13-2271……………234
最判昭和46・2・19民集25-1-135……………230
最判昭和46・3・25判時628-44………………398
最判昭和46・4・23民集25-3-388……………252
最判昭和46・7・16民集25-5-749……………230
最判昭和46・11・19民集25-8-1321……453, 458
最判昭和46・11・25民集25-8-1343……63, 225
最判昭和46・12・16民集25-9-1472……………157
最判昭和47・3・23民集26-2-274……………478
最判昭和47・4・20民集26-3-520……………117
最判昭和47・5・25民集26-4-805……………200
最判昭和47・9・7民集26-7-1327……………64
最判昭和48・1・30判時695-64………………512
最判昭和48・2・2民集27-1-80……………63, 211

最判昭和48・3・1金法679-34 ……………… 352
最判昭和48・3・27民集27-2-376 …………… 361
最判昭和48・4・24民集27-3-596 …………… 429
最判昭和48・7・19民集27-7-823 …………… 391
最判昭和48・10・11判時723-44 ……………… 96
最判昭和48・11・30民集27-10-1491 … 444, 453
最判昭和49・3・7民集28-2-174……………… 403
最判昭和49・3・19民集28-2-325 …………… 253
最判昭和49・4・26民集28-3-467 …………… 260
最判昭和49・4・26民集28-3-527 …………… 246
最判昭和49・4・26民集28-3-540 …………… 398
最判昭和49・9・2民集28-6-1152 ……… 63, 211
最大判昭和49・9・4民集28-6-1169 ………… 168
最判昭和49・9・20民集28-6-1202…………… 447
最判昭和49・11・21民集28-8-1654 ………… 398
最判昭和49・11・29民集28-8-1670 ………… 436
最判昭和49・12・12金法743-31 …………… 449
最判昭和50・1・31民集29-1-68……………… 125
最判昭和50・2・13民集29-2-83……………… 256
最判昭和50・2・20民集29-2-99 …… 139, 260
最判昭和50・2・25民集29-2-143 …… 14, 279
最判昭和50・3・6民集29-3-203……………… 436
最判昭和50・4・25民集29-4-556 …………… 233
最判昭和50・7・17民集29-6-1119 ………… 320
最判昭和50・12・1民集29-11-1847 ………… 457
最判昭和50・12・8民集29-11-1864 …… 378, 397
最判昭和51・2・13民集30-1-1 ……… 144, 152
最判昭和51・10・1判時835-63 ……………… 214
最判昭和52・3・17民集31-2-308 …………… 390
最判昭和52・8・9民集31-4-742……………… 360
最判昭和53・5・1判時893-31 ……………… 360
最判昭和53・9・21判時907-54 ……………… 285
最判昭和53・10・5民集32-7-1332 …… 446, 458
最判昭和53・12・15判時916-25 …………… 407
最判昭和53・12・22民集32-9-1768 ………… 212
最判昭和54・1・19判時919-59……………… 507
最判昭和54・1・25民集33-1-12……… 456, 457
最判昭和54・3・16民集33-2-270 …………… 428
最判昭和54・7・10民集33-5-533 …… 375, 383
最判昭和54・9・27判時952-53……………… 200
最判昭和55・1・11民集34-1-42……… 404, 405
最判昭和55・1・24民集34-1-110 …………… 446
最判昭和55・7・11民集34-4-628 …………… 431
最判昭和55・10・28判時986-36 …………… 435
最判昭和56・1・19民集35-1-1 …………… 295
最判昭和56・2・17金法967-36……………… 283
最判昭和56・4・20民集35-3-656 …………… 238
最判昭和56・7・2民集35-5-881……………… 374
最判昭和56・10・8判時1029-72 …………… 201
最判昭和57・1・21民集36-1-71 …………… 187

最判昭和57・3・4判時1042-87……………… 512
最判昭和57・6・4判時1048-97……………… 331
最判昭和57・10・19民集36-10-2130 ……… 262
最判昭和57・12・17民集36-12-2399 ……… 510
最判昭和58・1・20民集37-1-1 …………… 226
最判昭和58・5・27民集37-4-477 ………… 280
最判昭和58・7・5判時1089-41 …………… 149
最判昭和58・9・20判時1100-55 …………… 295
最判昭和58・10・6民集37-8-1041 ………… 427
最判昭和58・12・19民集37-10-1532 ……… 447
最判昭和59・2・23民集23-3-445 ………… 361
最判昭和59・4・20民集38-6-610 ………… 214
最判昭和59・5・29民集38-7-885 …… 345, 349
最判昭和59・9・18判時1137-51 …………… 36
最判昭和59・10・4判時1140-74 …………… 345
最判昭和59・11・16判時1140-76 …………… 345
最判昭和60・1・22判時1148-111 …………… 346
最判昭和60・2・12民集39-1-89……………… 481
最判昭和60・5・23民集39-4-940 ………… 351
最判昭和60・11・29民集39-7-1719 ……… 200
最判昭和60・12・20判時1207-53 ………… 331
最判昭和61・2・20民集40-1-43……………… 346
最判昭和61・4・11民集40-3-558 ‥356, 362, 405
最判昭和61・11・27民集40-7-1205 ………… 353
最判昭和62・2・13判時1228-84 …………… 320
最判昭和62・4・2判時1244-126 …………… 76
最判昭和62・10・8民集41-7-1445 ………… 153
最判昭和62・10・16民集41-7-1497 ………… 346
最判昭和62・12・18民集41-8-1592 ………… 337
最判昭和63・1・26判時1320-35 …………… 256
最判昭和63・7・1民集42-6-451……… 509, 512
最判昭和63・7・1判時1290-70 …………… 456
最判平成元・2・7判時1319-102 …………… 256
最判平成元・4・13金法1228-34 …………… 446
最判平成元・4・20民集43-4-234 ………… 368
最判平成2・2・20判時1354-76 …………… 321
最判平成2・4・12金法1255-6 …………… 352
最判平成2・12・18民集44-9-1686 ………… 484
最判平成3・3・22民集45-3-293……………… 225
最判平成3・4・2民集45-4-349 …………… 186
最判平成3・5・10判時1387-59 …………… 506
最判平成3・9・3民集45-7-1121 …………… 347
最判平成3・10・25民集45-7-1173 …… 509, 512
最判平成4・2・27民集46-2-112 …………… 457
最判平成4・9・22金法1358-55 …………… 296
最判平成5・3・16民集47-3-3005 ………… 165
最判平成5・3・30民集47-4-3334 ………… 404
最判平成5・3・24民集47-4-3039 ………… 125
最判平成5・7・19判時1489-111 …………… 358

最判平成5・10・19民集47-8-5061	287
最判平成6・2・22民集48-2-441	281
最判平成6・3・22民集48-3-859	165
最判平成6・4・21裁時1121-1	123
最判平成6・7・28判時1540-38	247
最判平成6・10・25民集48-7-1303	225
最判平成6・11・24判時1514-82	512
最判平成6・12・6判時1519-78	494
最判平成7・3・23民集49-3-984	346
最判平成7・6・23民集49-6-1737	352
最判平成7・7・18判時1570-60	380
最判平成8・1・26民集50-1-155	189
最判平成8・2・8判時1563-112	446
最判平成8・4・26民集50-2-1267	331
最判平成8・10・14民集50-9-2431	244
最判平成8・10・28金法1469-49	37
最判平成8・11・12民集50-10-2673	155
最判平成8・12・17民集50-10-2778	266
最判平成9・2・14民集51-2-337	66, 285
最判平成9・2・25民集51-2-398	246
最判平成9・4・24民集51-4-1991	361
最判平成9・6・5民集51-5-2053	394
最判平成9・7・1民集51-6-2452	80
最判平成9・7・15民集51-6-2581	285
最判平成9・11・11民集51-10-4077	402
最判平成9・11・13判時1633-81	223, 495
最判平成9・12・18判時1629-50	349
最判平成10・4・14民集52-3-813	505
最判平成10・6・11民集52-4-1034	51
最判平成10・6・12民集52-4-1121	446
最判平成10・6・22民集52-4-1195	445
最判平成10・9・3民集52-6-1467	213
最判平成10・9・10民集52-6-1494	507, 512
最判平成11・1・21民集53-1-98	325
最判平成11・1・29民集53-1-151	407
最判平成11・2・23民集53-2-193	307
最判平成11・2・25判時1670-18	205, 270
最判平成11・3・25判時1674-61	252
最判平成11・6・11民集53-5-898	447
最判平成12・3・9民集54-3-1013	447
最判平成12・4・21民集54-4-1562	409
最判平成13・2・22判時1745-85	175
最判平成13・3・13民集55-2-363	211
最大判平成13・3・28民集55-2-611	234
最判平成13・11・22民集55-6-1033	432
最判平成13・11・22民集55-6-1056	409
最判平成13・11・27民集55-6-1090	399, 409
最判平成13・11・27民集55-6-1311	185
最判平成13・11・27民集55-6-1334	340
最判平成13・11・27民集55-6-1380	187
最判平成14・3・28民集56-3-662	247
最判平成14・3・28民集56-3-689	211
最判平成14・7・11判時1805-56	478
最判平成14・9・24判時1801-77	284, 285
最判平成15・2・21民集57-2-95	361
最判平成15・3・14民集57-3-286	475
最判平成15・4・8民集57-4-337	359
最判平成15・6・12民集57-6-563	361
最判平成15・6・12民集57-6-595	238
最判平成15・10・21民集57-9-1213	238, 247
最判平成16・2・20民集58-2-475	325
最判平成16・4・20判時1859-61	501
最判平成16・4・27判時1860-152	281
最判平成16・4・27民集58-4-1032	281
最判平成16・10・26判時1881-64	358
最判平成16・11・18民集58-8-2225	37
最判平成17・1・27民集59-1-200	351
最判平成17・3・10民集59-2-356	436
最判平成17・6・14民集59-5-983	326
最判平成17・7・11判時1911-3	358
最判平成17・9・8民集59-7-1931	500
最判平成17・9・16判時1912-8	37
最判平成17・12・16判時1921-61	213, 236
最判平成18・1・13民集60-1-1	325
最判平成18・1・19判時1926-23	325
最判平成18・1・24民集60-1-319	325
最判平成18・2・7民集60-2-480	195
最判平成19・2・15民集61-1-243	399, 409
最判平成20・6・10民集62-6-1488	326
最判平成20・7・4判時2028-32	37
最判平成21・1・19民集63-1-97	231
最判平成21・3・27民集63-3-449	394
最判平成22・10・19金判1355-16	445
最判平成22・12・16民集64-8-2050	434
最判平成23・2・18判時2109-50	358
最判平成23・3・24民集65-2-903	213
最判平成23・4・22民集65-3-1405	39
最判平成23・7・12判時2128-43	213
最判平成23・7・15民集65-5-2269	214
最判平成23・11・22民集65-8-3165	346
最判平成23・11・24民集65-8-3213	346
最判平成24・12・14民集66-12-3559	495
最判平成25・2・28民集67-2-343	375
最大決平成28・12・19民集70-8-2121	501
最判平成29・4・6判夕1437-67	501

下級裁判所裁判例

東京地判昭和34・8・19判時200-22	81
大阪地判昭和49・2・15金法729-33	384

東京高決昭和55・10・20高民集33-4-349 …… 350
神戸地伊丹支判昭和63・12・26判時1319-139
　………………………………………… 81
京都地判平成3・10・1判時1413-102 ………… 37
千葉地判平成6・12・12判タ877-229 ………… 37
浦和地川越支判平成9・8・19判タ960-189 … 182
東京地判平成11・9・30金法1584-85 ………… 470
東京地判平成12・12・20判タ1108-204 ……… 470
大阪高判平成18・12・19判時1971-130 ……… 182
福岡高判平成23・3・8判時2126-70 ………… 182

《著者紹介》

中舎 寛樹（なかや ひろき）

● ――略歴
1981年名古屋大学大学院法学研究科博士課程単位取得退学後、名古屋大学助手、三重大学助教授、南山大学教授、明治大学教授、名古屋大学教授
現在、明治大学法科大学院教授・名古屋大学名誉教授・博士（法学）

● ――主要著書
『民法トライアル教室』（共著）（有斐閣、1999年）
『解説 類推適用からみる民法――法の解釈がもっとうまくなる』（共編著）（日本評論社、2005年）
『民法総則』（日本評論社、2010年）
『解説 新・条文にない民法――概念・制度がもっとよくわかる』（共編著）（日本評論社、2010年）
『多角的法律関係の研究』（共編著）（日本評論社、2012年）
『表見法理の帰責構造』（日本評論社、2014年）
『新・判例ハンドブック民法総則』（共編著）（日本評論社、2015年）

債権法（さいけんほう）
――債権総論・契約（さいけんそうろん・けいやく）

2018年 3月20日 第1版第1刷発行
2022年12月30日 第1版第3刷発行

著　者――中舎寛樹
発行所――株式会社 日本評論社
　　　　　〒170-8474　東京都豊島区南大塚3-12-4
　　　　　　　　　　　電話 03-3987-8621（販売）　8592（編集）
　　　　　　　　　　　FAX 03-3987-8590（販売）　8596（編集）
　　　　　　　　　　　https://www.nippyo.co.jp/　振替 00100-3-16
印　刷――精文堂印刷
製　本――難波製本
装　丁――銀山宏子

JCOPY 〈(社)出版者著作権管理機構 委託出版物〉
本書の無断複写は著作権法上での例外を除き禁じられています。複写される場合は、そのつど事前に、(社)出版者著作権管理機構（電話 03-5244-5088、FAX03-5244-5089、e-mail：info@jcopy.or.jp）の許諾を得てください。また、本書を代行業者等の第三者に依頼してスキャニング等の行為によりデジタル化することは、個人の家庭内の利用であっても、一切認められておりません。

検印省略　Ⓒ2018　Hiroki Nakaya
ISBN978-4-535-52348-7　　　　　　　　　　　　　　　　Printed in Japan